Daniel Gerlach (geb. 1977) studierte Geschichte und Orientalistik an den Universitäten Hamburg und Paris IV Sorbonne. Er ist Autor und Herausgeber mehrerer Sachbücher zu Geschichte und Gegenwart der arabisch-islamischen Welt und tritt regelmäßig als Nahostexperte in deutschen und internationalen Medien auf. Gerlach ist Mitgründer und Chefredakteur des Nahost-Magazins »zenith« und Direktor des Thinktanks Candid Foundation in Berlin. Zudem ist er derzeit beratend an Dialogrunden und Friedensinitiativen in Syrien und dem Irak beteiligt.

Ein Roadtrip in die faszinierend verwobene Geschichte von Morgen- und Abendland

Daniel Gerlach ist Orientalist, Nahostexperte und manchmal auch ein Abenteurer, der die Länder zwischen Bosporus und Nil seit Jahrzehnten bereist und ihre Gegenwart so gut kennt wie ihre Geschichte. Für dieses Buch hat er sich auf den Weg gemacht, die spannendsten Geheimnisse dieser Weltregion zu Tage zu fördern. Auf seinem Roadtrip zu den Ursprüngen der drei großen monotheistischen Religionen Judentum, Christentum und Islam folgt Daniel Gerlach den Spuren von Mythen und Legenden und lädt uns dazu ein, die großen Gemeinsamkeiten von Orient und Okzident wiederzuentdecken.

www.penguin-verlag.de

DANIEL GERLACH

Die letzten Geheimnisse des Orients

Meine Entdeckungsreise
zu den Wurzeln unserer Kultur

PENGUIN VERLAG

MIX
Papier | Fördert gute Waldnutzung
FSC® C014496

Penguin Random House Verlagsgruppe FSC® N001967

1. Auflage

Karte: Peter Palm, Berlin
Umschlaggestaltung: Favoritbuero, München
Umschlagfoto: Florian Zettel
Autorenfoto: Mahmut Koyaş
Satz: satz-bau Leingärtner
Druck und Bindung: GGP Media GmbH, Pößneck
Printed in Germany
ISBN 978-3-328-11150-4
www.penguin-verlag.de

Inhalt

Garder un secret consiste à ne le répéter
qu'à une seule personne à la fois.

Ein Geheimnis zu bewahren bedeutet, dass man es niemals
mehr als einer Person zugleich weitererzählt.

MICHEL AUDIARD
Les trois Mousquetaires (Film, 1953)

1
Tataouine

CHRISTEN, MUSLIME, HÄRESIEN

Eine galaktische Schlacht zwischen Gut und Böse, die man am besten verschläft.

Ich überquere den Damm über den Großen Salzsee, den Schott el-Dscherid, vor mir liegen die »Tore der Wüste«. Hier verlief einst die südliche Grenze der römischen Provinz *Africa*. Eine gedachte Verbindungslinie zwischen Oasen und kleinen Wehrkastellen: der *Limes tripolitanus*. Die schon tief stehende, aber heiße Septembersonne bringt die Luft über dem Schott zum Flirren. Ein ockerfarbenes Netz aus Millionen Schuppen säumt den Damm auf beiden Seiten, als bleiche hier die abgestreifte Haut einer urzeitlichen Riesenschlange vor sich hin. Wer lange genug am Schott el-Dscherid verweilt, kann eine Luftspiegelung beobachten, eine Fata Morgana. (Das Wort mag orientalisch klingen, ist aber die italienische Bezeichnung für eine keltische Sagengestalt, der Fee Morgana oder Morgan le Fay.)

Nach etwa einer Stunde südwärts verändert sich die Landschaft. Links und rechts der kargen Ebene türmen sich nach und nach Gesteinsformationen auf. Für Geologen muss diese Gegend ein Abenteuerspielplatz sein; die verschiedenen Erdzeitalter treten hier deutlich zutage. Und auch die Paläontologen kommen auf ihre Kosten. 2002 fanden sie hier den Unterkiefer eines Spinosaurus, des größten Fleischfressers, der je auf diesem Planeten sein Wesen trieb. Auf den Rückenwirbeln seines 18 Meter langen Echsenleibs schleppte er ein gigantisches Segel mit sich herum.

Solche Fossilien müssen es gewesen sein, die seit alters her nicht nur den Mythos der Drachen am Leben hielten, sondern auch die Überzeugung, diese Landschaft sei nicht von dieser Welt.

Sie wirkte unwirtlich, noch lange bevor man mit Teleskopen und Sonden den Planeten Mars erforschte und feststellte, dass ihre Oberfläche mit der Gegend im Süden Tunesiens eine gewisse Ähnlichkeit aufweist. Den Namen des Ortes aber kennen heute Millionen Menschen auf der Welt, er hallt immer wieder fort von den Leinwänden und Bildschirmen. »Tatooine« heißt der Heimatplanet eines galaktischen Helden. Dort eröffnete George Lucas sein Weltraumabenteuer *Star Wars (Krieg der Sterne)*. Und im südlichen tunesischen Gouvernorat Tataouine begannen auch die Dreharbeiten. Am 26. März 1976. »Amerika brachte einen Krieg von intergalaktischem Ausmaß nach Tunesien«, urteilte die Nachwelt.[1] Und Hollywood nahm es mit mächtigen Gegnern auf: Sandstürmen, plötzlichen Regengüssen, die in diesem für seine Trockenheit berüchtigten Gebiet schnell zu Sturzfluten ausarten, Streit am Set und einem Autounfall des jugendlichen Hauptdarstellers Mark Hamill (Luke Skywalker). Die Produktion auf dem Wüstenplaneten stand unter keinem guten Stern.[2] Ein monströses, laut Konstruktionsplan 40 Meter langes und 20 Meter hohes Kettenfahrzeug, schürte das Misstrauen gegenüber den Amerikanern und rief militärische Spannungen hervor. Brachte man hier, so nahe an der libysch-tunesischen Grenze, eine geheime, bewegliche Raketenabschussrampe der US-Streitkräfte in Stellung?

Oberst Muammar al-Gaddafi, der damalige Herrscher über Libyen, entsandte Späher nach Tataouine, die dämlich geschaut haben dürften, als sie feststellten, was in dem gigantischen »Sandcrawler« tatsächlich steckte: »Jawas«, kleine fleißige Humanoide, die auf dem fiktiven Planeten Rohstoffe abbauten, ihre zwergenhaften Leiber dabei in die braune »Qashabiya« hüllten, einen im realen Tataouine traditionellen Kamelhaarmantel mit Kapuze.

Die Sets in der Wüste blieben auch weit später noch der Stolz der tunesischen Filmindustrie. Als ich im Jahr 2009 als Autor und Regisseur von Fernsehdokumentationen in Tunesien unterwegs war, um einen geeigneten lokalen Produktionspartner zu suchen, landete ich im Büro eines jovialen Herrn, der Zigarren rauchte. Als ich ihn höflich fragte, ob er mir Referenzen nennen könne, grinste er mich durch eine blaue Wolke an, hielt einen Moment lang inne und antwortete: »Schon mal von *Star Wars* gehört?« Die Sets stehen heute noch dort, etwa der Ksar Haddada, ein mehrgeschossiger Lehmbau. In einer Episode liegt hier das Quartier eines berüchtigten Sklavenhalters.

Ein privater Verein aus Freiwilligen kümmert sich um seine Instandhaltung. Gelegentlich kommen Touristen vorbei. Sie sollen Tataouine als Hollywood-Set in Erinnerung behalten und nicht, wie die Stadt in jüngster Zeit in der deutschen Presse genannt wurde, als Terroristennest oder »Hochburg der Gotteskrieger«.[3] Aus der armen Stadt Tataouine hatten sich einige junge Männer dem »IS«, dem sogenannten Islamischen Staat angeschlossen. Auch Anis Amri, der Attentäter vom Berliner Breitscheidplatz im Dezember 2016, wurde in dieser Stadt geboren. Aber in gewisser Weise schließt sich hier der Kreis dieser Geschichte.

Die Dschihadisten des IS nämlich glaubten, die finale Schlacht um Gut und Böse habe begonnen und allein sie selbst stünden auf der richtigen Seite. Auch die Handlung im *Krieg der Sterne* ist eingebettet in einen ewigen Kampf zwischen den Mächten des Lichts und jenen der Finsternis. Die Rebellen um den zum charismatischen Führer erwachten Luke Skywalker nehmen es darin mit einem übermächtigen Gegner auf. Sie dringen in einem Himmelfahrtskommando vor in das Herz des Todessterns. Viele Märtyrer bleiben zurück auf dem Schlachtfeld der Galaxie. Skywalker und seine Getreuen aber führen einen Kampf, der größer ist als sie. Auf Arabisch würde man ihn wahrscheinlich als »Dschihad« bezeichnen.

Wie passt nun der verlassene Drehort von *Krieg der Sterne* in die Religionsgeschichte? Alles ist ein Kampf zwischen Gut und Böse, zwischen Licht und Dunkel, zwischen unauflösbaren Gegensätzen. Die »Macht« hat eine dunkle und eine helle Seite. Und am Ende erfahren wir, dass der Gute und der Böse Sohn und Vater sind. Skywalker ist als Erlöser gekommen. Und er muss der Versuchung durch die dunkle Seite der Macht widerstehen. Wer durch die Religionsgeschichte reist, wird immer wieder feststellen: Ein guter Held muss denjenigen überwinden, aus dem er hervorgegangen ist. Man denkt, nun herrsche Frieden auf Erden. Bis das Böse wieder einsickert wie Wasser in ein leckes Schiff. Und der Kampf von vorne beginnt.

Dieses Weltbild prägt die populäre Kultur unserer Zeit. Und es ist wohl eine der großen Ironien der Geschichte, dass es uns direkt in das frühe Christentum zurückführt, das sich vom 1. bis zum 5. Jahrhundert im Mittelmeerraum entfaltete. Es ist das Weltbild einer großen Häresie: »Gnosis«, was das griechische Wort für (geheimes) Wissen ist. Eine Bewegung, die sich selbst so nannte, gab es zwar nie. Nichtsdestotrotz fasst man – in Ermangelung eines anderen, passenderen Begriffs – darunter die Vielfalt an religiösen Ideen zusammen, die zum einen aus dem »neuen Weg« des Christentums hervorgingen und zum anderen in das christliche Spektrum von außen hineinmäanderten.

Die Gemeinsamkeit all jener Strömungen ist, dass sie sich mit der Offenbarung der Bibel und des Evangeliums nicht zufriedengeben wollten und hofften, dass das Wissen über die Geheimnisse des Kosmos' zur Erlösung führt. Und dass man so die Misere des materiellen, irdischen Lebens überwinden kann. Generationen von christlichen Autoren haben sich am Gnostizismus abgearbeitet. Und liest man die frühen Werke der Christen, hat man oft den Eindruck, dass der Kampf gegen die Häresien die eigene Identität deutlicher prägte als der Glaube selbst.

Tatsächlich führt sogar eine Spur aus der Spätantike von den verfolgten Gnostikern hin zu *Star Wars*. Regisseur und Autor George Lucas las die Schriften des Psychoanalytikers Carl Gustav Jung, der sich für die Gnosis begeisterte. In einem Interview erklärte Lucas einmal, dass auch ihn diese Schriften sehr geprägt hätten.[4] Das Hollywood des 20. Jahrhunderts war schließlich nicht nur eine Traumfabrik, sondern auch durchdrungen von der Sehnsucht nach Erlösung: esoterische Zirkel, Scientologen und neue gnostische Bewegungen stießen dort auf empfindliche Seelen. Und bis heute predigen Kirchenleute gegen die Häresie der Gnosis an – etwa der Weihbischof der Erzdiözese von Los Angeles, der als solcher für Hollywood zuständig ist.[5]

Die Gnosis war der Schatten des Christentums, dessen unbotmäßiger Begleiter, der im Laufe der Geschichte immer wieder auftaucht, um alsbald wieder verjagt zu werden. Und wenn man die Geschichte der Moderne anhand ihrer Gegenbewegungen erzählen kann, so gilt dies ganz gewiss auch für das Christentum, wie wir es heute kennen. Diese Geschichte hätte einen ganz anderen Verlauf nehmen können.

Das Reich Gottes beginnt mit einem Senfkorn. Zunächst winzig klein, unscheinbar und notorisch unterschätzt, wächst daraus eine prächtige Pflanze. Dieses berühmte Gleichnis aus den synoptischen Evangelien hat das Selbstbild des Christentums nachhaltig geprägt. Eine neue Religion des Friedens musste sich in einer brutalen Welt behaupten und dafür zahllose Opfer bringen. Aber auch kräftig austeilen. Schon früh behauptete sich, was Martin Luther später wie folgt zum Ausdruck brachte: »Ein Mensch, sonderlich ein Christ, muß ein Kriegsmann sein und mit den Feinden in Haaren liegen.«[6] Während dreier Jahrhunderte nach der Geburt das Heilands sahen sich die Christen immer wieder Verfolgungen ausgesetzt. Kaum aber hatte Kaiser Theodosius I. 380 den orientalisch-christlichen Mysterienkult zur römischen Staatsreligion gemacht, ging es an die Verfolgung anderer Gemeinschaften. Ein christlicher Mob stürmte 391 das Serapeum von Alexandria, ein hellenistisch-orientalisches Heiligtum, und erschlug darin die heidnischen Priester und Gelehrten. Dann, um 415, wurde an der berühmten neuplatonischen Philosophin Hypatia ein Exempel statuiert: Man lynchte sie und riss ihren Leichnam buchstäblich in Stücke. (Der Rädelsführer dieser Bluttat war Bischof Kyrill von Alexandria – ein Mann, dem wir auf dieser Reise noch begegnen werden.) Und der große Augustinus von Hippo wäre wohl niemals ein Kirchenvater geworden, wenn die Politik des christlichen Imperiums ihn nicht gezwungen hätte, seinem vorherigen Glauben abzuschwören. Denn ursprünglich war Augustinus Manichäer, hing also einer orientalischen Erweckungsbewegung an, die im christlichen Rom ebenso tatkräftig verfolgt wurde wie im heidnischen.

Die frühen Christen zankten sich über alles Mögliche: etwa um die Lehre des frühen Bischofs Arius von Alexandria, der die »Wesensgleichheit« von Jesus und Gott mit der – nachvollziehbaren – Begründung ablehnte, sie widerspreche der Lehre vom einen und einzigen Gott (zwar sollte sie ihren Widerhall später im Islam finden, in den frühen Jahrhunderten des Christentums aber wurde sie als Häresie geächtet). Dann stand der nächste Streit ins Haus: Was, wenn ein Christ aus Angst vor Repression oder gar der Todesstrafe dem Christentum erst abschwor, nachher aber wieder in die Gemeinde aufgenommen werden wollte? Konnte so einer abermals die Taufe empfangen?

Man wollte schließlich vermeiden, dass die Christen je nach Großwetterlage ein- und austraten wie andere in einen Fitnessclub. Eine nach dem Bischof Donatus von Karthago benannte Gruppe behauptete, dass die Sakramente von der Heiligkeit der Person abhingen, die sie spendete: Hatte jemand die Taufe von einem Priester empfangen, der sich später vom Christentum abwandte, war diese ihnen zufolge null und nichtig. (Stellen Sie sich vor, Ihre Versicherung kündigt Ihnen von heute auf morgen sämtliche Policen mit der Begründung, Ihr Versicherungsberater, der sie Ihnen verkauft hat, habe zur Konkurrenz gewechselt.) Dennoch fanden die sogenannten Donatisten vor allem in Nordafrika zahlreiche Anhänger, was darauf schließen lässt, dass es eigentlich mehr um Machtkämpfe und Posten ging. Die Donatisten jedenfalls wurden als innerchristliche Sekte verfolgt.

Ohne das römische Nordafrika gäbe es vielleicht gar kein Christentum. Die großen Dogmatiker der Kirche wirkten hier. Sie waren sämtlich damit beschäftigt, Fundamente des Glaubens herauszuarbeiten, vor allem aber, Häresien zu bekämpfen. Der Theologe Origines (185–254) stammte aus Alexandria, wo es eine große jüdische Gemeinde gab. Er lernte Hebräisch, bereiste Syrien und Palästina und starb mutmaßlich im Libanon. 700 Schriften gehen auf ihn zurück. Ebenso das spätere christliche Bild vom Verhältnis zwischen Gott und Mensch. Der Tunesier Tertullian (150–220) aus Karthago wiederum schrieb als Erster auf »Kirchenlateinisch«. Die Vorstellung der ewigen Verdammnis, in welcher die Sünder für immer schmoren, stammt aus seiner Feder. Die Idee, dass der Glaube eine Gnade Gottes ist, die dem Menschen die Erlösung bringt, führte Cyprian von Karthago ein (200–258). Andere bedeutende Autoren kamen aus Caesarea, Antiochia und Anatolien. Nicht nur der christliche Glaube entstand im Nahen Osten, auch die christliche Lehre ist daher wohl vor allem ein Produkt orientalischer und nordafrikanischer Kultur.

Nur aber, weil das Christentum in der Welt war, hörten heidnische Philosophen und orientalische Mysten (Eingeweihte) nicht auf, sich einen Reim auf das zu machen, was zwischen Himmel und Erde liegt. Besonders ein im 3. Jahrhundert wirkender, aus Ägypten stammender Philosoph namens Plotin beeinflusste das Denken der spätantiken Zeit. Plotin, einer der herausragenden und zugleich untypischen Vertreter der »neuplatonischen

Philosophie«, war ein origineller Geist mit einer Neigung zu Depressionen, die er mit einem asketischen Leben aber ganz gut in den Griff bekam. Als junger Mann hatte er sich einem Feldzug Roms gegen die persischen Sassaniden anschließen wollen – allerdings nicht um zu kämpfen, sondern um die Gelegenheit zu nutzen, sich mit den Philosophien des Orients vertraut zu machen. Wer hätte damals gedacht, dass es eines Tages umgekehrt sein würde und Plotins Ideen eine solche Wirkung auf die Religionen des Orients entfalten würden? Wir werden ihm auf dieser Reise noch oft begegnen – bis in die heutige Zeit.

Plotin lehnte das irdische, materielle Dasein ab und entwarf eine umfassende Kosmologie des Geistigen, um dem Jammertal des Lebens auf Erden zu entfliehen. Für ihn gab es, aufbauend auf der Ideenlehre seines großen Idols Platon, eine höhere, rein geistige Welt und eine niedrige, die der Mensch mit seinen Sinnen wahrnehmen konnte. Das Materielle ist demnach schlecht, wenn auch nicht böse in dem Sinn, dass ihm eine schlechte Absicht innewohnt. Es fehlt ihm einfach an dem einzigen und ewigen Guten.[7]

Die Seelen entstammen laut Plotin zwar der geistigen Welt, sie können aber hinabsteigen und mit den Körpern Verbindungen eingehen. Und hin und wieder kann die Seele die Materie so formen, dass daraus auch etwas Schönes entsteht. Interessant ist auch Plotins Gottesbild: Es ist nicht das eines alttestamentarischen Schöpfers, der redet und mit den Menschen interagiert, sondern das einer allumfassenden, nicht zeitlich oder räumlich begrenzten Macht. Sie wirkt auf den Geist (nous), und dieser wiederum ist die Energie, die die Weltseele in Bewegung setzt.

Wenn die Existenz des Bösen aber ein Fakt war, wie kam es dann in die Welt? Wie konnte Gott, der Allmächtige, das Böse zulassen? Es ist letztendlich diese Frage, die über die Jahrhunderte die Menschen an ihrem Glauben scheitern ließ.

Die Gnostiker, die sich ebenso wie andere Christen vom neuplatonischen Denken inspirieren ließen, propagierten skandalöse

Meinungen dazu: Gott war selbst der Urheber des Bösen. Er war nicht perfekt und hatte bei der Erschaffung der Welt geschlampt. Ein früher gnostischer Denker des 2. Jahrhunderts war Marcion aus Pontus am Schwarzen Meer. Er hatte es als Reedereibesitzer zu beträchtlichem Wohlstand gebracht und Reisen nach Persien und Ägypten unternommen, wo er mit den Glaubenswelten des Orients in Kontakt gekommen war. Marcion stiftete für sich und seine Gefolgsleute eine Akademie, an der er lehrte, dass es nicht einen, sondern zwei Götter geben müsse: den einen, gütigen Gott des Neuen Testaments und den anderen, schlechten, rachsüchtigen Schöpfergott des Alten Testaments. Marcion nannte ihn den »Demiurgen«.

Eine andere Gruppe, die in den kämpferischen Schriften der Kirchenväter buchstäblich herumgeistert, waren die Anhänger des vor allem in Ägypten und Syrien wirkenden Valentinus: Er lehrte – soweit man es aus den Schriften seiner Gegner extrahieren kann –, dass es zugleich einen einzigen Gott der Christen und mehrere Götter gab, die sich in ihm vereinten: in Form von Äonen (»Ewigkeiten«). Die Valentinianer, die sich wohl selbst zu den Christen zählten, ließen sich von persischen und mesopotamischen Ideen inspirieren. Besonders verhasst waren den Kirchenvätern offenbar jene Gruppen, die orientalische und hellenistische Mysterienkulte mit dem christlichen Gottesdienst vermengten: die »Ophiten« etwa sollen während der Zusammenkünfte Schlangen von Hand zu Hand gereicht und verehrt haben. Das Reptil (Ophis) stand bei ihnen für die Weisheit, den Logos und den Christus. Ein mythisches Wesen, das sich aufgrund seiner Beschaffenheit zwischen den Sphären des Göttlichen und des Irdischen hin- und herbewegen kann. Aber verkörperte die Schlange nicht auch Sünde, Tod und Teufel?

Wo sich der Satan breitmacht, geht es früher oder später auch um Sex. Die Valentinianer sollen eine »Heilige Hochzeit« (Hieros gamos) praktiziert haben: ritueller Beischlaf während des Gottesdienstes. Und wenn sich die Kirchenväter schon darüber empörten, was sollten sie dann erst zu den sogenannten Basileiden und Barbelognostikern sagen? Die vollzogen angeblich den »Spermakult« und zelebrierten während ihres Hochamtes den Saft, aus dem das Leben entsteht, um sich mit dem Schöpfer und dem Kosmos zu vereinigen.

»Sie gaben sich für die Vollkommenen aus, niemand könne ihnen an Größe der Erkenntnis gleichkommen, kein Paulus und kein Petrus und keiner von den andern Aposteln; sie wüssten mehr als alle und sie allein hätten die große, unsagbare Gnosis getrunken«, schimpfte über die Gnostiker der Kirchenvater Irenäus von Lyon (135–200), der eigentlich aus Smyrna (Izmir) in Kleinasien stammte.[8] So sehr hätten die Gnostiker »der Verrücktheit die Zügel schießen lassen, dass sie behaupten, es stehe ihnen frei, jede beliebige irreligiöse und gottlose Handlung zu begehen; denn nur das menschliche Urteil unterscheide zwischen guten und bösen Handlungen.«[9]

Wie bedeutend diese Häresien tatsächlich auch waren – es scheint, dass das Christentum immer schon große Konkurrenz hatte. Besonders seitens derer, die sich ihm zugehörig fühlten. Man kämpfte gegen die Wiederkehr der alten Kultur und gegen die Verunreinigung des wahren Glaubens durch die Beigabe heidnischer Traditionen.

Als besonders häretisch empfand man offenbar die Vorstellung, dass Wissen, nicht Glauben zur Erlösung führt: »Unsere Propheten, Jesus und seine Apostel, haben sich einer solchen Lehrart bedient, daß sie nicht allein Wahrheit, sondern diese auch so vorgetragen haben, dass der gemeinste Mann sie erkennen kann.« So verteidigte Origines den christlichen Glauben gegen gleich zwei Feinde: die Heiden, die die Lehren des Evangeliums unterkomplex und sogar albern fanden. Und diejenigen, die hinter der biblischen noch eine zweite, eine geheime Offenbarung wähnten.[10]

Das griechische Wort für Offenbarung ist »apokalypsis«, und in diesem Sinne kam mit dem Islam im 7. und 8. Jahrhundert eine »apokalyptische« Bewegung der Religion hinzu. Der ging es nicht anders als dem Christentum. Aus politischen Krisen und Katastrophen war nicht nur der Glaube an das nahende Ende der Welt wieder erwachsen, sondern auch das Bedürfnis nach Erlösung neu entflammt. Die alten religiösen Systeme hatten abgewirtschaftet und waren nicht mehr in der Lage, diese Sehnsucht zu erfüllen. Aber anstelle einer vereinenden Religion, die diese Aufgabe übernahm, entstand schon in früher Zeit eine Vielfalt von »Islamen«.

Und während die christlichen Patriarchen sich an den Gnostikern und heidnischem Gedankengut abarbeiteten, kämpften – Jahrhunderte später – die Vertreter des vermeintlich wahren Islam mit ihren eigenen Häresien. Obwohl sie den Dualismus der Häretiker – die Welt als Schauplatz eines ewigen Kampfes zwischen Licht und Dunkel, Gut und Böse – ablehnten, so praktizierten sie ihn doch in gewisser Weise selbst: Die Frage nach der richtigen und falschen Lehrmeinung wurde eine von Glaube und Sünde, von Schwarz und Weiß. Je kleiner die Abweichungen, desto heftiger die Auseinandersetzungen.

Muslime taten es in gewisser Weise ihren christlichen und – letztendlich auch den jüdischen – Vorläufern gleich: Sie verbreiteten die Legende von einer rechtgläubigen Urgemeinde, die leider nach und nach von Häretikern gespalten worden war. Und die Gott – oder ein Messias – irgendwann wieder zusammenführe, indem er Spreu vom Weizen trennt. Heilsgeschichtlich mag das Sinn ergeben. Historisch nicht. Vielfalt und widerstreitende Interpretationen waren in der Sache selbst angelegt. Sie waren nicht die Ausnahme, sondern die Regel. Und wenn sich die Geschichte des frühen Christentums anhand ihrer Widersprüche erzählen lässt, trifft das auch auf den Islam zu.

Was aber das Dogma und der Anspruch auf die Wahrheit trennt, fügen Mythen wieder zusammen. Sie sind unendlich variabel und reproduzierbar: Niemand kann sie für sich allein beanspruchen. Sie brauchen weder Ort noch Zeit.

❖

In meinem Rückspiegel verschwinden die Kulissen vom *Krieg der Sterne*. Was bleibt, ist die Mondlandschaft und der Eindruck, ich betrete einen anderen Planeten. Von Tataouine geht es weiter nach Süden. Auf einer Serpentinenstraße passiere ich schließlich Chennini, ein verfallenes Berberdorf, das mit seinen Höhlenwohnungen und Getreidespeichern aussieht wie ein verlassener Bienenstock.

In diese Gegend zogen sich nach und nach christliche Berber zurück, als Tunesien von muslimischen Herrschern erobert wurde. Nicht weit von hier entfernt, in Tozeur, lag eines der südlichsten Bistümer der römischen Kurie, das erst im 12. Jahrhundert seinen Betrieb einstellte.

Am Ende der Straße liegt ein verfallener, kleiner Friedhof mit einer unscheinbaren, weiß getünchten Moschee, über der sich ein eigentümlich schiefes Minarett erhebt. Dort erwartet mich Anis, ein etwa 30-jähriger, fideler Mann aus Chennini mit einem indigoblauen offenen Tagelmust, dem traditionellen Turban der Berber, auf dem Kopf. An seinem Gürtel hängt ein mächtiger Schlüssel. Von Beruf ist Anis eigentlich Steuerfachgehilfe, seine Berufung aber ist die des Wächters über dieses Heiligtum. Auf dem von einem Wall aus Natursteinen eingehegten Areal liegen mächtige Grabmäler. Hier müssen Riesen bestattet worden sein. Ich schreite eines der Gräber ab – es misst über fünf Meter. »Sechs«, ruft Anis lachend, während er zu mir hinüberklettert. Ich sei schließlich viel zu groß, und meine Schritte mäßen mehr als einen Meter.

Der arabische Name dieses Ortes ist *Saba'a Ruqud* (»Siebenschläfer«). Und von denjenigen, die hier begraben liegen sollen, erzählt eine der wohl berühmtesten – und zugleich rätselhaftesten – Legenden im Koran: In alter Zeit flieht eine Gruppe frommer junger Männer vor Verfolgung. Auf dem Weg schließt sich ein Hund den Gefährten an. Mit letzter Kraft retten sie sich in eine Höhle, die sich hinter ihnen auf wundersame Weise verschließt; die Häscher sind düpiert. Aber wie können die Bewohner der Höhle nun ohne Nahrung überleben? Der Allmächtige hat auch dafür einen Plan: Er versetzt sie in einen langen Schlaf, der mehrere Jahrhunderte andauert. Sogar dafür, dass sie sich nicht wundliegen, hat Gott gesorgt: »Und wir wenden sie nach rechts und links. Ihr Hund liegt, seine Vorderpfoten am Eingang ausgestreckt«, so heißt es im Koran (Sure 18, Vers 18). Als die Gefährten der Höhle wieder erwachen und sich hinaus trauen, stellen sie fest, dass die Welt um sie herum den wahren Glauben angenommen hat. Den Seinen gibt es der Herr im Schlaf! Die 18. Sure, in der die Legende vorkommt, trägt den Titel *Al-Kahf* (»Die Höhle«).

Die christliche Tradition kennt sie als die Geschichte der »Sieben Heiligen von Ephesus«. Christliche Autoren, wie der große Gregor von Tours (538 – 594), überlieferten sie. Mit der *Legenda Aurea* (»Goldene Legende«) des Mittelalters hat sie Einzug ins Herz der abendländischen Literatur gefunden. Auch der Dichter Goethe erfreute sich an ihr.

Die Legende liegt in spätantiken griechischen Texten vor. Womöglich gibt es ein älteres syrisch-aramäisches Original, das aber verschollen ist. Manche Forscher erkennen in ihr sogar jüdische Motive aus dem Buch Daniel des Alten Testaments wieder. Der christlichen Erzählung zufolge lebten die Sieben Heiligen zur Zeit der Christenverfolgung durch den römischen Kaiser Decius (201–251): Als sie wieder aus dem Schlaf erwachen, ist die Höhle offen. Einer wagt sich in die Stadt, um Proviant zu besorgen. Als er bezahlen will, schauen die Händler verwundert zu ihrem merkwürdigen Kunden auf: Die Münzen sind seit Jahrhunderten nicht mehr im Umlauf. Und so wird das Wunder öffentlich.

In Europa gedenkt man der Gefährten an einem Tag, dem bis heute eine magische Bedeutung zugemessen wird: dem 27. Juni, dem Siebenschläfertag. An diesem Datum soll sich das Schicksal des bevorstehenden Sommers entscheiden; ob die Ernte gut ausfallen wird oder ob Sturm und Hagel sie zunichtemachen werden: »Ist der Siebenschläfer nass, regnet's ohne Unterlass.«

Beiderseits des Mittelmeeres findet man die Namen der Sieben Heiligen noch bis ins 19. Jahrhundert auf Amuletten, Zauber- und Beschwörungsformeln: Sie schützen vor Brand oder schreienden Kindern. Wer nachts nicht schlafen konnte, legte ein Papier mit den Namen der Sieben unter das Kopfkissen.

Liest man die Koransure von der Höhle jeden Freitag, wird sie für den Rest der Woche Segen spenden. Muslimische Autoren haben sie verschiedentlich interpretiert: So soll sie die Gläubigen mahnen, standhaft zu bleiben, insbesondere in Zeiten, da die Welt von Zweifeln und Unglauben heimgesucht wird. Islamistische Denker sehen in der Geschichte von der Höhle einen Beweis dafür, dass man nur lange genug ausharren müsse, um selbst den mächtigsten Feind zu besiegen: Immerhin versteckte sich auch der Al-Qaida-Chef Osama Bin Laden über Jahre in Afghanistan in einer Höhle. Und im Irak treibt sich seit einigen Jahren eine schiitische Untergrundorganisation herum, die sich *Ashab* al Kahf (»Gefährten der Höhle«) nennt und Anschläge gegen amerikanische Truppen für sich reklamiert.

Sufis, die islamischen Mystiker, rezitieren die Sure von der Höhle, um sich in einen Meditationsmodus zu versetzen. Für die aus dem Kreis der Schia kommenden Ismailiten stehen die Sieben Schläfer für die Sieben Imame. Die »Geheimreligionen« der Drusen und Alawiten haben wiederum Gefallen an dem treuen Hund gefunden – als Allegorie auf einen himmlischen Tröster, eine Figur namens Chidr, der wir auf dieser Reise noch begegnen werden. Es scheint also, dass die Geschichte der Sieben Schläfer für jeden etwas bereithält.

Es war tatsächlich in einer schlaflosen Nacht, als ich den Plan fasste, nach Tataouine zu kommen. Die Geschichte von den Sieben Schläfern erinnerte mich an einen alten Menschheitstraum von großer Aktualität. Klimawandel, Kriege, Covid, Massen auf der Flucht, religiöser Fanatismus, das drohende Ende des Planeten. Heute, im Jahr 2022 scheint mir die Stimmung allenthalben ebenso »apokalyptisch« wie zu jenen Zeiten, als das Christentum und der Islam entstanden. Wer hat sich nicht schon ausgemalt, wie es wäre, sich einfrieren zu lassen und in ein paar Hundert Jahren in einer anderen, hoffentlich besseren Welt wieder zu erwachen? (Der Glaube an das baldige Ende der Welt ist ein *evergreen* – er wird auf unserer Reise durch die Jahrhunderte immer wieder vorkommen.)

Eine Frage sollten wir indes auf sich beruhen lassen: Ob sich die Geschichte der Sieben Schläfer tatsächlich hier, im Süden von Tunesien, zugetragen habe, und damit nicht in Ephesus, wie es in der christlichen Legende heißt? Anis, der Wächter der Moschee der Sieben Schläfer, lächelt mich wissend an und weist mich auf einen Umstand hin: Die Gräber seien nicht, wie in der muslimischen Tradition üblich, in der Gebetsrichtung nach Mekka ausgerichtet. Stammt dieser heilige Ort also bereits aus vorislamischer Epoche? Warum die Gräber so gigantisch groß seien, will ich wissen. »Die Gefährten sind während ihres Schlafes immer weiter gewachsen«, lautet die Antwort. Und wenn die Moschee schon den Namen der christlichen Legende »Sieben Schläfer« trägt, warum gibt es dann nicht mehr als sieben Gräber? »Ihre Anzahl kennt Allah am besten«, antwortet Anis mit einem Vers aus der Sure von der Höhle. Und lacht.

So treten wir ein in das kleine Gotteshaus über dem Friedhof, in dessen Innerem wir eine dunkle Kammer finden. Sie muss unmittelbar unter dem schiefen Minarett der Sieben Schläfer liegen. Die Wände der Kammer sind notdürftig mit Zement bestrichen. Anis entzündet eine Kerze und leuchtet in die Ecken. Dann klopft er gegen eine Wand, hinter der ein Hohlraum liegen muss. Er klopft noch einmal. Dann folge ich seinem Beispiel. Für einen Moment harren wir still aus und warten, ob jemand das Signal erwidern wird.

2

Philae

DENKMAL DER EWIGEN LEIDENSCHAFT

Ein dramatischer Mordfall und die Geschichte von Isis und Osiris, die zwar einen Penis verloren, dafür aber ein Herz wiederfanden.

Kurz nach Sonnenaufgang erreichen wir das Ufer des Stausees hinter dem alten Assuandamm. Der Juli ist kein Monat für Reisegruppen; zu dieser Jahreszeit vergeht kaum ein Tag, ohne dass das Thermometer auf über 40 Grad im Schatten steigt. Die Luftfeuchtigkeit ist hoch. Aber in diesem Jahr kommt die Covid-Pandemie hinzu.

Es ist menschenleer, und trotzdem haben einige Souvenirhändler am Anleger schon ihr volles Sortiment ausgebreitet. Die meisten davon mehr oder weniger originalgetreue Miniaturrepliken von Statuen ägyptischer Gottheiten in ihrer jeweiligen tierischen Gestalt. Bastet, die aufrecht sitzende Katze, Sobek, das Krokodil, Taweret, das Nilpferd, die Schutzgöttin der Schwangeren, und hin und wieder Isis, die schlanke und schöne Frauengestalt mit ausgebreiteten Flügeln.

»Wenn wir zurückkommen, werde ich eine davon kaufen«, sagt Hourig Sourouzian, bevor sie nach meiner ausgestreckten Hand greift und an Bord eines alten Motorbootes steigt. Ich lächle sie etwas verwundert an. Dass eine Ägyptologin, die seit Jahrzehnten am Nil archäologische Ausgrabungen betreibt, noch immer Touristensouvenirs einkauft, scheint mir alles andere als selbstverständlich. Für sie ist es das. Dahinter steht weniger die Begeisterung für

Kunsthandwerk und die mythologischen Figuren. Vielmehr weiß sie, dass in Ägypten fast jeder ums Überleben kämpft. Etwas muss abfallen für die Seeanrainer. Nicht durch Almosen, sondern durch ein anständiges Geschäft.

Im Laufe der Jahre habe ich einige Ägyptenarchäologinnen und -archäologen kennengelernt. Es ist eine Welt der Aufopferung, Widerstände und großer Leidenschaft. Und so kommt es, dass man dort menschliche Extreme trifft: Gentlemen und Gentlewomen, aber auch Misanthropinnen und Misanthropen. Solche, die tagtäglich dankbar dafür sind, dass sich die Welt für die Faszination Ägyptens interessiert und ihrem Berufsstand durch allwöchentliche Fernsehdokumentationen mit zweifelhaften Titeln wie *Der Fluch des Pharao* größte Aufmerksamkeit und manchmal sogar Starstatus beschert. Und solche, die jeden Journalisten, geschweige denn Studienreisenden, als Störer ihrer Kreise wahrnehmen und kein Hehl aus ihrer Verachtung für sie machen. In der Archäologie, besonders der ägyptologischen, so scheint es mir, trifft man die vornehmsten, aber auch die am schwersten zu ertragenden Gelehrten überhaupt.

Hourig Sourouzian gehört der ersten Gruppe an. Sie schätzt sich glücklich für das Privileg, ihren Traum leben zu können. Hourig leitet eine der spektakulärsten Grabungsstätten in Ägypten, die sehr oft, wenn auch teilweise unbeabsichtigt, auf Touristenfotos im Hintergrund auftaucht. Es sind die sogenannten Memnonkolosse am Weg zum Tal der Könige bei Luxor und das dahinter liegende, gigantische Ruinenfeld, auf dem einst der Tempel des Pharaos Amenophis III. stand.

In Assuan forscht sie nicht. Dennoch verbindet sie mit dieser Gegend eine besondere Erinnerung. Denn Hourigs Familiengeschichte ist selbst ein kleines Orientabenteuer. Sie wurde in Bagdad als Tochter armenischer Eltern geboren. Die ältere Generation war im Völkermord, den das Osmanische Reich im Ersten Weltkrieg an den Armeniern und anderen christlichen Minderheiten verübte, umgekommen. Kurz nach Hourigs Geburt wanderte die Familie nach Beirut aus, wo der Vater jedoch nach wenigen Jahren starb. Zum Studium gelangte Hourig an die École du Louvre, die weltberühmte Schule für Kunst, Archäologie und Epigrafik in Paris. Später studierte sie Ägyptologie und kam erstmalig an jene Granitbarriere, die den Nil bei Assuan zur Stromschnelle macht und die wir heute gemeinsam besuchen. Damals, so erzählt sie mir bei der Überfahrt, war sie allein mit einem Bootsmann, der sie zu dem Heiligtum übersetzte, das zu einer lebenslangen Faszination werden sollte.

Wie zu jener Zeit ist der See an diesem Morgen klar und spiegelglatt, sodass man die Blasen, welche die Pflanzen oder die Nilhechte gelegentlich ablassen, an der Oberfläche sehen kann. Vor uns liegt ein Schauplatz aus Tausendundeiner Nacht.[11] In den Märchen ist von einem wundersamen Palast die Rede – und von einem jungen Mann, der seine Liebste sucht. Die aber wurde von ihrem Vater, einem Wesir, auf einer einsamen Insel in einen goldenen Käfig gesperrt und muss befreit werden. Es ist ein Ort, der wie kaum ein anderer von Aufopferung, Liebe und der Sehnsucht nach Unsterblichkeit erzählt: Philae.

Als Hourig Sourouzian zum ersten Mal diesen Ort besuchte, war das Heiligtum jedoch bis zu den Kapitellen der Säulen im Innenhof überschwemmt. Vorsichtig ruderte damals der Bootsmann entlang der Architraven über dem beidseitigen Säulengang, die wie Kaimauern aus dem Wasser ragten und den Weg zum Allerheiligsten einhegten. Am ersten Pylon, dem Tor zum Innenhof des Isis-Tempels, stand das Wasser so hoch, dass das Boot nicht hindurchpasste. Der Bootsmann staunte nicht schlecht, als die Studentin Hourig sich Hals über Kopf in den See stürzte und die letzten Meter ins Innere des Heiligtums schwamm.

Nun war sie umgeben von papyrusförmigen Kapitellen, und aus jedem Winkel starrten sie die Augen einer Göttin an. Aus deren ehernem Gesicht wuchsen Kuhohren: Hathor, die »ferne Göttin«, die alljährlich besänftigt nach Ägypten zurückkehrte und mit sich die Nilschwemme brachte. Argwöhnisch bewacht sie den Eingang zum Tempel der Isis.

»Ich habe die Präsenz der Götter damals gespürt«, sagt mir Hourig, als ich mit ihr an diesem Tag gemeinsam das Heiligtum von Philae betrete. Dass dies heute ganzjährig trockenen Fußes möglich ist, verdanken wir einem Meisterwerk der Ingenieurskunst. Um den Tempel vor den Fluten des Stausees zu beschützen und als Kulturerbe zu erhalten, wurden die Sakralbauten der Insel Philae zwischen 1972 und 1980 abgebaut und auf der etwas höher gelegenen Nachbarinsel Agilkia wiedererrichtet. Die Heiligtümer von Philae liegen folglich gar nicht mehr auf Philae, also dort, wo Isis das Herz ihres Göttergemahls Osiris fand, sondern an einem anderen Ort.

Während wir in das Innere des Tempels vordringen, sprechen Hourig und ich über eine der größten Kriminalgeschichten der ägyptischen Mythologie. Währenddessen unterbricht sie sich immer wieder und weist mich auf Besonderheiten in den Reliefs dieser bedeutenden ptolemäischen Anlage hin: Etwa auf die Kartuschen der ptolemäischen Könige, aus denen die berühmte Kleopatra hervorgegangen ist und die sich an den Mauern der Tempel verewigten. Oder die Darstellung des Gottes Bes, einer mit Straußenfedern geschmückten, bulligen und zwergenhaften Gestalt, die den Haushalt beschützt. Auf manchen Reliefs schlägt Bes vergnügt die Trommel oder spielt auf Zimbeln. An anderer Stelle entdecken wir eine der letzten hieroglyphischen Inschriften aus der Spätantike. Dann finden wir auf den Reliefs die Inkarnation des Nils, der sich wie eine Schlange um die Granitfelsen der Insel Philae wickelt, auf denen das Heiligtum der Isis in Miniaturausgabe ruht. Es ist ein so detailreich dekorierter Ort, dass man an jeder Ecke verweilen möchte.

Im Inneren des Tempels eröffnet sich die ganze Geschichte von Isis und Osiris in Reliefs. Und die Bilder erzählen, wie bereits gesagt, eine Story, die an Dramatik und Tragikomik kaum zu überbieten ist.

Osiris heißt darin der König des ägyptischen Pantheons, die unangefochtene Nummer eins. Die schöne Isis ist seine Schwester, die ihm zugleich als Gemahlin auserkoren ist. Aber wie alle vom Glück Beschenkten, die an das Gute im Menschen – bzw. in den Göttern – glauben, unterschätzt Osiris die Gefahren, die im nächsten, familiären Umfeld lauern: Neid!

Seth, der Bruder des Götterkönigs, will Osiris anstelle des Osiris werden. Der Missgünstige spielt nun also den großen Schurken in diesem sich rapide zuspitzenden Götterdrama. Als Osiris sich in Nubien aufhält – im alten Ägypten mussten auch Götter gelegentlich verreisen, um sich ein Bild von der Lage im Reich zu machen – schmiedet Seth ein teuflisches Komplott, bei dem ihm 72 Männer sekundieren. Er lässt einen prächtigen Sarg anfertigen, der zunächst nichts weiter sein soll als ein Partygag.

Denn kaum ist Osiris zurückgekehrt, wird ein Bankett gefeiert, und Seth, den man zwar zwielichtig findet, der mit seinem kurzweiligen Humor und seinen originellen Einfällen aber immer eine Traube aus Gästen um sich scharen kann, lässt den Sarg vorführen. Nach und nach sollen sich die Götter hineinlegen. Wem das Totenbett am besten passt, der hat das Spiel gewonnen. So will auch der vermutlich von der Reise müde, aber gutmütige Osiris kein Spielverderber sein. Nur ahnt er nicht, dass er der Sieger sein wird. Sein Bruder nämlich, der Osiris' Körpermaße genau kennt, hat den Sarg eigens für ihn anfertigen lassen. Bevor Osiris jubelnd die Arme in die Höhe recken, unter dem Applaus der heiteren Gesellschaft wieder dem Sarg entsteigen und das Dinnerjackett überziehen kann, wird es dunkel über ihm. Seth hat Osiris dort, wo er ihn immer haben wollte. Er lässt den Sarg geschwind mit Blei versiegeln – und ab dafür. Der Sarg landet im Nil und wird bis an die Küste des Libanon gespült.

Mit einem hat der triumphierende Seth allerdings nicht gerechnet: der Macht der Liebe. Die Gemahlin und Schwester des Gemeuchelten macht den Leichnam des Osiris ausfindig und lässt ihn zurückholen. Dabei ist ihr ausgerechnet ihre Schwester Nephthys, die Verlobte des Fieslings Seth, behilflich. Mit ihr soll Osiris vor seinem Tod im Bett gewesen sein, was zumindest aus einem Zauberspruch hervorgeht, den man später im Inneren einer Pyramide fand.[12] Auch der griechische Autor Plutarch weiß davon zu berichten, dass »Isis erfuhr, dass unbewusst Osiris ihrer Schwester, als wäre es Isis selbst, in Liebe beigewohnt habe«.[13] (Glücklicherweise war der Ehebruch also nur ein Versehen.)

Isis wünscht sich einen Nachkommen von Osiris und muss über ihren Schatten springen. Seth wiederum erfährt von der dramatischen Rückholaktion und will nun kein Risiko mehr eingehen: Er bemächtigt sich des königlichen Leichnams, zerstückelt ihn und wirft die Glieder abermals in den Fluss. Da es 42 an der Zahl gewesen sein sollen, wird man später entlang des Nils einige Dutzend Osiris-Heiligtümer finden. Das Herz des Gottes wird der Nil auf Philae anspülen.

Nun aber ist Isis am Zug. Sie und ihre Schwester Nephthys fliegen womöglich sogar im Falkenkostüm nilabwärts, um den Verbleib der Gliedmaßen aufzuklären. Und sie holen sich fachmännische Hilfe, unter anderem bei Thot, dem ibisköpfigen Mondgott, der als besonders weise, gebildet und zudem als Meister der Magie gilt. Und bei Anubis, dem Gott der Mumifizierung, der sich als Experte für die Wiederherstellungschirurgie erweist. Die Teile werden wieder eingesammelt und der Körper mit einer Art Ganzkörperverband wieder zusammengesetzt: So wird Osiris zur ersten Mumie in der ägyptischen Geschichte (und wir wissen endlich, warum Mumien so aussehen, wie sie aussehen). Kaum ist das Wunder vollbracht, stellt sich die nächste Katastrophe ein, denn man stellt fest, dass ein entscheidendes Körperteil fehlt. Hier kommen die Nilhechte ins Spiel, die uns am Morgen bei der Überfahrt nach Philae schon begegnet sind. Ein solcher hat nämlich den Penis des Osiris verschluckt, was im Übrigen der Grund dafür ist, dass man an Osiris-Heiligtümern in der Regel keine Darstellung von Fischen findet. Eine Frage der Pietät. Der Übeltäter ist sogar namentlich überliefert: Oxyrhynchus. Er ist damit sozusagen der Stammvater der Mormyrhidae, auch »Elefantenfische« genannt. Das Andenken des Osirisglieds tragen diese seither als Rüssel im Gesicht, was ihnen ein unvorteilhaftes Äußeres verleiht. Strafe muss sein.

Isis fertigt sich nun einen hohlen, hölzernen Ersatz an, um die Empfängnis einzuleiten. Sie nimmt ein weiteres Mal die Gestalt eines Falken an, setzt sich auf die Lenden des wieder zusammengesetzten Osiris und fängt an, mit den Flügeln zu schlagen wie ein Greif im Rüttelflug. Dadurch haucht sie dem Toten neuen Odem ein. Ein Relief in einer Dachkammer des Isis-Heiligtums von Philae zeigt lebendig, wie dieser für einen Moment erwacht und sich vom Licht geblendet die Hand über die Augen hält. Ehe er aber in den Genuss des neuen Lebens kommt, hat Isis seinen Samen schon empfangen. Osiris hat seine Aufgabe erfüllt und kann getrost ins Totenreich zurückkehren, das er seitdem beherrscht.

Für einen Moment ist Isis gelungen, was die ägyptische Kultur über Jahrtausende mit großer Anstrengung versuchte: dem Tod ein Schnippchen zu schlagen. Der Auferstehungsmythos ist perfekt. Aus der künstlichen Befruchtung entsteht der falkenköpfige Sonnengott Horus, der sogleich an eine Spitzenstelle im Pantheon vorrückt.

Die Reliefs im Inneren des Isis-Tempels erzählen diese Geschichte. Wer allerdings hofft, dass sich die Szenen dort wie in einem Comic aneinanderreihen, wird enttäuscht. Man muss sie sich unter der fachkundigen Anleitung von Ägyptologen wie Hourig Sourouzian zusammensuchen, was im Übrigen auch für den Text gilt: Die Elemente dieser fabelhaften Story finden sich verstreut in Pyramidentexten, Zaubersprüchen und späteren griechischen Quellen, die vom Alten Reich (ca. 2700 bis 2200 v. Chr.) bis in die Römische Antike reichen, besonders zum Autor Plutarch, der selbst als Priester am Orakel von Delphi wirkte und sich einigermaßen intensiv mit Isis beschäftigt haben dürfte. Denn der Mythos von Isis und Osiris machte eine beachtliche Karriere über die ägyptische Kultur hinaus.

Dass der Osiriskult über die Jahrhunderte immer populärer wurde, mag an diesem einprägsamen Mythos liegen, aber auch daran, dass er sich allmählich allen öffnete: Osiris wurde sozusagen ein »Gott des Volkes«.[14] Im ganzen Land entstanden Osiris-Heiligtümer, zu denen man pilgern und den Gott rituell betrauern und verehren konnte, auch wenn man keinen Zugang zu den Tempeln der Priester und Pharaonen oder deren Höfen hatte. Ein Zentrum des Kultes wurde Philaes Nachbarinsel Biggae, wo Isis ihren Gemahl nach vollzogener Befruchtung ordentlich bestattet hatte. Die Insel ist heute für Besucher geschlossen. Osiris liegt darauf im Schatten seiner Gattin. Auf Philae wiederum ließ der römische Kaiser Trajan einen hübschen »Kiosk« errichten, als Schuppen für die rituelle Barke, also die Niljacht der Isis, mit der sie nach Biggae übersetzen konnte. Der Mythos von Isis und Osiris ist heute in Ägypten noch lebendig, wenn etwa Sufis, die muslimischen Mystiker, zu traditionellen Prozessionsfesten ein Schiffsmodell herumtragen.

Mit Isis und Osiris hatte die Bevölkerung am Auferstehungserlebnis Anteil. Vielleicht konnte sie damit sogar Hoffnung auf etwas empfinden, das lange nur den Herrschenden vorbehalten war: ein ewiges Leben. Ein Hinweis darauf mag die Tatsache sein, dass seit dem Mittleren Reich (2137 bis 1781 v. Chr.) auch nichtkönigliche Gräber verdienter Persönlichkeiten mit Details des Osirismythos' ausgeschmückt waren.

Mit der Zeit nahm Osiris die Gestalt eines Richters an, dessen Urteil jeder und jede bei der Reise durch das Totenreich über sich ergehen lassen musste. Dem Verstorbenen wurden gute und schlechte Taten bilanziert. Osiris selbst war gewissermaßen die Referenz für ein tadelloses Leben (das Gerücht von seinem angeblichen Seitensprung mit Nephthys wurde nicht weiter thematisiert).

Hier findet sich der Gedanke, dass nicht allein edle Herkunft, sondern auch ethisches Handeln über das Seelenheil entscheiden.

Vermutlich verehrte man Osiris ursprünglich als eine Vegetationsgottheit, die für Fruchtbarkeit und die lebensspendende alljährliche Nilschwemme zuständig war. Im Frühling, wenn ein warmer Wind aufkam, wusste man, dass nilaufwärts, in den Bergen im Inneren des afrikanischen Kontinents, die Regenfälle zugenommen hatten. Nun war es Zeit, die erste Ernte einzufahren, bevor die nächste Flut die Äcker überschwemmte und erneut fruchtbar machte. Die Ägypter begleiteten den Zyklus von Ernte und Schwemme, von Flut und Trockenheit, mit rituellen Festen. Denn die Jahreszeiten waren nicht nur ein willkommener Vorwand für eine Party – man musste sie religiös begleiten, da sie sonst womöglich gar nicht eingetreten wären.

Laut dem im alten Ägypten offenbar verbreiteten Weltbild musste der Kosmos durch Rituale in Bewegung gehalten werden, da sonst einfach alles Bewegliche zum Erliegen kommen würde. Einschließlich des Lebens selbst. »Wenn die ägyptischen Spezialisten unablässig den Himmel beobachten«, schreibt der Ägyptologe Jan Assmann, taten sie dies nicht, um die Zukunft vorauszusagen, sondern, um die Zeit als solche in Gang zu halten.[15] Und Osiris übernimmt hier die Rolle dessen, der die Zeiger auf der Uhr weiterlaufen lässt. Die Ägypter unterschieden zwischen zwei zeitlichen Dimensionen – einer zyklischen, in der alles wiederkehrt und sich alles erneuert, und einer unveränderlichen, ewigen, für die Osiris zuständig war. Die Vorstellung, dass Zeit nicht nur linear abläuft, sondern auch zyklisch, und dass alles wiederkehrt und schon einmal da gewesen ist, sollte sich in den Weltbildern späterer Religionen niederschlagen. Sogar in christlichen und islamischen Kulturen.

Bis in die heutige Zeit ist das Shemufest ein bedeutender Termin im Kalender Ägyptens, den auch die Muslime begehen. Es werden hart gekochte Eier bemalt – solche »Ostereier« kannten die alten Ägypter bereits als Grabbeigaben – und wer es sich leisten kann, für ein paar Tage die Arbeit niederzulegen, vergnügt sich beim Picknick mit Freunden und Verwandten. Sham Ennessim, was gemeinhin mit »die aufkommende Brise riechen« übersetzt wird, fällt zusammen mit dem koptischen Osterfest, an dem die Christen Ägyptens die Auferstehung feiern. Zwar nicht die des Osiris, doch sind die Parallelen augenfällig. Das gilt auch für die eigentliche Heldin des Isis- und Osirismythos'.

Sie bringt den Horusknaben im Schilfland des Nils zur Welt und setzt ihn aus, um ihn vor der Rache Seths zu schützen. Im Alten Testament treibt der Knabe Moses auf dem Schilf und wird von einer ägyptischen Prinzessin gefunden und im Palast erzogen. Griechische und römische Quellen berichten später, dass die Ägypter den Geburtstag des Sonnengottes Horus, das »Siegesfest«, am Tag der Wintersonnenwende begehen, nach julianischem Kalender am 25. Dezember. Sein Gegenspieler Seth wiederum gilt seit dem ersten vorchristlichen Jahrtausend als Inbegriff des Bösen. Manche Autoren haben versucht, einen etymologischen Zusammenhang zwischen »Seth« und »Satan« herzustellen. Die Theorie mag abenteuerlich sein, aber im Volksglauben war der Weg vom einen zum anderen gewiss nicht weit.

Isis, die leidenschaftliche und sich aufopfernde Göttin, begegnet uns in der Antike mal als schlanke, aufrecht stehende Frau mit Sonnenscheibe, mal als Mutter mit dem Horusknaben an der Brust. Das spätantike Christentum kennt diese Figur als *Maria lactans*, die stillende Gottesmutter. In Gestalt ägyptischer Statuetten taucht sogar eine Heilige Familie auf: Osiris, Isis und der kleine Horus. Man fühlt sich unwillkürlich an Josef, Maria und den Jesusknaben erinnert, wobei Osiris und Josef zu Nebendarstellern degradiert werden. Der eine als bloßer Samenspender, der andere als Pflegevater eines Kindes, das in Wahrheit der Heilige Geist zeugte.

Als Ptolemaios I., ein General des Makedonen Alexander, im Ägypten des 4. Jahrhunderts v. Chr. ein neues Königreich errichtete, war der Kult von Isis und Osiris längst über die Grenzen Ägyptens hinaus bekannt. Die Ptolemäer, die sich gern wie ägyptische Pharaonen inszenierten, verhalfen Isis zu besonderer Prominenz. Höchstwahrscheinlich sah man die Göttin als eine integrative Gestalt, an der sich Alt- und Neuägypter gleichermaßen erfreuen konnten. War Isis früher eine von vielen Gottheiten in einem hochkomplexen Pantheon gewesen, stieg sie nun rasant die Karriereleiter hinauf. Mit dem Isiskult verhält es sich daher ein bisschen wie mit dem – ebenfalls aus der Ptolemäerzeit stammenden – Heiligtum von Philae. Was ein Laie für »typisch ägyptisch« halten mag, ist in Wahrheit »neo-ägyptisch«, also ptolemäisch. Insofern ist vieles am Isiskult, was wir heute als ägyptisch ansehen, so reinrassig wie eine orientalische Gewürzmischung. Isis wurde mal zur Tochter des Prometheus erklärt, mal zur »weißen Io«, einer sterblichen Geliebten des Zeus. Im Laufe ihrer Karriere vermengte Isis sich mit der Liebes- und Fruchtbarkeitsgöttin Aphrodite oder der mesopotamischen Ischtar, weshalb deren Eigenschaften rückwirkend auch Isis zugeschrieben wurden.

So kam es wohl, dass manche mit Isis Wollust und Erotik verbinden, während andere sie im Zuge der feministischen Bewegung für den Inbegriff der selbstbestimmten Frau hielten. Als Göttin der Magie konnte sie zwar buchstäblich zaubern. Dabei ist sie alles in allem doch eher eine Hausfrau, die sich für die Herren der Schöpfung aufopfert. Und, so weiß man aus ägyptischen Beschwörungsformeln, auch eine entschiedene Abtreibungsgegnerin.

Von Alexandria brachten ägyptische Kaufleute den Isiskult auf die griechischen Inseln: Sie flehten Isis als Schützerin der Seefahrer an (als Besitzerin einer berühmten rituellen Nilbarke dürfte Isis sich in der Nautik ausgekannt haben; der Fluss mit seinen Sandbänken ist nicht leicht zu befahren). Um das Jahr 80 v. Chr. traf die Göttin in Rom ein, wo der Senat den Isiskult so unbehaglich fand, dass er den Bau von Isis-Heiligtümern mit allen Mitteln der Bürokratie sabotierte. Die römischen Senatoren hassten in Isis wohl insgeheim Königin Kleopatra, die das Imperium Romanum vom ägyptischen Alexandria aus piesackte und sich regelmäßig zu feierlichen Anlässen im Isis-Kostüm präsentierte. Sie hielt sich offenbar für die Inkarnation der Göttin. Aber wie die römischen Potentaten Cäsar und Antonius dem Charme der Ägypterin Kleopatra verfielen, so verfiel Rom dem Einfluss ägyptischer Kultur. Oktavian, der sich 27. v. Chr. nach einem blutigen Machtkampf zum ersten römischen Kaiser ausrufen ließ, besiegte Kleopatra. Letztere kam der Erniedrigung, als Gefangene in einem Triumphzug durch Rom geschleppt zu werden, durch einen spektakulären Selbstmord per Schlangenbiss zuvor. Oktavian und einige seiner Nachfolger versuchten nun, auch dem Isiskult Einhalt zu gebieten und ließen einige Isispriester im Imperium hinrichten. Vergeblich.

Die Verehrung der ägyptischen Muttergöttin war längst ein beliebter Mysterienkult, den man, wie später das Christentum, auch im halbwegs Privaten zelebrieren konnte.

Kaiser Caligula (37–41 n. Chr.) ließ dem Isiskult staatliche Subventionen angedeihen. Auf dem Marsfeld wurde ein Tempelkomplex errichtet, wo man der Gattin des Osiris gemeinsam mit Serapis, einer anderen hellenistisch-ägyptischen Gottheit, huldigte. Unter Caracalla hielten die Isisrituale 215 n. Chr. Einzug in den Kalender der offiziellen Feiertage. Im Tempel der Isis bot sich dann ein mystisches Spektakel: Zum Gottesdienst öffneten kahlköpfige, in Weiß gekleidete Priester den Schrein der Isis-Statue und weckten sie mit Feuer und Wasser zum Leben. Isis wurde in prunkvolle Gewänder gekleidet, Kultgefäße wie ein »Kelch im Gottesdienst der katholischen Kirche« den Gläubigen präsentiert.[16] Im Herbst beweinten dann die Anhänger der Isis den ermordeten Osiris, bis dieser »am dritten Tage« auferstand und ein rauschendes Freudenfest ausbrauch.

Angeblich hatte Isis aber auch eine besondere Anziehungskraft auf Frauen, was wiederum die männlichen Eliten in ihrer lustvollen Verachtung für Isis bestärkte. Der römische Satiriker Juvenal machte sich darüber lustig, dass Isis-Anhängerinnen zur Hysterie neigten und im Winter in den zugefrorenen Tiber stiegen, um für die Göttin eine rituelle Reinigung vorzunehmen und hernach auf blutenden Knien zum Iseum zu schlurfen.[17] Für Ovid war das Heiligtum der »Kuh von Memphis« der geeignete Ort, um leichtgläubige Frauen abzuschleppen. »Viele Frauen macht sie zu dem, was selbst für Jupiter sie einst gewesen«, erklärt Ovid in Anspielung auf die Legende, der zufolge Isis die Mätresse des Zeus alias Jupiter gewesen sei.[18] Der Dichter Martial wiederum kolportiert die Geschichte eines Mannes, der um das Isis-Heiligtum einen große Bogen machte, weil er an Erektionsproblemen litt – wohl eine Anspielung auf die kursierende Behauptung, die Römerinnen nutzten den Zauber der Isis als heimliches Aphrodisiakum für sich und ihre gestressten Männer.[19]

Aber auch darüber hinaus warfen Kritiker den Isis-Anhängern vor, sie praktizierten Magie, um anderen zu schaden. Auch in Zeiten, in denen der Isiskult weithin akzeptiert war und nicht mehr verfolgt wurde, galt das als ein Verbrechen, auf das die Todesstrafe stand. So musste sich ein aus Madauros im heutigen Algerien stammender Gelehrter namens Apuleius gegen den Vorwurf der schwarzen Magie verteidigen. Apuleius gab freimütig zu, Isis zu verehren, konnte weitere Missverständnisse aber zu seinen Gunsten aufklären. Mit seinen Metamorphosen hinterließ Apuleius eines der kuriosesten Werke der antiken Literatur: einen autobiografischen Schelmenroman à la Till Eulenspiegel, in dem er durch einen missglückten Zaubertrick in ein Grautier verwandelt wird, Isis ihn aber – der Göttin sei Dank – aus seiner Eselei befreit. Man muss nicht allzu tief eintauchen, um zu erahnen, dass sich Apuleius über seine engstirnigen Zeitgenossen mit dieser Allegorie lustig machte.

Wie der Isiskult, so startete auch das Christentum als orientalischer Mysterienkult. Dass es damit nicht weit her sein konnte, schlossen römische Autoren schon aus der Tatsache, dass die Geschichte vom Heiland doch eher Frauensache sei – etwa der Philosoph Kelsos, der Ende des 2. Jahrhunderts lebte. Besonders albern kam ihm die Geschichte von der Jungfrauengeburt Mariens vor. Die Mutter Jesu sei in Wahrheit von einem römischen Soldaten namens Panthera geschwängert worden; den Heiligen Geist habe man als Verursacher der unbefleckten Empfängnis hinzugedichtet, um die Sache zu vertuschen.[20] Eine ähnliche Polemik hatte sich Isis anhören müssen, und Kelsos dürfte sie gekannt haben: Demnach war die Geschichte mit dem Holzpenis und der Erweckung des Osiris Unsinn, um die leichtgläubigen Ägypter irrezuführen. In Wahrheit habe Seth den Horus gezeugt, weil er sich an Osiris habe rächen wollen. Der Erlösergott wäre demnach ebenfalls unehelich. Es ist doch immer wieder erstaunlich, wie sehr sich manche Menschen an Stoffen abarbeiten, die sie eigentlich für gar nicht der Rede wert erachten.

Das Christentum jedenfalls wurde ungeachtet dieser Schmähungen Ende des 4. Jahrhunderts reichsweit zur Staatsreligion. Marketing-Experten dürften sich bis heute darüber wundern, dass ihm dieser Erfolg trotz eines großen Defizits gelang: Von drei Seinsformen (Hypostasen) der Gottheit waren drei männlich und zwei ziemlich abstrakt. Zu einer guten antiken Göttertrias gehörte in der Regel aber eine weibliche Figur. Somit hatte das Christentum ein Genderproblem. Wie sollte es auf Dauer gegen Isis ankommen, die sinnlich erfahrbar war und schon deshalb bei einem Großteil der Bevölkerung einen Pluspunkt hatte? Das Dritte Ökumenische Konzil von Ephesus schuf im Jahr 431 schließlich dadurch Abhilfe, dass es Maria zur Gottgebärerin (Theotokos) aufwertete. Eine Entscheidung, die, wie wir noch sehen werden, nicht gerade unumstritten war und weitreichende Folgen hatte. Vermutlich gibt es in der christlichen Kultur bis heute mehr Abbildungen von Maria als von ihrem Gottessohn. Und auch wenn sie sie streng genommen nicht anbeten, wenden sich ihr nach wie vor

Millionen von Christen – die Protestanten mal ausgenommen –, mit den folgenden Worten zu: »Heilige Maria, Mutter Gottes, bitte für uns Sünder, jetzt und in der Stunde unseres Todes. Amen.« Ein wenig erinnert der Duktus schon an jene Hymnen, die ein Isispriester namens Isidor in der ptolemäischen Zeit verfasste und dergestalt sich etliche auch in Philae finden: »Todesferne Retterin, mächtige Isis mit den vielen Namen, Du rettest uns vor Krieg, Städte und ihre Bewohner, Männer, ihre Frauen, ihren Besitz und ihre Kinder … erhöre meine Gebete, Du, deren Name große Macht besitzt, sei gnädig und rette mich von aller Not.«[21]

Was aus dem Isis-Heiligtum von Philae wurde? Lange Zeit nahm man an, dass der dortige Isiskult mit der Herrschaft Justinians sein Ende fand.[22] In den Jahren 535–37 soll der fromme Kaiser ein Heer nach Oberägpyten entsandt haben, um dem heidnischen Zauber den Garaus zu machen und in Philae eine Kirche zu errichten, die man dem Heiligen Stephanus, dem ersten christlichen Märtyrer, weihte. Das Heiligtum der Isis sei »abgerissen« worden, die Priesterschaft verbannt, und das alles im Zuge eines regelrechten Religionskrieges gegen den heidnischen Stamm der Blemmyer, die aus der östlichen Wüste gekommen und sich in Philae niedergelassen hätten. Der erste Bischof von Philae, ein gewisser Macedonius, soll, so berichten koptische Quellen, sogar den Tempel betreten haben, um einem heiligen Falken, der dort in einem Käfig gehalten wurde und wohl den Gott Horus repräsentierte, eigenhändig den Hals umzudrehen.

Wer sich heute das Vergnügen gönnt, bei Dunkelheit eine *Sound and Light Show* auf der Insel Philae zu buchen, bekommt Teile dieser Geschichte ebenfalls erzählt: Die prüden Christen, so heißt es dort, hätten den Tempel zerstört und die für ihre Freizügigkeit und erotische Anmut berühmten Isis-Abbilder am Heiligtum zertrümmert. Damit sei der Kult der Göttin ein für alle Mal beendet worden.

An dieser Darstellung sind in jüngster Zeit Zweifel aufgekommen;

vielleicht ist so mancher Historiker hier ein wenig der byzantinischen Propaganda aufgesessen. Denn ein Papyrus aus der Sammlung des französischen Ägyptologen Jean Maspero im Katalog des Ägyptischen Museums in Kairo könnte ihrer Deutung widersprechen. Das Dokument, das wohl aus der Feder des Dichters und Hofbeamten Dioskoros von Aphrodito stammt, enthält eine Art Petitionsschreiben an den Dux, den Gouverneur von Theben.[23] In der für die Spätantike oft typischen blumigen und literarischen Weise beklagt es Plünderungen, die sich hier um das Jahr 567 zugetragen haben sollen. Dioskoros erwähnt Stämme, die zu seiner Zeit noch regelmäßig zu einem Heiligtum pilgern und dort einer hölzernen Statue der Göttin Isis huldigen. Vieles spricht dafür, dass es sich um den Isiskult in Philae handelte, wo man zu dieser Zeit bereits eine Kirche errichtet hatte.

Philae war also für einige Jahrzehnte parallel eine Kultstätte des Christentums – »das Kreuz hat gesiegt und wird immer siegen«, so heißt es in einer Inschrift – und der ägyptischen Gottheit. Wer heute die wundervolle Tempelanlage betritt, wird feststellen, dass an vielen Stellen Kreuze in den Stein gemeißelt sind: ein magisches Symbol, das böse Geister fernhält und den christlich geweihten Raum markiert. Es fällt allerdings auf, dass die Götterbilder, die ja mit dem Kreuz in Konkurrenz standen, nicht so systematisch verschandelt wurden, wie man es erwarten könnte. In der hinteren Kammer blieben die Reliefs großenteils intakt. Das könnte darauf hindeuten, dass man vor allem diejenigen Bereiche der Tempelanlage malträtierte, die fortan als christliche Kirche dienen sollten.

Und wer weiß, vielleicht setzte sich der Kult noch lange nach der Christianisierung fort? Als ich schließlich gemeinsam mit der Ägyptologin Hourig Sourouzian die letzte Kammer des Heiligtums mit den Isis-Reliefs betrete, halte ich jäh inne. Am Boden kauert eine junge Frau mit langem schwarzen Haar und legerer, eleganter Kleidung. Beinahe wäre ich über sie gestolpert, wovon sie jedoch keinerlei Notiz zu nehmen scheint. Sie hat die Hände andächtig erhoben und flüstert etwas vor sich hin. Ich murmle leise ein »pardon«; Hourig bedeutet mir mit einem Kopfnicken, dass wir uns zurückziehen und unser Gespräch in einem anderen Raum des Tempels fortsetzen sollten. Dann tritt ein junger Mann zu uns, begrüßt uns höflich und dankt uns für die Geduld. Seine Partnerin sei mit ihrem Gebet gleich fertig.

3
Kairo

IN DIESER STADT WIRD JEDER IRGENDWANN VERRÜCKT

Wie eine seltsame Dynastie eine Weltstadt gründete, die Mysterien des Universums entschlüsselte und damit ihren Untergang einläutete.

»Heimat ist nicht dort, wo Du geboren bist. Heimat ist dort, wo Du aufhörst, vor etwas davonzulaufen.« Dieser Satz wird dem wohl berühmtesten arabischen Romancier des 20. Jahrhunderts zugeschrieben: dem Ägypter Naguib Mahfouz, der 1988 als erster arabischer Schriftsteller den Literaturnobelpreis erhielt und 2006 im stolzen Alter von 94 Jahren starb.[24] Ob das Bonmot tatsächlich von Mahfouz stammt, ist umstritten. Jedenfalls versuchte der große Ägypter niemals wirklich, seiner Geburtsstadt Kairo zu entfliehen. Wer Kairo kennt, mag das ebenso erstaunlich finden wie die Tatsache, dass man in einer derart lauten und mit Stress und Spannung aufgeladenen Metropole überhaupt ein solches Lebensalter erreicht.

Laut Schätzungen waren im Jahr 2022 etwa 21 Millionen Menschen in der Kairoer Metropolregion ansässig. Etwa ein Fünftel der jährlich um mehr als eine Million wachsenden Bevölkerung Ägyptens lebt hier – oder versucht zu überleben. Kairo ist Ägypten und Ägypten ist Kairo, was sich auch am bei der Bevölkerung gebräuchlichen Namen für die Stadt ablesen lässt: Das Wort »Masr« steht im ägyptischen Dialekt für Ägypten und Kairo zugleich. Tag und Nacht wälzt sich ein unaufhaltsamer Blechstrom mit tausend Seitenarmen entlang der beiden Nilufer durch die Stadt. Das Ächzen und Hupen dürfte noch Lichtjahre entfernt im Weltall zu hören sein. Doch die Stadt selbst tut nun, was ihre unsterbliche Ikone Mahfouz nie versuchte: Sie entflieht sich selbst. Nachdem im 20. Jahrhundert immer wieder neuere »Kairos« angelegt wurden, die irgendwann mit der alten Metropole verschmolzen, entsteht seit einigen Jahren 50 Kilometer östlich des Zentrums eine neue Verwaltungshauptstadt, die Ministerien, Botschaften und eine gigantische Moschee beherbergen soll. Sie ist, wenn sie einmal fertiggestellt wird, für eine Bevölkerung von 6,5 Millionen Menschen angelegt. Ägyptens Präsident Abd al-Fattah as-Sisi kündigte an, mit der Geburt der neuen Metropole solle auch ein neues Zeitalter Ägyptens, eine neue Ära der Republik anbrechen.[25] Bescheidenheit war nie die Sache ägyptischer Führer. Die Herrschaft des Betons hat in den letzten Jahren bereits die kleinsten Grünflächen und Baumbestände unterworfen. Sie ist gewissermaßen eine Perversion der Idee, die hier am Anfang stand. Denn Kairo steht nicht – wie ein Großteil Ägyptens – auf den Jahrtausende alten Fundamenten pharaonischer Imperien. Das Alter dieser Stadt ist vergleichsweise jung. (Die uralten Pyramiden von Gizeh lagen damals noch in weiter Ferne und wurden erst im 20. Jahrhundert vom Großraum Kairo verschluckt). Kairo hat man ursprünglich – wie auch jetzt die neue Hauptstadt – am Reißbrett geplant, um Militär und Verwaltung in einem neuen Umfeld anzusiedeln. Und wenn die Ägypter stolz darauf sind, dass ihr Land als einziges arabisches schon im Koran erwähnt wird, so gilt dies sicher nicht für Kairo.[26] Denn als der Islam nach Ägypten kam, gab es Kairo noch nicht. Diese Stadt wurde nicht für die Ewigkeit geschaffen, sondern für ein Zeitalter, an dessen Ende die Welt in die Herrschaft des Erlösers übergehen sollte.

In Ägypten scheint es seit jeher Brauch zu sein, dass Militärs sich in der Stadtplanung engagieren. Und so geht die Gründung Kairos auf die Initiative eines für die weitere Geschichte relativ unbedeutenden Generals namens Jawhar al-Siqilli zurück. Sein

Beiname »Der Sizilianer« deutete keineswegs auf die in der ägyptischen Bauwirtschaft verbreiteten Mafiamethoden hin, sondern darauf, dass Jawhar vermutlich einer italienischen Familie entstammte und als Militärsklave im Dienst einer islamischen Dynastie stand. Diese hatte an ihrem Stammsitz in Tunesien mit etlichen Revolten zu kämpfen, stand aber gleichzeitig im Begriff, ihre Herrschaft nach Osten auszudehnen. Ägypten lag strategisch und wirtschaftlich günstig, um sowohl Nordafrika als auch den Nahen Osten zu kontrollieren, weshalb die Ägypter bis heute der Ansicht sind, dass sie der Mittelpunkt beider Regionen, also der gesamten arabischen Welt sind. In unmittelbarer Nähe der Ortschaft Fustat am Nil schritt man dann im Jahr 969 zur Tat. Ursprünglich hatte die neue Stadt Kairo »Mansuriyya« heißen sollen, zu Ehren des Herrschers Al-Mansur bi-Nasr Allah. Sie wurde aber nach dessen Tod noch einmal umgetauft: *Al-Qahira*, was auf Arabisch so viel wie »Die Siegreiche« oder »Die Unterwerfende« bedeutet.

Aus heutiger Perspektive ist dieser Name wohl passend, denn Kairo macht, wie bereits erwähnt, früher oder später jeden fertig. Mit dem Wort Al-Qahira hat es aber vermutlich eine andere Bewandtnis: Angeblich suchten die Bauherren für den ersten Spatenstich einen Zeitpunkt, an dem die Sterne günstig standen. Und als der Planet Mars sich wie ein Omen am Himmel zeigte, fackelten sie nicht lange. In der arabisch-islamischen Astrologie wird Mars (Al-Mirrikh) auch *Qahir al-Afaq*, der Unterwerfer der Himmel, genannt. Er gilt weniger als Bote des Segens, sondern verspricht Ärger am Horizont. Kairo – Madinat al-Qahira – könnte also die Stadt des Mars sein. Und wenn es so gewesen sein sollte, ist diese Bezeichnung rückblickend wohl ebenfalls zutreffend. Wer Ruhe und Frieden sucht, zieht dort jedenfalls nicht hin.

Binnen kurzer Zeit wuchs Kairo zu einer der größten und dynamischsten Städte des Orients heran. Das verdankt sie einer Dynastie, welche die Welt des Mittelmeers nachhaltig veränderte und dazu noch einige der schönsten kulturellen Schätze der islamischen

Zivilisation hinterließ. Dennoch führt sie in den Geschichtsbüchern ein gewisses Schattendasein. Wenn wir an islamische Imperien denken, fallen uns vermutlich zuerst die Umayyaden von Damaskus und das abbasidische Weltreich mit seiner Hauptstadt Bagdad ein. Wir denken an Harun al-Raschid, *Tausendundeine Nacht* und vielleicht den Felsendom. Aber wer erinnert sich heute – außer einigen kunsthistorisch Beflissenen – noch an die Fatimiden?

Dabei sind sie die einzigen Kalifen, deren anerkannter Erbe heute noch auf dieser Erde wandelt. Wahrscheinlich haben viele der Leserinnen und Leser schon etwas zum Vermögen dieses Mannes beigesteuert, ohne es zu wissen. Etwa indem sie mit der Lufthansa geflogen sind, deren Anteilseigner Karim Agha Khan IV. ist. Doch nicht allein durch die Beteiligung an verschiedenen weltweit agierenden Unternehmen müssten die Fatimiden und ihr letzter Vertreter heute große Aufmerksamkeit bekommen. Schließlich sind sie die einzige große islamische Dynastie, die sich nach einer Frau benannte: Fatima hieß unter anderem die Tochter des Propheten Mohammed, eine verehrungswürdige Heilige im schiitischen Islam.

Wie es in der Geschichte des Islam öfter vorgekommen ist, waren die Fatimiden das Ergebnis einer Allianz zwischen einer militärischen Aufstandsbewegung und einer religiösen Lehre, die zur Staatsideologie wurde. Im spirituell ungeheuer vielfältigen islamischen Weltreich boten sich derer viele an. Und besonderes Potenzial hatten solche, die ein Heilsversprechen anbieten konnten: Etwa, dass das Haus des Propheten Mohammed wieder an die Macht kommen und ein neues Zeitalter einläuten würde, in dem die Unterdrückten und Zukurzgekommenen zu ihrem Recht kämen. Bis ins späte 9. Jahrhundert wandelten die direkten männlichen Nachkommen des Propheten auf Erden. Man hatte sie politisch kaltgestellt. Als eine Art Aristokraten mit spiritueller Aura übten diese Imame, wie ihre Anhänger sie nannten, aber weiterhin eine große Anziehungskraft aus. Die Parteigänger des Hauses Mohammeds, seiner Tochter Fatima und seines Schwiegersohns Ali, werden heute Schiiten genannt – ursprünglich *Shi'at Ali*, die Partei Alis.

Für die herrschenden Dynastien, die ihm nicht angehörten, hatte das Haus Mohammeds (Ahl al-Bayt) mit der Offenbarung des Korans gewissermaßen ausgedient. Gottes Botschaft an die Menschheit lag nun allgemeingültig in Buchform auf dem Tisch. Was richtig und was falsch war, konnte man dort nachlesen. Und was darin nicht zu finden war, erklärten die Kommentare der Gelehrten sowie die umfangreichen Sammlungen über das Leben, die Weisheiten und Sinnsprüche Mohammeds, die man eifrig gehortet und aufgeschrieben hatte. Für die Mehrheit der schiitischen Gruppen war das Thema jedoch nicht erledigt: Sollte der Allmächtige sich damit etwa von den Muslimen verabschiedet haben? Sie hielten an der Idee fest, dass Gott zu den Gläubigen Kontakt hielt und sich dabei der Imame als Sprachrohr bediente. Als Erben Mohammeds verfügten sie quasi über ein Gütesiegel.

Hinzu kam die Sehnsucht derjenigen, die mit der Politik nicht einverstanden waren und nach einem Heilsversprechen suchten. Man stelle sich vor, was in der christlichen Welt los wäre, wenn es neben dem Vatikan noch irgendwo in Galiläa eine Verwandtschaft Jesu gäbe, die sich aufgrund ihrer noblen Abkunft dazu bemüßigt fühlte, religiöse Streitfragen und den Papst zu kommentieren. Irgendwann hätte sich – Religion muss man Profis überlassen – die Kirche ein Herz fassen müssen und die lästige Verwandtschaft liquidiert. Darauf lief es schließlich auch im islamischen Weltreich hinaus: Der letzte Imam, Muhammad ibn Hasan al-Askari verschwand, ohne einen männlichen Nachkommen zu hinterlassen. Seine Anhänger verbreiteten die Lehre, dass Muhammad nicht gestorben sei, sondern von Gott »entrückt« – also zwischen den Sphären des Himmels und der Erde wandelte oder aber unerkannt unter den Menschen weiterlebte, um irgendwann, in nicht allzu ferner Zeit, als Erlöser zurückzukehren und mit den korrupten Tyrannen aufzuräumen.

In ihrem Schattendasein fanden die schiitischen Gruppen allerdings nicht zur Einheit. Vielmehr blühte ein bunter Strauß schiitischer Bewegungen auf, die sich auf unterschiedliche Imame beriefen und sich zum Teil gegenseitig bekämpften. Einige glaubten an das Imamat der zwölf Erben des Propheten (Zwölfer-Schia), andere konnten sich auf sieben Imame einigen, nach denen ein gewisser Ismail die Rolle als Sprachrohr der göttlichen Weisung übernommen hatte. Sie wurden später bekannt als Ismailiten. Ismails Mutter hatte ebenfalls Fatima geheißen, weshalb die spätere Dynastie der Fatimiden, die diesen Zweig des Schiismus propagierte, gleich zwei Patinnen dieses Namens aufweisen konnten: Mohammeds Tochter und Ismails Mutter.

Einerseits stand der innere Streit der Entfaltung des Schiismus im Wege. Andererseits bot das schiitische Spektrum Raum für philosophische Gedanken und geistliche Innovation. Schiitische Denker sogen zum Teil auch die spirituellen Traditionen der nicht-arabischen Kulturen auf, die im islamischen Vielvölkerstaat die Mehrheit stellten. Wenn heute behauptet wird, mit der Ausbreitung des arabischen Imperiums sei die eroberte Welt größtenteils islamisiert worden, so kann das bestenfalls für die Eliten und staatstragenden Personen gelten. Und selbst wenn die Bevölkerung – mitunter aus steuerlichen Gründen – nominell zum Islam übertrat, so kann man mitnichten davon ausgehen, dass sie ihre über Jahrhunderte ausgeprägten Weltbilder damit über Bord geworfen hätten.

Diese verschmolzen vielmehr mit der neuen Religion Islam. Muslimische und auch viele westliche Historiker stellten deren Geschichte wie einen Baum dar: Aus einer ursprünglichen Einheit habe sich der Islam nach und nach aufgespalten und zersplittert, durch politische Fliehkräfte und die allmähliche Vermengung mit nicht-islamischen Ideen. Man kann das Ganze auch auf den Kopf stellen: Der Islam wäre demnach ein Gewürz, das man vielen verschiedenen Gerichten beimischte. Diese ähnelten sich dann zwar geschmacklich, blieben aber doch von Land zu Land, von Kultur zu Kultur, sehr unterschiedlich. So gesehen, hätten wir es in den ersten Jahrhunderten muslimischer Geschichte nicht mit einem zerfaserten Islam, sondern mit einer von Beginn an bestehenden Artenvielfalt zu tun, die sich zum Teil kreuzte und zum anderen parallel entwickelte. Bis heute.

Die schiitische Vorstellung eines Erlösers, der irgendwann die Menschheit von ihrer Pein befreit, fand nun aber bestens Anschluss an die religiösen Traditionen der damaligen Zeit. Sie lässt sich durch die Religionsgeschichte bis zu den Zoroastriern, Juden, Babyloniern und sogar ins Alte Ägypten zurückverfolgen. Letztendlich war ja auch die erste christliche Gemeinde in der Erwartung entstanden, dass der Auferstandene bald wiederkehrt. Seine Anhänger hatten daraufhin ihren Besitz hergegeben und eine Lebensgemeinschaft in Jerusalem gegründet (die paar Jahre bis zum Ende der Welt glaubte man es schon in der Kommune aushalten zu können). Als der Messias aber auf sich warten ließ, musste ein Plan B gefunden werden.

Ähnlich dürfte es vielen Schiiten um das Jahr 900 gegangen sein – ein Gefühl, das jeder nachvollziehen kann, der schon einmal bei einem Date in einem Restaurant versetzt wurde: Man sitzt da stolz und vorfreudig auf die hochachtungsvollen Gesichter der anderen Gäste, wenn die Schönheit gleich den Saal betritt und vom Kellner an den Tisch geführt wird. Dann schaut man immer wieder auf das Smartphone oder die Uhr. Es wird doch nichts Schlimmes passiert sein? Sorge schlägt dann in Verärgerung um, die man sich allerdings nicht anmerken lassen möchte. Und schließlich, nach mehr als einer halben Stunde, spürt man nur noch, wie sich die mitleidigen Blicke der Gesellschaft in den eigenen Rücken bohren. Spätestens jetzt ist es Zeit zu gehen. Und zwar möglichst unauffällig.

Glücklicherweise tauchte der Plan B in Gestalt eines gewissen Abdallah al-Akbar auf, dessen Geschichte so fantastisch ist, dass man sie kaum glauben kann. Im südiranischen Chusistan geboren, scharte der Prediger offenbar so viele Anhänger um sich, dass er womöglich bald zu der Überzeugung kam, er sei der »Mahdi«, der Erlöser, selbst.

Die Geheimpolizei im Reich der herrschenden Abbasiden machte bald Jagd auf den Unruhestifter, der ihr jedoch immer wieder durch die Lappen ging, wobei er die Kunst der Verkleidung offenbar so gut beherrschte, dass man sich an den von Leonardo DiCaprio verkörperten Helden aus der Hochstaplerkomödie *Catch me if you can* erinnert fühlt. Wie der Apostel Paulus schrieb Abdallah geheime Briefe an die Gemeinden seiner Anhänger im Nahen Osten. Wie die Zeugen Jehovas gingen seine Schüler von Haus zu Haus und verwickelten arglose Bürger in Gespräche, für die der Führer ihnen rhetorische Hilfen an die Hand gegeben hatte.

Im syrischen Salamiyya, wo man ihn bis heute verehrt, starb Abdallah wahrscheinlich im späten 9. Jahrhundert. Seine Nachkommen aber führten das Missionswerk fort. Einer davon – er hieß ebenfalls Abdallah – übernahm die Rolle des Erlösers und nannte sich nun auch offiziell »Mahdi«. Er gelangte nach Nordafrika und brachte mit einigen bereitwilligen Putschisten die dort herrschende Dynastie der Aghlabiden zu Fall. Aus dieser Bewegung gingen schließlich die Fatimiden hervor.

Militärisch brillierten die Fatimiden mit ihrer hochseetüchtigen Flotte, kulturell mit ihrem Geschmack für exquisites Kunsthandwerk und der Gründung der bis heute berühmtesten Universität der muslimischen Welt: Die Al-Azhar in Kairo. Diese altehrwürdige Institution, gegründet im Jahr 975, gilt bis heute als Autorität für den sunnitischen Islam; davon, dass sie ihre Existenz einer inzwischen höchst eigenwillig anmutenden, aus dem Schiismus hervorgegangenen Bewegung verdankt, will man heute in Ägypten eher wenig wissen.

Der »Mahdi« mochte ein Trickser und Illusionist gewesen sein. Die von seinen Nachfahren propagierte ismailitische Lehre aber hatte Tiefgang. Sie beruhte auf der Vorstellung, dass es hinter der islamischen Offenbarung des Koran noch eine zweite, eine geheime Offenbarung gebe. Und die galt es durch Wissen zu entschlüsseln. Es gab also eine Welt der normalen Gläubigen und eine der Eingeweihten, die den Kosmos in seiner Komplexität erfassten. Wo dieses Wissen herkam, war mehr oder weniger gleichgültig. Während andere, spätere islamische Schulen darauf beharrten, dass alles, was der Herrgott den Muslim wissen lassen wolle, mit dem Koran und den Überlieferungen vom Leben des Propheten (Hadith) abgedeckt sei, investierten fatimidische Kalifen in die Wissenschaft. In Kairo konnte man damals nicht nur viele Bücher, sondern auch signierte Handschriften aus anderen Teilen der Welt des Islam bewundern.

Die einem Wissenschaftskolleg mit eigener Heilanstalt angeschlossene »Krankenhausbibliothek« umfasste »mehr als 200 000 gebundene und viele ungebundene Bücher; Rechtsprechung verschiedener Schulen, Grammatik und Philologie, Überlieferungen vom Leben des Propheten, historische Werke, Biografien berühmter Männer, Astronomie, Esoterik, Alchemie.« So schwärmt der spätfatimidische Chronist Ibn al-Tuwayr.[27] Nicht ohne hinzuzufügen, dass man selbstverständlich alles bequem per Katalog auffinden konnte.

Unter den Fatimiden ließ sich die Welt buchstäblich mit anderen Augen sehen. Sie gaben nicht nur die schönsten Glasarbeiten in Auftrag, sondern sponsorten auch Experimente zur optischen Physik. Der um das Jahr 1000 in Kairo wirkende Abu Ali Al-Hasan Ibn Haytham – in Europa auch Alhazen genannt – stellte Berechnungen zur Reflexion auf einer spiegelnden Oberfläche an. Er untersuchte Lichtbrechung und Farbspektren. Ohne diese Leistung aus dem Fatimidenreich sähe die Welt für viele von uns heute trübe aus: Ibn Haytham gilt nämlich als Erfinder der Brille. Dank der passenden Vorlagen aus fatimidischer Produktion können

Astronomen heute mit dem Spiegelteleskop erforschen, was ein gewisser Ali ibn Ridwan (geboren 988 in Gizeh) im April des Jahres 1006 am Nachthimmel sah: »SN 1006« war ein durch einen explodierenden Stern hervorgerufenes Lichtspektakel, die vermutlich hellste und zum ersten Mal von einem Fachmann dokumentierte Supernova in der Geschichte der Astronomie.

Die Sterne hatten es den Fatimiden ganz besonders angetan. Denn in ihnen offenbarte sich den Eingeweihten nicht nur das Schicksal. Sie belegten ihnen auch die ismailitische Vorstellung, dass sich die Weltgeschichte in wiederkehrenden Zyklen abspielt. Und anhand ihrer ließen sich die Weltzeitalter sogar berechnen. Jedes dieser Zeitalter hatte laut ismailitischer Lehre seine Verkünder, die in den heiligen Schriften von Juden, Christen und Muslimen verankert sind – und solche, die in deren Schatten das Geheime offenbaren: Die Verkünder (Natiq) sind Adam, Noah, Abraham, Mose, Jesus und Mohammed. Als Enthüller des geheimen Wissens (wasi) treten die Söhne Noahs Seth, Sem, sowie Ismail, Aaron, der christliche Apostel Simon, Petrus und schließlich Ali ibn Abi Talib, der Schwiegersohn Mohammeds, auf. Unter ismailitischen Denkern wurde sogar die Frage diskutiert, wann das Zeitalter des Islam zu Ende gehen und ein neues anbrechen würde.

Die Abfolge der Offenbarungen fand ihre Entsprechung in den Himmelskörpern. Und der Kosmos existierte – und bewegt sich – dank einer Seele, die durch den Geist und davor durch den Befehl des Schöpfers in Bewegung gesetzt wurde: »wobei der Befehl nur eine Wirkung des Schöpfers ist, so ähnlich wie das Licht aus dem Leuchtenden und der Abdruck im Siegelwachs aus dem Siegel hervorgeht«, so erklärte der persische Prediger und Gelehrte Muhammad ibn Ahmad al-Nahshabi im 10. Jahrhundert angeblich die ismailitische Weltanschauung.[28]

Das alles klingt kompliziert, war aber letztendlich Ausdruck der Versuche jener Zeit, sich die hochkomplexen Zusammenhänge des Kosmos zu erklären und sie ein Stück weit mit der Offenbarung in

Einklang zu bringen. Der zentrale Gedanke scheint, dass Gott, der Schöpfer, in allem steckt und alles aus ihm hervorgeht, wie durch eine Reaktionskette.

Diese Gedanken und die Schlüsselfiguren – etwa die biblischen Propheten – treffen wir auf dieser Reise immer wieder an. Die Ismailiten haben sie sich nicht einfach ausgedacht. Denn sie beruhen in Teilen auf Lehren, die bereits in der vor- und frühchristlichen Antike aufkamen und auch einige der frühen Christen – in Ägypten und anderswo – besonders faszinierten. Das gilt besonders für die wundersamen Lehren des Plotin. Wir erinnern uns: Der neuplatonische Denker des 3. Jahrhunderts, der selbst aus Ägypten stammte, übte eine große Anziehungskraft aus.

Plotin hatte das Christentum ebenso abgelehnt wie andere orientalische Mysterienkulte. Auch mit dem Islam hätte er vermutlich nichts anfangen können. Umgekehrt kann man das allerdings nicht ganz behaupten. Christliche Denker ließen sich von Plotin sehr wohl inspirieren – ebenso einige muslimische aus dem Spektrum der Schiiten. Besonders solche, die über die Offenbarung des Koran hinaus noch Antworten auf etliche Fragen suchten. Plotins zum Teil ziemlich hochtrabender Versuch, die Lücke des Unerklärlichen zwischen dem Sichtbaren und der höchsten Gottheit zu füllen, war so mitunter auch bei denjenigen gut angekommen, die an den einen, allmächtigen Gott glaubten. Und so weit entfernt und unzugänglich die Neuplatoniker für unsere moderne Welt sein mögen, in der sie gewissermaßen von der Naturwissenschaft überschrieben wurden, so wirkungsmächtig waren sie doch für die Jahrhunderte, in denen die christliche und die islamische Weltanschauung Gestalt annahmen.

Das lag vermutlich auch daran, dass sich die abstrakten Konzepte von Schöpfer, Geist und Seele und dem Kosmos so vortrefflich auf die religiösen Vorstellungen der jeweiligen Zeiten übertragen ließen. So schwer verständlich und in sich geschlossen sie heute wirken, so offen waren sie zugleich. Wenn das göttliche Prinzip weder mit den menschlichen Sinnen noch mit der Vorstellungskraft zu fassen war, konnte man sich von Gott auch kein Bildnis machen. Das konnten Juden und Muslime, unter Umständen sogar Christen unterschreiben. Wenn aber alles Göttliche aus dem einen göttlichen Prinzip hervorging, konnte das dann nicht auch die Summe aller Götter sein? Und lag es nicht am Ende im Auge des Betrachters, wie und durch wen sich das Göttliche hin und wieder offenbarte?

Ende des 9. Jahrhunderts hatten Gelehrte die Werke des Aristoteles, Platon und Plotin ins Arabische übersetzt. Den entscheidenden Beitrag leisteten syrische und mesopotamische Christen, die neben Arabisch auch Syrisch-Aramäisch und Griechisch lesen konnten. In den Gelehrtenstuben kursierten Schriften Plotins, etwa seine *Enneaden*, mitunter als Werke des Aristoteles. Während die Schriften seiner Schüler wiederum Plotin selbst zugeschrieben wurden. Man hielt seine Gedanken allgemein für die Weisheit der Griechen, die zwar nicht ebenbürtig mit der Offenbarung des Koran sein durfte – dafür mindestens so interessant. Während aber religiöse Eiferer in anderen Teilen der muslimischen Welt zunehmend Anstoß am spekulativen Nachdenken über Gott und den Kosmos nahmen, trieb man dieses Hobby bei den Ismailiten, am Hof der Kalifen von Kairo, auf die Spitze.

Wie überall auf der Welt gab es auch in Kairo solche, die Ahnung von der Materie hatten, und solche, die einfach klug daherredeten, um sich Anerkennung zu verschaffen. Auch im Milieu der Fatimiden dürften Letztere in der Mehrheit gewesen sein. Im Kalifenpalast fanden regelmäßig philosophische Abendrunden statt, die mitunter dem Zweck dienten, den Herrscher durch theologisch-philosophisches Geschwafel günstig zu stimmen und seine Macht zu untermauern. Nicht selten wurde dabei tief ins Glas geschaut.

Zwei Mystiker, Hamza und Al-Darazi, meinten es dabei offenbar zu gut. In einem Salongespräch, zu dem der damals herrschende Kalif Al-Hakim sie eingeladen hatte, demonstrierte Al-Darazi allem Anschein nach eine empörende Beweisführung: Der Kalif sei eine Erscheinungsform Gottes. Mehr noch: Er sei dann im Grunde ja Gott selbst! Laut einer Schilderung des Geschehens war der Kalif selbst davon jedoch alles andere als begeistert und ließ den Übertreiber wegen Gotteslästerung einsperren. Laut einer anderen Überlieferung aber stimmte er begeistert zu. [29] Dann sollen Darazi und ein paar seiner Gesellen durch die Moscheen von Kairo und Fustat gezogen sein, um ihre Lehre lauthals zu verkünden – angeblich sogar auf Eselsrücken, wie es sich seit jeher im Nahen Osten für die Verkünder guter Nachrichten geziemt. Die Prediger hatten sich eine wohlwollende Reaktion erhofft, wurden aber von einem wütenden Mob davongejagt, dem sich das türkische Wachbataillon der Fatimiden anschloss (wer schon einmal in Ägypten mit einer schreienden Menge zu tun hatte, zu der sich dann noch die Polizei gesellt, weiß, wie so etwas enden kann. Man macht sich besser schnellstens aus dem Staub).

Die Geschichte geht abenteuerlich weiter. Al-Darazi gelingt angeblich die Flucht in den Palast, wo das Militär nun seinerseits vorstellig wird und den Kalifen auf die angespannte Lage hinweist: Darazi muss für die Gotteslästerung bestraft werden, andernfalls wird es keine Ruhe mehr im Großraum Kairo geben! Al-Hakim aber lässt ausrichten, das Urteil sei bereits vollstreckt. Die Truppe trollt sich in den ersehnten Feierabend.

Einer anderen Version dieser Geschichte zufolge aber war auch das nur eine Finte. Denn in Wahrheit habe der Kalif den Mystiker Darazi heimlich aus der Stadt schmuggeln lassen und ihm eine Message mit auf den Weg gegeben: Er solle sich in die entfernten Berge der Levanteküste begeben. Die Menschen dort seien gewiss empfänglicher für seine steilen Theorien. In Ägypten aber seien diese momentan leider nicht durchsetzbar – man hinke dem Zeitgeist nun mal hinterher. Wie auch immer diese Episode für ihn ausging, den Namen Al-Darazi werden wir noch hören. Was aber wurde aus den Fatimiden?

Das Schicksal dieses Reiches lässt sich am besten anhand des Eunuchen Ghadb schildern. In dessen Haut hätte ich nicht stecken wollen. Schon grundsätzlich nicht. Aber der Job, den ihm der Kalif Al-Hakim um das Jahr 1000 aufbrummte, war wirklich eine Zumutung: Als oberster Beamter aller fatimidischen Ordnungsämter sollte Ghadb bei der Bevölkerung das Verbot von Mulukhiya durchsetzen. Ein Ding der Unmöglichkeit.

Die Mulukhiya ist eine Art Spinateintopf, gekocht aus Malvenpflanzenblättern, und bis heute – oder wieder – ein ägyptisches Nationalgericht. Es ist reich an Calcium und Folsäure, weshalb manche in Ägypten behaupten, es wirke besser als Viagra. Geschmacklich ist die Mulukhiya nicht jedermanns Fall. Der Begründer der umayyadischen Dynastie, der Kalif Muawiya, war seinerzeit allem Anschein nach ein Fan der schleimigen grünen Suppe. Ob mit Fleischeinlage oder ohne. Und genau das war das Problem.

Denn der Fatimide Al-Hakim wurde immer sonderbarer. Er hasste die Umayyaden angeblich leidenschaftlich – schließlich waren sie die Erbfeinde des Hauses des Propheten und damit aller schiitischen Gruppen. Und irgendwann verspürte Hakim offenbar einen derartigen Groll gegen Muawiya, dass er dessen Leib- und Mageneintopf, die Mulukhiya, mir nichts, dir nichts verbieten ließ. Dabei war die Mulukhiya nicht nur beim Volk beliebt, sondern auch günstig. Entsprechend unbeliebt war daher auch das Dekret, welches der Eunuch Ghadb nun durchzusetzen hatte. Um das Ausmaß seines Auftrags zu verstehen, stelle man sich vor, die demokratische Regierung der USA würde heute Strafen gegen den Genuss des Cheeseburgers verhängen, weil der sie fortwährend an Donald Trump erinnere.

Nun, Ghadb tat sein Bestes. Und fiel dennoch in Ungnade, wurde arrestiert, misshandelt und später mit einer lauwarmen Entschuldigung abgefunden. Diesem Kalifen konnte man es einfach nicht recht machen. Und es zeigt sich, dass man die Offenheit für

Wissenschaft und spekulatives Denken nicht mit Toleranz verwechseln sollte.

Al-Hakim, der sich selbst »Al-Hakim bi-Amr Allah – Herrscher auf Gottes Geheiß« nannte, ist eine der schillerndsten Gestalten der islamischen Geschichte, den man wohl als exzentrisch bezeichnen kann. Ihm werden allerhand verrückte und auch grausame Handlungen nachgesagt. Besonders sunnitische Muslime und Christen, die damals in großen Teilen des Fatimidenreichs noch die Bevölkerungsmehrheit stellten, wurden Opfer seiner Idiosynkrasien. Aber es konnte auch alle anderen treffen. Frauen hatten sich unter Al-Hakims Herrschaft zu verschleiern und nach Sonnenuntergang ins Haus zurückzuziehen; sonst galten sie als Prostituierte. Und wer jetzt zu Hakims Entlastung vorbringt, dies sei bei Solon, dem Vater der attisch-abendländischen Demokratie ja nicht anders gewesen, ist ein Kulturrelativist.

»Al-Hakim war verhaltensauffällig, aber nicht total behämmert. Allerdings ein sehr strenger und unberechenbarer Herrscher, der viel mehr Hinrichtungen auf dem Kerbholz hatte, als zu der Zeit üblich war. Volksnah, aber gerade dem Hof und den höheren Beamten gegenüber sehr misstrauisch«, urteilt der Arabist Wim Raven über den Kalifen.[30]

Al-Hakim begründete sein Verhalten mit einem Lehrsatz, der dem Koran entlehnt ist: Auf Geheiß Gottes wollte er »das Rechte gebieten und das Verwerfliche verbieten« (»Al-amr bi-l-ma'rūf wa-n-nahy 'ani-l-munkar«).[31] Der Satz wirkt auf den ersten Blick harmlos. Wer könnte es einer Regierung übel nehmen, dass sie einen moralischen Kompass anlegt und gewissermaßen *good governance* betreibt? Er lässt aber großen Interpretationsspielraum und lädt daher auch zur missbräuchlichen Nutzung ein.

Nicht nur Generationen von Herrschern haben darauf ihre Legitimation begründet samt ihrer zum Teil höchst unmoralischen Verhaltensweisen. Der Lehrsatz wurde gewissermaßen zum Motto der Heuchler und Moralapostel. Ob Sittenpolizei, die dereinst gefürchteten »freiwilligen« Ordnungskräfte der *Mutawa'* in Saudi-Arabien oder ihre »Komitee« genannten Pendants in der Islamischen Republik Iran – jeder Dahergelaufene fühlte sich dadurch ermächtigt, andere sittlich zu maßregeln und zu drangsalieren. Bis heute nehmen sich Menschen das Recht heraus, irgendeine »Schwester« auf der Straße zu ermahnen, dass ihr Kopftuch nicht richtig sitzt. Und auf Basis dieses Grundsatzes kann man auch Nachbarn denunzieren, wenn die nach Mitternacht Besuch empfangen oder den Wagen in der Einfahrt stehen lassen. Rechtes und Verwerfliches sind schließlich nicht Privatsache! So mancher brave und besorgte Bürger, der hierzulande auch gern ermahnt und denunziert, würde das »Amr bi-l-ma'rūf« sofort unterschreiben, wenn es nur nichts mit dem Islam zu tun hätte.

Das Rechte gebieten und das Verwerfliche verbieten – ein Stückweit hat die Umsetzung dieses Prinzips in Systemen, die sich religiös begründen, zu einer nachgeraden Auflösung des staatlichen Gewaltmonopols geführt. Die Iranerinnen und Iraner haben die Nase dermaßen voll davon, dass sie sich zu großen Zahlen von der Religion insgesamt abwenden. In Saudi-Arabien glaubt heute nicht einmal mehr das Herrscherhaus der Saud noch an die Existenzberechtigung der Sittenpolizei. Moralanspruch und Wirklichkeit der religiös begründeten Systeme sind – um im Bild zu bleiben – eine schleimige grüne Suppe, die allerdings eher zu Verstopfungen führt. Was einmal hineinwandert, ist früher oder später nicht mehr wiederzuerkennen. Und die Durchsetzung der guten Sitten ist im islamischen Kulturraum mindestens so schiefgelaufen wie in allen anderen, nicht islamischen Kulturkreisen. Ich gehe vielleicht eine riskante Wette ein, würde aber trotzdem wagen zu behaupten: Das hätte Al-Hakim so nicht gewollt. Vielleicht zeigt die Geschichte seines Scheiterns ja, dass es schon damals, im 11. Jahrhundert, als eine absurde Idee erschien, die Regeln und Gesetze des Koran eins zu eins ins Werk setzen zu wollen.

Als ich einmal Al-Hakims rechtmäßigen Erben, den eingangs

erwähnten Karim Agha Khan IV. zum Interview auf der Île St.-Louis in Paris traf, sagte mir dieser, er verstehe überhaupt nicht, warum der Islam von den Medien als so streng und vergnügungsfeindlich wahrgenommen werde. »Recht hat er – aber auch gut reden«, dachte ich bei mir. Er war schließlich selbst vielen in Europa vornehmlich aus der Klatschpresse bekannt. Als charismatischer Partylöwe, Jet-Setter und Investor an Sardiniens Costa Smeralda, aber auch als religiöses Oberhaupt der Ismailiten, das sich treu sorgend um seine Gemeinschaft kümmert. Diese umfasst heute rund 15 Millionen Mitglieder und lebt über Süd- und Zentralasien, Ostafrika und Syrien verteilt. Und sie hält in gewisser Weise auch an Al-Hakim fest, den sie als Opfer politischer Verleumdungen seiner Gegner betrachtet (was sicher auch nicht ganz aus der Luft gegriffen ist).

Der Unterstützung des Kulturfonds, den der Agha Khan unter anderem mit Spenden seiner Gläubigen betreibt, hat Kairo eine der wenigen schönen Neuerungen der vergangenen Jahrzehnte zu verdanken: In den prächtigen Gärten des Al-Azhar-Parks lässt es sich flanieren, man kann den Sonnenuntergang betrachten und die unangenehmen Seiten dieser Stadt für einen Augenblick vergessen. In der Altstadt haben Ismailiten auch die kleine, aber zierliche Al-Hakim-Moschee restaurieren lassen, deren Minarett ein Wahrzeichen für das islamische Kairo ist. Da die ägyptischen Behörden das fatimidisch-ismailitische Erbe nicht zu sehr in den Vordergrund stellen wollen – Ägypten sieht sich, wie gesagt, als Schutzmacht des sunnitischen Islam – wird der Zugang für Besucher eingeschränkt. Oft ist die Moschee geschlossen. Hin und wieder trifft man in ihrem Umfeld auf gläubige Ismailiten, die meistens an ihrer südasiatischen Tracht zu erkennen sind. Sie haben sich in Kairo angesiedelt – womöglich auch in der Hoffnung, dass Al-Hakim irgendwann hierher zurückkehrt.

Der Kalif nämlich verschwand unter eher rätselhaften Umständen. Zuletzt fühlte er sich offenbar ständig missverstanden. Er hielt sich für wissend in allen möglichen Belangen, feuerte aus einer

Laune heraus seine fähigsten Berater und brachte den Fatimidenstaat mit den abenteuerlichsten und allem Anschein nach auch sinnlosesten Gesetzen gegen sich auf. Aus Wut darüber, dass sich die christliche Gemeinschaft einem solchen widersetzt hatte, ließ er 1009 sogar die Grabeskirche in Jerusalem demolieren, womit er indirekt eine der größten Katastrophen des islamischen Mittelalters provozierte. Der katholische Papst Urban II. bezog sich nämlich auf diese Tat, als er 1095 die Franken zum Ersten Kreuzzug nach Jerusalem aufrief, um das Heilige Grab wieder christlicher Herrschaft zu unterstellen: *Deus lo vult* (»Gott will es so!«).

Da war Al-Hakim allerdings bereits Geschichte, und mit ihm das Fatimidenreich. Entweder wurde er diskret aus dem Weg geräumt – womöglich sogar von seiner Halbschwester, der späteren fatimidischen Regentin Sitt al-Mulk –, oder aber er hatte selbst die Nase voll und suchte einen Ausweg aus dem politischen Schlamassel, das er zum größten Teil selbst angerichtet hatte. Auf seinem Lieblingsesel soll Al-Hakim eines Tages jedenfalls aus der Stadt hinausgeritten sein. Und wart danach nie wieder gesehen.

Vom Al-Azhar-Park, den Hakims Nachfahre erbauen ließ, kann man hinabschauen auf die Stadt der Toten, ein kilometerlanges Friedhofsareal, das einst vor den Toren von Kairo und Fustat gelegen hat. Genauer gesagt, ist es eine Stadt der Lebenden und Toten, denn zwischen den Gräbern und Mausoleen wohnen seit Jahrhunderten arme Kairoer Familien. Diese Route soll Al-Hakim genommen haben, um die Stadt nach Westen hin zu verlassen. Sollte er jemals von dort wiederkehren wollen, müsste er sich beeilen; denn sein Esel würde den Weg wohl schon bald nicht mehr wiederfinden. Die Stadtverwaltung hat gerade erst ein neues Schnellstraßenprojekt angekündigt. Viele der historischen Gräber sollen dem weichen und werden demnächst demoliert. Selbst den Toten lässt Kairo keine Ruhe.

4
Chaibar

DAS VERHÄNGNIS DER OASENSTADT

Das jüdische Arabien, der Prophet Mohammed und ein dunkler Fleck in der Heilsgeschichte des Islam.

Auf meiner Fahrt durch die steinige Wüste des Hedschas schlage ich einen Umweg ein. Verglichen mit den vielen einwandfreien Autobahnen im Königreich ist der Highway Nummer 15 abgefahren, der Asphalt ein wenig brüchig. Er wurde bereits in den 1960er-Jahren gebaut – von der berühmten Hoch- und Tiefbaugesellschaft Saudi Bin Laden, einem Unternehmen der Familie des später notorischen Dschihadisten Osama bin Laden. Die »15« verbindet Medina mit den alten Karawanenstädten Tayma und Tabouk. Es ist der Tariq al-Sham, die Syrienroute, auf der man dereinst Waren vom Hedschas nach Damaskus oder andersherum transportierte, und eine besonders unwirtliche Welt. Schwarzes Geröll prägt die Landschaft. Aus dem Vulkanfeld Harrat Chaibar ergoss sich hier über die Jahrhunderte hinweg immer wieder Lava über das Land.

Schilder warnen vor Wildwechsel durch Kamele oder vor Sandstürmen im offenen Gelände. Vor mir liegt nun Chaibar, eine Ortschaft am Fuße eines Berges, deren berühmter Name in keinem wirklichen Verhältnis zu ihrer heutigen Bedeutung steht. Zunächst stellt sich Enttäuschung ein. Meine Suche per Google Maps zu den Ruinen Chaibars endet an mehreren Absperrungen. Aus Gründen der eigenen Sicherheit, so heißt es auf Warnschildern, dürfe man nicht weiter. Ich folge dennoch einem alten, zerbeulten Cadillac, der aber bald verschwindet, auf einer schmalen Landstraße – hinab zu einer Senke, an der die Oase Chaibars liegen muss. Zerfallene und verlassene Lehmhäuser säumen den Asphalt.

Die Gassen sehen so aus, als müsste man nur gegen eine Hauswand treten und alles bräche in sich zusammen. Die Kulisse erinnert mich an Bilder früherer Testzonen für Kernwaffen im amerikanischen Südwesten, wo man die Wirkung auf Behausungen im Umkreis einer Detonation untersuchte. Auch die Warnhinweise passen ganz gut zu dieser Atmosphäre. Am Eingang zu den Ruinenstädten am Fuße einer verfallenen Lehmziegelfestung steht ein Pick-up in Tarnfarben. Drinnen zwei dösende Polizisten. Als ich aus dem Wagen steige und einige Fotos machen will, bedeutet mir der eine, ich solle nicht weitergehen und auch nicht fotografieren: »Tarmim« (»Instandsetzung!«) ruft er mir zu.

Ich trolle mich, fahre ein paar Hundert Meter weiter und betrachte die Anlage aus einem verwilderten und verdorrten Dattelpalmenhain. Zahlreiche Bäume wurden abgehackt und trocknen womöglich seit Jahrzehnten in der Gluthitze vor sich hin. Der Umweg nach Chaibar hat sich nicht gelohnt, denke ich mir bereits, aber dann fügen sich vor mir doch die Bilder zusammen, und ich kann mir vorstellen, was sich hier um das Jahr 628 zugetragen haben soll. Als die Chamis, die Streitmacht des Propheten Mohammed, die Oase von Chaibar belagerte und ihren Feldzug damit begann, die prächtigen und berühmten Dattelpalmen zu fällen, um die wirtschaftliche Existenzgrundlage der Anwohner zu vernichten.

Es war der Anfang einer Unterwerfung. In der befestigten Oasenstadt lebten jüdische Stämme, die nach einer langen Belagerung von der Armee des Propheten zur Aufgabe gezwungen wurden. Und bis heute ist »Chaibar« als Kampfbegriff in der arabischen Welt weit verbreitet. Man hört ihn auf Demonstrationen gegen Israel. Und erst kürzlich offenbarte die Islamische Republik Iran die Entwicklung einer neuen Mittelstreckenrakete mit dem

Namen Kheibarshekan (»Festungsbrecher«), in Anspielung auf ebenjene Stadt Chaibar, wo sich Folgendes zugetragen haben soll.

Kann einer ins Paradies einziehen, ohne ein einziges Gebet zu verrichten? Das fragten, so eine muslimische Überlieferung, die Gefährten des Propheten ihren Führer, als sie Chaibar belagerten. Denn einem Viehhirten namens Yasir war dieses Schicksal zuteilgeworden. Er wurde Muslim nach dem Morgengebet (*Al-Fajr*) und starb als Märtyrer vor dem Mittagsgebet (*Al-Zuhr*). Man ahnt schon, es waren besondere Umstände, die dazu führten. Der Legende nach lag Mohammeds Streitmacht vor den Festungsmauern von Chaibar, als der Hirte mit einer Schafherde arglos an den Belagerern vorüberziehen wollte. Da es sich offenbar um den Besitz der Feinde in der Festung handelte, wollten die Truppen Mohammeds das Vieh umgehend konfiszieren. Schließlich konnte die Schlacht länger dauern; ein Hammelbraten würde die Stimmung der Männer heben und brächte gute Proteine. Yasir aber erklärte, dass die Tiere ihm ja nur anvertraut worden seien, worauf Mohammed angeblich erwiderte: »Was Dir zu treuen Händen überlassen wurde, muss zurückgegeben werden. So tut man es im Islam.« Von dieser Weisheit und dem Charisma des Redners beeindruckt, stellte Yasir, der zwar einfach, aber nicht dumm gewesen sein soll, einige Fragen zum neuen Glauben, den sein Gegenüber vertrat. Baff ob der Überzeugungskraft des Propheten konvertierte er *stante pede*, hatte nun aber ein anderes Problem. Wie konnte er die Herde sicher zur Frontseite der belagerten Stadt treiben, ohne sich selbst in Gefahr zu bringen? Auch dafür hatte Mohammed einen Rat parat. Yasir solle sich selbst auf den Weg zum Fort begeben, auf die Tiere aber kleine Steine werfen; die würden sich dann schon in Bewegung setzen und alleine den Weg nach Hause finden. Der Hirte tat, wie ihm geheißen, und reihte sich hernach bei den Muslimen ein. Yasir fiel als einer der Ersten in der darauffolgenden Schlacht – ob aus Mangel an Erfahrung oder übergroßem Eifer, wie man ihn bei frischgebackenen Konvertiten häufig beobachten kann, ist nicht überliefert. Zu Beginn der Belagerung von Chaibar scheint also alles noch hochmoralisch zugegangen zu sein. Dann allerdings verrohten die Sitten.

Der eigentlichen Schlacht ging angeblich ein Duell – oder eine Serie von Duellen – voraus. Seit der frühen Antike sind solche Showdowns bezeugt und wurden literarisch ausgeschöpft. Man denke nur an David, der laut dem biblischen Buch Samuel gegen den Riesen Goliath antrat, oder an Achilles, der vor den Mauern der belagerten Stadt Troja gegen Hektor kämpft. Dramaturgisch erfüllt das männliche Kräftemessen seinen Zweck: Im Getümmel einer Schlacht wird es unübersichtlich und vor allem hässlich. Jeder schlägt und sticht auf jeden ein, ob von vorne oder hinten. Es wird drauflos gemetzelt, Hauptsache, eine möglichst große Anzahl Gegner kann sich nicht mehr rühren.

In der *mubaraza* hingegen, wie der Zweikampf in den arabischen Quellen heißt, ließ sich der Hergang sehr genau beobachten. Der Kampf war spannend und dramatisch und musste meist anders ausgehen, als es die Buchmacher vorherzusagen pflegten. So verhielt es sich auch mit dem Kampf zwischen Islam und Judentum; zumindest aus Sicht derjenigen Chronisten, die Jahrzehnte – oder sogar erst Jahrhunderte – später über die Vorgänge von Chaibar berichteten. Nicht der größere, besser gepanzerte und arrogantere Kombattant sollte obsiegen, sondern derjenige mit reinem Herzen, der Gott auf seiner Seite wusste. So dürfte es für muslimische Leser der Chroniken vom Leben des Propheten zumindest in der Rückschau klar gewesen sein, dass der Chaibarer Marhab Ibn Zaynab diesen Tag nicht überleben würde.

Der jüdische Ritter trat der Legende nach in voller Rüstung und bewaffnet bis an die Zähne vor die Tore seiner Festung. Bereit, den ersten Muslim, der gegen ihn antrat, in Einzelteile zu zerlegen. Wie seine Brüder Harith, Yasir und Amir, die nach ihm ins Duell zogen, soll Marhab von so groß gewachsener Gestalt gewesen sein, dass selbst der Prophet staunte – obwohl der sonst nicht leicht zu beeindrucken war.

Mit Marhab gab es eine Rechnung zu begleichen: Er hatte einen Offizier Mohammeds hinterhältig umgelegt. Mit einem Mühlstein, den er von einer Festungsmauer herabwarf, an welcher der Offizier – unerklärlich fahrlässig – ein Nickerchen gehalten hatte. Darüber, was dann in jenem Duell vor den Toren Chaibars geschah, gibt es jedoch unterschiedliche Ansichten. Laut der schiitischen Legende jedenfalls war es Ali, der Cousin und Schwiegersohn des Propheten, der Marhab dort zur Strecke brachte.

Der sunnitischen Überlieferung zufolge war es der Bruder des von Marhab im Schlaf erschlagenen Offiziers, ein gewisser Muhammad ibn Maslama, der diesen rächte und dessen Name in den späteren islamischen Eroberungen noch zu hören sein sollte. Danach schlug Ibn Maslama, der Rächer seines Bruders, dessen Mörder Marhab erst ein Bein ab und, als dieser ihn anflehte, ihm den Rest zu geben, danach gleich ein zweites: »Ich werde Dich den Tod vorher schmecken lassen«, soll er gerufen haben – und ging dann fort in der Absicht, Marhab lange und qualvoll ausbluten zu lassen.

Ali, so eine Variante der Legende, habe sich hingegen ein Herz gefasst und ihn noch an Ort und Stelle getötet, woraufhin ein Streit um den Anspruch auf die Beute aus dem Kampf entbrannt sein soll. Welche Version auch immer stimmt – man mag daran wenig Erbauliches finden. Zu allen Zeiten aber scheinen diese Legenden auf ein begeistertes Publikum gestoßen zu sein.

Nach und nach ergaben sich die Truppen der Festungen von Chaibar und handelten mit dem Propheten ihre Bedingungen aus. Die stolzen Juden der Stadt erkauften sich Schonung für ihr Leben mit der Lohndienerschaft und baten »den Propheten, er möge sie auf ihren ehemaligen Besitzungen beschäftigen und ihnen die Hälfte der Erträge überlassen. Sie verwiesen darauf, dass sie mehr von der Bestellung des Landes verstünden als die

Muslime. Der Prophet ging auf ihre Bedingungen ein, fügte jedoch hinzu, dass er sie jederzeit vertreiben könne, wenn er dies wolle«, so berichtet Ibn Ishaq.[32] Aus dieser Geschichte haben spätere muslimische Juristen den Status der »schutzbefohlenen« Volksgruppen (dhimmi) abgeleitet, die unter muslimischer Herrschaft leben dürfen, wenn sie eine Sondersteuer entrichten. »Schutzgeld« wäre wohl auch ein passender Begriff dafür.

Chaibar war nicht die erste Konfrontation Mohammeds und seiner Gefolgschaft mit den Juden der Arabischen Halbinsel. Es war vielmehr das Ende eines tragischen Kapitels, welches in der Rückschau auf 1400 Jahre europäischer und nahöstlicher Geschichte besonders kontrovers betrachtet wird.

Denn glaubt man den späteren muslimischen Chronisten, so hegten die frühen Muslime, ja, der Prophet selbst, eine tiefe Abneigung gegen die Juden. Heutige Extremisten zitieren die Ereignisse der frühen islamischen Eroberungen als Beweis dafür, dass den Juden nicht zu trauen sei und man gut daran tue, sie zu unterwerfen, oder, als *ultima ratio,* zu vernichten. Manche jüdische und christliche Autoren, sowie sogenannte Islamkritiker wiederum führten die Biografie des Propheten als Beweis dafür an, dass der Islam seinem Wesen nach judenfeindlich sei, folglich auch die Muslime natürliche Antisemiten.[33] Diese Argumentation wurde zusätzlich politisiert und zur Apologetik für die Besatzung Palästinas durch Israel gemünzt: Mit dem Islam könne man keinen Frieden machen. Lasse man ihm freien Entfaltungsraum, werde er die Juden angreifen – Friedensabkommen hin oder her. [34]

Vertreter des interreligiösen Dialogs, aber auch viele andere Muslime sind darüber empört: Sie verweisen darauf, dass es Juden im *Dar al-Islam*, dem Haus des Islam, in den vergangenen Jahrhunderten besser hatten als in Europa, was angesichts der europäischen Pogromgeschichte und des Holocaust nicht in Abrede zu stellen ist. Muslime verwehren sich dagegen, dass europäische Kategorien von Antisemitismus auf die muslimische Welt übertragen werden: Europa, insbesondere Deutschland, mache sie quasi nachträglich zu Mittätern von Auschwitz. Und zwar weil viele, insbesondere arabische Muslime dem Staat Israel aus Gründen, die mit dem Nahostkonflikt zu tun haben, seine Existenzberechtigung absprechen.

Es verspricht nicht viel Erfolg, mit historischen Fakten dagegenhalten zu wollten, wenn historische Mythen und Legenden als politische Munition gebraucht werden. Die Suche nach einer ausgleichenden Formel, einem Kompromiss, mag Aufgabe des interreligiösen Dialogs sein. Die Historiker aber dürfen – und müssen – mit Widersprüchen leben. Und diejenigen, die sich mit der frühen islamischen Geschichte auseinandersetzen, müssen den Sachverhalt auf Plausibilität prüfen und sich dabei folgende Fragen beantworten.

Erstens: Wie glaubwürdig geben die Berichte vom Leben des Propheten, die ja Hagiografien, also Heiligenporträts sind, die Ereignisse wieder? Und wie stark haben sie spätere Haltungen und Entwicklungen in die Geschichte hineininterpretiert?

Zweitens: Was ist historisch über die Präsenz der Juden und des Judentums in der Arabischen Halbinsel jener Zeit bekannt? Und wie waren die Machtverhältnisse?

Drittens: Was lässt sich aus den Ereignissen auf die Persönlichkeit des Propheten Mohammed, den Islam sowie die Haltung der Muslime gegenüber dem Judentum ableiten? Fand man es zu jener Zeit, als die islamische Welt Gestalt annahm, tragisch, traurig oder richtig, Juden hinzurichten, zu versklaven oder ins Exil zu treiben?

Zuletzt gäbe es noch die Frage, ob überhaupt irgendetwas von den Berichten über das Leben des Propheten stimmt oder nicht alles – der Mann, die Schauplätze, die Ereignisse – erfunden sei. [35]

Aber auf diese Hypothese sollte man sich wohl am allerwenigsten verlassen.

Die wichtigste Quelle für die Geschichte von Chaibar ist zugleich ihre größte Schwachstelle: Ibn Ishaq, ein Gelehrter aus der Prophetenstadt Medina (Yathrib), der später nach Bagdad umsiedelte und dort um das Jahr 768 starb. Ibn Ishaq wurde rund 70 Jahre nach Mohammeds Tod geboren und lebte in einer Zeit, als das erste arabische Kalifat der Umayyaden von der Dynastie der Abbasiden abgelöst wurde. Damals konsolidierte sich ein islamisches Weltreich, das allerdings von Beginn an großen Fliehkräften ausgesetzt war: innere Intrigen, Aufstände unterworfener Volksgruppen, Streiks beim Bodenpersonal. Ibn Ishaq trat in den Dienst des Kalifen Al-Mansur und schien bestrebt, dem Imperium eine Historie zu verleihen, die erklärte, warum die Dinge so hatten kommen müssen, wie sie waren.

Über Ibn Ishaq, dessen Originalwerk nur noch in einer bearbeiteten Version vorliegt, schieden sich damals schon die Geister. So nannte ihn der berühmte Rechtsgelehrte und Sammler von prophetischen Überlieferungen, Malik ibn Anas, schon zu Lebzeiten einen Hochstapler und Lügner.[36] Ibn Ishaq, so der Vorwurf, habe Details zum Leben des Propheten vom Hörensagen übernommen und sich auf die Erzählungen der Juden im Hedschas gestützt. Der Orientalist Gernot Rotter, der Ibn Ishaqs Werk ins Deutsche übersetzte, schreibt hingegen, der Autor habe ganz redlich recherchiert und dabei auch nicht versucht, etwas zu beschönigen – etwa das fragwürdige und zum Teil widersprüchliche Verhalten Mohammeds.[37] Spätere Islamwissenschaftler der sogenannten revisionistischen Schule haben versucht, Ibn Ishaq zahlreiche Unstimmigkeiten nachzuweisen. Insbesondere die geschilderten Auseinandersetzungen hätten er und spätere muslimische Gelehrte aufgebauscht, um 200 Jahre nach dem Tod Mohammeds die heilsgeschichtliche Beziehungen zum Judentum ein für alle Mal zu cutten. (Wie es das Christentum im Übrigen schon vorgemacht hatte).

Sollte uns die Geschichte von Chaibar auch wenig über den Propheten des Islam selbst lehren, gibt sie uns immerhin noch Auskunft darüber, wie seine späteren Anhänger ihn in einer bestimmten historischen Epoche sahen. Und wie sie die islamische Heilsgeschichte gerne lesen wollten. Die Geschichte Mohammeds ließe sich so wie eine Apologie der zum Teil recht fragwürdigen Methoden imperialer Herrschaft lesen.

Wer ein Weltreich wie jenes der islamischen Kalifen regierte, musste einerseits eine herausragende moralische Instanz darstellen. Schließlich war man der Statthalter Gottes auf Erden. Andererseits ist Politik ein schmutziges Geschäft und verlangte schon damals nicht nur Pragmatismus, sondern hin und wieder auch Abschreckung. Wo gehobelt wird, da fallen Späne. Und die Legenden von Mohammed und seinen frühen Eroberungen, seine Art und Weise, mit Verrätern umzugehen, aber auch die eigene, auf Beute sinnende Anhängerschaft bei Laune zu halten – das alles liest sich in den Überlieferungen mitunter wie ein Instrumentenkasten der Realpolitik. War Ibn Ishaqs Prophetenbiografie für das islamische Kalifenreich so etwas wie Machiavellis *Fürst* für moderne Staatenlenker?

Generationen von muslimischen Rechtsgelehrten dürften das in etwa so gesehen haben. Ibn Ishaq liefert dazu aber noch die moralisch-religiöse Legitimation, denn glücklicherweise kommt bei ihm immer dann, wenn der Prophet vor einer schwierigen Entscheidung oder unter Rechtfertigungsdruck steht, eine neue Offenbarung ins Spiel: meist in Gestalt einer Sure oder eines Verses (*aya*) des Koran. Als Mohammeds Anhänger ihn beispielsweise mit dem Vorwurf konfrontieren, sie hätten auf sein Geheiß während des heiligen Monats Krieg geführt, sendet Gott ein neues Argument, das sie besänftigt: Es sei zwar ein Vergehen, das aber nicht so schwer wiege wie das der Gegner, »die Menschen vom Wege Gottes abzuhalten und nicht an ihn zu glauben« (Sure 2, Vers 217). Und während die Männer des Propheten den jüdischen

Stamm der Banu Nadir belagerten, offenbart der Allmächtige laut einer Quelle, auf die Ibn Ishaq sich beruft, das Verbot, Alkohol zu trinken. [38] Hatten sich die Gläubigen im Lager zuvor etwa zu sehr mit dem guten Hedschaser Dattelwein volllaufen lassen? Seitdem ist der Islam – jedenfalls der Legende nach – trocken.

Legte man die christliche Ethik oder den kategorischen Imperativ von Kant zugrunde – verkürzt gesagt »Was Du nicht willst, das man Dir tu, das füg auch keinem anderen zu« –, steht außer Zweifel: Im Zusammenhang mit Chaibar handelte der Prophet nicht sehr moralisch. Überhaupt scheint der Konflikt mit den Juden alle Regeln der Mäßigung außer Kraft gesetzt zu haben: Mohammed lässt, wie bereits geschildert, die Dattelhaine vor Chaibar abholzen und betreibt damit eine Politik der verbrannten Erde. Er gestattet einem seiner Krieger, Abu Dujana, in seiner Rüstung aufreizend herumzustolzieren und zu prahlen »wie Allah es an anderen Tagen hasst«. Einem anderen Mann gibt er den Freibrief, vorsätzlich zu lügen. Er soll nach Mekka gehen und die Gegner des Propheten, die Quraisch, die zu dieser Zeit noch die Heilige Stadt beherrschen, mit *Fake News* über eine angebliche Niederlage Mohammeds in Chaibar in die Irre zu führen. Dann lässt der Prophet einen jüdischen Anführer, Kinana ibn al-Rabi', mit glühenden Kohlen foltern, damit dieser das Versteck seines Familienschatzes verrät. Es geht dabei wohl nicht um die Abwendung einer größeren Gefahr, sondern um Abschreckung und andere, niedere Motive.

Man kann sich fragen, ob diesen Überlieferungen nicht auch ein Gottesbild zugrunde liegt, das eher an die Geschichte des Alten Testaments erinnert als an den Gott des Christentums. Er scheint mal erhaben und gütig, mal jähzornig und erbarmungslos. In jedem Fall aber geneigt, seine Meinungen zu ändern, um das große Ziel, den Triumph seiner Anhänger, nicht zu gefährden. Und so gesehen kann ein Prophet immer nur so edel sein wie sein Auftraggeber.

Wird Mohammed einerseits als hochmoralische Instanz gezeichnet, tritt er an anderen Stellen der Überlieferungen als rachsüchtig in Erscheinung. Als jemand, der sich für den jahrelangen Spott und Hohn und die Ausgrenzung, die er nach Meinung seiner Anhänger erleiden musste, auf fürchterliche Weise rächt. Dann wiederum ist er ein pragmatischer Heerführer, welcher der einfachen Regel folgt: Erlaubt ist, was dem Sieg der Gläubigen, also seines eigenen Heeres, förderlich ist. All dies nimmt sich aber harmlos aus im Vergleich zu einer Bluttat, die aus der Zeit der frühen Kriege, der »ghazawat«, überliefert ist und gewissermaßen die Vorgeschichte der Belagerung von Chaibar spiegelt.

Laut der Sira lebten in Medina, wo der Prophet seine erste Herrschaft errichtet hatte, die Angehörigen dreier jüdischer Familienverbände. Ob es sich dabei um nach Arabien eingewanderte Juden handelte, oder um arabische Clans, die das jüdische Rechtswesen übernommen hatten, ohne sich notwendigerweise als Stämme Israels zu betrachten? In der Sira heißt es über einige Juden im Hedschas dieser Zeit jedenfalls, sie seien »Himyariten« und stammten aus dem Jemen. Andere Quellen erklären die Präsenz von Juden auf der Arabischen Halbinsel mit ihrer Vertreibung durch die Römer aus Palästina: Im Jahr 70 hatte Kaiser Titus die aufständischen Juden besiegt und den Zweiten Tempel von Jerusalem geschleift; im Jahr 135, nach der so genannten Bar-Kochba-Revolte, hatte Rom ihnen sogar den Zutritt zur Heiligen Stadt verwehrt. Das jüdische Exil im Römischen Reich und in Mesopotamien ist durch historische und archäologische Quellen hinreichend belegt. Um das Judentum auf der Arabischen Halbinsel ranken sich hingegen allerhand Rätsel und Spekulationen. Allerdings verdichten sich die Hinweise darauf, dass das Judentum in dieser Region nicht nur fortbestand, sondern deren Kultur ganz entscheidend prägte. Womöglich müsste man sogar von einer arabisch-jüdischen oder später einer jüdisch-muslimischen Kultur sprechen.

Juden lebten vermutlich bereits zur Zeit des Alten Orients auf der Arabischen Halbinsel – wenn auch nicht ganz freiwillig, wie der Psalm 120, Vers 5 vermuten lässt: »Wehe mir, dass ich ein Fremdling bin unter Mesech; ich muss wohnen unter den Hütten Kedars«, heißt es in der Luther-Übersetzung. Kedar, so berichtet die Bibel an anderer Stelle, muss ein Stamm auf der Arabischen Halbinsel sein. (So mancher »Expat«, der heute fern der Heimat einem Brotjob in Saudi-Arabien oder den Golfstaaten nachgeht, dürfte die Worte dieses Psalms vorbehaltlos teilen.) Auf der Arabischen Halbinsel finden sich auch jüdische Grabinschriften. In spätantiker Zeit hinterließ ein offenbar jüdischer Reisender einen Segensspruch in Hebräisch: »Baruch Hashem Adonai – Ich preise den Namen des Herrn«. (Es gab allen Grund für Dankbarkeit; der Unbekannte hatte allem Anschein nach die furchtbare Wüste Nefud durchquert.)[39]

In der römischen Provinz Syria waren Juden und Araber – in Gestalt der Nabatäer – nicht nur Nachbarn, sondern auch Verwandte: Der Vater des jüdischen Königs Herodes des Großen, der von 72 v. Chr. bis 4 n. Chr. lebte, stammte vermutlich aus Edom, östlich des Jordans, wo auch Nabatäer lebten. Er könnte daher selbst Araber gewesen sein. Sein Enkel Herodes Antipas vermählte sich mit der Tochter des Nabatäerkönigs Aretas IV. Mal bekämpften einander Juden und Nabatäer, mal waren sie Verbündete – oder Kameraden im Dienste einer anderen Macht. Als der römische Präfekt Aelius Gallus im Jahr 24. v. Chr. eine Expedition auf die Arabische Halbinsel unternahm, kämpften etwa 500 herodianische Bogenschützen an der Seite von 1000 Reitern der nabatäischen Kamel-Kavallerie.[40]

Über das Nabatäerreich und die arabischen Siedlungsgebiete der Provinz Syrien verteilt, finden sich mehrere Orte mit dem kuriosen Namen *Chanasir (Khanazir)*. Auf Arabisch bedeutet das »Schweine« oder »Wildschweine« und deutet womöglich auf das häufige Vorkommen des grunzenden Allesfressers hin. Das Wort könnte aber auch der verballhornte Namen einer jüdischen Aristokratenfamilie sein, die in der Provinz Syria diverse Ländereien besaß. Sie hieß »Beni Chesir«.[41]

Christliche Autoren der vergangenen Jahrhunderte haben immer wieder die Behauptung verbreitet, seit der Vertreibung der Juden aus Palästina habe es nie wieder einen jüdischen Staat gegeben – bis zur Gründung Israels im Jahr 1948. Die Juden seien sozusagen zum Exil verdammt und dazu, sich anderen unterzuordnen. Sie strebten auch nicht nach einem »Vaterland«.[42]

Tatsächlich aber gab es mindestens einen jüdischen Staat auf der Arabischen Halbinsel, am Vorabend der Ausbreitung des Islam. Dass es ihn gab und dass er das Judentum zur Staatsreligion erwählt hatte, gilt als gesichert. Wie und warum sie Juden wurden, nicht. Waren die Juden des Jemen die Nachkommen der biblischen Königin von Saba und ihrer romantischen Liaison mit König Salomo? Oder war in Südarabien geschehen, was der Kirchenhistoriker Sozomenos im 5. Jahrhundert sorgenvoll berichtet hatte, nämlich dass diejenigen, die in Kontakt mit Juden kamen, »etwas über ihre Ursprünge in Erfahrung brachten« und sich jüdischen Bräuchen und Gesetzen unterwarfen?[43]

Das jüdische Königreich Himyar bestand vom ersten vorchristlichen bis ins 6. nachchristliche Jahrhundert: der Glaube an den einen Gott der Juden ist in Inschriften aus dem 4. Jahrhundert verbrieft. In einer, die die Himyaren im Jemen beim Ausbau des berühmten Staudamms von Marib anbrachten, preisen sie den Gott Israels, den sie Rahmanan nannten.[44] Die Herrscher von Saba und Himyar wiederum nannten sich »Mukarrib« (Nächster zu Gott) oder poetischer »Der der Sonne folgt wie ihr Schatten«. Einer der berühmten – und berüchtigten – Herrscher von Himyar, ein gewisser Yosef Nu'as, auch Dhu Nuwas genannt, ließ sich angeblich sogar die traditionellen jüdischen Schläfenlocken wachsen. So zumindest berichtet es Ibn Ishaq.

Die Himyaren unternahmen zahlreiche Expeditionen in den Norden und erreichten mit großer Sicherheit Mekka, Yathrib (das spätere Medina) und die Oasen entlang der Route zwischen beiden Städten: Die Weihrauchstraße war nicht nur eine Achse des Handels, sondern auch eine Gelegenheit für vielversprechende Beutezüge. Es könnte also durchaus sein, dass die Juden von Chaibar aus Südarabien stammten oder sich zumindest mit Himyar verbündet hatten. Wenn es so war, lernte der Prophet Mohammed das Judentum nicht in Gestalt einer versprengten Minderheit, sondern als eine dominante politische und wirtschaftliche Macht kennen. Vielleicht sogar zeitweilig als *die* dominante Kultur.

Das jüdische Himyar musste sich in einem denkbar komplexen geopolitischen Umfeld behaupten. Jenseits des »Tors der Tränen« (Bab al-Mandab), nur einige Seemeilen über das Rote Meer, lag das christliche Äthiopien. Ein Kaiserreich, dessen Imperator – Negus genannt – immer wieder Invasionstrupps nach Arabien schickte. Auf der anderen Seite erstreckte sich die Herrschaft der persischen Sassaniden, welche die Küste des Persischen Golfs hinab und bis in den Jemen reichte. Hin und wieder mischten im 6. Jahrhundert auch die Byzantiner mit. Es scheint, dass die Himyaren es eher vorzogen, sich mit den Sassaniden zu verbünden, als mit den christlichen Heeren im Westen.

Wenn Geopolitik auf Religion trifft, gibt es meistens Tote. Offenbar fürchteten die Himyaren, dass die ebenfalls im Süden Arabiens lebenden Christen zur Fünften Kolonne der Äthiopier und Byzantiner werden könnten. Yosef Nu'as wollte daher die Christen zwingen, zum Judentum überzutreten, und als diese sich weigerten, richtete er ein furchtbares Massaker an. Laut – gewiss nicht objektiven – christlichen Quellen, ließ er in der heute nahe der saudisch-jemenitischen Grenze gelegenen Stadt Najran mehrere Tausend Christen in Gruben werfen und dort bei lebendigem Leib verbrennen. Die Märtyrer von Najran wurden zum *casus belli*, zum Anlass für eine groß angelegte »humanitäre« Militäroperation der Äthiopier gegen das jüdische Himyar. Das Massaker von Najran erschütterte nicht nur die christliche Welt. Spätere jüdische Historiker wie Jospeh Halevi zweifelten an der Geschichte, da eine solche Brutalität überhaupt nicht in die jüdische Tradition passe.[45] (Liest man das Alte Testament, findet sich einiges, um dieser aufklärerischen Haltung zu widersprechen.) Zumindest in späteren Jahrhunderten schien das Massaker von Najran auch ein Argument für eine muslimisch-christliche Allianz gegen die Juden zu sein. Angeblich lud der Prophet die Christen von Najran sogar ein, den Islam anzunehmen.[46] Und die Sira berichtet, wie Anhänger des Propheten Mohammed auf der Flucht vor Verfolgung durch die Mekkaner nach Äthiopien reisten, dort Asyl fanden und den christlichen Imperator, den Negus, heimlich zum Islam bekehrten.[47]

Der Koran nimmt jedenfalls fortwährend auf die jüdische Tradition Bezug. Ohne die biblischen Geschichten und Figuren wäre der Koran ein dünnes Buch. »Wir haben Ibrahim (Abraham), Isma'il (Ismael), Ishaq (Isaak), Ya'qub (Jakob), den Stämmen, 'Isa (Jesus), Ayyub (Hiob), Yunus (Jona), Harun (Aaron) und Suleiman (Salomo) Offenbarung eingegeben, und Dawud (David) haben Wir ein Buch der Weisheit gegeben«, heißt es zur Bestätigung in Sure 4, Vers 163. An vielen Stellen läßt der Koran vermuten, dass das Publikum mit dem Alten Testament und seinen Figuren vertraut war. An anderen wird man den Eindruck nicht los, als kennte der Prophet die Inhalte der jüdischen Schriften nur vom Hörensagen. Das dürfte aber vielen Juden auf der Arabischen Halbinsel seinerzeit nicht anders gegangen sein. Mal nennt der Koran die Juden Leute der Schrift, die zu respektieren seien: »Ihr habt eure Religion, und ich habe die meine« (Sure 109, 7). Dann wiederum, insbesondere in der späteren Zeit der Offenbarung, wird er eher ausfällig gegenüber den Söhnen und Töchtern Israels.

Wie es scheint – oder wie es die Biografen darstellen – hatte Mohammed sich zunächst viel von einer Annäherung an die Juden versprochen. Schließlich, so berichtete man später, ruhte die Lehre seiner Offenbarung ja auf dem Fundament des Judentums, der biblischen Propheten und einiger jüdischer Rechtslehren: von der Einheit Gottes und dem Verbot, sich ein Bild von ihm zu machen, bis zu den Speisevorschriften oder dem rituellen Reinigungsgebot. Viele Araber praktizierten anscheinend schon in vorislamischer Zeit die im jüdischen Gesetz festgeschriebene Beschneidung. Laut einer kuriosen Überlieferung behauptete Mohammed gar von sich selbst, er sei beschnitten zur Welt gekommen (das Christentum seinerseits weiß ja noch von ganz anderen Wundern zu berichten).[48]

Neuere islamwissenschaftliche Forschungen sind sogar zu dem Schluss gekommen, dass die frühe Bewegung der Gläubigen eine ökumenische gewesen sein muss. In Erwartung der Endzeit hätten sich ihr auf der Arabischen Halbinsel christliche und jüdische Gläubige unterschiedlicher Couleur angeschlossen. Das erkläre auch die Widersprüche im Umgang und der Rhetorik: Im Koran sei immer von bestimmten Gruppen innerhalb der Juden und Christen die Rede, die sich der neuen Offenbarung verwehrten, während andere ihr etwas abgewinnen konnten. Der Begriff »Muslime« sei erst Jahrzehnte später aufgekommen; zur Zeit des Propheten – und im Koran – sei stets von »Al-Mu'minun« die Rede: den »Gläubigen«.[49]

Die jüdische Welt – oder eine spezielle Ausprägung davon – hatte das Gemeinwesen auf der Arabischen Halbinsel jedenfalls nachhaltig geprägt. Und der Prophet schien mit jüdischen Rechtsvorstellungen vertraut. Spätestens in Medina musste der Islam mit den Juden verhandeln. Muslimische Gelehrte argumentierten, Mohammed habe in den Juden zunächst seine natürlichen Verbündeten gesehen.[50] Oder, je nach Lesart, seine ersten Kunden. Sollte dies tatsächlich der Fall gewesen sein, kannte er die menschliche

Psyche wohl schlechter, als es einem Mann seiner Weisheit und Intelligenz zu Gesicht gestanden hätte: Oft ist es leichter, einen Ahnungslosen zu bekehren, als einen, der bereits ein ausgeprägtes Weltbild hat. Und die herzlichsten Feindschaften entstehen oft nicht zwischen Menschen, die völlig gegenteilige Überzeugungen vertreten, sondern zwischen geistig und spirituell Verwandten.

Wer damals glaubte, dass die Juden Arabiens die Religion Mohammeds mit Begeisterung aufnehmen würden, müsste heute überzeugt sein, dass Kommunisten und Sozialdemokraten ein Herz und eine Seele wären, weil sie teilweise aus denselben Lehren hervorgegangen sind. Aber niemand lässt sich gern schulmeistern, er besitze nur die halbe Wahrheit. Er sei zwar ein Trottel, aber doch immerhin nur ein halber Trottel mit Erleuchtungspotenzial. Es scheint, als hätten die Juden das Angebot zur Optimierung ihres Glaubens dankend abgelehnt.

Als sich die heidnischen Mekkaner – laut Ibn Ishaq – bei den Juden eine Einschätzung zu Mohammeds Lehren abholen wollten, da der sich ja immerhin auf die Tora berief, sollen diese abgewunken haben[51]: Der Polytheismus der Mekkaner sei allemal besser. Der Prophet scheint darüber *not amused* gewesen zu sein: »Hast du nicht jene gesehen, denen ein Teil der Schrift gegeben wurde? Sie glauben an Zauberei und Götzen, und sie sagen von den Ungläubigen: Sie sind in der Lehre besser geleitet als die Gläubigen«, heißt es dazu im Koran. Die seien es, die Allah verflucht habe (Sure 4, 51–52).

Die Enttäuschung darüber könnte in Hass umgeschlagen sein. Die Skeptiker wurden – zumindest in der Wahrnehmung des Propheten – zu Spaltern. Und in der Sira nehmen die Juden bald die Rolle der Verschwörer ein, die gegen den Propheten in Medina intrigieren und aus Angst um ihre Privilegien sogar Mordkomplotte schmieden. Dramaturgisch sind die Juden die Besitzstandswahrer, welche die Offenbarung lächerlich machen und nach Kräften

Gottes Plan, der Menschheit Erlösung durch den Islam zuteilwerden zu lassen, verhindern wollen.

Ein Jahr vor der Belagerung Chaibars, im Jahr 627, hatten die heidnischen Stämme die Gläubigen in Medina attackiert. Da wurde es brenzlig für den jungen »Staat« Mohammeds. Es kam zur berüchtigten Grabenschlacht, während derer einige der Juden in Medina angeblich ein doppeltes Spiel spielten. Sie waren Mohammeds Paktgenossen, sollen ihn aber, so die Legende, dreimal verraten haben. Nun zeigt die Biografie des Propheten diesen von einer sehr finsteren Seite. Der Prophet lässt den jüdischen Stamm der Banu Qurayza festsetzen und schrecklich bestrafen. Alle Männer sollen enthauptet werden. Und als Mann gilt jeder Junge, der die Merkmale einsetzender Geschlechtsreife aufweist. Das unterstreicht die Sira durch den Bericht über einen Knaben, welcher der Selektion entgeht, weil eine Frau unter den Gläubigen Fürsprache für ihn hält. Diese Episode wirkt nicht nur perfide, weil hier im Grunde ein Genozid geschildert wird: Spätere muslimische Quellen beziffern die Zahl der Hingerichteten auf 400–900 Mann.[52] Die Banu Qurayza hörten danach auf zu existieren.

Perfide auch, weil in diesem Fall nicht der Prophet selbst das Urteil zum Massenmord fällt, sondern dies einem Krieger aus einem Stamm überlässt, der mit den Banu Qurayza verbündet war. Man gewinnt dabei den Eindruck, als wolle der Biograf das Bild des Propheten angesichts dieser Abscheulichkeit rein halten. Als sei er sich unsicher, ob das Urteil angemessen sei. Wenngleich etwas, das der Prophet billigt, nach traditionellen islamischen Rechtsvorstellungen fast so legitim ist, wie etwas, das er selbst befahl. Hinzu kommt, dass Mohammed die Todgeweihten über ihr Schicksal im Unklaren lässt. Um keinen Aufruhr zu riskieren, werden die Männer der Banu Qurayza nach und nach in kleinen Gruppen hinaus in die Wüste geführt und nach einem offenbar logistisch recht ausgereiften Plan getötet. Die Sira weiß sogar von einem Juden zu berichten, der seine Stammesgenossen warnt:

»Seht Ihr denn nicht, Ihr Dummen, dass hier ein Schlachten vor sich geht?« Sie gehen dennoch ins Verderben.

Ob all dies so stattgefunden hat, kann man bezweifeln oder für bare Münze nehmen. Meines Wissens hat bislang niemand versucht, das Massaker an den Banu Qurayza archäologisch zu belegen. Und ein Massengrab aus dem 7. Jahrhundert bei Medina wurde bislang ebenfalls nicht entdeckt. Man sucht allerdings auch nicht danach. Moderne muslimische Historiker haben darauf hingewiesen, dass Ibn Ishaq gerade an dieser Stelle nicht zu trauen sei: Ein solches Massaker hätte im Koran Erwähnung finden müssen – mit einer Legitimation durch Gott. Auch gebe es keine jüdischen Quellen über diese Tat. Vielmehr erinnere die Legende an eine Geschichte aus dem *Jüdischen Krieg* der Römer.[53]

Versteht man die Biografie des Propheten wie eine Anleitung zur Staatskunst, könnte die Episode als abschreckendes Beispiel für die Folgen des Verrats dienen. Den Hingerichteten käme damit eine Rolle in einem Lehrstück zu: Wer sich unterwirft, wie die Juden von Chaibar, kann als Schutzbefohlener leben. Wer rebelliert, erleidet das Schicksal der Banu Qurayza. Entspricht die Schilderung aber der Wahrheit, so mochte das Massaker an den Banu Qurayza nicht monströser sein als das »Blutgericht von Verden« im Jahr 782, bei dem Karl der Große, der Vater des christlichen Abendlands, Tausende von sächsischen Gefangenen dem Schwert überantwortete, weil sie sich ihm und der Christianisierung widersetzt hatten. Oder aber der Mord an den Amalekitern: Nach ihrer Ankunft im Gelobten Land löschten die Alten Hebräer laut dem biblischen Buch Samuel ein ganzes Volk aus, weil der Herr es so befohlen hatte. Und nach Remonstration Gottes – »ich sagte: alle!« – massakrierten sie pflichtschuldig auch noch der Amalekiter Vieh. Das alles wäre Geschichte, würde mit der Historie und historisch aufgeladenen Legenden nicht heute noch Politik gemacht.

Am Abend, bevor ich mich auf den Weg zur Oase von Chaibar mache, wo das Schicksal des Judentums im Hedschas besiegelt wurde, befasse ich mich noch einmal mit der Sira. Ich stieß im Internet auf einen wahhabitischen Prediger, der die Überlieferungen vom Leben des Propheten referiert. Ein Scheich namens Ahson Syed, der nicht etwa in Medina predigt, sondern in der King Fahad Mosque im kalifornischen Culver City, trägt die Details von der Hinrichtung der Banu Qurayza mit lustvollem Schaudern in der Stimme vor.[54] Die Aufnahmen stammen von 2016. Scheich Syeds geneigte Hörer, junge vom Wahhabismus und anderen radikalen Lehren faszinierte Männer, können aus der Schilderung nur eine Schlussfolgerung ziehen: Das haben die Juden sich selbst zuzuschreiben.

Mir kommt dabei unwillkürlich etwas anderes in den Sinn: eines jener Propagandavideos, welche der sogenannte »IS« seit 2014 weltweit in Umlauf gebracht hat, um Angst in die Herzen seiner Feinde zu sähen. Untermalt mit tragisch-triumphalen Klängen, zeigt es Dutzende von jungen Männern, die zum Teil eher noch wie Kinder aussehen und bis auf die Unterhosen entkleidet in einem langen Tross durch eine Wüstenlandschaft getrieben werden. Links und rechts gesäumt von bewaffneten Kämpfern des »IS«, die sogar in die Kamera grinsen. Die jungen Männer sind Kriegsgefangene. Angehörige der syrischen Armee, zum größten Teil Rekruten, und in den Augen des IS Ungläubige, Spalter und Verräter. Apathisch, ohne erkennbaren Willen zum Widerstand und womöglich sogar in der Hoffnung, am Ende dieser makabren Inszenierung werde man sie doch noch laufen lassen, marschieren sie mit hängenden Köpfen voran.

Später wurde berichtet, der IS habe eine große Anzahl Gefangener hingerichtet und in einem Massengrab verscharrt. Ich stelle mir vor, wie ihre Schlächter am Abend zusammensitzen und sich die Predigten über das Leben des Propheten angedeihen lassen. Und von ihren Anführern darin bestärkt werden, dass es nicht schön, aber notwendig sei, wehrlose Gefangene hinzurichten. Der Prophet habe es in Ausnahmefällen nicht anders gemacht. Und man selbst kämpfe schließlich wie Mohammeds Gefährten: gegen eine Übermacht der Ungläubigen. Dafür aber auf dem »Pfade Gottes« (fi sabil Allah).

5

Mada'in Salih

WO MAN KAMELEN DEN GEBÜHRENDEN RESPEKT ZOLLEN SOLLTE

Auf der Spur eines untergegangenen Volkes – und der dunklen Ursprünge der arabischen Geschichte.

Die Thamud waren offensichtlich schwer genervt. Schon wieder wurde einer dieser Prediger vorstellig, der von sich behauptete, auf Gottes Geheiß mit einer Botschaft zu ihnen zu kommen. Und dieser stammte zu allem Überfluss auch noch aus den eigenen Reihen. Die Wüste Arabiens schien derlei Gestalten in großer Zahl hervorzubringen: Ausgestoßene und Eigenbrötler, die, allein mit sich, dem Sternenhimmel und der unendlichen Weite, eine Eingebung erfuhren. Letztendlich haben solche Propheten das Schicksal der Menschheit immer wieder geprägt, besonders im Nahen Osten. Man zählt allerdings auch nicht diejenigen, die keine Gläubigen um sich scharen konnten und als ewig verkannte Genies im Sand der Wüste Arabiens erbleichten. Jenem Mann namens Salih wäre es beinahe so ergangen, wäre da nicht der Koran, der uns von ihm berichtet. Eines Tages also, lange vor der Ankunft des Islam, trat er vor das Volk dieser sesshaft, reich und selbstgefällig gewordenen Nomaden und predigte den Glauben an den Einen und Allmächtigen. Den Gott der Propheten Israels.

Eine Weile nahm man seine Reden dankbar als Unterhaltung an, es war ja sonst nicht viel los bei den Thamud, wenn nicht gerade eine Weihrauchkarawane in der Nähe rastete und Neuigkeiten aus der Fremde mit sich brachte. Bis es dem einen oder anderen doch zu moralisch wurde. Über den unbeirrten Salih ergoss sich Spott. Laut einer etwas ausgeschmückten Überlieferung schaukelte sich die Situation langsam hoch:[55] Als ein Fürst der Thamud Salih beim Zwiegespräch mit Gott absichtlich stören wollte, verwandelten sich die kargen Zweige und Blätter an den umliegenden Sträuchern in Vipern und Skorpione. Die fuhren auf die Thamud nieder, und angesichts der Schrecken des giftigen Beißens und Stechens, das darauf erfolgte, hatte Salih Mitleid und bannte den Zauber durch ein Bittgebet. Die Thamud aber dachten nicht daran, dass hier ein Wunder geschehen sein konnte. Das Getier gehörte in der Wüste schließlich zum Inventar und tauchte manchmal in lästiger Menge auf. Der vermeintliche Scharlatan Salih sollte nun entlarvt werden: Wenn er im Auftrag einer Gottheit handelte, dann war es Zeit für ein echtes Wunder – oder zumindest einen Zaubertrick. Mit seinem Wanderstab, dem Werkzeug eines jeden frommen Mannes, schlug Salih daraufhin auf einen Felsen. Wie einst Mose es getan hatte, um seinem Volk zu beweisen, dass er kein Wichtigtuer war. Bei Mose allerdings, so berichtet das Buch Exodus, schoss darauf eine Fontäne frischen Wassers aus dem Gestein. Salihs Wunder hingegen war wohl weniger nützlich, wenn auch weitaus rührender: Ein schwangeres Kamelweibchen erschien wie aus dem Nichts; der Fötus in seinem Leib bewegte sich, die Geburt stand offenbar bevor.

Ein Dromedar war im Arabien der Antike wohl ein ebenso gewöhnlicher Anblick wie heute ein Fahrrad auf dem Prinzipalmarkt der westfälischen Stadt Münster. Die Araber waren Meister der Kamelzucht und besaßen sie in solchem Überfluss, dass andere Völkerschaften des Alten Orients behaupteten, sie hätten überhaupt niemals einen Araber ohne Kamel gesehen.[56] Das Kamel war vieles zugleich: Transportmittel, Währung, Investitionsobjekt und, zu besonderen Anlässen, auch Nahrungsquelle. Laut den Berichten vom Leben des Propheten konnte man aus dem Fleisch eines einzigen Tieres bis zu hundert Krieger mit Kebab verköstigen. Es war und ist aber auch Gegenstand von Liebespoesie. Hunderte Begriffe für das Kamel soll die arabische Sprache kennen. Das hässliche, das schöne, das weiße und das gelbe, das trinkende und sterbende, das sitzende und rennende, das brave und das geile – für jeden Zustand und jeden Wesenszug des Schwielensohlers fand die Dichtung der Araber ein Wort. Noch heute richtet man in den Golfstaaten für sie Schönheitswettbewerbe aus. Veterinärärzte mit dem Spezialfach *camelus dromedarius* behandeln ihre Patientenschaft mit Botox und plastischer Chirurgie. Die Araber verehrten dereinst ihre Ahnen, und manchmal wurde ein Kamel an der Grabstätte seines Herrn geopfert, wie in anderen Kulturen die Ehefrau.[57]

Vor dem Hintergrund einer solch intimen Freundschaft zwischen Arabern und Kamel müssten sich die Thamud für ihre dann folgende Tat bis heute schämen, wenn sie es denn noch könnten. Auf Salihs Wunder reagierten sie nicht emotional berührt, sondern gehässig. Sie rückten dem Tier und seinem so arglos im Mutterleib schlummernden Kind mit dem Schwert zu Leibe. Sie stachen auf die Tiere aus purer Arroganz ein, angeblich aufgehetzt von einer Thamuderin, die einen besonderen Hass auf Salih hegte.

Es bleibt ein besonderer Frevel – und um dies anschaulich darzustellen, erwähnt der Koran wohl auch diese Geschichte, zu der spätere Chronisten die dramatischen Details beisteuerten.[58] Laut einer Version sollen die Thamud der Kameldame, die inzwischen niedergekommen war, einen Pfeil ins Knie geschossen haben. Eine andere spricht davon, dass man ihr den Höcker aufschlitzte, ihr Junges aber, durch seine langen, unschuldigen Wimpern blinzelnd, einen rettenden Felsen hinaufgestiegen sein soll. Noch eine andere Version weiß zu berichten, dass die Kameldame nach dem Ende dieser Episode auf samtenen Flügen davongeflogen sei. Die Geschichte jedenfalls ging nicht gut aus für die Thamud. Eine Strafe Gottes brach über sie herein – ob eine Krankheit oder ein Erdbeben, weiß man nicht so genau. Am Ende jedenfalls lagen sie tot in ihren prächtigen Behausungen. Und wer immer es wagte, die in den Fels geschlagenen Räume zu betreten, konnte die Leichname noch Jahrhunderte später sehen. Als hätten sie sich dort zum Sterben selbst gebettet: in einem wundersamen Tal im Nordwesten des heutigen Saudi-Arabien.

❖

An diese Legende und an das rätselhafte Schicksal der Thamud denke ich, als ich an einem milden Vormittag im März endlich vor dem Qasr al-Farid, dem »Einsamen Palast« stehe. Es ist ein ikonisches Gebilde und inzwischen ein archäologisches Wahrzeichen des Königreichs Saudi-Arabien geworden: Ein – in der Tat – einsamer Felsen, der in einer sandigen Umgebung steht, so hoch wie ein fünfstöckiges Haus. Seine Nordwestseite haben antike Steinmetze um das Jahr 100 in eine prächtige Fassade verwandelt, gekrönt von mächtigen Stufen, die wie zwei symmetrisch auseinanderlaufende Treppen in den unendlichen Himmel wirken. Ihre Erbauer verstanden etwas von optischen Effekten, dennoch scheint es, als seien sie nicht fertig geworden mit ihrer Arbeit.

Das Relief im Felsen wirkt, als bilde es die Etagen eines Palastes ab. Die unterste wird scheinbar von vier monumentalen Säulen getragen; deren rechteckige Kapitelle wirken auf ein Auge, das griechische oder römische Baukunst gewohnt ist, merkwürdig. Sie sind »gehörnt« und weisen an den Ecken sogenannte Bossen auf. Nur wer näher herantritt und von unten zu ihnen heraufschaut, kann sehen, was es damit auf sich hat: Mit etwas Fantasie sind darin die ausgebreiteten Schwingen eines Adlers zu erkennen. Abstrakt, stilisiert, aber doch überaus lebendig: Es ist das Zeichen einer der sogleich faszinierendsten und rätselhaftesten Kulturen der arabischen Antike, der ich auf dieser Reise noch ausführlicher begegnen werde.

Während ich meine Fahrt durch das Tal fortsetze, nimmt das Staunen nicht ab. In einen mehrere Hundert Meter breiten Felsen haben die alten Baumeister gleich mehrere Fassaden geschlagen, einträchtig nebeneinander wie luxuriöse Town Houses – weit genug voneinander entfernt, um die Privatsphäre zu sichern. Auch im Tod möchte man Krethi und Plethi nicht in seiner direkten Nähe haben, sofern man es sich anders leisten kann. Wer den Felsen umrundet, stellt fest, dass dieser eine rechte Grabsiedlung gewesen zu sein scheint. Einige lassen sich betreten, an anderen kann man sogar die in Stein geschlagenen Grabnischen bestaunen. Womöglich stammen sie aus einer anderen Epoche als die Fassaden, in jedem Fall aber erwecken sie den Eindruck einer effizient geplanten Familiengruft. Im Innern des Felsens ist es angenehm kühl. Und trocken. Hier möchte man begraben sein. Nur wem wurde dieses Privileg zuteil?

Mysteriös auch das Dekor auf den Fassaden. Es dürfte früheren Passanten ein Schaudern über den Rücken gejagt haben. Auf einem Frontispiz prangt ein kahler Männerkopf, eine Fratze mit offenem Mund und tief in den Höhlen sitzenden Augen, links und rechts davon zwei Schlangen, die wie Blitze aus ihm herauszufahren scheinen. Er sieht dem Humbaba ähnlich, einer finsteren Gestalt aus dem mesopotamischen Gilgamesch-Epos. Der Humbaba bewacht darin einen Zedernwald und wird vom Helden Gilgamesch erschlagen.[59] Und wenn es sich tatsächlich um Humbaba handeln sollte, könnten die Schlangen, die so auffällig dynamisch aus ihm herausschießen, in Wahrheit Blitze sein. Denn der Humbaba verfügte über eine Wunderwaffe, die der Fantasiewelt Harry Potters entstammen könnte: ein Schreckensstrahl, der seine Gegner bannen oder gar niederstrecken konnte. Wer auch immer dieses Relief anfertigte, kannte dieses kuriose Wesen aus der mesopotamischen Mythologie.

Das zeigt sich auch an den weniger auffälligen Villen der Toten an diesem merkwürdigen Ort. Über einem in den Felsen gehauenen Türsturz prangen zwei Raubtiere, die wie Zwitterwesen aussehen: halb Löwe, halb Greif. Ihre Tatzen ruhen gehorsam auf einer sechsblättrigen Rosette. Dieses magische Symbol, das in gotischen Kathedralen ebenso anzutreffen ist wie im alten Mesopotamien, war besonders bei den Assyrern populär. Als Hexagramm machte es Karriere bei Freimaurern, Rosenkreuzern und Okkultisten, aber auch als »Siegel Salomons« und Davidstern, dem Symbol der Israeliten. Es ist, als wollten diese Zeichen uns noch heute sagen: »Wage es nicht, über diese Schwelle zu treten! Zieh weiter, und lass den Toten ihre Ruhe.« Ich kann nicht widerstehen und muss trotzdem hinein.

Die Familiengruft ist leer. Aber wie muss es Nomaden vorgekommen sein, die sich gegen alle Warnungen getrauten, vor rund 1400 Jahren hier einzutreten? Die menschliche Neugier ist ebenso groß wie die Angst. Fanden sie hier die Reste einbalsamierter Leichname? Zerfleddert von den Tieren der Wüste? Wenn sie diese Felsengräber für prächtige Villen und Paläste hielten, könnte es ihnen tatsächlich so vorgekommen sein, als seien deren Bewohner im Schlaf vom Tode überrascht worden. Ein Erdbeben, ein des nachts umgehender Todesengel, eine rätselhafte Krankheit? Die Legende vom reichen, sündigen Volk der Thamud und ihrem plötzlichen Niedergang durch eine Strafe Gottes könnte so geboren worden sein.

Mada'in Salih wird dieser Ort genannt: die Städte des Propheten Salih. Über Jahrhunderte galt dieses Tal im Nordwesten Saudi-Arabiens als ein verfluchter Ort. So wird berichtet, dass der Prophet Mohammed einmal während eines Beutezugs mit seinen Reitern hier vorbeigekommen sei.[60] Die Männer wollten im Schatten der Totenstädte rasten und sich an einer Quelle laben. Mohammed erinnerte die Gefährten an das dunkle Schicksal der Thamud und lehnte ab. Der Ort aber behielt seine Anziehungskraft bei. Von Ibn Saud, dem Staatsgründer Saudi-Arabiens, heißt es, dass er in Mada'in Salih einen Palast errichten wollte, um von dort die prächtigen Ruinen im Sonnenuntergang betrachten zu können. Die wahhabitischen Religionsgelehrten jedoch mahnten, dies nicht zu tun: Der Fluch Gottes über diesem Ort gelte zeitlich unbefristet und man solle das Schicksal nicht herausfordern. Bis in die jüngste Zeit hinein wurde er von vielen misstrauisch beäugt. Eine saudische Freundin in Riad, deren Familie aus der Umgebung von Mada'in Salih stammt, berichtete mir, dass sich ihr Vater als Kind oft heimlich bei den Ruinen herumgetrieben habe. Inständiger Warnungen der Älteren zum Trotz, dass hier Geister und Dämonen lebten und jedem, der die Felsgräber betrete, großes Unheil beschieden sei.

Doch obwohl die Thamud wie bereits gesagt durchaus in nichtarabischen, antiken Quellen vorkommen, waren sie vermutlich nicht die Erbauer der Gräber und Behausungen von Mada'in Salih: Dafür dürfte hauptsächlich das Handelsimperium der Nabatäer verantwortlich gewesen sein. Denn hier in Mada'in Salih, auch Al-Hijr genannt, lag die südliche Metropole des Nabatäerreichs. Da dieses aber eine Mischkultur verschiedener arabischer und orientalischer Einflüsse war, weist Mada'in Salih zwar große Ähnlichkeiten zur berühmten Nabatäerhauptstadt Petra auf. Es hat dennoch seinen ganz eigenen Stil.

Immer wieder fanden archäologische Kampagnen im streng wahhabitischen Saudi-Arabien und speziell in Mada'in Salih statt. Allerdings war das Verhältnis ein zwiespältiges. Warum überhaupt sollte man sich für die vorislamische Geschichte interessieren? War es nicht das Zeitalter der großen Unwissenheit, der »Jahiliyya«, in welcher die Menschen den wahren Gott verkannten, zu Götzen beteten und in Sünde lebten? Über die Arabische Halbinsel in der Antike wusste man aus diesen und anderen Gründen lange verhältnismäßig wenig. Verhältnismäßig, wenn man es zu anderen antiken Kulturen ins Verhältnis setzt.

Von den Römern etwa wissen wir so viel, weil sie so viele verschiedene Zeugnisse hinterlassen haben: Straßen, Tempel, Paläste oder Burgen, aber auch Chroniken. Über das Wirken des Julius Cäsar erfahren wir aus seinen eigenen, zweifellos nicht objektiven

Schriften wie dem berühmten *Gallischen Krieg*. Wir kennen aber auch die Außenperspektive, die, etwas mehr als ein Jahrhundert später, ein schriftstellender Apollo-Priester namens Plutarch in Griechenland hinterließ. Das ermöglichte es der Forschung, die Informationen aus Bauten oder Inschriften mit den Texten abzugleichen und zu erahnen, »wie es eigentlich gewesen«.[61]

So wurde die Archäologie zur erhabensten Hilfsdisziplin der Historie. Sie trug bedeutende Bausteine zu jener großen Erzählung der Vergangenheit zusammen, welche die Geschichtsschreibung verfasst und mit Bedeutungen versieht. Die Archäologie produzierte Biografien von Helden, und nicht umsonst ist einer der berühmtesten Abenteurer Hollywoods, ein gewisser Doktor Jones, Professor für Archäologie. Zwischen den großen Entdeckern der versunkenen Zivilisationen und ihren Erzählern hockt fleißig, aber unscheinbar und von der Öffentlichkeit mit Ignoranz bedacht, eine Hilfstruppe von manchmal unschätzbarem Wert: die Epigrafiker, also Inschriftenkundler. Dass man ihr Handwerk als »Abklatschen« bezeichnet, macht ihren Ruf nicht besser. Aber akribisch und unter zum Teil abenteuerlichen Umständen haben sie in aller Welt Inschriften und Graffiti eingesammelt und kopiert.

Heute hantiert ihre Zunft mit Computerprogrammen, die ihnen helfen, selbst unbekannte Schriften zu entschlüsseln. Früher führten sie hingegen noch Unmengen Zigarettenpapier im Gepäck – nicht etwa, weil sie rauchten wie die Schlote, sondern weil sich mit dem dünnen, anschmiegsamen Blatt am präzisesten abklatschen ließ. Und Genauigkeit war – und ist – unerlässlich: Ein Fehler, ein nicht übertragener Strich oder Keil, und die Fehlerkette setzte sich unaufhaltsam fort. Der ganze Datensatz, den man Tausende Kilometer weit entfernt genommen hatte, war buchstäblich für die Tonne.

Das Wissen der Epigrafik ist besonders dann gefragt, wenn historische Texte verschollen und archäologische Zeugnisse spärlich vorhanden sind. Ohne die Epigrafik wäre die Erforschung der arabischen Antike kaum vorangekommen, denn es scheint, als hätten die reiselustigen Bewohner der Arabischen Halbinsel ihre Zeit gern damit zugebracht, Schriftzeichen in den Fels zu ritzen: Namen von Göttern oder Menschen, Beschwörungsformeln und Zeichnungen von Dingen, die ihnen erwähnenswert erschienen. Wer den Tag damit zubringt, seinen Kamelen beim Fressen zuzuschauen, dem werde es schnell langweilig, Kamele in den Fels zu zeichnen. Da sei es doch interessanter, der Nachwelt den eigenen Namen zu hinterlassen – so beschreibt es der Orientalist Tim Mackintosh-Smith in seinem fulminanten Werk *Arab* über 3000 Jahre arabischer Geschichte.[62]

Ihre Anfänge müssen zu einem Großteil erst noch entziffert werden. Vor allem aber ist sie eine Geschichte der arabischen Sprachen, respektive jener semitischen Sprachen, die von den Stämmen und Kulturen auf der Arabischen Halbinsel in verschiedenen Varianten gesprochen und zum Teil verschriftlicht wurden: in Graffiti, kurzen religiösen Inschriften, wie jenen auf den Grabbauten von Mada'in Salih, oder aber in der Dichtung, welche mündlich überliefert und von späteren arabischen Chronisten in der Hochsprache bewahrt wurde.

Ein kleiner Held der Epigrafik war ein Schwabe namens Julius Euting, der Ende des 19. Jahrhunderts die Wüsten und Oasen des »Inneren Arabiens« durchstreifte. Auf der Suche nach Inschriften der semitischen Sprachen, die er einst in Tübingen begonnen hatte zu studieren – und jener, die man noch nicht hatte studieren können: Lihyanisch, Palmyrenisch, Nabatäisch und Alt-Aramäisch, um nur einige zu nennen. Euting war eine der kuriosesten Erscheinungen in der an schrägen Vögeln und Exzentrikern schon überaus reichen Welt der Orientforscher. Rückblickend erinnert er an jene spleenigen Nebenfiguren aus den Verfilmungen von Karl-May-Romanen, die jeden dramatischen Moment mit ihrem plötzlichen Auftauchen zur Entspannung und die anderen, ob Böse oder Gute, durch ihren mundartlichen Witz zum Lachen bringen. Eutings Verdienste um das Sammeln und Kopieren alter Schriften ist unbestritten; dass sich sein in der Heimat geprägter Spitzname »Sechzehnsprachenmännle« auf Tatsachen gründet, ist jedoch eher unwahrscheinlich. Die Sprachkompetenz der Orientalisten wird eben oft maßlos überschätzt, und sie selbst haben es nicht eilig, solche Urteile zu dementieren.

Im April 1884 entkam Euting den Rächern zweier räuberischer Beduinen, die er bei einer nächtlichen Schießerei getötet haben soll. (Dass es tatsächlich robust zuging in Arabien, wenn man sich nicht dem Schutz des richtigen Scheichs unterstellte, musste Eutings armer Kollege Charles Huber erfahren – er wurde 1885 weiter südlich angeblich von Dienern seiner eigenen Expedition ermordet.) Einem Prinzen des Stammes der Al Raschid führte Euting in der Oasenstadt Ha'il nicht nur seine berüchtigte »Kniewelle« am Reck vor – Euting war begeisterter Turner –, sondern brachte ihm nach eigenem Bekunden auch eine für Sopran komponierte Opernarie der Leonora aus Giuseppe Verdis *Il Trovatore* bei. Er spottete über die »Bettelhaftigkeit« und Flegelei der Beduinen und bedankte sich bei einem Hauswirt mit einem auf Deutsch beschrifteten Amulett – darin die Empfehlung, er möge sich doch öfter waschen. Euting starb am 2. Januar 1913 und liegt begraben an einem Ort über dem Wildsee nahe Baiersbronn im Schwarzwald. Er verfügte testamentarisch, dass vorbeiziehenden Wanderern an seinem Todestag alljährlich arabischer Kaffee zu reichen sei. Zu seinen Verdiensten für die Nachwelt zählt neben den Inschriften der arabischen Antike auch eine berühmte Stele aus der Oasenstadt Tayma, die heute im Pariser Louvre steht und neben anderen beschriebenen Steinen von Euting und Huber in Augenschein genommen wurde.

Die Funde von Tayma, das etwa 100 Kilometer nördlich der Grabstätten von Mada'in Salih liegt, erzählen von der herausragenden Bedeutung dieser Gegend für die Geschichte des Alten Orients. Der neubabylonische König Nabonid, der zwischen 556 und 539 herrschte, hatte hier für einige Jahre seine Exilhauptstadt errichtet. Darüber, was ihn bewogen haben konnte, von den Strömen Mesopotamiens ins wüste Arabien umzuziehen, haben Forscher verschiedene Theorien entwickelt. Entscheidend ist aber etwas anderes: Die nördliche Arabische Halbinsel, die man lange für den Hinterhof der städtischen Zivilisation hielt, ja, der manche sogar absprechen, vor Ankunft des Islam historisch bedeutend gewesen zu sein, war offensichtlich Teil des Alten Orients.

Assyrische, griechische und römische Quellen berichten von den Arabern. In einer assyrischen Quelle ist von einem König mit Namen »Heuschrecke« die Rede, der auf der Arabischen Halbinsel herrschte. Römische Inschriften erzählen sogar von Hilfstruppen aus dem Volk der Thamud. Dank der epigrafischen Untersuchungen ließen sich immer weitere Teile eines Puzzles zusammenfügen und es entstand schließlich ein Bild der Araber der Antike, die sich zwar zankten, aber dennoch ein gewisses kulturelles Zusammengehörigkeitsgefühl besaßen: eine Identität. Was sie miteinander verband, waren nicht nur sprachliche Verwandtschaften oder die Götter, die sie verehrten, sondern auch drei Aspekte einer Lebensweise: erstens, der Karawanenhandel, der sich von Südarabien, dem heutigen Jemen, nach Syrien erstreckte; zweitens, die Organisation in Stammesföderationen, die das wirtschaftliche und militärische Überleben der Gemeinschaft sicherten. Und schließlich, drittens, die herausragende Rolle von Dichtern und Rednern: Sie kleideten das Irdische und das Übersinnliche in Botschaften und wurden zu Gralshütern der Sprachen der Arabischen Halbinsel. Sie deuteten unerklärliche Phänomene und Katastrophen, erklärten die Welt der Götter und Dämonen und traten mit diesen in Kontakt.

Für die Deuter der Mysterien, die Enthüller der Geheimnisse, kennt die griechische Sprache den Ausdruck »Hierophant«, was hin und wieder mit »Weissager« übersetzt wird. In den arabischen Stammesgesellschaften waren sie wohl so etwas wie mobile Prediger. Die städtischen Zivilisationen in Ägypten und Mesopotamien bauten Tempelanlagen und hatten mit ihren Priestern eine feste klerikale Personaldecke. Es entstanden regelrechte Priesterkasten, die mit professionellem Anspruch ans Werk gingen und oftmals ein Eigenleben entwickelten. Die halbnomadischen Stämme der Arabischen Halbinsel benötigten da mehr Flexibilität. Vielleicht kann man sich die Rolle der altarabischen Hierophanten vorstellen wie die protestantischer Quäker auf den amerikanischen Siedlertrecks im 19. Jahrhundert: Auf Abruf gaben sie spirituellen Zuspruch, spendeten Gebete am Sterbebett, predigten bei Begräbnissen und erinnerten das gemeine Volk daran, dass das Ende der Welt nahe und das Streben nach Erfüllung im Diesseits eine eitle, vergebliche Beschäftigung sei. Auch bietet sich ein Vergleich mit den »Richtern« aus dem gleichnamigen Buch des Alten Testaments an: alte, weise Männer, denen man höhere Einblicke zutraute und die dem erst allmählich sesshaft werdenden Volk der Israeliten, das noch keinen König hatte, mal als Vorbeter, mal als Schlichter, oder auch als Heerführer zum Einsatz dienten. Auf der Arabischen Halbinsel traten diese Figuren gemeinsam mit – aber auch in Konkurrenz zu – den Stammesführern auf. Und sogar die altarabische Berufsbezeichnung erinnert an das Alte Testament: »kahin«, was »kohen« ähnlich ist, dem hebräischen Wort für »Priester«.

Der Kahin konnte ein Schamane oder Medizinmann sein. Oder ein Medium, das mit den Dschinn, den Geistern und Dämonen, Zwiesprache hielt. Eine Episode aus der Sira, der im 8. Jahrhundert erschienenen ersten Mohammed-Biografie, erinnert an diese Tradition: Da kommen einige Menschen zusammen, um den Reden des Propheten zuzuhören, von denen später enthüllt wird, sie seien Dschinn in menschlicher Gestalt gewesen. Eine kuriose Begebenheit ist von einem Kahin namens Satih überliefert: Um eine Vision der Zukunft zu erlangen, ließ er einen Dämon in sich fahren und gab dafür etwas anderes her: seine Knochen. Satih wurde sozusagen vorübergehend filetiert und konnte sich zusammenrollen wie ein Teppich.[63]

Betrachtet man diese Typen aus der Nähe, so mag es weniger überraschend sein, dass irgendwann im 7. Jahrhundert nach Christus im spätantiken Arabien ein Außenseiter namens Mohammed eine Offenbarung empfängt, eine neue Religion gründet und sich dabei die inneren Konflikte zwischen Stämmen zunutze macht. Und zwar ohne selbst ein Kriegsheld zu sein. Wir erinnern uns an die Schlachten der Chamis, der Streitmacht des Propheten, und an seine eigene Rolle darin: Nur ein einziges Mal, so berichtet die Sira, habe Mohammed einen Menschen selbst im Kampf getötet. Und dies sogar versehentlich, weil sein Schwert einen Kombattanten streifte. Den Rest besorgten die Muslime, oder auch die Engel (wie in der Schlacht von Badr), der Prophet selbst aber blieb der geniale Heerführer im Hintergrund. Er ließ andere für sich kämpfen, deutete die Zeichen Gottes und verteilte danach die Beute.

Mohammed passt also durchaus in das Idealbild des Hierophanten, gewiss aber nicht in das eines heldenmütigen Schwertkämpfers, der sich die Zeit zwischen den Schlachten mit Dichtung und Konkubinen vertreibt.

Ob Mohammed selbst ein Kahin war, darüber gibt es verschiedene Ansichten. Der Orientalist Maxime Rodinson hatte daran keinen Zweifel. Sein Kollege Hamilton Gibb vermutete, dass die Quraisch ihn zumindest für einen herkömmlichen Kahin hielten.[64] Der Koran verteidigt Mohammed offenbar sogar gegen diesen Vorwurf, ebenso tun es spätere Überlieferungen.

Das Amt des Wahrsagers oder spirituellen Führers war im alten Arabien im Übrigen keine männliche Domäne – und die Erforschung der mächtigen Frauen ist auch nicht erst mit den Genderstudies aufgekommen.[65] Die arabischen Chronisten zählen eine Fülle solcher Persönlichkeiten auf, so etwa die Jemenitin Al-Zarqa, die ihren Stamm, die Tanukh, auf ihrer Wanderschaft nach Norden führte. Eine weitere Kahina soll die Prophetenschaft Mohammeds vorhergesagt haben – in der Rückschau der islamischen Tradition war sie also eine gute Wahrsagerin. Und natürlich kennt die islamische Tradition auch Frauen im Gewande bösartiger Hexen, die gegen die Propheten Gottes intrigieren, und solche, die sich eines Besseren belehren lassen und sich dem Islam unterwerfen.

Ein legendäres Beispiel: Hind bint Utbah, die Gattin des mächtigsten Scheich von Mekka, deren männliche Verwandte in der Schlacht von Badr (624) gegen die Kämpfer des Propheten gefallen waren. Hind bekam ihre Rache, indem sie bei der nächsten Schlacht den Leichnam von Mohammeds Onkel, Hamza ibn Abd al-Muttalib, schändete. Sie schnitt ihm, so wird berichtet, die Leber heraus und verspeiste diese roh und dampfend, während sie auf einem Felsen arabische Siegeslyrik deklamierte. Später, nach der Eroberung Mekkas durch Mohammed, reihte sie sich bei den Muslimen ein und zog angeblich sogar mit den arabischen Streitkräften in die erste große Schlacht gegen Byzanz.[66]

Ein Kahin pflegte eine hochtrabende, geheimnisvolle Sprache. Und wenn sie nur ihm allein als Eingeweihtem zugänglich gewesen sein sollte, war das nur recht und billig. Etwas von dieser Sprache dürfte sich auch in den Offenbarungen des Koran wiederfinden, besonders in jenen kurzen, »mekkanisch«, also frühzeitlich genannten Suren: Sie lesen sich für Außenstehende wie Liturgien, Gebetsformeln, Visionen und Beschwörungen und unterscheiden sich von jenen, die historische Zusammenhänge wiedergeben oder Rechte und Gebote formulieren.

Dem Kahin gegenüber steht ein anderer Typ der vorislamischen Gesellschaften: der Dichter. Ähnlich der mittelalterlichen Tradition in Europa sollte ein Held nicht nur mit dem Schwert, sondern auch mit Worten umgehen können. Das war allein schon militärisch sinnvoll. Denn es schien das höchste Ziel der rhetorischen Kriegführung zu sein, den Gegner nicht nur zu beschimpfen, sondern detailreich auszumalen, wie man ihn erniedrigte. Das geschah damals so wie auch zu heutiger Zeit: Man schmäht die Herkunft und die Ahnen und zielt unter die Gürtellinie. Im Alten Arabien ging es also rhetorisch sehr deftig zur Sache.

»Wir töteten Machlad und die beiden Söhne Huraqs und dazu noch einen, einen kleinen Jungen, etwas älter als ein Entwöhnter, und Chalid, zu dem Witwen ihre Zuflucht zu nehmen pflegten, die keine Heimstatt bei einem Verwandten fanden.« So übersetzte der Orientalist Julius Wellhausen ein Lied der »Hudhailiten«, die im Hedschas unweit der Stadt Mekka lebten. Gern unterstellte man dem Gegner auch perverse Gewohnheiten, die auf seine Erbärmlichkeit und Wildheit schließen ließen. So werden die Banu Nufatha bezichtigt, sie hätten während einer Hungersnot ein argloses Mitglied eines verbündeten Stammes getötet, um ihn hernach zu verspeisen – wobei dies wenig appetitlich vor sich ging: »Sie kamen herbei (gierig) wie die Rindsmäuler zu einem Stück seiner Rute und zu seinen Hoden, und sagten: wie schön ist der Duft des Leckerbissens!«[67]

Viele versuchten sich an der Dichtung, aber nur einige brachten es zu Exzellenz. Sie unterhielten, begeisterten, überzeugten und stutzten andere zurecht. Je stärker die Redner, die eine Anhängerschaft um sich scharten, desto »schwächer die Zentralregierung«.[68] Aus Rednern wurden Rädelsführer und sogar von marodierenden Banden ist zu lesen, die, wenn sie nicht gerade Karawanen überfielen, besoffen beieinanderlagen und sich Wettstreite im Dichten, sogenannte *su'luk*, lieferten. (Der passende moderne Ausdruck dafür wäre wahrscheinlich *Poetry Slam*.)

Ein auf die schiefe Bahn geratener Jüngling aus dem Herrscherhaus der Lakhmiden war dem Alkohol ebenso zugewandt wie den Frauen und, wie man heute sagen würde, »dauerbreit«. Auch als ihn die Nachricht von der Ermordung seines Bruders erreichte.

Rache wolle er morgen nehmen, soll er ausgerufen haben, jetzt müsse er erst einmal zu Ende trinken und danach seinen Rausch ausschlafen. Dieser vorislamische Dichterfürst und Outlaw, ein gewisser Imru al-Qais, wurde vom Orientalisten Friedrich Rückert übersetzt und fand sogar Einzug in Goethes *West-östlichen Divan*. Die Titel seiner Gedichte sind selbsterklärend: *Besbasa*, *Umeima*, *Jemama*, *Suleima*, *Esma* und *Selmas Reiz*, um nur einige zu nennen. Meist fängt alles so an, wie in *Gefährlicher Besuch*:

»Was geht dich's an, gedenk' ich an Schöne makellos,
Wie Hindinnen der Wüste, in einem Fürstenschloß!
Zu Jungfraun im Gemache am Regentag ich kam,
Die eine dicke Alte in ihre Obhut nahm.«

❖

Heute sprechen rund 280 Millionen Menschen auf der Welt Arabisch als ihre Muttersprache. Wobei längst nicht alle sich selbst als Araber bezeichnen würden. Das Arabische aber gilt gemeinhin als das zentrale Merkmal einer arabischen Identität. Das ist wohl dem Koran, den Dichtern und den Predigern der Arabischen Halbinsel zu verdanken, deren berühmtester Vertreter Mohammed werden sollte. Archäologisches Kulturerbe hingegen, wie die Ruinen von Mada'in Salih, standen irgendwie allein und für sich selbst. Weder europäische Chronisten noch die Muslime selbst rechneten sie dem zu, was man heute als eine »arabische Hochkultur« bezeichnen könnte. In Saudi-Arabien lehnten die Religionsgelehrten dieses vorislamische Erbe sogar kompromisslos ab. Erst in jüngster Zeit erlebt es ein Revival: Der ehrgeizige und ebenso berühmte wie berüchtigte junge Herrscher, Kronprinz Mohammed bin Salman, scheint große Freude an den verfluchten Ruinen der Thamud gefunden zu haben. Und die radikalen Prediger, die früher davor warnten, sie auch nur zu betreten, sind weitgehend verstummt.[69]

Seit im 7. Jahrhundert der Koran in Buchform vorgelegt wurde, verbreitete sich die Lesart, die Heilige Schrift der Muslime sei der ultimative Goldstandard der arabischen Sprache. Arabisch mithin die Sprache Gottes selbst. Dichter wie Imru al-Qais, deren Duktus sich vom Koran unterschied, konnten dagegen nicht mithalten; die muslimischen Gelehrten hegten trotzdem großes Interesse an der Dichtung der alten Araber. Man sammelte, was schriftlich vorlag oder mündlich überliefert war. Im 13. Jahrhundert vollendete der Jurist Ibn Manzur in Kairo das Standardwerk *Lisan al-Arab (Die Zunge der Araber)* – ein 20-bändiges Werk, das bis heute in Gebrauch ist und zu jeder gut sortierten Bibliothek gehört.

Dass das Arabische, das Idiom der Liturgie und Dichtung, allerdings eines Tages offizielle Amtssprache eines Imperiums werden würde, verdanken wir angeblich einer seltsamen Begebenheit. Es hätte auch anders kommen können, denn als im 7. Jahrhundert im Nahen Osten das erste arabisch-muslimische Königreich, das Kalifat, entstand, blieb die Verwaltung zunächst Griechisch. Griechisch war die Sprache des byzantinischen Staatsapparats – auch in den östlichen Provinzen. Und auf diesen vertrauten die arabischen Herrscher anfänglich sehr. Das Kalifat der Umayyaden wäre nicht das erste im Orient gewesen, das multilingual arbeitete: Im alten Perserreich zum Beispiel schrieb die Verwaltung Aramäisch und Elamisch, während das Mittelpersische (Pahlavi) eher rituellen Zwecken vorbehalten war. Es wäre also durchaus vorstellbar gewesen, dass die Kalifen mit ihren Verwandten bei Hof Arabisch sprachen, die Bürokratie aber beim Griechischen blieb.

Jedoch kam es zu einer folgenreichen Reform, die dem arabischen Staat vermutlich langfristig das Überleben sicherte und deren Anlass, glaubt man den Chronisten, einigermaßen kurios erscheint: Zwar sehnen sich die wenigsten in die Lockdowns der Pandemie zurück, aber jeder weiß, dass der Alltag im Büro frustrierend sein kann. Da gibt es diejenigen, die an das Gemeinwohl denken. Sie lassen kein schmutziges Geschirr in der Gemeinschaftsküche stehen, räumen nach getaner Tagesarbeit ihren Schreibtisch auf, legen das Papier im Drucker nach und ärgern sich daher umso mehr, wenn es Kollegen an Rücksichtnahme fehlt.

Doch es gibt auch die anderen. Und die brauchen manchmal einen Wink mit dem Zaunpfahl. Was jene griechischen Beamten in der Staatskanzlei des Kalifen Abd al-Malik Ende des 7. Jahrhunderts antrieb, werden wir wohl nie erfahren. Vielleicht hatte er es eilig und musste dringend eine Korrespondenz erledigen. Ebenso gut könnte es sein, dass er seinen chronisch rücksichtslosen Mitarbeitern nun wirklich einen Denkzettel verpassen wollte. Als er in der Schreibstube keine Tinte finden konnte und wohl auch kein Wasser, um frische anzurühren, pinkelte er kurzerhand in ein Tintenfass. So lakonisch steht es in der *Eroberung der Länder* des Chronisten Al-Baladhuri, der die Episode – der Vollständigkeit halber, sei es erwähnt – wohl mit Tinte auf Wasserbasis niederschrieb.[70]

Der Kalif Abd al-Malik jedenfalls war, als er von dem Vorfall in der Kanzlei hörte, nicht gerade amüsiert. Angeblich folgte eine große Personalrochade. Denn dem Arbeitgeber, der die alte Bürokratie schon längst umbauen wollte, bot sich endlich der Vorwand zum Durchgreifen. Vielleicht war es auch der Urintropfen, der das Tintenfass zum Überlaufen brachte, um im Bild jener Zeit zu bleiben. Die griechischen und byzantinischen Bürokraten jedenfalls wurden dem Bericht Baladhuris nach in den vorzeitigen Ruhestand versetzt. Arabisch wurde zur Verwaltungssprache, und folglich konnte niemand mehr am Schreibtisch dienen, der sie nicht beherrschte. Bis in die heutige Zeit schreiben Pinkelaffären von mehr oder weniger prominenten Menschen Schlagzeilen. Man darf bezweifeln, dass diese Ordnungswidrigkeit tatsächlich eine solche historische Wirkung zeitigte. Aber ich bin überzeugt davon, dass Sie sie sich trotzdem lange merken werden.

6

Petra

ATLANTIS DER WÜSTE

Wie ein Krieg der Supermächte und eine Pandemie das Schicksal des Nahen Ostens wendeten.

Manche Schönheiten werden niemals alt. Wer am frühen Morgen im Felsgebirge von Edom in Jordanien durch den Siq wandert, möchte diesen Moment immer wieder neu erleben. Wenn sich die rund 1,5 Kilometer lange, tief in den roten Stein gebrochene Schlucht öffnet und den Blick auf das verheißene Ziel freigibt: Das sogenannte Schatzhaus von Petra zeigt sich dann in all seiner Pracht. Die mehrgeschossige, in den Fels geschlagene Fassade erinnert an einen antiken Tempel, und doch weiß niemand mit Bestimmtheit, welchem Zweck sie einmal diente. Außer natürlich dem, jeden, der vor ihr steht, in Staunen zu versetzen. Im ersten Sonnenlicht erinnert der Bau daran, wie Petra in der Sprache seiner Erbauer geheißen haben soll: »Raqmu« (»Die Rote«).

An einem Morgen im Hochsommer habe ich das seltene Vergnügen, diesen Anblick vom Rücken eines Pferdes aus zu genießen. Neben mir reitet Prinzessin Dana Firas – die eine der Hüterinnen dieses Weltkulturerbes ist. Die 51-jährige Tochter einer palästinensischen Familie und Gattin eines Prinzen aus dem irakischen Zweig des haschemitischen Herrscherhauses sitzt einer Stiftung vor, die sich zum Ziel gesetzt hat, die Altertümer zu schützen, nachhaltigen Tourismus zu fördern und Jugendliche in Jordanien für das antike Kulturerbe zu begeistern. Sie wolle, dass die Muslime im Land auch die Kulturen als Teil ihrer Identität begreifen, die hier in Jordanien vor dem Islam bestanden, sagt Prinzessin Dana. Die Nabatäer, die Gründer Petras, sind der wohl spektakulärste Teil jener Jahrtausende alten Geschichte.

Im 2. Jahrhundert v. Chr. begann der Aufstieg dieser Felsenstadt. Der Name Petra ist dem griechischen Wort für »Fels« entlehnt. Und während es in der Antike viele Orte dieses Namens gab, hat man nie von einem gehört, der diesem Petra hier das Wasser reichen könnte. Das arabische Handelsvolk der Nabatäer errichtete im Schutz der Felsen seine Hauptstadt und vertrieb von dort aus Weihrauch, Elfenbein und andere gefragte Exportwaren. Die Karawanen der Nabatäer verbanden den Süden der Arabischen Halbinsel mit dem antiken Syrien. Unsere letzte Station, Mada'in Salih in Saudi-Arabien, markierte die südliche Provinzstadt ihres Reiches. Gaza diente ihnen als Hafen zum Mittelmeer und Brücke nach Ägypten. Petra war der Sitz ihres Monarchen und womöglich auch ihr kultisches Zentrum.

Über 20 000 Menschen dürften in der Blütezeit Petras hier gelebt haben. Steuern und Wegzölle, ein komplexes System aus Wasserleitungen, das die Trockenheit ebenso bezwang wie die sturzhaften Regenfälle und Überschwemmungen, machten das Leben in der Stadt lebenswert. »Es muss ein quirliger Betrieb gewesen sein«, erklärt mir Prinzessin Dana, als ich sie frage, wie man sich diesen Ort vor zweitausend Jahren vorzustellen habe. An diesem Morgen ist es glücklicherweise anders. Der Hochsommer 2021 und die Covid-19-Pandemie halten Touristen weitestgehend fern. Wo sich sonst schon in der Frühe Tausende Besucher tummeln, sind wir beinahe allein.

Woran die Nabatäer glaubten, ist noch nicht hinreichend erforscht. Zweifellos waren sie in rund fünf Jahrhunderten ihrer Geschichte diversen Einflüssen ausgesetzt. In den nabatäischen Kultstätten fanden sich Götterstatuen, aber auch sehr abstrakte Darstellungen, die vermuten lassen, dass sie auch Gottheiten verehrten, von denen man sich kein Bildnis machte. Auf der Arabischen Halbinsel, von der die Nabatäer höchstwahrscheinlich stammten, waren Steine Kultobjekte. Sie dienten als Grabmäler, die man immer wieder besuchte. Der Stein ist Ewigkeit und über allem, wie der Religionsphilosoph Mircea Eliade schreibt.[71]

Steine waren nun einmal im Überfluss vorhanden und wurden für kultische Zwecke eingesetzt. Daher entstand das häufige Missverständnis, die Araber hätten die Steine selbst verehrt.[72] Sie waren aber wohl vielmehr Symbol einer abstrakten Verkörperung von Göttlichkeit und Spiritualität.

Die Götterwelten Mesopotamiens, Ägyptens und des Hellenismus dürften ihnen ebenso vertraut gewesen sein wie die der Arabischen Halbinsel. Der nabatäische König Arethas IV. war bekanntlich der Schwiegervater des Königs Herodes in Jerusalem. Mit dem Judentum hatte er also engen Kontakt. Und einer Legende des Neuen Testaments zufolge trat auch der Apostel Paulus bei ihm auf.

Passiert man den Canyon des Schatzhauses, gelangt man an eine antike Prachtstraße, gesäumt von römischen Tempelruinen, Felsgräbern und vermutlich auch Wohnhäusern, die hier in bester Lage in den Berg geschlagen wurden. Am Ende steht man vor der Ruine einer spätantiken Kirche mit prächtigen Mosaiken, die kurioserweise dank einiger Unglücke erhalten blieben. Verschüttet von mehreren Erdbeben, entgingen sie den Plünderern, die über die Jahrhunderte viele andere Stätten ausräumten.

Und so erzählt Petra beinahe kontinuierlich die Geschichte vom Beginn der Nabatäer bis zur Christianisierung und dem Vorabend der Ankunft des Islam. Niemand kann nach einer Besichtigung der Felsenstadt sagen, die Araber seien eines Tages plötzlich aus dem Nichts gekommen. Diese einzigartige Stadt war über Jahrhunderte durchgehend besiedelt und überstand einige Naturkatastrophen. Petra, das für Lawrence von Arabien der »wunderbarste Ort der Welt« gewesen ist,[73] gilt manchen als »Atlantis der Wüste«. Weil es verschollen war und der Vergessenheit anheimgefallen.

Die römischen Hinterlassenschaften erinnern daran, dass Petra keineswegs isoliert war, sondern im regen Austausch mit seinen Nachbarn im Nahen Osten stand. Und schließlich von Rom erst wirtschaftlich, dann militärisch niedergemacht wurde.

Die Römer fremdelten mit den Nabatäern und wussten offenbar nicht viel über sie, außer – natürlich –, dass sie gänzlich andere Sitten pflegten als sie selbst. »Eine Frau ist die Gattin aller; und wer zuerst das Haus betritt, hat Geschlechtsverkehr mit ihr«, weiß der antike Historiker Strabon über die Nabatäer zu berichten. Wer einer Frau beiwohne, müsse nur seinen Stab vor der Tür des Hauses abstellen, um – bei aller Freizügigkeit im Umgang miteinander – doch allzu peinliche Störungen zu vermeiden. »Sie schlafen auch mit ihren Müttern; einen Ehebrecher aber bestrafen sie mit dem Tod«, wobei, so stellt Strabon klar, Ehebruch nur dann bestehe, wenn der Missetäter aus einer anderen Familie stamme.[74]

Das Thema dürfte bei Strabons Publikum eine ebenso verschämte Heiterkeit entfacht haben wie das Kamasutra in den viktorianischen Salons des 19. Jahrhunderts. Die Römer waren doch recht prüde und verehrten die *mater familias* eher als Hausfrau und Gebärmaschine. Das Inzestverbot war im römischen Recht verankert. Strabon, dessen Name »Der Schielende« bedeutet, ist eigentlich bekannt für einen präzisen Blick. Vielleicht hatte er dieses Mal dem Prinzip der Kolportage nachgegeben, wonach man eine gute Geschichte nicht durch Fakten verunreinigen sollte. Die Nabatäer schließlich lebten im Orient. Und die Orientalinnen und Orientalen, das fanden schon die alten Römer, waren halt leidenschaftlich, zügellos. Die Frauen des Orients regten aber nicht nur die Fantasie der Römer an. Sie konnten sie auch das Fürchten lehren. Wie die folgende Geschichte zeigt.

❖

Es ist mir ein Rätsel, dass eine Frau wie Mavia in der Geschichte bislang so wenig Beachtung findet. In etlichen historischen Werken zur Spätantike taucht nicht einmal ihr Name auf. Nun liegt es in einer ebenfalls vom Trend der Genderstudies erfassten historischen Forschung nahe, dass man verzweifelt nach Frauengestalten sucht, die irgendeine Rolle in der Politik gespielt haben. Biografien »starker Frauen« sind en vogue, wobei das Genre weit über das Ziel hinausschießt – als sei »Stärke« beim weiblichen Geschlecht eine Ausnahmeerscheinung, die man deshalb besonders hervorheben müsste. Der Verdacht liegt nahe, dass Mavia deshalb weitgehend unbekannt ist, *weil* sie eine Frau, noch dazu eine arabische war, und ihr Wirken von Chronisten – Männern, und mitunter europäischen – für nicht sonderlich erwähnenswert gehalten wurde. Also wäre Mavias Andenken nach modernen Maßstäben sozusagen ein Opfer von systemischem Sexismus in der Historiografie. Sollte es so gewesen sein, ist es gut, dass sich das allmählich ändert. Und immerhin hatte die Führerin des arabischen Stammes der Tanukh, die damals in Fachkreisen als »Königin« Mavia bint Afsa bekannt war, auch einige Fans: etwa den Kirchenrechtler und Historiker Sozomenos, der aus der Mittelmeerstadt Gaza stammte und über Mavia berichtete, oder den legendären Dichter Hatim al-Tai, dem folgende Verse zugeschrieben werden:

»Ach, Mavia, die Güter dieser Welt,
ziehen vorbei wie Reisende ohne Rast,
Sie kommen am Morgen und gehen am Abend,
Uns bleibt nur die Erinnerung an sie in der Nacht.«[75]

Die Heldentaten der Mavia sind beträchtlich; umso schwerer ist sie selbst einzuordnen: Denn sie taucht einmal als Feindin des Römischen Reiches, dann wieder als seine Verbündete auf. In den Jahren 377 bis 378 sah sich die Reichshauptstadt Konstantinopel beträchtlichen Gefahren ausgesetzt. Eine internationale Rabauken-Allianz schickte sich an, die Stadt zu plündern: germanische Goten, Hunnen und Alanen, die von den Ufern des Kaspischen Meeres auf den Balkan gezogen waren.

Kaiser Valens war mit der Lage überfordert: Das Imperium, das sich de facto schon in ein Ost- und Weströmisches geteilt hatte, drohte zu zerfallen. (Offiziell fand die Reichsteilung 395 statt, woraus im Osten das »Oströmische« oder auch Byzantinische Imperium hervorging.) Eigentlich hatte Valens nach Osten ausziehen wollen, um sich – wie es für seinesgleichen Tradition war – wieder einmal mit den Sassaniden zu schlagen. Dann aber rebellierten die Goten, die eigentlich als Milizionäre auf seiner Seite kämpfen sollten, wegen eines Korruptionsskandals im Militär und wandten sich nun gegen die Römer. Damit musste man zur Zeit der Völkerwanderung immer rechnen – und dass umherziehende Reitervölker in einem Aufstand gern mal die Chance sahen, sich an den römischen Reichtümern zu bedienen, musste man ebenso einpreisen. Das System der Bundesgenossen (foederati), also paramilitärischer Stammesverbände, war dem Imperium über den Kopf gewachsen. Andererseits hielt es ein Gegengift bereit: Wer aufmüpfige Milizionäre schlagen wollte, musste dagegen einfach andere Milizen aufbieten – und hoffen, dass diese nicht zeitgleich aufbegehren würden. Das Chaos hatte System.

So gesellten sich zu dem bereits recht kosmopolitisch angehauchten Kriegsgeschehen vor Konstantinopel nun auch noch Araber vom Stamme der Tanukh. Ihre Herrin Mavia hatte sie angesichts der sich über Monate hochschaukelnden Unruhen entsandt, um für Kaiser Valens die Kohlen aus dem Feuer zu holen. Der war allerdings in der Zwischenzeit im Kampf gegen die Goten bei Adrianopel umgekommen. Der Einsatz der »Sarezenen«, wie die römischen Chroniken arabische Kämpfer wie die Tanukh bezeichnen, war dennoch nicht umsonst, denn nun galt es, die Aufständischen von den Mauern der Hauptstadt zu verjagen. Der Chronist

Ammianus Marcellinus, selbst ein römischer Offizier aus Syrien, berichtet davon, ohne aber Mavia mit einem Wort zu erwähnen. Dafür schildert er die Methoden ihrer Krieger. So sei einer der Tanukh, nur mit Leinenschurz und Dolch gerüstet, mitten in eine gotische Abteilung gerannt. Die für ihren Teil sonst wenig zimperlichen Goten dürften fassungslos aus ihren blonden Bärten herausgeschaut haben, als der arabische Kämpfer einem ihrer Anführer die Kehle aufschlitzte und sogleich gierig seinen Mund auf die Stelle presste, aus der das Blut hervorgeschossen kam – um es mit Genuss zu trinken.[76]

Danach, so heißt es weiter, seien die Goten eher verschüchtert aufgetreten. Der Chronist merkt noch an, dass diese Sarazenen die Taktiken des Guerillakampfes exzellent beherrschten – asymmetrische Kriegführung würde man das heute nennen. Wäre Ammianus kein römisch-syrischer Offizier, sondern Reporter einer Boulevardzeitung gewesen, hätte er dem sarazenischen Kamikaze wahrscheinlich noch ein inbrünstiges *»Allahu akbar«* in den Mund gelegt. Das Klischee des fanatischen Arabers, der gar nicht ans Überleben denkt, wäre perfekt gewesen.

Die Loyalität Mavias und ihrer Tanukhkrieger war keineswegs selbstverständlich, und die Römer hatten lernen müssen, dass Verteidigungsabkommen im *Oriens* persönlich abgeschlossen werden mussten. Sie verlängerten sich nicht einfach so von selbst, wie ein Zeitschriftenabonnement. Mavias Gemahl, der Scheich (phylarch) der Tanukh, war mit dem Römischen Reich ein solches Bündnis eingegangen, starb aber im Jahr 370. Und niemand hatte es für nötig befunden, eine Gesandtschaft zu schicken, um die neue Herrscherin der Gunst des Kaisers zu versichern. Es war eine Zeit des allgemeinen Durcheinanders und politischen Systemversagens: Mal stellte Kaiser Valentinian I., der Vater des Valens, die Ehe römischer Bürger mit »Barbaren« unter Strafe oder verhängte Importverbote für Waren von außerhalb der Reichsgrenzen. Dann wieder bekehrte sich der neue Kaiser Flavius Valens zum Arianismus, obwohl dieser seit dem Konzil von Nizäa ein halbes Jahrhundert zuvor offiziell als christliche Irrlehre galt, und verbot mir nichts, dir nichts den gerade erst für gut befundenen Glauben an die Trinität. Wer sollte sich auf eine solche Chaospolitik verlassen?

Mavia beschloss, für sich und ihre Leute selbst zu sorgen. Also schwärmten die ursprünglich aus dem Norden der Arabischen Halbinsel stammenden Tanukh aus nach Palästina und den Sinai. Über Beistandsrufe eines römischen Kommandanten an die Heeresführung in den östlichen Provinzen lachte dieser herzlich: Sollte man wirklich eine Armee losschicken, um ein paar Wilde aufzumischen, die noch dazu von einer Frau geführt wurden?

Die Macht dieser Frau war, so schreibt es Sozomenos von Gaza, allerdings »nicht zu unterschätzen«, und die Römer gerieten derart in Bedrängnis, dass sie es vorzogen, ihr ein Friedensangebot zu machen. Mavia schlug die Beschwichtigungsversuche der Gesandtschaft zunächst aus und verlangte schließlich das Recht, im Sinai einen ihr genehmen Bischof einzusetzen. Das erkannte man ihr an und dieser »tugendhafte und wundertätige Mann« mit Namen Mose machte schließlich einen guten Job, bekehrte viele Heiden zum Christentum und machte sie zu Freunden der Römer.[77] Die tapfere Witwe Mavia aber durfte sich mit einem römischen Militär namens Victor vermählen, der ihr schließlich, als sie starb, einen prächtigen Grabstein mit einem griechischen Epitaph anfertigen ließ. Jedenfalls gehen Forscher heute davon aus, dass ein solcher Stein, der bei Ausgrabungen in Chanasir bei Aleppo gefunden wurde, Mavias Andenken gewidmet war.[78]

Lange Zeit neigten die Historiker zu der Annahme, dass die arabischen Stämme im Nahen Osten bis zur Ankunft des Islam Heiden waren. Biografien wie die von Mavia, erzählen eine ganz andere Geschichte. Wenngleich die Stämme sich nicht tagtäglich mit innerchristlichen, theologischen Debatten auseinandersetzen, so scheint das Christentum im 4. und 5. Jahrhundert – also in jener Zeit, in der es sich als Staatsreligion im Römischen Reich erst herausbildete – ein wichtiger Aspekt ihrer Identität gewesen zu sein. Rückblickend schreibt der Hagiograf Kyrillos von Skythopolis (heute Bet She'an): »Die dereinstigen Wölfe von Arabien gingen in der Herde Christi auf.«[79]

In der Geschichte der Ausbreitung des Christentums in den entlegeneren Wüsten und Wüstenrandgebieten taucht eine Spezies auf, die uns bereits in Mada'in Salih, auf der Arabischen Halbinsel, begegnet ist: Wanderprediger und heilige Männer – und Frauen. Einige davon wussten von Wundern zu berichten oder taten selbst welche, andere warnten in flammenden Worten und aufregenden Erzählungen vor dem nahenden Ende der Welt. Die einen waren mobil, die anderen im wahrsten Sinne des Wortes statisch: Sie standen Tag für Tag auf Säulen herum, auf denen man sie schon aus der Ferne sehen konnte, und predigten. Von oben herab. Prototyp dieses »Säulenheiligen« (Stylit) war ein gewisser Simeon der Stylit, der in der ersten Hälfte des 5. Jahrhunderts in Nordsyrien wirkte und es in Sachen Askese mit jedem indischen Fakir hätte aufnehmen können: Bevor er für immer auf die Säule stieg, ließ er sich wochenlang eingraben, laut Augenzeugen nur einmal wöchentlich Nahrung bringen oder in Palmenstricke einwickeln.

»Man konnte die Araber nicht zählen, Könige und Edelleute, die sich von ihm taufen ließen, an Gott und Jesus Christus glaubten und auf Simeons Geheiß Schreine in ihren Zelten aufstellten«, heißt es in einer spätantiken Würdigung.[80] Das an einem Wallfahrtsort errichtete, berühmte Simeonskloster ist nach ihm benannt. Denn Pilgerströme zu Simeon rissen nicht ab, als dieser längst verstorben war – sein Ableben hatte man aus politischen Gründen der Öffentlichkeit zunächst vorenthalten, um keine Massenhysterie loszutreten. Simeon fand zahlreiche Nachahmer, darunter auch einen Daniel Stylites in Samosata, dessen Namenstag die Kirche noch heute am 11. Dezember begeht. (Mit Erstaunen habe ich vor einiger Zeit festgestellt, dass mein eigener Vorname in Europa traditionell nicht etwa zu Ehren eines schlauen Löwenbändigers aus dem Alten Testament vergeben wird, sondern im Andenken an jenen Daniel Stylites, der einen langen Abschnitt seines Lebens *mansplaining* auf einem Stein herumgestanden hat.)

Besonders bei halbnomadisch lebenden Stämmen musste man andere Methoden anwenden, die kamen schließlich zwar regelmäßig, aber doch selten an einem Säulenheiligen vorbei. Heilige Männer und Frauen boten sich als Mittler an, um Konflikte zwischen Stämmen zu schlichten. Einige Mönche und Bischöfe verließen sogar die klimatisierten Kirchen und zogen mit den Halbnomaden umher – das Geschirr für die Eucharistiefeier, das zentrale Ritual im christlichen Gottesdienst, führten sie mit im Handgepäck.[81] Und wer ohnehin schon in der Wüste lebte, für den war der Schritt zum asketischen Dasein als Eremit sicher einfacher, als für die Söhne und Töchter der urbanen Zivilisation.

Der Heilige Ahudemmeh von Tikrit stellte fest, dass viele Araber nicht nur das Zeichen des Kreuzes vor sich hertrugen, sondern das Christentum mit besonderer Inbrunst lebten: Sie fasteten länger als die anderen, gleich ob Männer oder Frauen, spendeten für Kirchen und Klöster und waren »dem asketischen Leben zugeneigt«[82].

Die Beobachtung des Ahudemmeh aus dem Irak des 6. Jahrhundert erinnert uns daran, dass die arabischen Stämme des Nahen Ostens nicht etwa am östlichen Rande eines christlichen Imperiums lebten, sondern inmitten eines mehrheitlich christlichen Kulturraums, der vom Persischen Golf über Mesopotamien mit seiner Metropole Seleukia-Ktesiphon (die wir noch kennenlernen werden) bis nach Ägypten reichte. Nimmt man Armenien im Norden und Äthiopien am östlichen Ufer des Roten Meeres hinzu, stellt man fest, dass der Lebensraum der arabischen Volksgruppen mehrheitlich von christlichen Reichen umgeben war – oder, wie im Fall Persiens im Osten, von solchen, in denen das Christentum bereits eine große Rolle spielte. Zumindest aber ist davon auszugehen, dass die meisten der arabischen Volksgruppen zur damaligen Zeit dem Einfluss einer der vielen christlichen Strömungen ausgesetzt waren, die sich in dieser Epoche ausprägten und sich zum Teil erbittert feindselig gegenüberstanden.

So erbittert, dass sich eine Frage stellt: Inwiefern sahen sich diejenigen Gruppen, die wir heute dem Christentum zurechnen, schon damals als Christen? Und akzeptierten sie andere als »andere« Christen? Oder als Anhänger einer fremden Religion, die sich mehr oder weniger zufällig auch auf Jesus Christus berief?

Diese Frage scheint mir bedeutend für die noch immer nicht hinreichend erforschten Jahre, die der Ausbreitung des Islam in dieser Weltgegend vorangegangen sind. Die christliche Identität gilt in der Forschung nämlich als ein Band, welches die Bundesgenossen im Osten mit Rom und später Byzanz verknüpfte.

Im ewigen Konflikt zwischen den beiden Supermächten, dem Römischen Reich und den Parthern sowie später den Sassaniden, spielten die arabischen Milizen eine entscheidende Rolle. Sie war womöglich so zentral, dass sie später zum Untergang der beiden Reiche im Nahen Osten führte.

In dieser Region ist heute oft vom *proxy war* die Rede – dem Stellvertreterkrieg: große Mächte bedienen sich lokaler Milizen in anderen Ländern, um ihre Interessen durchzusetzen. Und umgekehrt ziehen kleinere bewaffnete Gruppen ihre jeweiligen Schutzmächte immer tiefer in ein Kriegsgeschehen hinein. Seit der Islamischen Revolution von 1979 baut Iran zum Beispiel kontinuierlich schiitische Milizen in den arabischen Ländern auf, von denen die bekannteste die Hisbollah im Libanon sein dürfte. Saudi-Arabien wiederum finanzierte sunnitische Gruppen und islamistische Gruppen in Syrien. Ebenso die Türkei. Im Jemenkrieg griff Saudi-Arabien 2015 direkt mit seiner Luftwaffe ein, Iran bewaffnete und finanzierte die aufständischen Huthi-Milizen. Während des Kalten

Krieges unterstützten die USA Israel und die Golfmonarchien, während die Sowjetunion die Armeen der sozialistisch geprägten arabischen Republiken hochrüstete. Ein zugleich typisches und außergewöhnliches Beispiel war der libanesische Bürgerkrieg, wo nahezu alle großen Player der Region – einschließlich der Supermächte – eine der Dutzenden von Milizen protegierten. Mitunter auch mehrere, wenngleich diese gegeneinander kämpften.

Man kann sich die Konfrontation der beiden Blöcke in der Spätantike wie einen solchen Kampf der Systeme vorstellen: Wer im Grenzgebiet die meisten und die stärksten Bundesgenossen hatte, konnte strategische Tiefe gewinnen und sein Reich durch »Vorwärtsverteidigung« schützen. Eine wirkliche Grenze gab es nicht. Auch der sogenannte Arabische Limes, eine Kette von Kastellen und Stützpunkten, die sich zeitweilig vom Roten Meer östlich von Petra bis hin zur heutigen syrisch-türkischen Grenze zog, war keine durchgehend befestigte Grenze, aber doch relativ dicht bestückt. Bei Gefahr konnte man mit eigenen Truppen ausrücken, oder man griff auf die beweglichen und kostengünstigeren nahöstlichen Milizen zurück. Im Konflikt zwischen dem römischen und dem persischen System ging es dabei nicht nur um Territorien, Steuereinkünfte und Handelswege, sondern auch um das, was man heute wohl als »Werte« bezeichnen würde: so etwa die Ehre des Imperiums. Die jahrhundertelange Feindschaft wurde leidenschaftlich gepflegt und konnte sehr persönlich werden. So berichten christliche Quellen, dass der Sassanidenschah Schapur I. den römischen Kaiser Valerian im Jahr 260 in der Schlacht von Edessa gefangen nehmen konnte. Bis zu dessen Tod in Haft soll Schapur seinen einstigen Widersacher tagtäglich erniedrigt haben, indem er ihn als Tritthocker benutzte, wann immer er auf ein Pferd stieg oder ein Buch aus dem Regal holte.

Es ging aber auch um Ideologie, nämlich diejenige religiöse Lehre, auf welche sich die jeweilige Staatsform gründete. Das Oströmische Reich betrieb seit Ende des 4. Jahrhunderts eine Politik der Christianisierung: Religiöse Minderheiten wurden unterdrückt, zwangsbekehrt oder vertrieben. Nur einige, etwa die Juden, durften unter strengen Auflagen ihren Ritus weiterleben. Ansonsten sah man die Kraft des Imperiums in der religiösen Homogenität. Für die Byzantiner war die Dominanz der christlichen Religion im Oriens ein strategischer Vorteil, allerdings auch ein zweischneidiges Schwert. Denn einerseits ließ sich mit dem Kreuz gut Bündnispolitik gestalten. Andererseits bestand immer die Gefahr, sich mit den Verbündeten zu überwerfen, weil diese eine andere theologische Auffassung vertraten. Von solchen Querelen profitierte dann wiederum der Feind im Osten, der zudem mit der Staatsreligion des Zoroastrismus noch eine andere Religionspolitik verfolgte, unter welcher eine Vielzahl von Religionsgemeinschaften Platz fand, solange diese die Hierarchie anerkannten. In die religiösen Belange ihrer Vasallen mischten die Sassaniden sich in der Regel nicht ein. Es sei denn, es war politisch notwendig.

Die Geschichte des Nahen Ostens als Pufferzone zwischen den Imperien hätte vielleicht einen anderen Verlauf genommen, wenn zwei andere Reiche – oder zumindest eines von beiden – die Antike überstanden hätten: die Nabatäer mit ihrer berühmten Hauptstadt Petra auf der einen Seite und Palmyra auf der anderen. Beide haben der Nachwelt einige der eindrucksvollsten Kulturschätze des Orients hinterlassen. Aus den weltgeschichtlichen Darstellungen über den Aufstieg und Fall großer Imperien sind sie jedoch weitgehend verschwunden. Die Nabatäer scheiterten an der römischen Expansion im Nahen Osten im 1. und 2. Jahrhundert, die ihr Geschäftsmodell nachhaltig zerstörte: Die Römer investierten in den Aufbau eines Verbandes aus zehn Städten, der Dekapolis, die sich auf die heutigen Gebiete Israels, Palästinas, Jordaniens und Syriens verteilten.[83]

Die Nabatäer, die zwar hin und wieder den Römern halfen, aber nie wirkliche römische Bundesgenossen sein wollten, verloren so die Kontrolle über ihren wichtigsten Exportmarkt. Palmyra wiederum schwang sich unter seinem Fürsten Udaina – von den griechisch und lateinisch schreibenden Chronisten »Odaenathus« genannt – Mitte des 3. Jahrhunderts zu einer Mittelmacht zwischen Rom und Persien auf. Dieses Reich mit einer einzigartigen Mischkultur aus mesopotamischen, arabischen, hellenistischen und römischen Einflüssen, erlangte kurzzeitig sogar die Kontrolle über Teile Ägyptens. Während Udaina, offiziell ein römischer Staatsbürger, erfolgreich gegen die Sassaniden im Irak Krieg führte, legte seine Gemahlin Bat-Zabbai sich mit dem Imperium Romanum an.

Wie die weit weniger bekannte Mavia ein Jahrhundert später, hatte Bat-Zabbai die Herrschaft über Palmyra geerbt, nachdem Udaina einem Mordanschlag zum Opfer gefallen war. Die Herrscherin, die später als Zenobia bekannt wurde, führte den Quellen nach einen heldenhaften Kampf gegen das Heer Kaiser Aurelians. 272 jedoch fiel Palmyra nach einer Reihe von Schlachten, die durchaus anders hätten ausgehen können. Es war ein knapper Sieg für Rom.

Aurelian nahm die »Königin der Wüste« gefangen und erfüllte damit das Flehen, das der römische Senat seinem Vorgänger angetragen hatte: »Claudius Augustus, befreie uns von Zenobia.« [84] Die Verteufelung der orientalischen Fürstin ging im Laufe der Zeit in Bewunderung über. So widmete sich der venezianische Barockmaler Tiepolo der Zenobia-Figur: In einem Gemälde im Prado-Museum in Madrid sieht man die Herrscherin Palmyras aufrecht und im Rokokokleid mit großem Dekolleté vor einem blassen römischen Kaiserlein stehen. In einem anderen Werk Tiepolos spricht Zenobia zu ihren Kriegern und trägt einen gefiederten korinthischen Helm – wie die Kriegsgöttin Pallas Athena.

Palmyras Untergang mag den beachtlichen Erfolg Zenobias überschatten. Für manche Forscher aber war der Aufstieg dieses Wüstenkönigreichs eine Generalprobe dafür, wie man Weltmächte das Fürchten lehrt und aus dem Nahen Osten verjagt, welche Jahrhunderte später die Araber ins Werk setzen würden.

Der Zusammenbruch der palmyrenischen und nabatäischen Reiche führte zu einer Zersplitterung der arabischen Kräfte und zu jenen Stellvertreterkriegen. Hätte sich im Nahen Osten ein hellenistisches oder christliches arabisches Imperium behauptet, wäre ein islamisches wohl gar nicht erst entstanden.

Das gilt auch für ein anderes Ereignis, das die damals bekannte Welt an den Rand des Abgrunds drängte. Ein ständiger Begleiter des Christentums war die Vorstellung, dass das Ende der Welt nahe sei. Die ersten christlichen Gemeinden lebten in der Gewissheit, sie seien auch die letzten, weil der Messias bald wiederkehren und den Jüngsten Tag einleiten würde. Es dauerte dann doch eine ganze Weile, bis rund 500 Jahre nach der Kreuzigung und Auferstehung Christi alles danach aussah, als wäre es nun so weit.

Im Jahr 542 erkrankte Kaiser Justinian in Konstantinopel an Fieber. Justinian stand vor der Vollendung seines 60. Lebensjahres. Aber er wusste, dass ihn nicht bloß die Zipperlein des Alters plagten, sondern etwas anderes, furchtbares, als er die Schwellungen unter den Achseln, am Hals und in der Leiste betastete. Der Pesterreger hatte die Lymphknoten befallen, die dem Immunsystem des menschlichen Körpers als Filterstationen und Alarmposten dienen. Einige der Beamten bei Hof waren bereits verstorben – wie womöglich Zehntausende Menschen in und um Konstantinopel. Die Seuche war zuerst in Ägypten aufgetaucht, und bis heute streiten Forscher darüber, was der Auslöser dieser Pandemie gewesen sein könnte, die nach der Zeit ihres Auftretens unter dem wohl berühmtesten Kaiser von Byzanz auch »Justinianische Pest« genannt wird. Sie wütete von Basra am Persischen Golf bis an den Atlantik und ging mit dramatischen klimatischen Veränderungen einher: Mehrere Vulkanausbrüche hatten mit ihren Aschewolken die Sonne über Monate verdunkelt und die Menschheit in der Annahme bestärkt, es gehe zu Ende mit der Welt.

Kältere Temperaturen begünstigten womöglich die Ausbreitung

der Pestbakterien, die extreme Hitze scheuen. Die Wanderschaft, die einsetzte, weil die Pandemie rund um das Mittelmeer die Wirtschaft ruinierte, tat ihr Übriges: Sie beförderte die Ausbreitung der Pest in Gegenden, wo man ohne die Migrationsbewegungen noch hätte leben können. »Etwas Besseres als den Tod findest Du überall«, heißt es bei den Brüdern Grimm. Aber der Tod war in diesem Fall entweder schon da oder bereits überallhin unterwegs. Wenn die Überlebenden glaubten, sie hätten die Pandemie nun hinter sich, folgte die nächste Welle.

Justinian überlebte nach den Chroniken dank des Beistands zweier Araber: Kosmas und Damian. Die beiden Märtyrer aus der Zeit der großen Christenverfolgung Ende des 3. Jahrhunderts waren die Schutzpatrone der Ärzte und Apotheker. Sie selbst hatten der Legende nach Kranke und Verwundete behandelt und mindestens eine spektakuläre Beintransplantation vollzogen. Im Falle des pestkranken Kaisers Justinian aber betätigten sie sich nun sogar erfolgreich telemedizinisch. Aus dem Himmelreich. Justinian wurde noch frommer als bisher und befasste sich fortan weniger mit Kriegen und spektakulären Bauwerken, sondern mit Theologie. Wegen der Pandemie war das Imperium im Lockdown. Da kam man wenigstens zum Lesen.

Die Justinianische Pest verlangte auch im Vorderen Orient große Opfer. Vielleicht eine Ironie des Schicksals, dass auch sein großer Widersacher im Osten, der Sassanidenschah Chosrau, wenig später rote, druckempfindliche Beulen unter der Pluderhose fand. Auch Chosrau überlebte die *yersinia pestis*. Die Pandemie hinderte die beiden Großreiche im Übrigen nicht daran, ihre Kriege und politischen Querelen fortzusetzen, sie waren schließlich Teil der jeweiligen persischen und byzantinischen Identität. Aber die Ressourcen wurden knapper und zwangen beide Reiche, ihre »Sicherheitsinteressen« noch umfangreicher an ihre Vasallen im Nahen Osten zu delegieren, als sie es ohnehin schon getan hatten. Die Justinianische Pest verstärkte also, wie es bei Pandemien öfter vorkommt, einen bereits bestehenden Trend. Und wie so oft boten große Krisen auch Chancen für Profiteure, die bereit waren, gewisse Risiken in Kauf zu nehmen.

Das lässt sich besonders über zwei Stammesfürsten sagen, die im 6. Jahrhundert die Szenerie betreten: Al-Harith ibn Jabalah und Mundhir ibn Ma' Sama'. Beide Männer dürften in etwa gleich alt gewesen sein und neben ihren typisch arabischen Vornamen sind besonders ihre Beinamen von Interesse. Im Deutschen wird Al-Harith, um ihn von anderen aus seiner Dynastie zu unterscheiden, auch »Arethas der Lahme« genannt, wegen eines Geburtsfehlers oder einer frühen Verletzung, die seinem Ehrgeiz und seiner Tapferkeit allerdings nicht im Wege gestanden haben dürfte. Mundhirs Beiname, den er sich offensichtlich selbst gewählt hatte, bedeutet »Sohn des Wassers des Himmels«. So wurde in der arabischen Dichtung auch die uns bereits bekannte Fürstin Mavia genannt, die bei den Lakhmiden, dem Stamme Mundhirs, offenbar große Verehrung genoss. Man kannte sie immerhin aus der Dichtung.

Mundhir hatte sein Hauptquartier in Hira, im südlichen Irak, nahe der heutigen Stadt Nadschaf, und stand im Dienste des Sassanidenreichs. Seine Lakhmiden verehrten die alten Gottheiten Mesopotamiens und der Arabischen Halbinsel, etwa die Göttinnen Uzza und Lat. Harith und seine Föderation, die Ghassaniden, siedelten weiter westlich, unter anderem in Syrien und der byzantinischen Provinz Palaestina Salutaris mit seiner Hauptstadt Petra. Und das Zeichen ihres Glaubens war das Kreuz oder vielmehr das Haupt des Heiligen Sergius, der einst in einem Militärlager in der syrischen Wüste das Martyrium erlitten hatte. (Die Liebe zwischen Sergius und seinem Mit-Märtyrer Bacchus war offenbar so eng, dass manche liberale Katholiken sie zu Schutzpatronen der gleichgeschlechtlichen Partnerschaft erklären wollen. Demgegenüber kann als gesichert gelten, dass die christlichen Ghassaniden sie als ihre Leitbilder ansahen.)

Harith und seine Gefolgsleute hingen offenbar der monophysitischen Lehre an, der zufolge Christus nur eine, und zwar eine göttliche Natur besessen habe. Damit lag er im Orient – und läge zum Teil bis heute noch – voll im Trend, allerdings über Kreuz mit der byzantinischen Reichskirche, welche die Zweinaturenlehre propagierte. Harith bestand mitunter darauf, dass sein großer Sponsor in Konstantinopel ihm bei Personalentscheidungen nicht dazwischenfunkte, wenn es etwa darum ging, einen Bischof zu bestellen. Harith sprach Arabisch, schrieb Aramäisch, war aber offenbar auch der byzantinischen Kultur zugetan. Angeblich ließ er sich hin und wieder von seinen Sklavinnen »griechische Popmusik« vortragen.[85] Die Angst der Höflinge Justinians vor den Forderungen dieses renitenten Vasallen im Nahen Osten soll geradezu sprichwörtlich gewesen sein. Oft überließ er es seiner Kaiserin Theodora, mit Harith zu verhandeln. Die First Lady konnte offensichtlich gut mit Arabern.

Die Ghassaniden hatten nun einmal etwas anzubieten: Sie hielten Wache in Syrien entlang des Arabischen Limes und damit die fortwährend im Kriegs- und Beutemodus befindlichen Lakhmiden aus dem Irak in Schach. Deren Kampagnen reichten bis nach Ägypten und Antiochia und hielten die Gegend andauernd in Atem. Die flexiblen Stammesverbände schienen mit der Pest auch deutlich besser klarzukommen als die großen Städte.

Wenn nötig, half Harith auch, Unruhen und Aufstände niederzuschlagen. Das Verhältnis zwischen Justinian und Harith ließe sich wohl am besten mit dem geflügelten Satz des US-Präsidenten Franklin D. Roosevelt umschreiben, der über einen mittelamerikanischen Diktator sagte: »Er ist vielleicht ein Hundesohn, aber er ist unser Hundesohn.«[86] Man liebte Harith nicht und sah seine Methoden kritisch, aber er vertrat eben die Interessen einer Supermacht und war schließlich auch noch Christ. Verglichen mit dem blutrünstigen Mundhir, war Harith für Byzanz allemal die bessere Partie: Mundhir betrieb ein großes Geschäft mit Lösegeldern für

Gefangene, die er ansonsten – laut dem nicht ganz objektiven byzantinischen Chronisten Prokopius – abschlachten ließ. Er machte auch vor byzantinischen Staatsbürgern nicht halt.[87] Bei zwei Generälen, die Mundhir als Geiseln hielt, musste das Imperium über seinen Schatten springen und von seiner üblichen Politik abkehren, nicht mit Terroristen zu verhandeln (die Summe des geflossenen Lösegeldes wurde dann immerhin nicht öffentlich). Laut einem anderen Bericht ließ der heidnische Lakhmide einmal mehrere Hundert christliche Jungfrauen der Göttin Uzza opfern.[88]

Nicht auszuschließen, dass diese Geschichte von der christlichen Propaganda etwas aufgebauscht wurde, aber man kann wohl sagen, dass Mundhir im Jahr 554 auf einem Schlachtfeld in der Nähe von Aleppo einen verdienten Tod gestorben ist. Vermutlich wurde er von den Ghassaniden gefangen und standrechtlich exekutiert. Sein Widersacher Harith hatte ebenfalls damit gerechnet, dass es ihn dieses Mal erwischen würde. Er hatte sich von seiner Tochter vorab parfümieren lassen und trug unter dem Kettenpanzer ein reines Leinenhemd, war also für den Tod als Märtyrer gerüstet.[89] Im Kampf gegen die Lakhmiden hatte er bereits einen oder mehrere Söhne verloren; die Blutfehde zwischen Lakhmiden und Ghassaniden setzte sich danach natürlich fort.

Das Problem bei Bündnissen zwischen ungleichen Partnern ist, dass der größere dazu neigt, den kleineren zu vergessen. Die Slowenen denken mit Gewissheit öfter an die Deutschen, als die Deutschen an die Slowenen. Irgendwann wundert man sich dann in Berlin, wenn in Ljubljana ein schräger Vogel an die Macht kommt, der Donald Trump gut findet und will, dass seine Bürger Schusswaffen tragen. Man kümmert sich aber nicht weiter darum, bis man in irgendeiner kritischen Abstimmung in der EU die Stimme der Slowenen braucht, aber nicht bekommt.

Um ein Vielfaches größer dürfte das Desinteresse der Byzantiner an ihren arabischen Bundesgenossen gewesen sein: Der Kaiser rief an, wenn es mal wieder brannte, überließ sie aber ansonsten sich selbst. Zudem wurde der von der Pandemie geschwächte imperiale Haushalt klamm und stellte allmählich die Zahlungen ein, die über Jahrhunderte als Militär- und Aufbauhilfe in den Oriens geflossen waren. Das sollte sich rächen.

Wie kompliziert sich die Beziehung mit der Zeit gestaltete, zeigt einer der letzten große Feldzüge, den Byzanz gegen die Sassaniden führte. Die Ghassaniden kämpften an der Seite des Kaisers unter dem Kommando des tapferen Al-Mundhir ibn Al-Harith (der Name Mundhir scheint beliebt gewesen zu sein; man sah offenbar darüber hinweg, dass die lakhmidischen Erzfeinde ihre Prinzen seit Generationen so nannten – in den griechischen Quellen wurde dann aus Al-Mundhir »Alamoundros«). Die vereinte christliche Streitmacht wollte von Obermesopotamien aus den Euphrat abwärts ziehen und die Sassaniden im Herzen ihres Reiches schlagen. Als der Feind aus dem Osten allerdings auf Mundhirs Lager zumarschierte, sah sich der Fürst auf sich allein gestellt und musste verhandeln. Später verdächtigte man Mundhir des Verrats und der Bestechlichkeit. Er wurde verhaftet und ins Exil nach Sizilien geschickt (es gibt wahrscheinlich Schlimmeres). Vielleicht war der Araber Mundhir nur ein Sündenbock für das Versagen der byzantinischen Militärbürokratie – irgendein Kopf musste eben rollen. Danach aber zerfiel die Herrschaft der Ghassaniden, jener großen arabisch-christlichen Fürsten, deren Hinwendung nach Westen nie auf große Gegenliebe gestoßen war. Und die sich während der kommenden Jahrzehnte zunehmend in eine andere Richtung wandten. Denn auch auf der Arabischen Halbinsel gab es etwas zu erleben.

Der Höhepunkt des byzantinisch-sassanidischen Nullsummenspiels war gewiss jener von 602–628 währende Dauerkrieg, in dessen Folge die persischen Truppen vorübergehend Jerusalem eroberten und unter anderem eine Reliquie vom Heiligen Kreuz davonschafften: nicht aus Hass auf das Christentum, sondern um die Byzantiner zu demütigen. Das Ganze wurde begleitet durch bürgerkriegsähnliche Zustände zwischen der jüdischen und der christlichen Bevölkerung der Stadt. Am Ende ist nichts so stabil wie die Instabilität. Man mag sich rückblickend manchmal wundern, wie lange sich Zustände fortsetzen, wie sie in der zweiten Hälfte des 6. Jahrhunderts im Vorderen Orient herrschten. Als Historiker sollte man sich hin und wieder daran erinnern, dass die Menschen auch in früheren Zeiten nicht jeden Morgen aufgestanden sind, um Heldentaten zu begehen und die politische Ordnung neu zu gestalten. Unsere Vorfahren waren womöglich nicht von der Sorge getrieben, dass wir ihre jeweilige Epoche langweilig finden und uns daher anderen, unterhaltsameren zuwenden könnten.

Und so ging die eher unübersichtliche Zeit zwischen der Spätantike und dem Beginn der islamischen Ära auch als »dunkles Zeitalter« in das moderne historische Bewusstsein sein. Erst seit jüngster Zeit ist die Erforschung jener Jahre wieder richtig populär. Das mag auch mit dem Problem der Spezialisierung der Wissenschaft zusammenhängen. Frühere Orientalisten besaßen eine klassische Bildung. Sie schauten auf den Orient entweder durch das christlich-jüdische Monokel, folgten den Spuren von Altem Testament, dem Evangelium und der frühchristlichen Geschichte, was hieß, dass sie Griechisch, Hebräisch oder auch Syrisch-Aramäisch konnten und auch spätantike Chroniken lasen. Wer im ausgehenden 19. Jahrhundert die arabische Geschichte studierte und dafür Arabisch lernte, hatte zumeist eine gewisse Ahnung von alten Sprachen, Archäologie und Kunstgeschichte. Zudem war der »Alte Orient« in dieser Zeit noch wesentlich präsenter, als es heute der Fall ist; christliche, jüdische und andere nicht-islamische Religionsgruppen des Orients lebten damals noch nicht mehrheitlich in der Emigration. Im Laufe des 20. Jahrhunderts aber spezialisierte sich die Forschung. Orientalistik war nun in erster Linie Islamwissenschaft. Ein reichhaltiger Fundus an arabischen Quellen musste bewältigt werden; das vertiefte, aber verengte auch den Blick.

Hinzu kam eine gewisse Polarisierung der Weltbilder: Die einen, vor allem die klassischen europäischen Historiker ohne Detailkenntnis der arabischen Geschichte, sahen im Aufstieg des Islam eine große historische Naturkatastrophe, die man vor allem dem angeborenen Fanatismus der Araber zu verdanken hatte.

Die muslimische Weltsicht der anderen spiegelte diese Perspektive, wobei das Ganze für sie natürlich ein gute Sache war: Gott hatte selbst Regie geführt und sein charismatischer Prophet den erwarteten Erfolg gezeitigt (ab und zu mussten die Engel mitkämpfen, ansonsten war der Islam aber stark genug). Geschichte wird bekanntlich nicht nur erforscht, sondern auch erzählt. Und spektakuläre Brüche, dramatische Wendungen, Aufstiege und Untergänge sind nun einmal interessant. Der Volksmund weiß zwar, dass Rom nicht an einem Tag gebaut wurde, aber das Volk denkt es irgendwie doch: Konstantin machte Europa christlich, Luther beendete das Mittelalter, Bonaparte die Monarchie. Und Mohammed verbreitete den Islam.

Das relativierende Wischiwaschi der Sozialwissenschaftler, denen zufolge alles irgendwie kontinuierlich und allmählich abläuft, alles »komplex« ist, möchte man sich nicht antun, wenn Geschichte doch so unterhaltsam und dramatisch sein kann. Im 20. Jahrhundert schlugen sich natürlich auch große Ideologien in dem Blick auf die Wende vom römisch-griechischen zum islamisch-arabischen Orient nieder: Wenn moderne arabische Historiker über diese Epoche schrieben, hatten sie den arabischen Nationalismus, den Kampf gegen die europäischen Kolonialmächte im Blick. Für manche war der Aufstieg der Araber im 6. und 7. Jahrhundert das Vorbild für eine moderne Revolution, gefolgt von der Bildung einer panarabischen Nation. Sie waren den deutschen Denkern nicht unähnlich, die in den Germanen oder Karl dem Großen den historischen Auftrag für die Wiedererrichtung eines Deutschen Reiches suchten. Und natürlich fanden.

Die Idee vom Streben der Araber nach Einheit, welches letztendlich das Zeitalter des Islam einläutete, stand lange Zeit jener von der Dekadenz der großen Imperien gegenüber. Beide Perspektiven preisen das Schicksal ein. Hier: die beiden Vielvölkerstaaten, Byzanz und das Sassanidenreich, die mit der Zeit ermatten mussten. Dort: eine dynamische Nation, die ihre inneren Querelen überwindet und ihre Zukunft selbst in die Hand nehmen will. Für beide Perspektiven war es also nur eine Frage der Zeit, wann ein geeigneter Führer auftauchen und dem Rad der Geschichte einen Stoß versetzen würde. Um es unaufhaltsam in Bewegung zu versetzen.

7
Jerusalem

DAS RÄTSEL AUF DEM TEMPELBERG

Wo man sich die Frage stellen muss, ob der Islam nicht eigentlich in Palästina entstand.

Wer an einem sonnigen Tag auf den Ölberg hinauffährt und das Panorama der Altstadt von Jerusalem betrachtet, versteht vielleicht, warum diese Esplanade, das »vornehme Heiligtum« (Al-Haram al-sharif), eine so umkämpfte Stätte ist. Jerusalem mag aus Sicht vieler Juden die ungeteilte Hauptstadt Israels sein. Die Stadt Davids birgt schließlich die einzige heilige Stätte des Judentums: den Berg, auf dem in der Antike der Tempel des Gottes Jahwe stand. Quadratmeter um Quadratmeter wurden seit den beiden Nahostkriegen von 1948 und 1967 in Besitz genommen. Auf der Westseite der Esplanade ragen sandsteinfarbene Türme auf, die von reichen jüdischen Stiftungen erbaut und zu Tora-Schulen geweiht wurden. Von ihren Balkonen und Terrassen hat man einen ebenso prächtigen Anblick auf die Esplanade. Aber ohne das islamische Erbe wäre die Stadt wohl eine recht gewöhnliche, eine von vielen, zumindest sichtbar, was das Ästhetische betrifft. Das Herz, das Zentrum, um das sich alles dreht, das Wahrzeichen und letztendlich das einzig Unverwechselbare ist das Islamische.

Die Grabeskirche, das höchste christliche Heiligtum mit seiner bleigrauen Kuppel, wirkt dagegen wie ein von Häuserzeilen und Fassaden verbautes Planetarium. Einen nennenswerten jüdischen Sakralbau gibt es nicht. Geblieben ist nur eine Außenmauer des Tempelanlage. Alles andere hat Rom dem Erdboden gleichgemacht.

Angesichts dieser optischen Überlegenheit des Felsendoms, kann man die Eifersucht mancher Juden beinahe nachempfinden, die darauf sinnen, an dieser Stelle einmal einen neuen Tempel zu errichten und nicht darauf zu warten, dass der Messias, wie es verheißen ist, diese Aufgabe erledigt.

Der Felsen, auf dem besagter Felsendom steht, ist die Spitze des Berges Morija, auf welchem der Prophet Abraham einst seinen Sohn Isaak auf einen Brandaltar gelegt haben soll. Vom selben Berg soll der Prophet Mohammed nach seiner nächtlichen Reise nach Jerusalem in den Himmel aufgefahren sein, um dort mit Gott selbst Zwiesprache zu halten – so zumindest die islamische Legende.

Umso erstaunlicher mag es da erscheinen, dass das berühmteste Bauwerk der islamischen Welt, ja, eines der berühmtesten der Welt überhaupt, zugleich eines ihrer größten Rätsel birgt. Man weiß nicht einmal, warum es an dieser Stelle errichtet wurde. Und was sein eigentlicher Zweck gewesen ist.

Die Spurensuche nach den Ursprüngen dieses erhabenen Heiligtums beginnt mit einem Skandal. Wer beim Besuch des Felsendoms ein Opernglas zur Hand hat (manche Studienreisende gehen ohne so etwas ja nicht aus dem Haus), kann die Gründungsinschrift lesen, die sich mehr als zweihundert Meter über das Gesims der Kuppel erstreckt. Dort heißt es, der »Diener Gottes Imam al-Ma'mun, Beherrscher der Gläubigen, erbaute diese Kuppel im Jahre 72, Gott sei ihm gnädig«.

Al-Ma'mun wird auf dieser Reise noch öfter unseren Weg kreuzen. Der abbasidische Kalif, der von Bagdad aus das islamische Imperium lenkte, war nicht nur ein gewiefter Machtpolitiker, sondern auch ein großer Freund der Wissenschaft und Künste. Al-Ma'mun war es, der einen bis heute begehbaren Tunnel in die Cheops-Pyramide von Gizeh schlagen ließ (zu seinen Gunsten wollen wir annehmen, dass dies aus archäologischem Interesse geschah, nicht aus Gier nach den vermeintlichen Schätzen des Pharao).[90] Die Forschung stieß beim Felsendom allerdings auf ein chronologisches Problem: Ma'muns Herrschaft begann nach gregorianischer Zeitrechnung im Jahr 813 n. Chr., was in etwa dem Jahr 197 im damals schon gebräuchlichen islamischen Hidschra-Kalender entspricht. An Ma'muns Hof gab es nicht nur große Denker und Dogmatiker, sondern auch die besten Astronomen. Schwer vorstellbar, dass den Experten des Kalifen ein solcher Fehler unterlaufen wäre: Sie hätten sich bei der Datierung des Baus um über 120 Jahre verrechnet.

Mitte des 20. Jahrhunderts entdeckte ein offenbar schwindelfreier Experte, der die in großer Höhe schwebende Inschrift aus der Nähe in Augenschein genommen hatte, eine vorsätzliche Täuschung. Der Name des Kalifen war nachträglich in die Mosaiken eingesetzt und mit ihm ein anderer Text überschrieben worden. Um das möglichst passend und plausibel aussehen zu lassen, wurde vor dem Namen Al-Ma'mun noch der »Diener Gottes« (Abd Allah) platziert. Das Wörtchen »Abd« wiederum stammte aus der Originalfassung und gehörte zum Namen desjenigen Kalifen, der hier vorher gestanden hatte: Der uns schon bekannte Abd al-Malik ibn Marwan, der zwischen 685 und 705 als fünfter Kalif herrschte und aus dem Haus der Umayyaden stammte, also jener Dynastie, welche Ma'muns Vorfahren um 750 mit einem Militärputsch beseitigt hatten. Ma'mun hatte sich gewiss um die Erweiterung und Verschönerung des Felsendoms verdient gemacht. Auch hatte er dem offenen Kuppelbau Außenwände zugefügt; er hielt sich nun offenbar für berechtigt, das Copyright für das Heiligtum vollständig zu übernehmen, um seine spirituelle Herrschaft über die Heiligen Stätten des Islam, Mekka, Medina und Jerusalem zu bekräftigen. Vermutlich tat er dies anlässlich eines längeren Aufenthalts in Palästina während des Winters 830, als er zum ersten Mal vor inneren Feinden Ruhe hatte und nun gegen die christlichen Byzantiner ziehen wollte.

Die Urheberschaft des Felsendoms wird heute allgemein Abd al-Malik zugeschrieben, was auch stilistisch zu dem über die Jahrhunderte immer wieder veränderten, aber im Kern doch umayyadenzeitlichen Inneren des Gebäudes passt: die zahlreichen Mosaiken etwa, die sich von christlich-byzantinischen und persisch-sassanidischen Motiven inspirieren ließen. Damit stammt der Felsendom sehr wahrscheinlich aus dem ersten Jahrhundert der islamischen Geschichte, also dem späten 7. Jahrhundert unserer Zeitrechnung, und ist nicht nur einer der prächtigsten, sondern auch der ältesten Sakralbauten des Islam. Was aber war seine Bestimmung?

Sein Erbauer hat leider kein Schild mit einer Gebrauchsanweisung aufgestellt. Und so gibt es wohl nur einen erfolgversprechenden Ansatz, das größte Geheimnis des Felsendoms zu lüften. Wenn der Sinn dieser Stätte nicht ausdrücklich erklärt wurde, dann gibt es nur zwei Möglichkeiten: Entweder sollte er ein Geheimnis bleiben, oder aber man verließ sich darauf, dass die Zeitgenossen seine Symbolik verstanden, ohne dass man sie erklären musste.

Beginnen wir also mit dem, was der Felsendom nicht ist: eine Moschee. Kein Gebetshaus des 7. und 8. Jahrhunderts sieht ihm ähnlich. Man hat den direkten Vergleich vor Augen, denn einige Hundert Meter vom Felsendom entfernt liegt die Al-Aksa-Moschee, die in etwa aus derselben Epoche stammt. Auch die Umayyadenmoschee von Damaskus hat eine gänzlich andere Gestalt. Als Ort des gemeinsamen Gebets wäre der Felsendom auch völlig ungeeignet. Denn in der Mitte des achteckigen Kuppelbaus liegt ein Felsen aus besonders hartem Stein, der nicht überbaut wurde. Hätten die Gläubigen darauf in großer Anzahl ihr Gebet verrichtet, wären sie ständig mit blauen Flecken von der Erfüllung ihrer Pflicht zurückgekehrt. An Freitagen mit größerem Betriebsaufkommen wären sie wohl gar Gefahr gelaufen, auf dem unebenen Felsen übereinander zu purzeln. Im von der Konkurrenz zwischen den religiösen Strömungen belebten Jerusalemer Alltag wäre das wohl eine schlechte Werbung für den Islam gewesen.

Der Grundriss deutet auf einen anderen Zweck hin: Man kann den Felsen umkreisen, so wie es Muslime heute mit der Kaaba in Mekka tun, aber auch viele andere Religionsgemeinschaften auf der ganzen Welt mit ihren Heiligtümern. Das rituelle Imkreisgehen um eine heilige Stätte ist in asiatischen Religionen ebenso verbreitet wie im frühen Christentum, weshalb solche Formen auch als »Ambularium« bezeichnet werden (vom Lateinischen *ambulare* für umhergehen oder spazieren gehen). Wenn man dem achteckigen Grundriss die vier Eingangsportale hinzufügt, entsteht noch eine andere Form: ein gleichseitiges Kreuz. Die Säulen, auf denen die mächtige Kuppel ruht, bilden eine Rotunde, die den Felsen umschließt. Daher ähnelt der Felsendom einem byzantinischen Martyrion (oder Martyrium), einem Sakralbau, der in der Antike über der Grabstätte eines Heiligen, eines Märtyrers, errichtet wurde.

Eines der Vorbilder eines solchen Baus war das »Goldene Haus« (Domus Aurea) in Antiochia, das Kaiser Konstantin erbauen ließ. Von den dort lagernden Gebeinen des Heiligen Babylas, eines frühchristlichen Märtyrers, soll eine derart magische Wirkung ausgegangen sein, dass heidnische Tempel in ihrer Nähe anfingen zu brennen. Das Goldene Haus jedoch fiel einem Erdbeben zum Opfer und existiert nicht mehr. Mit der aus dem 6. Jahrhundert stammenden Kirche San Vitale in Ravenna lässt sich noch heute ein Martyrion besichtigen, das Ähnlichkeiten mit dem Felsendom aufweist. Der berühmteste unter seinen architektonischen Vorgängern aber ist die Grabeskirche, deren Bau ebenfalls unter Kaiser Konstantin begonnen wurde. Während heute das Augenmerk auf der kurzzeitigen Ruhestätte Christi liegt – der Leichnam des Messias verbrachte dort den Evangelien zufolge nicht einmal drei Tage –, schaute man damals auf das eigentliche Wunder. Sie hieß daher Kirche der *Anastasis*, der Auferstehung. (Streng genommen ist die Grabeskirche daher kein Martyrion, denn der Heiland ist ja in den Himmel aufgefahren und hat keine Gebeine hinterlassen.)

In dem Felsen unter dem Felsendom befindet sich eine Höhle,

die in der muslimischen Tradition »Brunnen der Seelen« (Bir al-Arwah) genannt wird und in der sich der Legende nach die Seelen der Verstorbenen versammeln. Darüber prangt ein Fußabdruck im Stein, der vom Propheten Mohammed persönlich stammen soll. Die Idee liegt nahe, auch diese Höhle, in die man wie in eine Krypta hinabsteigen kann, für eine Grabkammer zu halten. Aber wer sollte an dieser Stelle, auf dem antiken Tempelberg Jerusalems, begraben gewesen sein? Wo man auch sucht, es findet sich keine andere vernünftige Erklärung: Was hier als Heiligtum verehrt wird, ist die Spitze des Berges Morija selbst.

Heilige Felsen gibt es an vielen Orten auf der Welt. Auf der Akropolis von Athen ebenso wie in Mekka, wo ein schwarzer Stein an einer Ecke der Kaaba liegt. Der Berg Morija steht für den Bund, den der Prophet Abraham mit Gott geschlossen haben soll – und stellvertretend für das Volk Israel, das aus ihm hervorgehen würde. Eine grausame Episode, die auch im Islam einen besonderen Platz hat.

Gott soll Abraham aufgefordert haben, hier einen Brandaltar zu errichten. Dem frommen Mann dürfte es mulmig zumute gewesen sein, als er Scheit um Scheit auftürmte, ohne ein Tier zu haben, das er darauf hätte opfern können. Dann kommt der Befehl des Herrn an Abraham, sein Ein und Alles auf den Altar zu binden: den kleinen Isaak. Eine gemeinere Idee, um den Glauben Abrahams auf die Probe zu stellen, hätte sich der Allmächtige kaum ausdenken können – der Prophet gehorcht trotzdem, und die Geschichte findet schließlich doch ein Happy End. Denn als der Vater schon das Messer erhoben hat, bricht Gott das Experiment ab. Erst erscheint ein Engel, der Abraham buchstäblich in den Arm fällt. Dann – wie aus dem Nichts – ein Widder, der sich mit den Hörnern in einem Strauch verfangen hat. Er sträubt sich nicht einmal dagegen, dass Abraham ihn an Isaaks Stelle schlachtet und seine Haut auf dem Altar verbrennt.

So ist die Geschichte im Buch Genesis (Kapitel 22) überliefert, dem ersten, wenn auch nicht ältesten Buch der jüdischen Tora.

Juden lesen sie unter anderem zum Neujahrsfest Rosh ha-Schana und am Tag der Versöhnung Jom Kippur. Sie ist im Hebräischen als »Akeda« (»Bindung«) geläufig. Die Bibelwissenschaft geht heute mehrheitlich davon aus, dass die Genesis großenteils im 6. Jahrhundert v. Chr. entstand. Generationen von Forschern und Psychologen haben sich mit der symbolischen Bedeutung der Akeda befasst und unter anderem vermutet, dass damit der zivilisatorische Wandel vom Menschen- zum Tieropfer beschrieben wird. Insgesamt hat das Drama sowohl Gott also auch Abraham schlechte Presse eingebracht – zumindest seitens der Philosophen. Das Urvertrauen des Sohnes gegenüber dem Vater dürfte ruiniert gewesen sein. Immanuel Kant etwa stieß schon auf ein logisches Problem: Wenn Gott der Stifter der Moral sei, könne er ja keinen derart unmoralischen Befehl geben. Anstatt also blind zu folgen, hätte Abraham Kant zufolge besser hinterfragen sollen, ob er wirklich die Stimme Gottes gehört habe oder einer Halluzination aufgesessen sei.[91]

Die jüdische Tradition scheint Wert darauf zu legen, dass der Mensch Gottes Weisungen befolgt. Als Belohnung dafür, dass Abraham bereit war, seinen Sohn zu opfern, soll Gott ihm viele Nachkommen beschert haben. In der christlichen Lesart wird die Erzählung als Prüfung der Festigkeit im Glauben verstanden. Man war und ist, eher als im Judentum, der Ansicht, dass der Glaube an Gottes Allmacht und Weisheit steigerungsfähig ist. Je fester einer glaubt, desto besser. In der christlichen Liturgie gehört die Legende von Abraham und Isaak zur Osternacht. Denn der einflussreiche Kirchenvater Augustinus las die Geschichte von der Bindung als eine Vorschau auf den Kreuzestod Christi – in doppeltem Sinne. Einerseits habe Gott, wie Abraham, seinen eingeborenen Sohn geopfert. Andererseits stehe der Widder sinnbildlich für Christus, der an Stelle des Menschen für dessen Sünden sterben musste.[92]

Auch die islamische Tradition misst der Erzählung eine besondere Bedeutung bei – die 37. Sure etwa nimmt auf sie Bezug. Laut Koran war Abrahams Sohn aber kein hilfloses Opfer, sondern in die Sache eingeweiht.

»Als dieser das Alter erreichte, dass er mit ihm laufen konnte, sagte er: O mein lieber Sohn, ich sehe im Schlaf, dass ich dich schlachte. Schau jetzt, was du (dazu) meinst. Er sagte: O mein lieber Vater, tu, was dir befohlen wird. Du wirst mich, wenn Allah will, als einen der Standhaften finden.«[93] Das Brandopfer hätte also einvernehmlich stattgefunden, was die Sache allerdings auch nicht wirklich besser macht.

Der Name Isaak ist an dieser Stelle im Koran übrigens nicht erwähnt und die muslimischen Schriftgelehrten wissen auch, warum: Ihnen zufolge war nicht Isaak, sondern Abrahams Erstgeborener, Ismael, die zweite Hauptfigur in der Geschichte. Den hatte Abraham laut jüdischer Tradition allerdings zuvor in die Wüste geschickt. Ismael war laut Genesis der Sohn der Nebenfrau des betagten Patriarchen: der Sklavin Hagar, die von Abrahams ebenfalls in die Jahre gekommener Ehefrau Sara nur so lange geduldet wurde, bis Sara selbst ein Kind gebären konnte, und von ihr danach derart gemobbt wurde, dass sie sich schließlich mit ihrem kleinen Ismael allein durchschlagen musste. Die islamische Tradition macht nicht nur den verstoßenen Underdog Ismael zum Helden einer der wichtigsten biblischen Geschichten. Auch Hagar, laut Genesis eine »Ägypterin«, bekommt Aufmerksamkeit und Sympathie. Als sie nämlich in der Wüste fürchtet, ihr Sohn könne verdursten, lässt ein Engel Gottes eine Quelle aus dem Boden schießen. Der Ort, an dem das geschehen sein soll, ist heute eine der Stationen der muslimischen Pilgerfahrt und liegt zwischen den Hügeln Safa und Marwa in der saudischen Stadt Mekka.

Hagar und Ismael dürften also weit gekommen sein. Warum die islamische Tradition Ismael aber wichtiger findet als Isaak, könnte wiederum die Genesis erklären. In Kapitel 25 werden nämlich genealogische Details wiedergegeben, unter anderem der »Stammbaum der Ismaeliten«, zu dem die Bewohner Arabiens und ein großer Teil des Nahen Ostens jenseits des Heiligen Landes zählen, darunter »Jetur, Nafisch und Kedma«, sowie die uns bereits bekannte nordarabische Oasenstadt Tayma. Daraus folgerte man, dass Ismael der Stammvater der Araber sein müsse. Dessen Nachkommen sollten, so hatte Gott es versprochen, zahlreicher sein, als die des Isaak, der daheim im gemachten Nest hatte sitzen bleiben können. Es scheint, als plagten den Allmächtigen angesichts der diskriminierenden Behandlung gegen den Erstgeborenen und seine Mutter einige Gewissensbisse.

Und so erfahren wir aus der Geschichte vom Berg Morija nicht nur etwas über die mythischen Ursprünge der Araber, sondern auch, was es mit einem der bedeutendsten islamischen Feiertage auf sich hat: dem Opferfest, Eid al-Adha, wo Ziegen und Schafe in großer Zahl geschlachtet und mitunter in feierlichem Rahmen verspeist werden. Das geschieht im Gedenken an den Bund zwischen Gott und seinen Propheten.

Laut dem 420 in Bethlehem verstorbenen Kirchenvater Hieronymus ist »Ismaeliten« im Übrigen die richtige Bezeichnung für die Araber.[94] Andere Autoren, wie Isidor von Sevilla und Sozomenos aus Gaza, bezeichnen sie auch als *agareni*, Söhne der Hagar. Was wiederum, wie manche spekulieren, der Ursprung des in römischer Zeit gebräuchlichen »saraceni« (Sarazenen) sein könnte. Stand hinter dem Bau des Felsendoms also die Idee, der Geschichte Abrahams und Ismaels ein Denkmal für die Ewigkeit zu bauen und den Bund zwischen Gott und seinen Gläubigen zurück in den Mittelpunkt der jüdisch-muslimischen Tradition zu stellen?

Was für den Felsendom gilt, kann man auch über den frühen Islam selbst behaupten: Seine Urheber haben – wie wir gesehen haben – keine zeitgenössischen schriftlichen Quellen über dessen Anfänge hinterlassen. Der Mangel solcher Indizien zur islamischen Entstehungsgeschichte führte dazu, dass die einen die hagiografischen Berichte vom Leben des Propheten für bare Münze nahmen, während andere sie samt und sonders zu Legenden abqualifizierten. Hier muss man sich ein Bonmot des Börsengurus André Kostonaly zu Herzen nehmen: »Wer viel Geld hat, kann spekulieren. Wer wenig Geld hat, sollte nicht spekulieren. Wer kein Geld hat, muss spekulieren.«[95] Im Grunde verhält es sich ähnlich mit der Ressource historischer Information.

Zwei europäische Forscher ließen sich auf das riskante Spiel mit der islamischen Geschichte ein. Mit ihrem Buch *Hagarism* lieferten die dänische Orientalistin Patricia Crone und der britische Historiker Michael Allen Cook sogar ein Meisterwerk der Spekulation.[96] Sie erklärten, etwas verkürzt gesagt, die muslimischen Chroniken für wissenschaftlich nicht zu gebrauchen und versuchten, die Frühzeit des Islam anhand nichtislamischer Quellen zu rekonstruieren – etwa griechischer, lateinischer und syrisch-aramäischer Texte, die in der Zeit der Entstehung des Islam verfasst wurden. Selbst gemessen am optimistisch-selbstbewussten Zeitgeist der 1970er kommt das Werk recht überheblich daher. Heute, da vieles von seinem Inhalt widerlegt zu sein scheint, wirkt es mindestens so rasant wie sein popkultureller Zeitgenosse *Per Anhalter durch die Galaxis*. Crone und Cook behaupteten, dass sich das meiste der frühen islamischen Geschichte nicht auf der Arabischen Halbinsel habe zutragen können. Die »islamische« Bewegung sei auch keine Religion im Eigensinne, sondern eine jüdisch-messianische, die sich dem christlichen Weltbild widersetzen wollte und in der unmittelbaren Nachbarschaft des Heiligen Lands selbst entstand. Die Araber oder Muslime wären demnach so etwas wie die Rächer der Hagar, die man in die Wüste geschickt hatte, ihre Ideologie der »Hagarismus«. Und während vieles an der Theorie heute befremdlich anmutet, so würde die Aufwertung des Berges Morija durch den Felsendom ganz gut zu dieser These passen.

Die Autoren distanzierten sich später von ihren Ergebnissen; im Gegensatz zu manchen anderen, die mit steilen Thesen um sich werfen, blieben sie in der Islamwissenschaft allerdings anerkannt. Sie hatten an Tabus gerüttelt und ein gewisses Umdenken befördert. Man könnte auch sagen, eine Rückbesinnung auf die Anfänge der Orientalistik, als man eher dazu neigte, das Entstehen des Islam im Kontext der spätantiken Ideenwelt zu verorten. Die Bewegung der Gläubigen sah man nun zunehmend als Teil des vielfältigen jüdisch-christlichen Spektrums, wie es damals im Nahen Osten und auf der Arabischen Halbinsel existierte. Auch der »offiziellen« Lesart zufolge begründet sich der Islam ja auf dem Judentum und Christentum und gilt nach Meinung gläubiger Muslime als letztes Update des Betriebssystems: Fehler und Unzulänglichkeiten, die sich in die Schriften und Dogmen seiner Vorgänger eingeschlichen hatten, wurden im Islam beseitigt. Die Frage aber, ob die frühen Muslime in Wahrheit gar keine Anhänger einer neuen Religion, sondern eine christliche oder jüdische Sekte waren, rührte – und rührt noch immer – am muslimischen Selbstverständnis. Und am christlichen noch dazu.

Wie weit musste sich ein Dogma vom christlichen Mainstream jener Zeit entfernen, um als neue Religion zu gelten? Der Felsendom mag viele Rätsel aufgeben, aber zur Beantwortung dieser Frage liefert er nützliche Indizien. Denn seine kunstvollen Inschriften tun großes Interesse an Jesus Christus kund. Es dürfte die meisten Menschen überraschen, dass sich das berühmteste Bauwerk der islamischen Geschichte so sehr mit dem »Sohn der Maria« befasst.

Die Inschriften fügen sich großenteils aus wörtlichen Koranzitaten und -paraphrasen zusammen. An einer Stelle heißt es: »Herr, sprich den Segen über Deinen Gesandten und Diener Jesus, dem Sohn der Maria. Heil sei über ihm am Tag, da er geboren wurde, am Tag, da er stirbt, und am Tag, da er wieder zum Leben zurückkehrt«. Die islamische Lehre, wie sie hier formuliert ist, rechnet damit, dass Jesus seine Aufgabe noch nicht erfüllt hat und am Ende aller Tage noch einmal erscheinen wird. An einer anderen

Stelle steht: »Christus Jesus, der Sohn der Maria, ist nur der Gesandte Gottes und sein Wort, das er der Maria entboten hat, und Geist von ihm.« Hier wird der Messias zwar geehrt, aber auf seinen richtigen Platz verwiesen: Er ist kein Sohn Gottes, sondern lediglich dessen Bote. Es folgt die Ermahnung, man solle Gott nicht als »drei« bezeichnen – eine deutliche Absage an die Trinitätslehre von Vater, Sohn und Heiligem Geist, die man offensichtlich von den Christen kannte.

Offenbar, um sicherzugehen, dass auch alle die Botschaft verstehen, werden die Verse an anderen Stellen noch einmal variiert: In der Kuppel und an der äußeren Fassade finden sich dieselben Inhalte in wechselnden Zitaten. Draußen heißt es: »Lob sei Gott, der sich kein Kind zugelegt hat, und der keinen Teilhaber an der Herrschaft hat« – drinnen: »Es steht Gott nicht an, sich irgendein Kind zuzulegen«. Die Gläubigen werden also mehrfach darauf hingewiesen, dass ein Gottessohn nicht existiert. Dieses Motiv wurde so zentral in der islamischen Tradition, dass es praktisch in jedem Gebet vorkommt.[97] Deutlicher kann man eigentlich nicht sagen, was man von der orthodoxen christlichen Lehre hält. (Ich war einmal zugegen, als ein irakischer Universitätsprofessor, der sich besonders fromm geben wollte, seine Rede mit diesem Koranvers eröffnete – ausgerechnet auf einer Konferenz zum christlich-islamischen Dialog.)

Als wollte der Erbauer des Felsendoms noch einmal resümieren, was aus alldem folgt, erklärt er mit einem Vers aus der 4. Sure: »Ihr Leute der Schrift! Treibt es in eurer Religion nicht zu weit«. Ein Satz, den man aus heutiger Sicht wirklich unterschreiben kann, wenngleich er vermutlich in einem etwas anderen Kontext zu verstehen ist: als Korrektur der christlichen Jesusverehrung. Die Gläubigen sollen nicht übertreiben und Menschen göttliche Eigenschaften andichten, die sie nicht haben können. Sie sollen sich an der Schrift orientieren und nichts hinzufantasieren. Wahrscheinlich sollten sich dennoch alle im Drama um den Tempelberg beteiligten Gruppen und Personen den Satz hinter die Ohren schreiben. Ebenso einen, der an der äußeren Fassade steht: Gott habe nicht nur kein Kind, sondern auch keinen »Freund, der ihn vor Erniedrigung schützen muss«[98]. (Man würde sich wünschen, dass dieser Satz größere Beachtung fände, wenn sich wieder einmal ein Fanatiker auf der Welt dazu bemüßigt fühlt, den Allmächtigen gegen irgendeine blasphemische Karikatur zu verteidigen. Aber das ist eine andere Geschichte.)

Ist der Felsendom also ein in Pracht und Glanz gekleideter polemischer Kommentar zum christlichen Dogma von Gottessohnschaft und Trinitätslehre? Oder gar eine Einladung an Christen und Juden, sich auf dieser Vertragsgrundlage doch bitte einer neuen, »ökumenischen« Bewegung anzuschließen?

Wer von der nördlichen Stadtmauer Jerusalems den Blick über das Panorama schweifen lässt und hier die Kuppel der Grabeskirche, dort die Klagemauer und schließlich den Felsendom betrachtet, könnte zu diesem Schluss gelangen. Vergessen wir nicht, dass der innerchristliche Streit um die Naturen Jesu fortbestand und auch die Trinitätslehre alles andere als Konsens war. Die christianisierten Araber, die in den Jahrhunderten vor Ankunft des Islam im Nahen Osten lebten, hatten ihre eigene Position dazu. Einen Versuch, sich diese Streitereien zunutze zu machen, um die neue Bewegung zu promoten, wäre es also wert gewesen. Hat es diesen Versuch gegeben, und ist er womöglich geglückt?

❖

Der amerikanische Orientalist Fred Donner mag nicht nur optisch, sondern auch dem Namen nach wirken wie ein Countrysänger: Hut und graue Mähne sind Donners Markenzeichen. Er gilt aber als einer der bedeutendsten Fachmänner für den frühen Islam und hat zum Felsendom und seiner Lage noch eine andere Beobachtung gemacht: Der Fels des Berges Morija sei nicht nur der

Ort des abrahamischen Brandopfers, sondern auch jener, an dem einmal das Jüngste Gericht gehalten werde. Und da die Gläubigen der Spätantike sämtlich auf das Ende der Welt warteten, könne der Felsendom schon das provisorische Gerichtsgebäude sein.[99] Hier habe der Kalif Abd al-Malik dem Messias die Herrschaft übergeben wollen. Bedenkt man, dass der Felsendom zu Beginn nicht geschlossen war, sondern offen – erst Al-Ma'mun umhegte die Kuppel mit einer Außenmauer –, so kann man sich bildlich vorstellen, wie hier die erste Sitzung vor der versammelten Schar der Heiligen und Engel abgehalten wird.

Laut jüdischer und christlicher Tradition soll der Messias vom Ölberg herabkommen und auf den Tempelberg marschieren, etwa dort entlang, wo heute das sogenannte Löwentor steht. Einige jüdische Extremisten werfen den Muslimen vor, sie hätten daher absichtlich an dieser Stelle einen Friedhof angelegt, um ihm den Zugang zu verbauen. Denn als Sohn eines priesterlichen Geschlechts müsse auch der Messias den Kontakt mit Gräbern meiden. Die Extremisten fordern daher die Zerstörung des Friedhofs durch die Jerusalemer Stadtverwaltung.

Fred Donner, dessen Forschungen in der Szene viel beachtet werden, vermutet zudem, dass sich der Kalif Abd al-Malik in der Tradition des biblisch-jüdischen Königs David gesehen habe. Das Areal deutete er demnach nicht primär als Stätte des Herodianischen Tempels, sondern als »Haus Davids«. Und David wird im Koran als »Khalifa«, als Stellvertreter Gottes auf Erden genannt – ein Titel, den sich auch Abd al-Malik während seiner Herrschaft angedeihen ließ.

Der Kalif dürfte sich im Jenseits bis heute darüber ins Fäustchen lachen, dass das Rätsel seines Plans nach wie vor ungelöst erscheint. So erklärt der Jerusalemer Autor Al-Muqadassi fast drei Jahrhunderte nach Eröffnung des Felsendoms, dessen verführerische Pracht verfolge lediglich den Zweck, die christlichen Sakralbauten zu überstrahlen. Es ging demnach eher um den optischen Effekt.[100] Ein weiterer Chronist namens Al-Wasiti weiß zu berichten, dass ein hochrangiger Berater Abd al-Maliks, quasi sein Spezialist in religiösen Fragen, die Arbeiten beaufsichtigt habe.[101] Angeblich wurde dafür erst ein hübscher Bau im Miniaturformat angefertigt, anhand dessen sich die ursprünglich geplante Form des Heiligtums erahnen lässt: Es ist der sogenannte Kettendom, der neben dem goldenen Kuppelbau auf der Esplanade steht.

Als der Felsendom schließlich fertiggestellt wurde, bestückte man ihn sogleich mit wahren Schätzen. In seinem Inneren sollen zu Abd al-Maliks Zeit drei wundersame Objekte aufbewahrt worden sein: Das Signalhorn (Shofar) Abrahams, womöglich ein Souvenir, das sich der Stammvater aus dem Kopfputz des Widders vom Berg Morija angefertigt hatte. Zweitens die Krone des berühmten sassanidischen Königs Chosrau, dessen Reich die Araber ein Ende bereitet hatten. Und schließlich die sagenumwobene »Yatim«, laut dem muslimischen Gelehrten Al-Biruni die wertvollste Perle der damals bekannten Welt.

Das größte Wunder am Bau des Felsendoms, so denn die Berichte des Al-Wasiti stimmen, dürfte wohl ein anderes gewesen sein: Abd al-Malik soll vorher nicht nur »die Leute nach ihrer Meinung« zu dem Projekt gefragt haben (der Felsendom als ein sozialverträgliches Großprojekt unter Einbeziehungen der Anwohner). Von dem Budget für das prächtige Heiligtum, das in nur drei Jahren fertiggestellt wurde, sollen gar noch 100 000 Dinar übrig geblieben sein, die der Aufseher dem Kalifen stolz übergab. (Seitdem ich das gelesen habe, muss ich jedes Mal an Abd al-Malik denken, wenn ich die Hamburger Elbphilharmonie oder den Flughafen Berlin-Brandenburg betrete.) Ein fantastisches Projekt also, auch wenn die Krone des Felsendoms, die Kuppel, erst im 20. Jahrhundert vom jordanischen Königshaus vergoldet wurde. In Kupfer oder grau, wie früher, würde sie sicher auch nicht schlecht aussehen. Braucht ein solches Bauwerk bei all dieser Schönheit eigentlich noch einen tieferen Sinn?

Frühere Islamforscher sahen im Felsendom eine Art Ersatzheiligtum für das eigentliche Zentrum des Islam: die Kaaba in Mekka. Der Umayyade Abd al-Malik befand sich nämlich in der ungünstigen Lage, dass er einerseits zwar Anführer der Muslime sein wollte, das Herzstück der Glaubensgemeinschaft, die Heiligen Stätten von Mekka und Medina, jedoch nicht kontrollierte. Seine in jeder Hinsicht umstrittene Verwandtschaft, die bereits lange vor dem Auftreten des Islam über Ländereien in Syrien und Palästina verfügte, hatte ihre Hauptstadt nach Damaskus verlegt (nichts gegen den spröden Charme des Hedschas, aber man kann es ihr wirklich nicht verübeln). In Mekka und Medina wiederum hatte sich ein Platzhirsch namens Ibn Zubayr zum Gegenkalifen erheben lassen – wobei nicht ganz klar ist, ob es nicht eher umgekehrt gewesen ist. Jedenfalls tobte von 680 bis 692 eine Fitna – eine Art Bürgerkrieg zwischen den Gläubigen. Abd al-Malik konnte somit nicht nach Mekka pilgern und verbot wohl auch seinen Anhängern, das zu tun.

Vor diesem Hintergrund könnte das neue Heiligtum in Jerusalem ein Plan B für die Pilgerfahrt gewesen sein. Ein prächtiger Plan B immerhin, der dann allerdings obsolet geworden wäre. Denn Abd al-Malik ließ eine Armee nach Arabien ziehen, die auf dem Rücken von Kamelen die neueste Waffentechnologie mit sich führte. Mit byzantinischen Katapulten auf die Heilige Stadt schießen? Ein Kalif musste pragmatisch sein, auch wenn er damit angeblich sogar die Kaaba demolierte. Manche Historiker sagen, Abd al-Malik habe mit diesem Sieg die Einheit des »islamischen Staates« wiederhergestellt. Andere wiederum neigen zu der Ansicht, dass es diesen Staat zuvor gar nicht gegeben habe.[102] Für sie ist der Felsendom nichts weniger als die Gründungsurkunde des ersten islamischen Staates, in welchem der Anspruch auf die politische Herrschaft mit einer Staatsreligion verschmilzt: dem Islam, der hier erstmals ausformuliert wird.

Fred Donner geht übrigens noch weiter. Für ihn ist die islamische Geschichte vor Abd al-Malik – streng genommen – noch keine islamische. Der Prophet Mohammed, an dessen Existenz Donner nicht zweifelt, habe vielmehr eine lose Erweckungsbewegung angeführt, der sich Stämme aus den christlichen und jüdischen Milieus Arabiens angeschlossen hätten. Er nennt die frühen Anhänger Mohammeds daher nur »Die Gläubigen«, unter denen es eine Vielzahl von religiösen Überzeugungen gegeben habe. Die charismatische Führung Mohammeds und die Gewissheit, dass es demnächst mit der Menschheit ohnehin zu Ende gehen würde, habe sie motiviert. Umso größer sei einige Jahrzehnte später die Notwendigkeit gewesen, dem bunten Haufen von Gläubigen nun einen einheitlichen Glauben mit einer einheitlichen Rechtsordnung zu verpassen.

Tatsächlich taucht in der Herrschaftszeit des Kalifen Abd al-Malik der Name des Propheten immer wieder auf. Mohammed ist nun nicht mehr nur ein Anführer, der verschiedene Offenbarungen empfängt, sondern der Stifter einer neuen Religion. Abd al-Malik lässt auch den Koran, der unter seinem Vorfahren Uthman angeblich erstmals von einer losen Surensammlung in Buchform gefasst wurde, noch einmal neu edieren. Inwiefern damals redaktionell in das Heilige Buch eingegriffen wurde, ist seit jeher Gegenstand großer Forschungsdebatten. Aber es scheint, als entfalte sich unter Abd al-Malik ein Bewusstsein für die Tradition Mohammeds: Man sammelt Anekdoten, Sentenzen und Erinnerungen an sein Wirken, die später als *Hadith* zu einer bedeutenden Quelle der Rechtsprechung werden – ähnlich, wie im Fall des jüdischen Talmud, der die Weisheiten und Gesetze der Tora ergänzt.

In einigen dieser Überlieferungen, die in der Zeit Abd al-Maliks aufgetaucht sein könnten, ist nun vom Glauben an »Gott und seinen Gesandten« die Rede. Auf Münzen aus der damals bereits zum arabisch-umayyadischen Reichs gehörenden iranischen Stadt Bishapur taucht der Name Mohammed mit dem Zusatz »Apostel Gottes« auf. Sie wurden zwischen 685 und 687 geprägt und fallen damit in die Herrschaft Abd al-Maliks. Andere Münzen jener Zeit, nach denen sich die Numismatiker weltweit die Finger lecken, zeigen das Bildnis eines bärtigen Mannes, an dessen Gürtel ein Schwert und eine Peitsche hängen. Während manche Forscher dies für ein Abbild Abd al-Maliks halten – vom islamischen Bilderverbot noch unberührt –, sehen andere darin keinen geringeren als den Propheten des Islam. Auch die Schahada, das muslimische Glaubensbekenntnis, wonach es »keinen Gott außer Gott« gibt und Mohammed sein Gesandter ist, taucht in staatlichen Dokumenten auf.

Die Thesen Donners lassen Interpretationsspielräume offen: Wie beim Übergang von der Nazarenischen Bewegung zum Christentum sind auch in der Entstehungsgeschichte des Islam die Übergänge fließend. Und es liegt im Auge des Betrachters, wo zwischen Jesus und Paulus das Christentum begann und wo zwischen Mohammed und Abd al-Malik der Islam.

Die Vorstellung, dass der Islam als Religion mit seinen prägenden Charaktereigenschaften nicht in Mekka und Medina, sondern in Jerusalem entstanden ist, entbehrt nicht einer gewissen versöhnlichen Ironie. So wie das Christentum nicht in Nazareth oder Jerusalem, sondern in Antiochia es selbst wurde. Und schließlich die Wiege des Judentums, wie wir es heute kennen, nicht am Berg Morija liegt, sondern in Babylon, welches damals zum Persischen Reich gehörte. Und sollte der Felsendom tatsächlich eine Einladung der frühen Muslime an den Messias gewesen sein, sich im Schatten der Kuppel niederzulassen, um Gericht zu halten, könnten die Eiferer sich eigentlich zur Ruhe setzen. Vielleicht wird er sie annehmen. Vielleicht aber auch nicht.

8
Hattin

AM HEILIGTUM DER DRUSEN

Wo man als Schnurrbartträger schweigt, die Geheimnisse der Religion behütet und an die Wanderung der Seelen glaubt.

Was glaubst Du eigentlich? Und an wen? Für Menschen, die sich mit Religion beschäftigen, sind diese Fragen selbstverständlich. Besonders für solche wie mich, die in einem protestantischen Haushalt aufgewachsen sind.

Da braucht es klare Argumente. Die Inhalte des Glaubens mögen mysteriös oder fantastisch sein: ein Gott, der am Anfang aller Zeit gewesen ist – oder sogar davor – und das Universum in den Händen hält. Ein Gott, der Mensch geworden ist, um sich quasi auf das Niveau seiner Geschöpfe hinabbegeben zu können und die Welt aus ihrer Perspektive wahrzunehmen. Der zum Wohl des Menschen gestorben und wieder auferstanden ist. Das ist der Teil, den man glauben soll. Die Details aber sind rational zu untermauern. Für Protestanten darf es nicht zu viel Mystik und zu viel Firlefanz um die Religion geben. Man soll die Vernunft zum Einsatz bringen, die ja ebenfalls ein Geschenk Gottes ist. Und folglich ist die kritische Auseinandersetzung mit der Religion und ihren Traditionen erlaubt. Die Bibel wörtlich nehmen? Das mag heute noch in evangelikalen Kreisen vorkommen. Für die protestantischen Theologen aber ist man damit längst nicht mehr satisfaktionsfähig: Vieles, was in der Heiligen Schrift steht, wird in einen historischen Kontext eingeordnet – der Widerspruch zwischen Glauben und Wissen elegant überwunden. Warum sollte sich Gott nicht symbolischer Sprache bedienen und seine Botschaften den Verhältnissen der jeweiligen Zeit anpassen? Warum hätte er dem Menschen die Vernunft gegeben, wenn er nicht gewollt hätte, dass dieser sie einsetzt, um zur Erkenntnis zu gelangen?

Die Rationalisierung der Religion und ihre kritische Behandlung ist kein Selbstzweck: Psychologisch dient sie nämlich nicht nur dazu, die eigenen Zweifel auszuräumen, sondern auch Kritik von außen standzuhalten.

Man kann die Religion wie einen Science-Fiction-Film betrachten: Die Grundannahmen dürfen fantastisch sein. Etwa, dass Außerirdische in einer Sternenflotte als Offizier Karriere machen. Dass man mit Lichtgeschwindigkeit durchs Weltall fliegt. Oder, dass Menschen durch eine Maschine in einzelne Atome zerlegt, an einen anderen Ort »gebeamt« und dort wieder zusammengesetzt werden, ohne auch nur Glieder- oder Kopfschmerzen davonzutragen. Der Zuschauer kann diese Prämissen als gegeben akzeptieren – und bei einer glaubwürdigen Umsetzung stellt sie schon nach Minuten niemand mehr in Frage. Darauf aufbauend muss es aber logisch oder zumindest konsequent zugehen. Auch eine fantastische Welt braucht Regeln, sonst gibt es keine Dramatik. Wunder müssen die Ausnahme bleiben. Sonst gäbe es keine Helden, die sie vollbringen könnten.

Was die Sphäre des Übersinnlichen und die des Rationalen in einer Religion zusammenbringt, ist ein Bekenntnis. Darin werden die Regeln dafür ausgehandelt, was eine Gemeinschaft als gegeben anerkennt. Das Glaubensbekenntnis ist sozusagen der kleinste gemeinsame Nenner – ein Konsens darüber, was ein jeder bereit sein muss, zu glauben, ohne jemals Anspruch auf Beweise zu erheben.

Das muslimische Glaubensbekenntnis ist die erste Säule des Islam und ein denkbar kleiner gemeinsamer Nenner: Es gibt keine Gottheit außer Gott, und Mohammed ist sein Gesandter. Alles andere, was wichtig ist, leitet sich aus diesen beiden Prinzipien ab. Und über vieles, was aus ihnen folgt, kann man unterschiedlicher Meinung sein und sich trotzdem als Muslim bezeichnen. Das christliche Glaubensbekenntnis schreibt seinen Anhängern da schon etwas mehr ins Stammbuch, außerdem existiert es in verschiedenen Varianten: der Vater, der Sohn und der Heilige Geist, die Kreuzigung und Auferstehung. Insgesamt aber sind beide Bekenntnisse, das muslimische und das christliche, darauf ausgerichtet, ihre Erfolge zu skalieren: Eine möglichst große Anzahl von Menschen soll sich der jeweiligen Gemeinschaft anschließen können. Dafür muss die Botschaft klar verständlich sein. Und so dient das Glaubensbekenntnis einerseits der inneren Ordnung, indem es den richtigen Glauben vom Aberglauben unterscheidet. Andererseits der Akquise neuer Anhänger: Wer das Glaubensbekenntnis ausspricht, hat seine Zustimmung zur Mitgliedschaft erteilt, ohne sich durch die AGBs und das Kleingedruckte durchquälen zu müssen. Man klickt »alle Cookies akzeptieren«.

Was aber, wenn eine Religion genau das nicht will? Wenn eine Gemeinschaft, anstatt Anhänger zu missionieren, lieber unter sich bleibt? Wenn sie die Erkenntnisse darüber, was wahr und richtig ist, überhaupt nicht mit anderen teilen möchte? Religionen mit dieser Praxis werden manchmal »Geheimreligionen« genannt. Und dieser Begriff beflügelt die Fantasien derjenigen, die deren Inhalte nicht kennen – im Guten wie im Schlechten. Denn wer etwas Geheimes tut, wer seine kultischen Handlungen vor der Allgemeinheit verbirgt, muss etwas auf dem Kerbholz haben. Die Drusen können davon ein Lied singen.

Es ist ein heißer Tag im Oktober. Hinter mir liegt der See Genezareth, Schauplatz vieler Geschichten aus dem Neuen Testament. Im Matthäus-Evangelium (14:25) erscheint Jesus sogar einmal seinen Jüngern, indem er über den stürmischen See spaziert. Die Legende wurde zum Inbegriff der Wundertätigkeit, über das Wasser gehen zu können der Goldstandard übernatürlicher Fähigkeit schlechthin. Auf Hebräisch heißt der See auch »Yam Kinneret«, nach der alten kanaanäischen Siedlung Kinneret an seinem Nordufer. Auf Arabisch *Buhairat Tabariya*, der Tiberias-See. Hinter Tiberias passiere ich zwei Hügel, die sogenannten Hörner von Hattin. Die Felder an ihrem Fuße scheinen frisch gemäht zu sein. Es ist eine unscheinbare Stelle, an der nichts darauf hinzudeuten scheint, dass hier eine der folgenschwersten Schlachten der christlich-islamischen Geschichte ausgetragen wurde. Am 4. Juli 1187 traf hier ein Kreuzfahrerheer auf die Truppen des Sultans Salah al-Din – auch »Saladin« genannt – und wurde vernichtend geschlagen. Hattin besiegelte das Schicksal der fränkischen Fürsten im Heiligen Land und verbannte den Traum von Jerusalem, dem »Königreich der Himmel«, zurück in die Welt der religiösen Fantasien. Im 20. Jahrhundert wurde Hattin zum Sehnsuchtsbegriff der arabischen Nationalisten: Einen Helden wie Saladin brauchte es, der die Kolonialmächte in ihre Schranken weisen würde. Hart, aber edel. Er kam jedoch nicht.

Im Ersten Nahostkrieg von 1948 eroberten jüdische Streitkräfte das diesseitige Ufer des Genezareth. Die arabische Bevölkerung des Dorfes Hattin floh und durfte nie wieder zurückkehren. Die Ortschaft geriet beinahe in Vergessenheit. Heiliglandtouristen haben sie gewöhnlich nicht auf dem Programm. Dabei liegt in einem Tal gleich dahinter ein religiöses Denkmal von besonderem Rang.

Wer sich der Anlage aus weißem Sandstein aus der Ferne nähert, mag sie für einen Palast oder ein Kloster halten, wie man sie im Nahen Osten oft an Berghängen findet. Ihr Herzstück ist eine großzügige, mit Marmor ausgelegte und von Arkaden gesäumte Terrasse; sie ist mit Wimpeln in Grün, Rot, Gelb, Blau und Weiß beflaggt. Wer sich aus den israelischen Großstädten Tel Aviv oder

Haifa zufällig nach Hattin verirrt, könnte fast meinen, dass hier die Regenbogenfahne weht. Schließlich wirbt Israel gern mit seiner Offenheit und Toleranz als ideales Reiseziel für sexuelle Minderheiten, die sogenannte LGBTQ-Community. Aber hier stehen die bunten Farben für etwas anderes: für fünf Prinzipien, fünf Propheten, fünf Urkräfte. Gemeinsam finden sie sich wieder in einem Pentagramm, jenem fünfzackigen Stern, der schon in der Antike als eine der perfekten geometrischen Formen galt. Die Schüler des Philosophen Pythagoras von Samos, die die griechische mit der babylonischen Mathematik vereinten, verehrten das Pentagramm. Und nicht zufällig wurde es das Emblem der Gemeinschaft der Drusen – einer religiösen Strömung, die sich von den Mysterien der Antike inspirieren ließ und die hier in Galiläa, im Norden des modernen Staates Israel, eine Kultstätte errichtet hat.

Die Terrasse führt zu einem Gebetsraum, der an den Berg angeschlossen ist. Davor sitzen Männer – junge, alte, mittelalte – einträchtig und eher wortkarg beieinander. Sie kleiden sich in schwarze Hemden und schwarze Pluderhosen. Diejenigen, die offensichtlich hier arbeiten, den Garten pflegen oder zum Personal der Pilgerstätte zählen, tragen weiße Wollkäppis. Die Köpfe der anderen, die wohl in rein spiritueller Absicht hier sind, ziert der Tarboush – ein osmanischer Filzhut ohne Krempe, der mit einem weißen Turban umwickelt ist. Sofern es Alter und Wuchs erlauben, lässt man sich hier einen prächtigen Schnurrbart stehen. Der wird nicht etwa gestutzt, sondern gezwirbelt und sollte so dicht sein, dass er den Mund, zumindest aber die Oberlippe, bedeckt. Denn nur dann kann er seinen symbolischen Zweck erfüllen: Er steht nämlich für die würdevolle Schweigsamkeit der Drusen, die niemals ihre Geheimnisse preisgeben.

Einer der drusischen Männer heißt mich willkommen und borgt mir eine Kopfbedeckung, mit der ich das Heiligtum betrete. Es ist so groß wie ein geräumiges Wohnzimmer, das in den Fels geschlagen wurde. Darin liegen zwei Sarkophage, in grünes, besticktes

Tuch gehüllt: Alle paar Minuten betreten drusische Gläubige den Raum, Männer, Frauen, Familien mit Kindern. Diejenigen, die – wie es in Israel den größten Teil des Jahres Tradition ist – in Shorts, T-Shirts und Badelatschen hier heraufgefunden haben, legen zuvor einen schwarzen Burnus mit Kapuze an. Sie küssen die Grabmäler, von denen das eine dem Gründer dieser Anlage, Sheikh Amin Tarif, und das andere einer biblischen Gestalt gewidmet ist, deretwegen ich hierhergekommen bin.

Die Pilger murmeln Gebets- und Segenssprüche, dann knien sie an dem polierten Felsen, welcher die Rückwand des Gebetsraums bildet, und beugen sich vor zu einem fossilen Gebilde, das einen Fußabdruck darstellt. Die Pilger gießen etwas Öl darauf, berühren die Stelle im Felsen und reiben sich anschließend das Öl in Hände, Unterarme und Gesicht. Es ist eine Art Berührungsreliquie, also ein Gegenstand, den ein Heiliger Mensch berührt hat. Der Einsatz des Öls erinnert mich an die Grabeskirche in Jerusalem, wo manche Pilger den Stein der Kreuzlegung mit Öl benetzen und sich dann damit bestreichen. Der Fußabdruck ist der eines Giganten, was man schon an seiner schieren Länge sehen kann: ein Prophet, den die Drusen – ebenso wie die Muslime – als Schuaib bezeichnen. Das biblische Buch Exodus kennt ihn als Jitro. Laut dem Alten Testament irrte Mose, bevor er zum Chef der Israeliten wurde und diese aus der ägyptischen Knechtschaft befreite, eine Weile lang in den Wüstengebieten des Landes Midian herum. Dort traf er auf Jitro, der in dem jungen Mose offenbar sogleich ein Potenzial erkannte und ihm seine älteste Tochter Zippora anvermählte. Erst danach konnte Mose sich anscheinend einer dringenden Aufgabe stellen: mit Gott direkt zu reden. Das klingt einfacher, als es sein dürfte, denn der Allmächtige bediente sich durch die Geschichte der Menschheit ja immer Zeichen und Botschaften, die es zu entschlüsseln galt. Jitro soll Mose das geheime Wissen vermittelt haben, das diesen befähigte, mit Gott Zwiesprache zu halten. Das zumindest sollen die Drusen glauben, weshalb sie ihn auch an diesem Ort verehren.

Manche scheinen sogar der Ansicht zu sein, dass Jitro bzw. Schuaib der Gründer der drusischen Gemeinschaft sei, obwohl er bereits in der Bronzezeit gelebt haben dürfte. Das muss sich, wie wir noch feststellen werden, bei den Drusen nicht ausschließen. Denn für die sogenannten gnostischen Strömungen, und die Drusen gelten als solche, ist Zeit wirklich sehr relativ.

Die meisten Drusen leben heute in den modernen Staaten Syrien, Libanon, Israel und Jordanien. Die Grenzziehungen der Mandatszeit und die drei Nahostkriege, in denen Israel Territorium an seiner Nordgrenze eroberte und annektierte, haben ihre Siedlungsgebiete zerteilt. Ein Gebiet in der für ihr schwarzes vulkanisches Gestein bekannten Hauran-Region im syrischen Südwesten trägt sogar ihren Namen: Jabal al-Duruz (»Drusenberg«).

Die Bereitschaft der Drusen, ihre Gemeinschaft und ihre Ehre zu verteidigen, ist geradezu legendär. Begegnet ein Student in der Levante einer jungen Frau, von der sich herausstellt, dass sie der drusischen Gemeinschaft angehört, ist eines garantiert: Seine Kameradinnen und Kameraden werden ihn inständig vor der Familie seines neuen Schwarmes warnen. Leg Dich nicht mit den Drusen an! Die Bewahrung der Gemeinschaft sei ihnen heilig, Liaisons oder gar Ehen mit Nicht-Drusen würden sie niemals akzeptieren. Früher oder später bekommt man dann als warnendes Beispiel die Geschichte von Rabih A. aufgetischt: Der 39-jährige Mann, ein Sunnit aus dem Norden Libanons, war ein Verhältnis mit einer jungen Drusin eingegangen. Im Juli 2013 wurde er dann schwer verletzt in der Ortschaft Baissour im Libanongebirge aufgefunden. Die Verwandtschaft der Frau hatte A. laut Medienberichten unter dem Vorwand eines gemeinsamen Essens zum Kennenlernen in eine Falle gelockt, ihn schwer misshandelt und ihm den Penis abgeschnitten.[103]

Generationen von Orientreisenden und Forschern haben versucht, ihre Geheimnisse zu ergründen und sich auf die drusische Religion einen Reim zu machen. Sie studierten alte Handschriften und Quellen und hörten, was die Religionsgemeinschaften in der Nachbarschaft über die Drusen zu berichten wussten. Einige trauten sich auch, ganz einfach zu fragen: »Was glaubt Ihr nun eigentlich?«

Auch ich habe es mit drusischen Freunden, die ich im Laufe der Jahre kennengelernt habe, immer wieder mal versucht. »Was ist eigentlich dieses Geheimnis der Drusen, von dem alle sprechen?« Die Antwort war meistens ein wissendes und amüsiertes Lächeln, hin und wieder verbunden mit einer nicht ganz ernst gemeinten Drohung: Man solle seine Nase nicht zu tief in drusische Angelegenheiten stecken.

Die drusische Gemeinschaft bevorzugt, unter sich zu bleiben, und betreibt keine Mission. Dafür gibt es offenbar zwei Gründe: Einerseits war sie über die Jahrhunderte Verfolgungen und Diskriminierung ausgesetzt. Eine Strategie des Selbsterhalts war es daher, sich von anderen abzugrenzen. Ethnische und religiöse Minderheiten ziehen nun einmal meistens den Kürzeren, wenn sie sich der Mehrheit öffnen. Zu groß wäre der Drang zum sozialen Aufstieg und zur städtischen Integration. Endogamie, die Regel, dass man nur innerhalb der eigenen Gemeinschaft heiratet, ist für religiöse Minderheiten im Nahen Osten daher nichts Ungewöhnliches. Bei den Drusen kommt allerdings eine theologische Relevanz dazu, sie ist der zweite Grund dafür, dass Drusen nicht missionarisch sind: Ihrer orthodoxen Lehre nach gibt es nämlich eine drusische Urgemeinde, die über die Jahrhunderte fortbesteht. Allen demografischen Veränderungen auf der Welt zum Trotz gäbe es demzufolge immer gleich viele Drusinnen und Drusen. Möglich ist das durch ein Prinzip, das wir aus anderen, vor allem asiatischen Weltanschauungen kennen. Die Wiedergeburt, oder genauer gesagt: Seelenwanderung.

So erzählt es mir Scheich Muwaffak Tarif, spirituelles Oberhaupt der Drusen im Norden Israels. Ich treffe ihn in seiner Villa eine knappe Autostunde westlich des Heiligtums des Schuaib, in einem drusischen Dorf namens Julis. In Israel gilt das beschauliche Städtchen als der drusische Vatikan. Scheich Muwaffaks Vorfahr baute den Schrein des Schuaib zu seiner heutigen Pracht aus und machte daraus eine nationale, eine israelische Drusen-Pilgerstätte. Scheich Muwaffaks Augen sind blau wie das nahe gelegene Mittelmeer, sein Schnurrbart hellgrau und seine Gesten geschmeidig. Er ist ebenso spiritueller Führer wie Politiker. Jeder Ministerpräsident des Staates Israel, jeder bedeutende Parteiführer, egal ob links oder rechts, hat ihm und seiner Familie in Julis Reverenz erwiesen. Was die Lehren der drusischen Religion betrifft, so ist er wortkarg und verschlossen. Über die Seelenwanderung allerdings spricht er, wenn auch, ohne ihren Ablauf im Detail zu schildern.

Laut der drusischen Lehre wandert die Seele eines jeden Verstorbenen alsbald in den Körper eines Neugeborenen. Schon deshalb ist wichtig, dass die drusische Gemeinschaft zahlenmäßig stabil bleibt. Wo sonst sollten die Seelen der Verstorbenen hin? Vermutlich müssen sie zum Teil weite Reisen unternehmen: Drusinnen und Drusen leben heute nicht nur im Nahen Osten, sondern auch in entfernten Diaspora-Gemeinden in Europa, Südamerika oder Australien. Viele Menschen schwärmen davon, dass ihnen schon einmal im Leben eine vertraute Seele begegnet sei – eine Person, die sie gerade zum ersten Mal gesehen haben, die ihnen aber doch das Gefühl gibt, sie sei schon immer da gewesen. Drusinnen und Drusen wissen von Kindern zu berichten, die das Grundschulalter nicht erreicht haben, aber trotzdem über ein Wissen von der Welt verfügen, das mit rationalen Mitteln unerklärlich ist. Sie müssen schon lange auf der Welt gewesen sein.

Scheich Muwaffak hat dafür eine solide theologische Erklärung: die göttliche Gerechtigkeit. »Immer wieder sterben Kinder«, erklärt mir der Scheich, »ohne dass sie die Gelegenheit gehabt hätten, sich vor Gott als gute und gerechte Menschen zu beweisen.« Daher habe der Herr in seiner unendlichen Weisheit einem jeden Gläubigen eine weitere Chance reserviert.

Einer Theorie nach, die manche Forscher für glaubwürdig halten, postuliert der drusische Glauben eine Art Drusenparadies auf Erden, das fern im Osten liegen soll: China. Dort soll eine glückselige drusische Gemeinde leben, weshalb das Land *Al-Sin* (Arabisch für China) in drusischen Gebeten und Segenssprüchen Erwähnung findet.[104] Dieses und andere Merkmale haben Autoren dazu veranlasst, die Ursprünge der drusischen Lehre in Asien zu suchen: Sie glauben an die Transzendenz Gottes, für den kein Wie, kein Wo und kein Wann gelten, und daran, dass der Lauf der Welt nicht linear, sondern zyklisch vonstattengeht. Dass also alles, was bereits geschehen ist, zugleich noch vor uns liegt. Gott ist das Licht und der Weg zu ihm eine Erleuchtung. Der Zustand, den ein Mensch auf diesem Weg erlangen kann, gleicht dem der Erlösung von weltlichem Streben und irdischer Pein – eine Art Nirwana, wie man es aus dem Buddhismus kennt.

Die Drusen selbst bezeichnen sich eigentlich gar nicht als »Drusen«. Wenn überhaupt, steht dieses Wort an zweiter Stelle. Sie bevorzugen das arabische Wort *Al-Muwahhidun*. Damit gemeint sind diejenigen, die an die Einheit und Einzigkeit Gottes glauben. Der Begriff ist in der islamischen Theologie vollkommen geläufig, denn letztendlich bekennen alle Muslime, dass es einen Gott gibt, der unteilbar ist, weder von einem Vater gezeugt wurde, noch selbst Kinder hat. Der Begriff Muwahhidun steht heute vielfach für puritanische und extremistische Strömungen in der islamischen Geschichte, die sich von anderen Muslimen abgrenzen wollen und sich als Bewahrer der »wahren Religion« betrachten. Im arabischen Sprachgebrauch der Drusen hat es damit allerdings eine andere Bewandtnis: Gemeint ist, dass Gott transzendent und allumfassend ist. Er steckt somit auch in allem, was den Menschen umgibt. Diese Lehre ist jener der Sufis, der Mystiker, nicht unähnlich, sie geht aber weit darüber hinaus.

Aus Sicht der drusischen Theologie ist nämlich die koranische Offenbarung symbolisch zu verstehen. In Wahrheit steckt die Welt voller Zeichen, die man lesen können muss. Die Vernunft, ein göttliches Geschöpf, und schließlich die Initiation der Gemeinschaft führen den Menschen auf den Pfad der Erkenntnis. Konventionen wie die Verbote, Alkohol zu trinken oder Schweinefleisch zu essen, werden mit gesundheitlichen Argumenten unterstützt. Das muslimische Fasten im Ramadan oder die Pilgerfahrt wiederum haben für die Drusen keine Relevanz. Es gibt einen Kreis der Eingeweihten – die 'Aqul – welche die Geheimnisse der Drusen kennen. Sie waren es, die ich vor dem Schrein des Propheten Schuaib in drusischem Ornat sah. Alle anderen, inklusive der Frauen, sind berechtigt, ohne Initiation zu leben und trotzdem Teil der Community zu sein. Für praktizierende Drusen können dann allerdings auch andere religiöse Vorschriften gelten: etwa das Verbot, zu rauchen, oder – bei Frauen – jenes, Auto zu fahren, sowie das Gebot, einen Schleier in Form eines leichten weißen Kopftuchs zu tragen. In Israel dürfen drusische Frauen, die sich dem religiösen Gesetz unterwerfen, keinen Führerschein machen, womit sie in Gesellschaft mancher ultraorthodoxer jüdischer Frauen sind. Dass ausgerechnet im als rückständig betrachteten Königreich Saudi-Arabien das Fahrverbot für Frauen aufgehoben wurde, hat im Jahr 2021 unter israelischen Drusen offenbar eine neue Debatte über das Thema entfacht.[105]

Die Aufteilung der Gläubigen in Wissende und Profane ist ein entscheidendes Merkmal der antiken Mysterienkulte. Und vieles spricht dafür, dass die drusische Weltanschauung sich von solchen Kulten inspirieren ließ. Und dass darin das eigentliche Wesen der »Geheimreligion« besteht. Der deutsche Ägyptologe und Religionswissenschaftler Jan Assmann prägte hierfür den Begriff der *religio duplex*: eine doppelte Religion, von der jede Seite ihren Zweck erfüllt. Die eine regelt das Politische, die Organisation des Gemeinwesens, die andere führt zur wahren religiös-philosophischen Erkenntnis. Diese konnte »nicht staatstragend sein, denn die Natur kennt nicht Freunde und Feinde, Nationen und Grenzen, Klassen und Stände. Daher mussten die Völker des Altertums, soweit sie nicht wie die Israeliten durch göttliche Offenbarung geleitet waren, Gottheiten erfinden, die über die Einhaltung der Gesetze wachen und die politischen und sozialen Einheiten verkörpern, in die sich die menschliche Welt nun einmal gliedert.«[106] Assmann ist kein Orientalist, sondern Experte für die Kulte des Alten Ägyptens und ihre Rezeption im europäischen Denken. Dennoch könnte seine Beschreibung der *religio duplex* nahezu perfekt auf die drusische Gemeinschaft zutreffen.

Wie diese Lehren Einzug in das Drusentum gefunden haben, ist seit Jahrhunderten Gegenstand lebhafter Spekulationen. Denn die Historiker geben nur spärlich Auskunft über die Muwahhidun. Erstmals berichtet im 11. Jahrhundert ein christlicher Arzt und Chronist, ein gewisser Yahya bin Said al-Antaki (auch Yahya von Antiochien), von einer »drusischen« Sekte in der Levante.[107]

Der berühmte jüdische Weltreisende Benjamin von Tudela aus dem spanischen Königreich Navarra erwähnt die Drusen ebenfalls und bezeichnet sie als »Heiden« (paganos).[108]

Ein französischer Autor namens Puget de Saint-Pierre behauptete im Jahr 1763, die Drusen stammten von einer versprengten Kolonie französischer Kreuzritter ab: Sie selbst sollen von sich gesagt haben, Nachfahren von Gottfried von Bouillon, dem ersten fränkischen König von Jerusalem, zu sein.[109] Eine romantische Vorstellung des 18. Jahrhunderts, die mit den orientalischen Quellen nicht übereinstimmte, aber zahlreiche Adepten fand. Sie war nicht nur romantisch, sondern auch politisch opportun, denn es bestanden diplomatische Kontakte zwischen europäischen Herrscherhäusern und drusischen Emiren, die man im Machtkampf gegen das Osmanische Reich nutzen konnte. In den Freimaurerzirkeln jener Zeit kursierte, dass die Drusen vom legendären König Hiram von Tyros abstammten, der König Salomo beim Bau des Tempels von Jerusalem geholfen habe (im Ritus der Freimaurer spielt eine Figur mit Namen Hiram eine zentrale Rolle). Womöglich verbreiteten im 19. Jahrhundert britische Agenten, die im Orient mit den Franzosen um Einfluss buhlten, dass Drusen und die Söhne Albions Blutsverwandte seien. Jedenfalls wurde diese These auch unter Drusen des Nahen Ostens populär.[110] Ein anglikanischer Chorherr namens J. Thomas Parfit, der einige Zeit bei den Drusen im Libanon verbrachte, teilt mit, dass die vornehmeren Drusen hellhäutig seien und ihre Frauen großenteils »beautiful«. »Ohne Zweifel sind sie gemischten Bluts und stammen von Arabern, Persern, Hindus, Juden und Christen ab«.[111] Der Arzt und Anthropologe Felix von Luschan – geboren 1854 im niederösterreichischen Weinviertel und später Professor an der Berliner Charité – nahm sogar Schädelvermessungen an drusischen Männern vor. *Quod erat demonstrandum:* Mit Arabern hatten diese keinerlei Gemeinsamkeiten.[112]

Die Theorien über die Herkunft der Drusen waren und sind, wie man daran sehen kann, Abbild ihrer Zeit, vor allem, weil man ihnen wahlweise eine ethnische, nationale oder auch nur eine rein religiöse Identität zuschrieb. Das ethnische und das religiöse bedingt sich bei den Drusen. Wenn eine religiöse Gemeinschaft endogam lebt, sich also ausschließlich innerhalb des eigenen Kreises reproduziert, ist von einer »Ethnisierung der Religion« oder – im Umkehrschluss – einer »Sakralisierung der Ethnie« die Rede. Der Stamm, die Gemeinschaft wird selbst zum religiösen Gegenstand, mit einer eigenen Mythologie.

Und selbst die Frage, ob die Drusen nun eigentlich dem Islam zuzurechnen sind, als eine muslimische »Sekte«, oder ob es sich um eine eigene Religion handelt, ist nicht zweifelsfrei geklärt. Im multikonfessionellen Libanon, wo das politische System auf einem fein austarierten Proporz beruht, gelten sie als Teil der muslimischen Bevölkerung. Wie Sunniten und Schiiten. Allerdings haben sie hier, wie auch in Syrien, ihre eigene Rechtsprechung in allen Bereichen, die den Personenstand betreffen. Denn Ehen, Scheidungen, Erbschaften und ähnliche Belange beruhen auf den religiösen Normen. Muslimische Dogmatiker bezeichneten die Drusen über die Jahrhunderte als »Übertreiber«, die von den Grundregeln des Islam abweichen. Aus Sicht radikaler und extremistischer Denker waren sie stets »Ungläubige«, auch wenn die Drusen nach eigenem Bekunden an den einen Gott glauben und den Koran als Heilige Schrift akzeptieren. Im persönlichen Gespräch haben mir Drusen, die heute zum Großteil sehr säkular sind, versichert, dass sie sich dem Islam eigentlich nicht zugehörig fühlen. Wer so zwischen den Stühlen sitzt und von Werturteilen abhängt, die sich saisonal bedingen können, muss seine eigenen Regeln haben. Und sich im Zweifelsfall verteidigen können.

Scheich Muwaffak Tarif, der spirituelle Kopf der Drusen in Israel, hat eine salomonische Antwort parat: Ob die Drusen Muslime seien, sagt er nicht. Wohl aber, dass das drusische Dogma aus einer muslimischen Strömung hervorgegangen sei. So sind die Drusen in gewisser Weise einzigartig, andererseits aber auch typisch für den Nahen Osten mit seiner besonderen religiösen Vielfalt.

An dieser Stelle ist es Zeit, uns einer Figur zu erinnern, die wir in Kairo aus dem Blick verloren haben: der Sufi und Prediger (da'i) Muhammad bin Ismail Nashtakin ad-Darazi (auch Al-Darazi), der angeblich verbreitet hatte, der fatimidische Kalif Al-Hakim sei eine Inkarnation Gottes, und dadurch zur *persona non grata* wurde. Da das meiste, was man über ihn weiß, ins Reich der Legende gehört, werden wir vermutlich nie erfahren, ob Darazi im Jahr 1018 in Kairo hingerichtet wurde oder tatsächlich doch noch davonkam und die Reise in die Berge der Levante angetreten hat. In jedem Fall sind Forscher der Meinung, dass die Bezeichnung »Drusen« von seinem Namen herrührt: Anhänger des Darazi, was auf Persisch »Schneider« heißt und daran erinnert, dass dieser wunderliche Mann aus dem Khorassan, dem iranischen Plateau, nach Ägypten eingewandert war.[113]

Die drusische Gemeinschaft bezeichnet sich heute selbst als drusisch, ihre Religion aber ist die der Muwahhidun. Man kann also davon ausgehen, dass sie sich irgendwann an diese Fremdzuschreibung gewöhnt hat. Das ist umso interessanter als Al-Darazi in der drusischen Literatur eine durchaus kontroverse Figur zu sein scheint: In einem als »Brief der Weisheit« bekannten Traktat wird er sogar ausdrücklich gewarnt, es nicht zu übertreiben. Darazi geriet offenbar in Streit mit zwei anderen Mystikern, Hamza und Al-Akhram, die heute ebenfalls als Mitgründer der drusischen Religion gehandelt werden.

Die Idee, dass der Kalif Al-Hakim eine göttliche Emanation war, scheint sich aber durchgesetzt zu haben. Jedenfalls betrachten die Drusen, deren Gemeinschaft während der Zeit der fatimidischen Herrschaft in der Levante entstand, Al-Hakim als verehrungswürdige Figur. Es wird behauptet, dass die Drusen sich in seinem Gedenken sogar an das Verbot der im Nahen Osten allerseits beliebten grünen Malvensuppe Mulukhiya halten (ich habe auch schon Drusen gesehen, die sie begeistert aßen, allerdings keine religiösen Würdenträger waren).

Mit den anderen esoterischen Gemeinschaften, etwa den Alawiten und Ismailiten Syriens, die wohl ebenfalls in der fatimidischen Zeit entstanden, teilen die Drusen ein Schicksal: sunnitische Herrscher, von den Seldschuken über die Osmanen bis hin zu heutigen islamistischen Gruppen, bekämpften und verdrängten sie. Zu Solidarität zwischen diesen Minderheiten hat das in der Geschichte jedoch nicht geführt. Über Jahrhunderte blieben sich Ismailiten, Drusen und Alawiten in herzlicher Abneigung verbunden. Man kann das, mit den Worten Sigmund Freuds, als »Narzissmus der kleinen Differenzen« betrachten.[114] Man bekämpft immer diejenigen, die einem selbst eigentlich am nächsten stehen, denn sie sind Spalter und weichen die eigene Identität auf. Die Geschichte des Christentums ist voller Beispiele dafür.

Vielleicht ist es aber auch hier Zeit für einen Perspektivenwechsel: Nur, weil wir heute der Ansicht sind, diese Gruppen seien sich in ihren Lehren so ähnlich und letztendlich Splittergruppen einer ohnehin schon verschwindend kleinen Minderheit, muss das nicht immer so gewesen sein. Ebenso ist es vorstellbar, dass das Weltbild, welches diese esoterischen Religionsgemeinschaften bei allen Differenzen eint, im Orient von der Spätantike bis um das Jahr 1000 eher mehrheitsfähig war. Zumindest unter denjenigen, die über den Kosmos und die Beziehungen der Welt zu Gott nachdachten. Erst die mit militärischen Mitteln erfolgte Ausbreitung des sunnitischen Islam einerseits und dessen Konfrontation mit den christlichen Kreuzfahrern andererseits könnte dazu geführt haben, dass wir die religiöse Vielfalt heute als Ausnahme betrachten. Und die sogenannten Geheimreligionen, die dort bis heute fortbestehen, als Kuriosität.

Vielleicht sind die Drusen dem, was wir gemeinhin als kulturelles Fundament des Abendlandes ansehen, sogar noch näher, als man ahnt. Denn nicht nur biblische Figuren wie Abraham, Mose, Jesus oder Johannes der Täufer erlangten in ihrem Weltbild den Status von Propheten, sondern auch die antiken Philosophen Platon, Plotin und Pythagoras. Sie waren gewissermaßen nicht für die Offenbarung der Heiligen Schriften verantwortlich, sondern für die Weisheit, mit der der Mensch deren symbolische Bedeutung zu entschlüsseln vermag. Die Idee von Gott als universellem Prinzip erinnert an die Philosophie Plotins, die sich auch bei den Ismailiten niedergeschlagen hat.

Das Pentagramm, eines der zentralen Symbole des Drusentums, war das Erkennungszeichen der Pythagoräer, die sich einst, im 6. Jahrhundert v. Chr., um ihren Meister geschart hatten und in Süditalien wie eine Ordensgemeinschaft lebten. Sie betrieben astronomische und geometrische Studien und glaubten, dass die Harmonie des Kosmos und aller Dinge auf einem mathematischen System beruht. Das Prinzip der Seelenwanderung war den Pythagoräern vertraut und erinnert in Teilen an das, was von der drusischen Doktrin bekannt geworden ist. Die Pythagoräer verschrieben sich selbst eine seltsame Diät, wohl um das kosmische

Gleichgewicht im Körper nicht aus der Balance zu bringen. Aus Gründen, die nicht überliefert sind, mieden sie den Genuss von Bohnen. Vielleicht war ihre Absicht nur, akustischen Störungen bei der gemeinsamen Meditation vorzubeugen? Einige Autoren wollen diese Diät auch bei den drusischen Eingeweihten beobachtet haben.[115] Ein Indiz dafür, dass die Drusen die letzten geheimen Nachfahren der Pythagoräer sind?

Als mein Gespräch mit Sheikh Muwaffak an jenem warmen Herbsttag in Galiläa endet, laden seine Söhne mich zum Mittagessen ein. Es ist ein Festmahl israelisch-levantinischer Küche. Ob darin Bohnen verarbeitet wurden, weiß ich nicht mehr. Auch nicht, ob meine Gastgeber von allen Speisen kosteten. Als wir beim Tee sitzen, kann ich mir eine Pointe nicht mehr verkneifen. »War das drusische Küche?«, frage ich. »Natürlich!«, lautet die Antwort. »Dann vermute ich, das Rezept ist sowieso geheim.«

9
Baalbek

DER IMPOSANTESTE TEMPEL UNTER DER SONNE

Wo die Geister und Dämonen einen Palast errichten, der Sonnengott geboren wird und der Orient den Westen übermannt.

Nach dem Unwetter reißt der Himmel auf, und Beirut erstrahlt für einen Augenblick in neuem Glanz. Die regennassen Fassaden glitzern, die Stadt, die sich in Stahl, Beton und Sandstein an die Küste des Mittelmeeres schmiegt, blendet. In der Ferne sind die schneebedeckten Berge plötzlich sichtbar und erinnern daran, dass der Libanon einmal die »Schweiz des Nahen Ostens« hieß. Erst als das Auge sich an das Licht gewöhnt, wird es der Risse und Wunden im Stadtbild wieder gewahr. Wie eine groteske Skulptur ragt die Ruine der Getreidespeicher am Industriehafen auf. Dass an dieser Stelle überhaupt noch etwas steht, ist darauf zurückzuführen, dass die Silos unmittelbar neben dem Ort jener gewaltigen Explosion liegen, die Beirut am späten Nachmittag des 4. August 2020 erschütterte.

Die Druckwelle wurde durch den Beton umgeleitet und entfaltete erst darüber ihre zerstörerische Kraft, die von den Bewohnern der Stadt wie eine Atombombe empfunden wurde. 218 Menschen starben, mehrere Hunderttausend mussten ihre Häuser und Wohnungen aufgeben, viele davon für immer. 2750 Tonnen hochexplosives Ammoniumnitrat, das man für Düngemittel, aber auch für die Herstellung von Sprengstoff braucht, waren in die Luft geflogen, laut Ermittlungen als Folge eines Brands bei

Schweißarbeiten im Hafen. Die Katastrophe war die Folge einer Verkettung von Fahrlässigkeit, Skrupellosigkeit, Korruption und vermutlich krimineller Machenschaften. Der 4. August stürzte den ohnehin krisengeschüttelten Libanon ins Chaos: andauernde Proteste, politische Scharaden, Hyperinflation. Die Libanesinnen und Libanesen – auch diejenigen, die in den vornehmeren Gegenden der Stadt wohnten – wurden in einer brutalen Weise daran erinnert, dass ihr schönes Land, welches schon biblische Propheten besingen, keinen Staat hat, der sie beschützen könnte. In kaum einem Land, das ich bereist habe, liegen Glanz und Niedergang, Luxus und Elend, Hochkultur und Unkultur so nahe beieinander wie hier.

Als ich die Serpentinenstraße in die Berge fahre, die Beirut umgeben, sehe ich das Panorama zum letzten Mal im Rückspiegel und ertappe mich dabei, in jene Abgesänge einzustimmen, die Libanesen und Ausländer, seit ich mich erinnern kann, auf dieses Land halten: Wie schön wäre es doch, noch einmal in die 1970er-Jahre zurückzukehren, vor dem brutalen Bürgerkrieg, als Beirut nicht in Abgasen und Müll versank, sondern – so zumindest die nostalgischen Berichte – in glamourösen Partys, gutem Wein und Toleranz zwischen den Kulturen.

Nostalgie ist bekanntlich die Sehnsucht nach einer Vergangenheit, die es so niemals gegeben hat. Und oft hört man im Libanon die Erzählung von der großen Vergangenheit, die das Land zu etwas Besserem machen sollte. Meistens klingt das so: Hier, im Libanon, erfanden die Phönizier um 1000 v. Chr. das Alphabet, dank dessen wir Zeichen bestimmten Lauten zuordnen, schreiben und Computer für uns arbeiten lassen können. Ein kultiviertes Land, schließlich hatte es einmal die besten modernen Universitäten des Nahen Ostens, Kunstgalerien und Privatsammlungen und reiche Bankiers, die sie finanzierten. Und ein Schmelztiegel: Nicht weniger als 18 anerkannte Religions- und Konfessionsgemeinschaften, die hier verwurzelt und gewachsen sind, und bis vor Kurzem das einzige Land in der muslimisch geprägten arabischen Welt mit einer christlichen Bevölkerungsmehrheit.

Das Bild von Beirut als einer Stadt, in welcher der Gesichtsschleier und der Minirock widerspruchslos im Stadtbild koexistieren, wird dabei oft bemüht. Dem gegenüber steht die Erfahrung eines jahrzehntelangen Bürgerkrieges der Clans, Konfessionsgemeinschaften und politischen Parteien, der zwar nicht im Namen der Religion geführt wurde, aber in dem Menschen von Milizen zur Erschießung selektiert wurden – je nachdem, ob sie ein Kreuz um den Hals trugen, einen typisch christlichen oder typisch muslimischen Vornamen hatten oder ihr im Ausweis eingetragener Geburtsort die Zugehörigkeit verriet. Heute scheint es, als seien die Libanesen sich einig, dass sie nicht in Christen und Muslime, Schiiten oder Sunniten, Drusen oder Armenier unterteilt werden wollen. Die politische Realität ist aber eine andere, derart komplizierte, dass sich selbst enthusiastische Libanonexperten irgendwann frustriert abwenden. Und mir scheint es verzeihlich, ja, manchmal sogar notwendig, dass sich Menschen in vergangene Zeiten zurückträumen, in denen alles klarer, besser gewesen sein musste. In denen die Verschmelzung von Kulturen nicht zu Chaos, sondern zu Ordnung führte und sich in einer zivilisatorischen Erhabenheit ausdrückte, die ihresgleichen sucht. Vor mir liegt ein solcher Sehnsuchtsort.

In dem von Christen der maronitischen Gemeinschaft bewohnten Bergdorf Mcheikha überrascht mich noch einmal ein Schneegestöber. Als wollte es mich daran erinnern, dass das Klima launisch und der Libanon unberechenbar bleibt. Es geht bergab, und schließlich erreiche ich die fruchtbare Hochebene Bekaa. Sie liegt zwischen dem Libanon- und dem Antilibanongebirge, vor der syrischen Grenze. Die Bekaa ist der Obstgarten des Landes. Regen- und Schmelzwasser fließen darin zusammen und benetzen den fruchtbaren Boden. An den Hängen wachsen Wein und hin und wieder Opium. In der Ebene, etwas weiter abseits der Straßen, liegen Hanffelder für die Herstellung von Marihuana. Glaubt man den Plakaten und Transparenten, die allenthalben aufgestellt sind, so kontrolliert die schiitische Parteimiliz Hisbollah das Terrain: Die Gesichter ihres Chefs Hassan Nasrallah und des 1989 verstorbenen iranischen Revolutionsführers Ayatollah Khomeini schauen gütig von oben auf die Autofahrer herab. Hinter den Kulissen aber herrschen andere in der Bekaa, mit denen sich selbst die Hisbollah lieber nicht anlegt: libanesische Clans, die seit jeher den Drogenhandel kontrollieren. Ich wiederum bin hier, um mich an etwas anderem zu berauschen: Baalbek, das antike Heliopolis, wo im ersten Jahrhundert nach Christus die gewaltigste Tempelanlage des römischen *Oriens* entstand.

Schon der Steinbruch etwa 900 Meter vor dem Heiligtum von Baalbek gibt Rätsel auf. Hier liegen gigantische Monolithen aus kreidezeitlichem Kalkstein. Einer davon, der den seltsamen Namen »Stein der schwangeren Frau« trägt, ist ein etwa 20 Meter langer Quader, der an seiner massivsten Stelle vier mal fünf Meter misst. Schon ein österreichischer Pilger im 16. Jahrhundert, der Ritter Martin von Baumgarten, berichtete davon. In jüngster Zeit fanden deutsche und österreichische Grabungen zwei weitere Monolithen dieses Ausmaßes. Generationen von Forschern und Privatgelehrten haben versucht zu rekonstruieren, wie diese Kolosse transportiert und aufgerichtet wurden. Spannte man sie in hölzerne Räder und zog sie mit Ochsen fort? Ein vergleichbares Unterfangen ist aus der Neuzeit – also rund anderthalb Jahrtausende später – dokumentiert, wenn auch nur ein einziges Mal: Für die Aufrichtung des berühmten, 300 Tonnen schweren »vatikanischen Obelisken« auf dem Petersplatz in Rom benötigte der Renaissancearchitekt Domenico Fontana 900 Mann, 150 Pferdestärken und 47 Seilwinden. Fontana hatte damals mit seinem Plan einen Wettbewerb gewonnen, an dem sich Hunderte Konkurrenten beteiligt haben sollen.[116] Die Bedingungen der Operation waren die bestmöglichen, allein schon wegen des großen, ebenen Platzes, auf dem man die Arbeiter und Pferde nach mathematischen Kriterien hin und her bewegen konnte. In Baalbek aber ruhen die Monolithen und Säulen auf einem Hügel, der bereits seit der Jungsteinzeit besiedelt war. Darüber hinaus stehen sie nicht allein, sondern sind in einer komplexen, weitläufigen Anlage verbaut. Eine einzige Fehlberechnung in der Statik, und die Arbeit von Jahrzehnten wäre für die Katz gewesen.

Als ich vor über 20 Jahren zum ersten Mal nach Baalbek kam, begegnete ich dort einem älteren Mann, der mich fragte, ob ich glaubte, dass Menschen dieses Wunderwerk vollbracht hätten. Als ich ihn erstaunt ansah, lächelte er wissend und flüsterte: »Das waren die Dschinn!«. Dass die Geister und Dämonen, die im Koran erwähnt sind, Baalbek erbauten, war über Jahrhunderte keine Spinnerei, sondern die Erkenntnis seriöser Wissenschaft.

Zur Zeit des Osmanischen Reiches reiste ein Gelehrter namens Abd al-Ghani al-Nabulusi (1641–1731) aus Damaskus immer wieder nach Baalbek und stellte Forschungen zum Entstehen der kolossalen Tempel an. Aus heutiger Sicht wirkt er ein wenig wie der Schweizer Erich von Däniken, der Erfinder der »Prä-Astronautik«, die davon ausgeht, dass die großen Baudenkmäler der Antike auf den Einfluss Außerirdischer zurückzuführen seien. Aber Nabulusi ging es deutlich ernster an. Er verfasste eine Art kunsthistorischen Bericht, beschrieb den Stilmix, das verbaute Material und die Epochen. Für Nabulusi war aber grundsätzlich klar: Nicht Menschen, sondern Dämonen hatten Baalbek errichtet – die Dschinn, die aus rauchlosem Feuer geschaffen waren und übermenschliche Kräfte aufbringen konnten. Im Akkord beschlugen sie die Steine. In klaren Nächten und an nebelschwangeren Tagen schleppten sie Säulen durch die Lüfte, setzten behauene Blöcke darauf und hinterließen ihre kunstvollen Ornamente an Kapitell und Deckensturz.

Nabulusi durchstreifte den Tempelbezirk und fand überall Belege für das Wirken dieser Geister: Die mächtigen Architrave, welche oben auf den 20 Meter hohen Säulen schwebten, erschienen ihm als Fundamente eines Palastes, der einmal hoch im Himmel geschwebt haben musste. Zisternen konnten nur jene »Bassins ohne Boden sein«, welche die Dämonen einer Überlieferung nach zum Vergnügen ihres Herrn angelegt hatten. Und Nabulusi wusste auch etwas über die Identität ihres Auftraggebers: Es musste einer sein, der die Sterne und Himmelskörper lesen und sich deren magische Kraft nutzbar machen konnte. Einem anderen würden die fleißigen, aber launischen Dämonen niemals gehorcht haben. Es konnte also nur König Salomo höchstselbst gewesen sein, jener biblische, auch im Islam verehrte Herrscher, der seiner Geliebten, der Königin von Saba, einen himmlischen Palast anlegte.

»Und Salomo machten wir den Wind dienstbar«, so steht es in einem Buch, das Nabulusi auswendig gekannt haben dürfte. »Und von den Dschinn gab es welche, die unter ihm auf Geheiß seines Herrn arbeiteten. Und sollte einer von ihnen sich von Unserem Befehl abwenden, so würden Wir ihn die Strafe des flammenden Feuers kosten lassen«, heißt es weiter in der 34. Koransure »*Saba'* – die Sabäer«.

Die Dschinn waren im Koran ausführlich beschrieben; es konnte also kein Zweifel an ihrer Existenz bestehen. Wo sonst sollte der Schauplatz ihres Wirkens sein, wenn nicht hier, in Baalbek, der spektakulärsten aller Ruinen? Auch der Figur des Salomo (Arabisch: Sulaiman) kam zu Nabulusis Zeit eine besondere Bedeutung zu: 1689, als der Damaszener seine erste Forschungsreise nach Baalbek unternahm, herrschte auf dem osmanischen Thron in Konstantinopel ein Padischah mit Namen Süleyman II. Ein Jahrhundert zuvor hatte dessen Namensvetter Süleyman, genannt »der Prächtige«, die antiken Schätze des Vorderen Orients durchforsten lassen, um Spolien für seine Prachtbauten und Moscheen in Konstantinopel zu beschaffen: aus Marmor, Porphyr und Rosengranit. Schon die von den Osmanen eroberte byzantinische Kaiserkirche Hagia Sophia war nach dem Vorbild des Tempels Salomons errichtet. Dafür hatte man Säulen aus Baalbek entwendet. Die Süleymaniye-Moschee des Padischahs sollte dem nun in nichts nachstehen. So knüpften Süleyman I. – und später auch sein glückloser Nachfahre Süleyman II. – an das Erbe des für seine Weisheit berühmtesten aller biblischen Könige an.

Für Nabulusi war jedenfalls der Beweis erbracht: Er hatte den Palast Salomos gefunden. Wir müssen heute davon ausgehen, dass er unrecht hatte. Aber es gibt dennoch einen Bezug zwischen Baalbek und der biblischen Geschichte, der erst in jüngster Zeit ermittelt wurde. Womöglich hatte nämlich ein Bauherr, der uns auf dieser Reise bereits begegnet ist, Anteil an den Ursprüngen dieses Meisterwerks: König Herodes der Große in Jerusalem. Dafür spricht nicht nur die Chronologie – Herodes herrschte im ersten vorchristlichen Jahrhundert und war ein Bundesgenosse der Römer –, sondern sprechen auch einige stilistische Gemeinsamkeiten. Beim Bau des sogenannten Herodianischen Tempels in Jerusalem wurden ähnlich kolossale Steine verwendet wie in Baalbek, mit ähnlich auffälligen Proportionen. Es könnte also sein, dass die Ingenieure von Baalbek von den Baumeistern des Herodes lernten.[117]

Allein das Podest, auf dem der berühmte Jupitertempel von Baalbek ruht, beinhaltet drei Megalithen von jeweils rund 800 Tonnen. Die massiven Säulen, die in der Antike den Jupitertempel umgaben, von denen heute noch sechs zu sehen sind, ragen fast 20 Meter in die Höhe. Wer davorsteht, ist tatsächlich geneigt zu glauben, dass hier übermenschliche Kräfte am Werk waren – oder am besten über dem Erdboden schwebende Raumschiffe, welche die Kolosse einen nach dem anderen mit Stahlseilen senkrecht stellten, bis das Tagwerk vollendet war und der extraterrestrische Polier am Boden den Helm absetzen konnte.

Die Spuren der Erbauer sind dennoch äußerst menschlich –

und darüber hinaus bescheiden. Am oberen Schaftende einer der kolossalen Säulen hinterließ ein Steinmetz ein Graffito mit einem Datum, das einen Anhaltspunkt für die Bauzeit des Jupiterheiligtums gibt: Es ist der 2. August des Jahres 60. Vermutlich ein heißer Tag hier in der libanesischen Bekaa-Ebene; die Baumeister von Baalbek dürften ordentlich geschwitzt haben. Es war die Herrschaftszeit des Kaisers Nero, der weniger als Bauherr, sondern als notorischer Brandstifter in die Geschichte eingegangen ist. (Während man in Baalbek an einem Prunkwerk römischer Zivilisation schuftete, ließ der Gottkaiser der Legende nach seine Mutter Agrippina im Tiber mit einem eigens dafür angebohrten Schiff ertränken.)[118] Aufgrund dieser Datierung nimmt man an, dass das Herz der Tempelanlage von Baalbek unter der julisch-claudischen Dynastie entstand.

Warum aber schuf das römische Imperium ausgerechnet hier, in der orientalischen Provinz Syrien, ein solches Superheiligtum? Und wer oder was wurde hier verehrt? Laure Salloum, eine Archäologin des Libanesischen Antikendienstes, die seit geraumer Zeit in Baalbek forscht, hat darauf eine überzeugende Antwort: »Seht her, ich bin der Kaiser von Rom, ich kann das Unmögliche möglich machen«, sei die Botschaft an die Bevölkerung im Orient gewesen. Womöglich wandte man in Baalbek nicht einfach römische Baukunst an, sondern profitierte von römischem und griechischem Know-how ebenso wie von dem der orientalischen Kulturen. So wurde in Baalbek ein technischer Fortschritt erreicht, der dieses Wagnis überhaupt erst ermöglichte.

Wer durch die Ruinen von Baalbek streift, kann den einzigartigen Stilmix nur erahnen, der hier über vermutlich zwei Jahrhunderte Bauzeit entstand. Ich bin einige Male hier gewesen und beeindruckt von den schieren Ausmaßen der Anlage, die durch Erdbeben und verschiedene spätere Bauherren ordentlich durcheinander geworfen wurde – islamische Dynastien verwendeten den Tempelbezirk als Festung. Sie zogen Mauern ein, wofür sie die massiven römischen Säulen und Blöcke nutzten. Aber Forscher des libanesischen Antikendienstes und des Deutschen Archäologischen Instituts haben hier vieles rekonstruiert, was nicht gerade typisch römisch ist. Etwa die beiden eigentümlichen würfelförmigen Bauten, die in der Mitte des großen Altarhofes standen und von innen durch eine Treppe zu besteigen waren. Kletterte man hier herauf, konnte man in der Antike wohl in den prächtigen Jupitertempel hineinsehen und einen Blick auf die Statue des Gottes erlangen – sofern man die Augen überhaupt zu öffnen vermochte. Denn der Boden des gesamten Hofes war in der Antike mit weißem Kalkstein ausgelegt. Baalbek liegt immerhin auf rund 1100 Meter Höhe, und bei klarem Wetter gleißt das Sonnenlicht dermaßen, dass man selbst durch eine verspiegelte Sonnenbrille nur blinzelnd seine Umwelt wahrnimmt. Damals muss dieser Hof wie ein Reflektor gewirkt haben, der seinesgleichen suchte. Ich stelle mir vor, dass die Brandopfer auf den begehbaren Altären an heißen Tagen von ganz alleine Feuer fingen – ein Spiegelei hätte man darauf wohl allemal braten können, mit Solarenergie!

Wobei es Zeit wird, ein wichtiges Detail zu erklären, nämlich was es mit dem Namen Heliopolis auf sich hat, wie dieser Ort bei den Römern hieß: die Stadt der Sonne. Damit konnte zweierlei gemeint sein, das wiederum eins ergab: jener an seiner Oberfläche rund 5700 Grad heiße Zwergstern im Zentrum unseres Planetensystems und Helios, der strahlende Sonnengott.

Wem aber galt nun dieser Tempelbezirk: Jupiter oder dem Sonnengott? Man ahnt schon, wohin solche Bemühungen um Klarheit führen. Es kommt darauf an. Am Eingang zum Altarhof liegt beinahe unübersehbar ein Steinblock mit einem eingravierten, aufschlussreichen Kürzel: »I. O. M. H.«. Die ersten drei Buchstaben finden sich an vielen Tempeln der Römerzeit. Sie stehen für »Jupiter, Optimus, Maximus«, den besten und größten Göttervater. Hier gibt es aber noch den Zusatz »Heliopolitanus«, womit man den römischen Gott sozusagen zum Einheimischen machte.

Die Erbauer des Tempels von Heliopolis wollten damit ganz offensichtlich die Verehrung Jupiters in der orientalischen Provinz promoten und dessen Bewohner in das Imperium »integrieren«. Ähnlich, wie bei heutigen Integrationsdebatten, dachte man schon damals: Das Zusammenleben klappt besser, wenn man mehr oder weniger denselben Göttern huldigt und eine gemeinsame Identität ausprägt, was im Regelfall heißt, dass man die der Sieger übernimmt.

Von der Eroberung Syriens und der Levante durch den Feldherrn Pompeius im Jahr 63 v. Chr. bis in die Spätantike hinein blieb die Region Teil des Römischen Reichs. Politisch, militärisch und wirtschaftlich konnte man den Römern wenig vormachen. In Sachen Religion aber konnten wiederum die Eroberer den nahöstlichen Kulturen nicht das Wasser reichen. Die hatten nicht nur schon ihre Götter, sondern offenbar auch die interessanteren Mythen und Mysterien. Das religionspolitische Bemühen, die Marketingkampagnen Roms schlugen fehl und wurden schon bald nur noch pro forma verfolgt.

Mit der Dynastie der Severer herrschten um das Jahr 200 mehrere arabische Cäsaren über das Imperium: Septimius Severus stammte aus Leptis Magna in Nordafrika und hielt sich lange Zeit in Syrien auf, wo er unter anderem Krieg gegen die Parther führte. Sein Sohn Caracalla war zwar in Gallien geboren, hatte aber unbestreitbar einen orientalischen Migrationshintergrund. Er gilt der Nachwelt als jähzornig und Verdachtsfall für »Cäsarenwahnsinn«. Während eines Aufenthalts in Alexandria soll er einen Teil der Bevölkerung massakriert haben, weil die ihn zuvor verspottet hatte. Kaiser Severus Alexander (208–235) wurde in Akkar, im heutigen Norden des Libanon geboren. Marcus Iulius Philippus (204–249), genannt »Philippus Arabs«, in Schahba, nahe der heutigen syrischen Stadt Suwaida.

Spätere römische Politiker taten ihr Bestes, um diese Araber und Orientalen auf dem Cäsarenthron als Integrationsverweigerer dastehen zu lassen. Ein Argument dafür waren die orientalischen Kulte, denen sie offenbar anhingen: Caracalla verehrte neben dem hellenistisch-ägyptischen Serapis den Sonnengott Sol. Über Severus Alexander behauptet man, er habe in seinen Privaträumen zu Christus und dem biblischen Propheten Abraham gebetet. Über Philippus Arabs heißt es, er habe den Gott der Juden und Christen angebetet. An der Verfolgung von Christen hatten sich diese arabischen Cäsaren jedenfalls nicht beteiligt. Caracallas Neffen Varius Avitus Bassianus, der in unlauterer Absicht als des Kaisers unehelicher Filius dargestellt wird, verliehen die Römer posthum den Namen Elagabal, nach einer syrischen Sonnengottheit, die dieser verehrte. Sein auf Münzen dargestellter Backenbart dürfte in Wahrheit ziemlich dünn gewesen sein. Denn Elagabal herrschte nur vier Jahre – im zarten Alter von 18 Jahren wurde er von meuternden Soldaten ermordet, verstümmelt und in den Tiber geworfen.

Dennoch genügte das kurze Regnum, um Elagabal alle Laster anzudichten, die man sich seinerzeit ausmalen konnte. Sogar die Schuld am späteren Untergang des Imperiums. Elagabal soll sich extravagant gekleidet haben und in Fantasieoutfits zu Staatsakten erschienen sein. (Man sieht, dass sich ältere Leute wohl seit jeher über den vermeintlich ausgeflippten Stil von Teenagern echauffieren.) Dann wieder soll Elagabal wahlweise schwul oder transsexuell gewesen sein.[119] Und womöglich schlimmer noch: beschnitten. Von seinen Kulten ist der *Hieros Gamos* überliefert, die nachgespielte rituelle Hochzeit zwischen dem Sonnengott und einer Göttin, die man bereits im alten Mesopotamien kannte. Demnach vollzog der junge Kaiser den Geschlechtsakt vor Publikum und hoffte, dass daraus göttliche Nachkommen hervorgingen. War das noch nicht verdächtig genug, brachte Elagabal zudem einen kultischen »schwarzen Stein« aus dem syrischen Emesa mit nach Rom und verordnete angeblich, diesen anzubeten. (Er galt als Kultobjekt des höchsten, des Sonnengottes, und manche Historiker sahen darin Parallelen zur Kaaba in Mekka.) Spätere Geschichtsschreiber, wie der berühmte Edward Gibbon im 18. Jahrhundert, übernahmen die orientalistische Sichtweise der Römer dankbar: »Elegabalus verprasste die Schätze seines Volkes in wildester Extravaganz«.[120]

Die Invasion der orientalischen Götter und Mysterienkulte in Rom war gleichwohl nicht aufzuhalten, was uns zurück nach Baalbek führt. Dort nämlich lässt sich beobachten, wie der römische Versuch, den Gott Jupiter in Syrien zu beheimaten, zugleich das Gegenteil beförderte: Jupiter Optimus Maximus Heliopolitanus verschmolz mit orientalischen Sonnengottheiten, etwa mit Schams, den die Palmyrer in Syrien huldigten. Als griechischer Gott Helios war Sol im Römischen Reich bereits seit langer Zeit bekannt. Im 3. Jahrhundert aber erstrahlte er als »Sol Invictus« – die unbesiegte Sonne – noch heller als zuvor. Mehrere Kaiser wählten Sol zu ihrer Schutzgottheit. Auf Münzen tauchte der Strahlenkranz auf, der später auch als »Heiligenschein« die Häupter berühmter Persönlichkeiten schmücken sollte. Kaiser Konstantin, angeblich der erste christliche Kaiser des Imperiums, errang seine Siege wahlweise im Zeichen des Kreuzes und der Sonne.

Die Geburt des Sonnengottes war ein Datum, das sich leicht bestimmen ließ: Die Wintersonnenwende, an der die Tage wieder länger werden und der Siegeszug der Sonne über das Jahr beginnt. Dank babylonischer Astronomen hatten die Griechen und Römer Zugang zu einer guten Datenlage, um die Welten der Götter und der Gestirne miteinander in Einklang zu bringen. In den dunklen Tagen, da das eine Sonnenjahr sich dem Ende zuneigte und ein neues geboren wurde, feierten die Römer die Saturnalia, ein rauschendes Fest nach dem Motto: Ende gut, alles gut. Wie manche Menschen heute Ende Dezember ihre sonst nicht gern gesehenen Verwandten einladen und bewirten, so bedienten römische Herren ihre Sklaven. Es wurde aufgetischt, was die Vorratskammern an Fressalien und Wein zu bieten hatten. Manche dürften sich nach einer Woche mindestens so überfressen gefühlt haben, wie unsereiner nach dem Zweiten Weihnachtstag. Nun wurde in der Spätantike ein neuer Feiertag hinzugefügt: der Geburtstag des Sol Invictus (»dies natalis solis invicti«), der laut dem damals gebräuchlichen Kalender auf den 25. Dezember fiel (heute findet die Wintersonnenwende vier Tage früher, am 21. Dezember, statt).

Ein Datum, das uns bekannt vorkommen dürfte. Zu dieser gewiss nicht zufälligen Gemeinsamkeit zwischen dem Geburtstag Sols und dem christlichen Weihnachtsfest, kursieren bis heute diverse Deutungen: Einige meinen, das Christentum, das Ende des 4. Jahrhunderts Staatsreligion wurde, habe das Weihnachtsfest dorthin gelegt, um den Sonnenkult zu überschreiben. Demnach verehren wir in der Heiligen Nacht eigentlich den heidnischen Sol Invictus.

Andere vermuten, mit dem Geburtstag der Sonne hätten die heidnischen Imperatoren das immer stärker und selbstbewusster auftretende Christentum verdrängen wollen: quasi als sakrales Konkurrenzprodukt. Für die frühen Christen dürfte in jedem Fall klar gewesen sein, dass der Heiland nicht an irgendeinem Tag zur Welt gekommen sein kann. Und welches Datum könnte sich dafür besser eignen als das, an dem das Jahr wiedergeboren wird und die Dunkelheit allmählich wieder verschwindet. »Ich bin das Licht der Welt. Wer mir nachfolgt, der wird nicht wandeln in der Finsternis, sondern wird das Licht des Lebens haben«, so heißt es schließlich im Evangelium des Johannes.[121]

Der orientalische Mysterienkult der »Christianoi« setzte sich schließlich durch im Imperium Romanum. In Baalbek aber hielten sie noch lange danach an der Verehrung des Sonnengottes in Gestalt des Jupiter Heliopolitanus fest. Etliche Bischöfe, die in römischer und byzantinischer Zeit den störrischen Bewohnern der Bekaa-Ebene ihre heidnischen Kulte verbieten wollten, bezahlten dafür mit Knochenbrüchen. Einen, den Diakon Kyrill, sollen sie der Legende nach nicht nur erschlagen, sondern auch noch aufgegessen haben.[122] Die christlichen Chroniken erwecken gar den Eindruck, als sei es nie wirklich geglückt, die Bewohner von Heliopolis zum wahren Glauben zu bekehren. Womöglich lebten hier noch Heiden, als im 7. Jahrhundert die arabisch-muslimischen Eroberer eintrafen. Wer wollte in einer langweiligen byzantinischen Backsteinkirche das Abendmahl begehen, wenn man in den Tempeln des Jupiters, des Bacchus, der Venus und des Sol spektakuläre Kulte feiern und dabei noch selbst angebautes Opium konsumieren konnte? Man wird es den Baalbekern kaum verübeln, dass sie an dem festhielten, was die besten Baumeister der Antike ihnen da vor ein paar Jahrhunderten buchstäblich auf den Acker gestellt hatten. Und wofür die Dschinn des Königs Salomo einst im Akkord schufteten.

10
Babylon

EINE SO GROSSE HURE WAR SIE NUN AUCH WIEDER NICHT

Wie die Sintflut in die Bibel kam und warum das Judentum womöglich in Mesopotamien Gestalt annahm.

Aus der Ferne sieht der Bau tatsächlich noch aus wie ein Tempel. Seine Form soll an eine Zikkurat erinnern, einen »Himmelshügel«, auf dem die Menschen hier im Zweistromland bereits vor mehr als 4000 Jahren den Göttern und den Sternen huldigten. Je näher man ihm kommt, desto deutlicher wird man seines Verfalls gewahr. Steht man vor ihm, wirkt er wie ein Denkmal des Größenwahns. Tritt man ein, zeigt sich, wohin dieser führte. An den Decken der einst prunkvollen Säle finden sich noch die kitschigen Fresken, mit denen der irakische Staatschef Saddam Hussein sich seiner Ahnenreihe vergewissern wollte: Er, der ehrgeizige Führer und Parteibonze aus dem arabischen Städtchen Tikrit als Nachfahre Jahrtausende alter Zivilisationen. Sie hatten die Menschheit das Schreiben, den Städtebau, die Sternenkunde gelehrt. Er würde den Irak und die gesamte Arabische Welt wieder dem Fortschritt entgegenführen.

Geblieben sind die Graffiti amerikanischer und polnischer Soldaten, die nach der Invasion 2003 kampflos den Palast einnahmen. Und der Besucher, die sich seither hier verewigten. Fast wünscht man Saddam, er habe öfter von hier hinab auf Babylon geschaut und sich von der Geschichte inspirieren lassen. Aber der Diktator war angeblich nur ein einziges Mal oben: Als er den Bau seines Sommerpalasts in Auftrag gab, wo seitdem jeden Tag die Küche mit einem warmen Festmahl wartete. Falls der Gefürchtete doch überraschend kam. Aber Saddam hatte Besseres zu tun, es genügte ihm wohl, dass sein Geist Babylon beherrschte und in Atem hielt.

Von der Terrasse des Palastes schaut man auf die Ebene herab: Dort liegt Babylon, dessen verfallene Lehmziegelmauern unter Saddam aufwendig rekonstruiert wurden – wenn auch nicht gerade nach wissenschaftlichen Kriterien. Rechts zeichnet sich die Prozessionsstraße ab, dort der Hof, wo Alexander der Große, der Eroberer Babylons, einst rauschende Feste feierte und kurz vor Vollendung seines 33. Lebensjahres an einem Fieber starb. Worauf ihn seine Höflinge in Honig einlegten, um den göttlichen Leichnam zu konservieren. Die hängenden Gärten der Semiramis, eines der Weltwunder der Antike, muss man sich mit viel Fantasie hinzudenken. Es könnte sich dabei um die begrünten Tempelterassen im Nordpalast handeln. Aber Archäologen konnten sie bislang nicht einwandfrei lokalisieren. Auch ein von Saddam ausgerufener Gelehrtenwettbewerb zum Geheimnis ihrer Bewässerung lieferte keine überzeugenden Ergebnisse.

In gewisser Hinsicht stand der Diktator wohl tatsächlich in mesopotamischer Tradition: Als das neubabylonische Reich im 6. Jahrhundert aufblühte, blickte die Gegend bereits auf eine Jahrtausende alte Geschichte der Aneignung zurück. An die Stelle der sumerischen Kultur rückten andere, zum Teil eingewanderte Dynastien, die ihr Bestes gaben, um sich für das Original auszugeben. Wenn man heute von den Kulturen des Alten Mesopotamiens spricht, sind damit nicht nur die Sumerer, sondern auch Kassiten, Amurriter, Altbabylonier, Assyrer oder Chaldäer gemeint. Schon der berühmte Herrscher Hammurabi (1792–1750 v. Chr.), für viele der Inbegriff des mesopotamischen Staatsmannes, stammte von Einwanderern ab. Man muss diesen Dynastien aber wohl zugutehalten, dass sie zwar eigene Akzente setzten, sich aber doch der damals bereits über ein Jahrtausend alten mesopotamischen Zivilisation verpflichtet fühlten. Welcher aus der Ahnenreihe sein großes Vorbild war, zeigte Saddam Hussein, als er seinen eigenen Namen in Ziegelsteine prägen ließ, die man bei der Rekonstruktion von Babylon verbaute: Er sei ein Nachfahre Nebukadnezars.[123] Zwei Herrscher dieses Namens hatten Heldentaten vollbracht, die Saddam offenbar gerne nachahmen wollte: Sie bauten auf den Ruinen des neu-assyrischen Imperiums ein »neues Babylon«, zogen blitzkriegartig mitten im Sommer nach Iran, um dort ein feindliches Reich zu unterwerfen. Oder sie eroberten Jerusalem und zerstörten den Tempel eines Gottes namens Jahwe – was sich im Nachhinein, vertraut man der folgenden Legende, als keine besonders gute Idee erwies.

Es gibt Partys, über die reden die Menschen noch Jahre später. Und trotzdem ist man froh, dass man nicht eingeladen war. Je ausgelassener die Atmosphäre, je rauschender das Fest, desto tiefer der Schock, wenn etwas Unvorhergesehenes passiert. Plötzlich stehen alle betreten da. Blicke wandern zum Ausgang. Die Festgesellschaft, die sich eben noch bierselig in den Armen lag, stellt jäh fest, dass man sich so gut nun auch wieder nicht kennt. Ich habe einen solchen Stimmungsumschwung einmal bei einem festlichen Empfang auf der Frankfurter Buchmesse erlebt. Es klirrten die Gläser, funkelten die Augen, der Raum war erfüllt von Scherzen und Schmeicheleien aus Hunderten von kultivierten Mündern. Bis plötzlich ein leidlich berühmter Dichter, bis dahin ein Mittelpunkt des Abends, der Länge nach zu Boden fiel. Es wurde totenstill. Während einige sich ein Herz fassten und ihm wieder aufhalfen, wandte sich die Mehrheit ab: Betrunken sind wir alle, aber muss man sich derart gehen lassen?

Ähnlich abrupt dürfte die Stimmung in einer legendären Nacht um das Jahr 543 v. Chr. abgefallen sein. Während die Hälfte der

Bewohner Babylons bereits schlummerte, hockte die andere eifersüchtig am Fenster und schaute hoch zur Burg, von woher der nächtliche Lärm rührte. Die Polizei zu rufen kam nur nicht in Frage, denn es feierte der König selbst. Erst wurde gesoffen, dann gesungen. Nicht auszuschließen, dass es am Rande des Geschehens auch zu sexuellen Ausschweifungen kam. In seinem Übermut lässt nun Belsazar, der chaldäisch-babylonische Dynast, auftischen, was sein Vorfahre Nebukadnezar einst in Jerusalem erbeutet hat: das Tempelgeschirr aus dem Allerheiligsten der Juden, welches nur für die Rituale der Hohen Priester an besonderen Feiertagen vorgesehen war. Ein blasphemischer Tabubruch, der die Stimmung des Gelages noch einmal zum Kochen bringt. Aber dann? »Das gellende Lachen verstummte zumal; Es wurde leichenstill im Saal«, so schilderte der Dichter Heinrich Heine die Szene später in einem satirischen Gedicht.[124]

Wie von Geisterhand geführt, tauchen an der Wand des Ballsaals plötzlich Schriftzeichen auf. Eines nach dem anderen. Und da sie auch noch in der Sprache der jüdischen Exilanten verfasst sind, ahnt die Babyloner High Society: Das mit dem Tempelgeschirr war eine sehr dumme Idee. Es wird Zeit, den Heimweg anzutreten, ohne dass es jemand merkt. Der Maler Rembrandt van Rijn setzte dem Moment des Schreckens ein zeitloses Denkmal. Niemand hat seither das dumme Gesicht Belsazars beim Anblick des Menetekels passender ins Bild gesetzt. Die Vorlage stammt aus dem Buch Daniel und ist eine der berühmtesten Geschichten des Alten Testaments.

Daniel, von dem man lange glaubte, er sei der Autor dieses Textes, taucht nun auf und ist – Gott sei Dank – wohl der einzig Nüchterne im Saal. Als jüdischer Gelehrter mit dem Fachgebiet Traumdeutung will er die Schrift entziffern, was allerdings auch ihm nicht leichtfällt. Gott spricht hier nämlich *in code,* und Daniel muss diesen knacken. Daniel schafft es, hat für Belsazar aber keine gute Nachricht. Die Schriftzeichen an der Wand verheißen: »*Mene,*

Daniel Gerlach und der Wächter Anis an der geheimnisvollen Moschee im tunesischen Tataouine.

Über der Moschee der Sieben Schläfer ruht ein schiefes Minarett. Davor sollen die Hühnengräber der Heiligen liegen, die während ihres Schlafes angeblich immer weiterwuchsen.

Daniel Gerlach mit Scheich Muwaffak, dem Oberhaupt der Drusen in Israel.

Autor Daniel Gerlach mit dem koptischen Papst Tawadros II. im Kloster Wadi al-Natrun. Die ägyptische Christenheit knüpft an alte ägyptische Traditionen an.

Im Inneren der Al-Azhar-Moschee von Kairo, die auf eine Gründung der Fatimiden zurückgeht.

Die »Grande Dame« der Ägyptologie: Hourig Sourouzian neben einer Statue der Teje, Ehefrau des Pharaos Amenophis III.

Hourig Sourouzian führt Gerlach durch den Isistempel von Philae, der überwiegend aus der ptolemäischen Epoche stammt. Als Jugendliche erlebte sie den Tempel unter Wasser und schwamm sogar hindurch.

Die Göttin Isis, Gattin des Osiris, wurde in späterer, ptolemäischer Zeit zu einer Lieblingsgöttin der Völker im Mittelmeerraum. Zum großen Missfallen römischer Politiker.

Die Göttin Isis verwandelt sich in einen Falken und fächert dem toten Osiris Odem ein, um sich von ihm befruchten zu lassen. Diese Darstellung findet sich im Sethos-Tempel von Abydos.

Der Qasr al-Farid ist eine der spektakulärsten Ruinen in Mada'in Salih, wo der Legende nach das Volk der Thamud unterging. Er stammt vermutlich aus der Zeit der Nabatäer.

Monumentalgrab im saudi-arabischen Mada'in Salih. Über dem Eingang ist das Bild eines mesopotamischen Monsters zu erkennen: Der Humbaba kann Blitze werfen und sollte wohl Eindringlinge abschrecken.

Daniel Gerlach und Prinzessin Dana Firas im Siq, der Schlucht, die zum »Schatzhaus« von Petra führt - eine Perspektive, die an *Indiana Jones und der letzte Kreuzzug* erinnert.

Am Eingang zur »Kathedrale« von Petra in Jordanien. In der Spätantike stieg die Nabatäerstadt noch einmal zum Zentrum der Provinz Palästina Salutaris auf und wurde Sitz eines Bischofs. Hier wurden vermutlich Messen zelebriert.

Eine berühmte Anlage in Petra wurde »Deir«, das Kloster, genannt. Womöglich weil es hoch oben in den Berg geschlagen wurde, so wie viele Klöster in der Spätantike.

Mosaiken in der Ruine einer Kirche im nabatäischen Petra. Viele Mosaiken wurden vor Plünderern bewahrt, weil sie von Erdbeben verschüttet wurden.

Prinzessin Dana Firas leitet den Petra National Trust und treibt Bildungsprogramme in Jordanien voran. Kinder und Jugendliche sollen sich stärker mit dem diversen antiken Kulturerbe identifizieren.

Blick vom Dach einer jüdischen Toraschule gegenüber der Klagemauer auf das Wahrzeichen Jerusalems. Der Felsendom bleibt dennoch ein Rätsel.

In letzter Sekunde schreitet ein Engel ein, um zu verhindern, dass Abraham seinen Sohn auf dem Berg Morija opfert. Mosaik aus der Kirche des Heiligen Grabes in Jerusalem.

Kolossalstatue des Sonnengottes Helios aus Ägypten (2. Jh.) im Neuen Museum zu Berlin.

Dieses Schreckensmonument eines unbekannten Gottes vor der türkischen Stadt Antakya fasziniert und gruselt die Menschen seit mehr als zwei Jahrtausenden.

Säulen am Bacchustempel von Baalbek. Einer volkstümlichen Legende nach wurden sie nicht von den Römern, sondern von Geistern und Dämonen (Dschinn) erbaut.

Blick auf den Altarhof der Tempelanlage von Baalbek, im Hintergrund die schneebedeckten Berge des Libanon.

Im irakisch-kurdischen Sulaimaniyya begeht die Gemeinde Shab-e Yalda, die längste Nacht des Jahres. Der Zoroastrismus gewinnt hier immer mehr Anhängerinnen und Anhänger.

Im Hof der Moschee von Kairouan in Tunesien, einer der bedeutendsten der islamischen Welt.

Daniel Gerlach kennt und bereist die Länder des Nahen Ostens und Nordafrikas seit über 20 Jahren.

Der Taq-e Kisra, Bogen des Chosrau, in Ktesiphon. Unter den Sassaniden war die Stadt Zentrum der Kirche des Ostens. Der Palast mit dem parabolisch geformten Bogen über der Thronhalle könnte die sassanidische Antwort auf die Hagia Sophia sein.

Gerlach im Haramain Express, dem Schnellzug, der heute die heiligen Stätten Mekka und Medina mit der Hafenstadt Dschidda verbindet.

Bei den Mandäern in Amara im südlichen Irak. Die Religionsgemeinschaft führt Traditionen fort, die aus der babylonischen und sassanidischen Zeit stammen. Ihr wichtigster Prophet ist Johannes der Täufer.

Die Marschen im Südirak sind eine Urlandschaft, wo der Legende nach der Garten Eden gelegen haben soll. Sie sind heute von Klimawandel, Verschmutzung und Staudammprojekten bedroht. Darin leben Marsch-Araber, die sich zum Teil als Nachfahren der Sumerer sehen.

Ein einzigartiger Mix aus hellenistischer, römischer und parthischer Kunst: eine Kamelstute mit ihrem Fohlen. Die Hatrener waren in der Schlacht gefürchtet für ihre gepanzerten Kamel-Kataphrakten.

Autor Gerlach mit einem irakischen Wächter der Antikenpolizei in der partherzeitlichen Ruinenstadt Hatra.

Zu Pferde wie einst Gertrude Bell und die frühen Orientreisenden: Gerlach mit Scheich Ahmad bin Raad vom Stamm der Al Bu Hamed in Hatra.

Um die Natur des Heilands – und die Anzahl der Naturen – wurde in der Spätantike heftig gestritten. Hier in der Pammakaristos-Kirche in Istanbul ist der Heiland als »Pantokrator«, als Herr der Welt, dargestellt.

Ein trauriger, aber deutlicher Kommentar der türkischen Erdogan-Regierung zur Debatte über Religion und Identität. Eines der berühmtesten Museen, die alte Kaiserkirche Hagia Sophia, wurde zur Moschee umgewidmet. Der Blick auf Mosaiken von Christus und Maria verhüllt.

Seite einer der wertvollsten Koran-Handschriften der Welt: Gemalt in goldener Tinte auf mit Indigo gefärbter Gazellenhaut, wird »Der blaue Koran« in der Nähe von Kairouan aufbewahrt. Der Koran soll erstmalig unter den Umayyaden in Buchform zusammengestellt worden sein.

Im Untergrund: In der Philoxenos-Zisterne unter Istanbul, die bereits unter Kaiser Konstantin angelegt wurde.

mene, tekel ufarsim – Gewogen und für zu leicht befunden (oder wörtlicher: Es ist gewogen, es ist gewogen, es ist entschieden).« Eine direkte Absage Gottes an Belsazar und seine Regentschaft. Es wäre also an der Zeit, den Rücktritt einzureichen, aber laut dem Buch Daniel kommen die Knechte, die sich kurz zuvor auf Belsazars Kosten haben volllaufen lassen, diesem Schritt zuvor. Belsazar wird ermordet. Wenig später erobern die Meder und Perser kampflos das stolze Babylon.

Dass diese Erzählung auf historischen Tatsachen beruht, ist nicht ausgeschlossen, aber unwahrscheinlich. An dieser Stelle spielt es allerdings auch keine große Rolle. Belsazar (Belsharrusur) war der Sohn des Königs Nabonid, aus der neubabylonischen Kultur, die auch »chaldäisch« genannt wird. (Wir haben Nabonid schon kurz in Arabien, in der Oase Tayma, kennengelernt, wo er für eine Weile eine Exilresidenz errichtet hatte.) Das biblische Buch Daniel jedoch kennt Belsazar als Sohn Nebukadnezars II. und überspringt Nabonid. Weil er sich einige Zeit im Ausland aufhielt, hat der jüdische Chronist ihn vielleicht vergessen. Von einer Ermordung Belsazars ist aus den Keilschriftchroniken zwar nichts bekannt, wohl aber, dass dessen Dynastie erlischt. Es wäre für einen mesopotamischen Monarchen des 6. Jahrhunderts auch keine ganz ungewöhnliche Todesursache gewesen. Interessant ist vielmehr, was uns der Autor sagen möchte. Was könnte die mit Magie und Weissagungen ja gut vertraute babylonische Festgesellschaft so in Angst versetzt haben?

Es muss der Ort gewesen sein, an dem der Gott der Israeliten sich ins Geschehen warf. Als Polytheisten bezweifelten die Zeitgenossen im Zweistromland womöglich nicht, dass es Jahwe gab. Auch nicht, dass er in seinem Wirkungsbereich eine gewisse Macht entfalten konnte. Aber was hatte dieser lokale Sonnen- oder Kriegsgott aus Judäa hier in Babylon verloren?

Fragt man heute gläubige Christen, Juden oder Muslime, ob Gott überall auf der Welt mächtig ist, so würden sie dies bedingungslos bejahen. Scholastische Philosophen haben im Mittelalter den Beweis der Allmacht Gottes mithilfe des Aristoteles erbracht. Sie fragten sich nicht, ob Gott allmächtig sei, sondern, ob er seine Allmacht selbst begrenzen könne. Wenn Gott alles kann, könnte er sich selbst auch eine Aufgabe erdenken, die so schwer ist, dass er sie selbst nicht lösen kann. Gott ist nach modernem Religionsverständnis überall, allmächtig, transzendent. In einem polytheistischen Weltbild wäre diese Vorstellung aber unmöglich – es sei denn, alle Götter sind Teil einer einzigen göttlichen Macht. Wenn es einen allmächtigen oder gar mehrere allmächtige Götter gäbe, bräuchte es ja keine anderen. Die Mitglieder des Pantheons wären dann so unnütz wie 20 Vorstände der Deutschen Bank. Gerieten zwei allmächtige Götter in Streit miteinander, sähe die Welt danach aus wie nach einem Nuklearkrieg zwischen zwei Supermächten.

Die Liste der heute bekannten mesopotamischen Gottheiten umfasst Dutzende. Die meisten davon hatten einen Wohnsitz, auch wenn man sie überregional verehrte. Man kann sich die Macht der Götter wohl vorstellen, wie die Anziehungskraft eines Planeten. Je näher man ihrem Zentrum kam, desto stärker wirkte sie. Nicht auszuschließen, dass man dabei in die Einflusszone zweier Gottheiten zugleich geriet. Und die Kräfteverhältnisse zwischen den Göttern waren dynamisch. Die Stärke einer Gottheit bemaß sich an der Macht einer Stadt oder eines Reiches, für die oder das er stand – und umgekehrt. Und in Babylon hatte Marduk hauptsächlich das Sagen: Als »Schlangendrache« Mushkhushu – ein Drittel Schlange, ein Drittel Löwe, ein Drittel Greif – stellte man sich eine seiner Erscheinungsformen vor. Und wer Babylon betrat, etwa durch das berühmte Ischtar-Tor, das heute als größter Schatz des Vorderasiatischen Museums in Berlin gilt, konnte sich davon überzeugen. »Mit blau glasierten Ziegeln habe ich es für meinen Herrn Marduk gebaut«, erklärt Nebukadnezar II. (Nabu-kudurri-usur) auf einer Gründungsurkunde. Und nun sollte ein kleiner ausländischer Gott wie Jahwe das Geschick des großen Babylons bestimmen?

Man hätte es wissen müssen: Die babylonischen Quellen zeugen davon, dass die chaldäische Dynastie ein wenig abtrünnig gewesen war und die Eifersucht des Marduk provoziert hatte. Man neigte wohl dazu, den Schutz des Stadtgottes für selbstverständlich anzusehen, wie die Treue eines alten Freundes, bei dem man sich nur meldet, wenn man etwas von ihm will. Und auch wenn die Chaldäer womöglich nie eine Schrift an der Wand gesehen haben, so spiegelt die Episode von Belsazars Festmahl doch sehr gut zweierlei wider: die Angst Babylons vor dem Verlust von Marduks Patronage einerseits und die Sehnsucht der Juden nach Jahwes Präsenz andererseits. Daran ändert auch die Tatsache nichts, dass viele Forscher davon ausgehen, das Buch Daniel sei erst in der seleukidischen Zeit, also im 3. oder 2. vorchristlichen Jahrhundert, verfasst worden und die Geschichte von Belsazar kein historischer Bericht, sondern eine apokalyptische Parabel.

Die Juden im babylonischen Exil standen vor einem Problem, welches Belsazars Vorfahren zu verantworten hatten und das nun auf Babylon zurückflog wie ein Bumerang: Jahwe, der lokale Gott der Juden, war heimatlos geworden. Denn seinen Wohnsitz, den Tempel von Jerusalem, hatte Nebukadnezar zerstört. Die Priesterschaft und ein beträchtlicher Teil der Eliten – Baumeister, Geschäftsleute, Intellektuelle – waren von ihm ins Exil verschleppt worden. Der obdachlose Jahwe hatte folglich keine andere Wahl, als seinen Anhängern zu folgen und in den Himmel aufzusteigen. Denn einem Gott ohne Menschen, die an ihn glauben, dürfte es psychisch noch schlechter gehen als einem Künstler ohne Publikum.

Warum aber eine codierte Schrift? Die Geschichte ermöglicht dem Traumdeuter Daniel einen großen Auftrag: In seiner Verzweiflung ist Belsazar so dankbar, dass er ihn mit Purpur belohnt sowie mit staatlichen Pensionsansprüchen auf Lebenszeit. Daniel ist der Einzige, der Akkadisch, Aramäisch und Hebräisch kann, um dem Code seinen Sinn – und womöglich auch das darin verborgene Wortspiel – zu entreißen. Im letzten Teil des Rätsels, (»ufarsim« oder »parsin«), soll nicht nur eine Gewichtsangabe stecken, sondern auch ein Hinweis auf die nächsten Herrscher: die Perser. Dass Gott sich wiederum durch Schriftzeichen offenbart, dürfte auch beim babylonischen Publikum angekommen sein. Denn das alte Mesopotamien war eine Welt der magischen Symbole. Die Schrift selbst war sozusagen bereits eine Emanation der Gottheit. Wo ein Symbol ist, befindet sich bereits die göttliche Macht. Diesen Mechanismus haben Magier, Druiden und Alchemisten in späteren Jahrhunderten kritiklos übernommen.

Auf Babylon waren die Autoren der Prophetenbücher des Alten Testaments jedenfalls nie gut zu sprechen. »So soll Babel, das schönste unter den Königreichen, die herrliche Pracht der Chaldäer, zerstört werden von Gott wie Sodom und Gomorra, dass man hinfort nicht mehr da wohne. … Und wilde Hunde werden in ihren Palästen heulen und Schakale in den Schlössern der Lust«, heißt es bei Jesajah.[125] Der Prophet Jeremiah legt nach und freut sich, dass Babylons Beschützer versagt. »Der Gott Marduk liegt am Boden; die abscheulichen Götzenbilder sind zertrümmert«.[126]

Ein bisschen haben sie schon recht behalten. Zumindest nach Sonnenuntergang ist die Ruinenstadt am Tigris heute ein Tummelplatz für wilde Hunde. Und Marduk lässt sich bestenfalls noch in Museen besichtigen. Was den Zahn der Zeit betrifft, so ist ein unsichtbarer Gott, von dem man sich kein Bildnis machen durfte, tendenziell im Vorteil.

❖

Christliche und jüdische Autoren in der Welt des Mittelmeeres waren sich nicht in vielem einig, ihr Ekel gegen Babylon scheint jedoch einhellig gewesen zu sein. Babylon genießt seit jeher ein verruchtes Image, und das ist noch diplomatisch formuliert.

Die Offenbarung des Johannes wird da deutlicher; sie erzählt von einer »großen Hure, die an vielen Wassern sitzt«. Sie trinke vom Blut der Heiligen und Zeugen Christi und sei »die Mutter der Hurer und aller Gräuel auf Erden.«[127] Dass Johannes keinerlei Bezug zu Mesopotamien hatte und Babylon in Wahrheit eine Chiffre für das Römische Reich sein soll, tut hier nichts zur Sache. Er hätte es nicht gewählt, wenn den Zeitgenossen beim Begriff »Babylon« nicht das Kopfkino durchgegangen wäre. (Ähnlich haben wohl auch die Macher der 20er-Jahre-Serie *Babylon Berlin* kalkuliert, wenngleich deren Publikum weit weniger bibelfest sein dürfte.) Babylon ist seit jeher ein popkultureller Begriff und in der christlich-westlichen Welt ein beliebter Name für Etablissements in der Erotikbranche. Dem Autor Herodot von Halikarnassos verdankt die römisch-griechische Nachwelt unter anderem die Vorstellung, Babylon sei ein großer Freilichtpuff gewesen. Herodot schildert in seinen *Historien* den Handel mit Sexarbeiterinnen, der sich auf den Straßen der Hauptstadt zugetragen haben soll – und erzählt von den Tempelprostituieren, die zu Ehren von Göttinnen wie Ischtar (Innana) Freier empfingen.[128] Bei Herodot dürfte eine große Portion früher Orientalismus im Spiel gewesen sein – so, wie bei modernen Orientmalern und ihren Haremsfantasien. Und es stellt sich die Frage, ob er Babylon jemals selbst betreten hat. Denn seine Stadtbeschreibungen decken sich nur teilweise mit den Erkenntnissen der Archäologie. Manche Historiker nehmen sogar an, dass Herodot weniger daran interessiert gewesen sei, das Leben und Treiben im Orient zu schildern, sondern vielmehr daran zu zeigen, wie gegensätzlich die saubere griechische und die verruchte orientalische Welt seien.

Aber wer Beweise für die Freizügigkeit der Mesopotamier sucht, der findet sie. Und einiges, was in den Originalquellen steht, dürfte einem Griechen schon die Schamesröte ins Gesicht getrieben haben – und einem frommen Mann aus Judäa im babylonischen Exil erst recht. Man denke an ein sumerisches Werbungslied für die Ehe, das womöglich nicht der Braut, sondern ihrer Mutter – oder beiden – deklamiert wurde. Da heißt es: »Dank meiner geliebten Braut ist mein Ruhm in aller Munde; So süß wie ihr Mund ist ihre Vulva und so süß wie ihre Vulva ist ihr Mund.«[129] Selbst in heutiger Zeit müsste man schon sehr lockere Schwiegereltern haben, um ihnen solche Verse vorzutragen.

Man kann sich schwer vorstellen, dass bei der Lektüre von Tontafeln sexuelle Erregung aufkommen kann, aber einige dieser Keilschrifttexte fallen schon in den Bereich der pornografischen Literatur. Zumal sie offenbar dem Zweck dienten, den Adressaten in Stimmung zu versetzen:

»Meine gespreizten Finger
die Liebesperlen auf meiner Hüfte
Mit Deiner linken Hand berühre meinen süßen Punkt
Liebkose meine Brüste
Komm, ich habe meine Schenkel geöffnet!«

So heißt es in einem aus altbabylonischer Zeit überlieferten Liebeslied.[130] Die Texte aus eineinhalb Jahrtausenden mesopotamischer Zivilisation sind reich an Ratschlägen für guten und ergiebigen Sex. Es werden Stellungen empfohlen, sowie Tageszeiten (»Wenn einer regelmäßig Verkehr während der Siesta hat, wird er glücklich und fröhlich sein«)[131]. Man sollte jedoch immer vorsichtig sein, von der die Epochen überdauernden Literatur auf den Alltag der Bevölkerung zu schließen; vergessen wir nicht, dass einige der berühmtesten Werke der erotischen Literatur ausgerechnet im für seine Prüderie bekannten Viktorianischen Zeitalter entstanden sind, weshalb sich der Gesetzgeber 1857 zu einem »Obscene Publications Act« veranlasst sah. Von einem solchen Verbot weiß die Forschung aus Mesopotamien nichts. Vielleicht fühlte sich ja der eine oder andere israelitische Exilant zwischen Euphrat und Tigris wie ein frommer Muslim im Frankfurter Bahnhofsviertel – solche Kulturschocks, gepaart mit starkem Heimweh, befördern die Erzählung von der dekadenten Einwanderungsgesellschaft, welche dem Laster und dem Mammon frönt.

Bei allen Stereotypen vom Sündenpfuhl Babylon und der Knechtschaft, von der das Alte Testament berichtet, hat das Judentum den mesopotamischen Kulturen aber auch einiges zu verdanken. Vielleicht gar seine Existenz, zumindest aber einige seiner heute noch prägenden Charakterzüge.

Diejenige jüdische Literatur, die nachweislich im babylonischen Exil entstand, befasst sich nicht nur mit dem Klagen um die verlorene Heimat und Identität, sondern auch mit einer Fehleranalyse, die an Selbstkasteiung grenzt. Ein Beispiel: Der babylonischen Militäroperation in der Levante waren Unruhen vorausgegangen. König Jojakim hatte im kleinen Südreich Juda Tributzahlungen verweigert und stand im Verdacht, einem Militärbündnis beitreten zu wollen, das Babylonien als Bedrohung seiner Sicherheit bewertete. Jerusalem geriet infolge dessen unter die Räder. Wie in mehreren Büchern des Alten Testaments, sucht der Prophet Jeremiah aber die Schuld bei den Israeliten selbst, die ihrem Schutzgott Jahwe nicht ergeben genug gedient hatten.

An einer Stelle sprechen sich die Völker, die Israel versklavten, sogar von der Verantwortung frei. »Wir werden nicht büßen dafür, dass sie gesündigt gegen den Ewigen, in der Wohnung der Gerechtigkeit, und gegen die Hoffnung ihrer Väter, den Ewigen.«[132] So übersetzt es der große jüdische Gelehrte Leopold Zunz (1794–1886) in seiner *Rabbinerbibel*. Anders als zu babylonischen Zeiten wusste Zunz, dass die Völker es zur Gewohnheit hatten werden lassen, den Juden grundsätzlich die Schuld an ihrem eigenen Leid zuzuschieben. Wo immer auf der Welt es ihnen widerfuhr. Insofern mussten die Israeliten den Babyloniern sicher nicht dafür dankbar sein, dass sie sie zum Nachdenken über das eigene Schicksal brachten. Aber sie stellten dafür immerhin gewisse kulturelle Techniken zur Verfügung.

Unter der jüdischen Bildungsschicht, die an die Flüsse von Babylon verbracht worden war, dürfte nicht nur ein In-sich-Gehen stattgefunden haben, das man heute *soul searching*, nennt, sondern auch das Nachdenken über Zeit, Chronologie und historische Zusammenhänge. Man verfasste Genealogien und Chroniken und versuchte, die Mythen über die Ursprünge der Menschheit vernünftig abzubilden. Jeder, der schon einmal vor einem leeren Blatt Papier gesessen hat, weiß, was das bedeutet: Man muss lose umherirrende Gedanken, Anekdoten, Erinnerungen und Hörensagen systematisieren. Beim Schreiben wird man sich innerer Widersprüche der eigenen Sichtweise bewusst und muss diese bereinigen.

Als sich die israelitischen Eliten in Babylon niederließen – bzw. sich niederlassen mussten –, waren sie sozusagen im Herzen der mesopotamischen Literatur eingetroffen. Für einen Liebhaber mythischer Geschichten dürfte Babylon so attraktiv gewesen sein wie das Paris des späten 19. Jahrhunderts für Literaten, Bildhauer und Maler aus aller Welt: Es gab nichts, was es nicht gab. Gewiss hatten die jüdischen Gelehrten schon einige Jahrhunderte zuvor unter dem kulturellen Einfluss Mesopotamiens gelebt, zuletzt hatten Assyrer und Babylonier Israel und Juda ja besetzt. Aber das babylonische Exil bescherte der Ausprägung der jüdischen Literatur einen Quantensprung. Und es finden sich Einflüsse aus – oder Parallelen zu – den mesopotamischen Vorstellungen, die kaum Zufälle sein könnten.

So wie die mesopotamische Kosmologie stellt uns die Bibel die irdische, materielle Welt als eine fragwürdige Angelegenheit vor. Hier grassieren die Mächte von Gewalt, Dunkelheit und Tod, während die himmlische Sphäre als eine des Lichtes und der Vollkommenheit erscheint. Deshalb haben, mit einigen die Regel bestätigenden Ausnahmen, Menschen dort keinen Zutritt.

Hier wie dort gibt es einen Schöpfergott: Jahwe und Marduk, die die Gestirne schaffen und vor allem Ordnung in das Chaos bringen, das man sich in beiden Fällen wie einen großen Urschlamm vorzustellen hat. Marduk muss bei dieser Gelegenheit noch ein kosmisches Ungeheuer töten – ein Motiv, das in der Genesis nicht vorkommt, dafür aber an anderen biblischen Stellen.[133] Die göttliche Macht, die hier am Werk ist, besteht im Fall der mesopotamischen Kulturen aus einer Einheit vieler Götter. Die biblische Schöpfungsgeschichte wiederum nennt diese göttliche Macht *elohim*, was im Hebräischen und Aramäischen ein Plural ist. Diese Formel ist seit Jahrhunderten Gegenstand von Kontroversen und Polemiken. Einige sehen in dem Plural den Ausdruck höchster Verehrung (so wie man mancherorts noch immer besonders vornehme Personen in der Mehrzahl, also mit »Ihr« anstatt mit »Du« anspricht), andere sehen darin den Beleg dafür, dass die Religion der Israeliten ursprünglich eine polytheistische gewesen sein muss. In der Genesis spricht Gott zu sich selbst im Plural und sagt beispielsweise: »Lass uns den Menschen nach unserem Ebenbild formen« (Gen 1, 26). Aber in gewisser Weise ist der Plural ja auch ein Stilmittel des Erzählers, der seine Leser an die Hand nehmen und als Person in der gemeinsamen Erfahrung aufgehen möchte. (Wie uns aufgefallen sein dürfte, haben wir es in diesem Buch auch schon angewandt.)

Eine plausible Erklärung des Wortes Elohim aus dem mesopotamischen Weltbild scheint mir, dass damit das Zusammenwirken der himmlischen Mächte gemeint ist, die aus einer gemeinsamen Quelle fließen. In der Bibel fliegt der Mensch aus dem Garten Eden, weil er seine Grenzen nicht kennt und sich anmaßt, mit Gott – oder den Göttern – auf einer Ebene zu verkehren. Die Schlange verführt Eva, vom Baum der Erkenntnis zu naschen, die wiederum Adam, den ersten Menschen, zum Komplizen macht. Als Nächstes hätte die Krone der Schöpfung vermutlich nach der Unsterblichkeit gegriffen. »Deppen trauen sich alles, daran erkennt man sie«, lautet einer der berühmtesten Sätze des französischen Films.[134] Mit der Erkenntnis aber kommt die Unsicherheit, der Mensch wird nicht nur seiner Stärken, sondern vor allem seiner Schwächen gewahr. Zum Beispiel jener, dass das Adamskostüm gar kein Kostüm ist und es höchste Zeit wird, die eigene Scham zu bedecken.

Den »Sündenfall« kennt auch die sumerische Literatur: So lebt der von einem Gott gezeugte Mensch Sukalletuda in einem paradiesischen Garten glücklich und unbeschwert, denn sein einziger Job ist es, ab und zu die Pflanzen zu bewässern. Eines Tages aber blendet ihn ein Sandsturm, dann sieht er die Götter am Horizont; womöglich hat Sukalletuda eine Art Vision. Er dreht seine übliche Bademeisterrunde und erblickt die schöne, jungfräuliche Göttin Innana bei der Siesta unter einem Pappelbaum. Sukalletuda öffnet ihren Gürtel, der sie mit göttlicher Macht ausstattet, und fällt über Innana her. Die Vergewaltigung einer Schlafenden mag der eigentliche Frevel sein, Sukalletudas darauffolgende Verbannung aus dem Garten ist aber wohl eher eine Strafe dafür, dass er sich mit den Göttern auf eine Ebene stellt. Es gibt andere Geschichten, in denen Figuren, die alles hatten, aufgrund eines solchen Frevels tief hinabstürzen. Selbst schuld, so lautet die Moral.

In der mesopotamisch-jüdischen Mythologie begegnet man auch anderen Typen, nämlich solchen, die die Erwartungen der Götter übertreffen. Einer ist der Patriarch Noah, dessen Zeitgenossen die Welt in einer Weise zugrunde richten, dass Gott nur noch der große Reset bleibt. Die Sintflut vernichtet alles Leben – bis auf Noah, seine Familie und ein Paar von jeder Tierart, die auf der Arche Platz finden. So treibt das Schiff auf den Fluten umher, und als der Regen aufhört, lässt Noah eine Taube fliegen, die nicht zurückkehrt, also Land gefunden hat. Nebenbei erwähnt, ist dieser Vogel nicht nur ein Attribut der unter anderem für Versöhnung zuständigen Göttin Ischtar, sondern auch des Friedens im Judentum und Christentum. Die biblische Geschichte von der Sintflut käme dann doch dem Plagiat verdächtig nah, hätte es im Alten Orient so etwas wie ein Copyright gegeben. Ganze Textpassagen ähneln dem Gilgamesch-Epos, welches aus sumerischer Zeit stammt und auf assyrischen Tontafeln gefunden wurde. Hier heißt der fromme Held – je nach Sprache – Ziusudra oder Utnapishtim. Dieser weise Mann spielt im Gilgamesch-Epos eine Rolle als Ratgeber des ungestümen Helden. In beiden Traditionen, der biblischen und der mesopotamischen, wenn man sie denn überhaupt trennen möchte, ist die Gottheit übrigens keineswegs glücklich über die Vernichtung ihrer Schöpfung: Hier wie dort weinen die Himmel darüber, dass es so weit kommen muss.

Beide haben der Menschheit aber auch ein Angebot zu machen: Zum einen die Verheißung eines messianischen Erlösers – in Mesopotamien in Form des Gottkönigs Nabu, der, bevor er seine gerechte Herrschaft antritt, mit allerlei Ungetümen aufräumen wird. Und einen Rat der Götter und Engel, der Gericht hält – ähnlich wie am »Jüngsten Tag«. Wofür sich die Menschen dann zu verantworten haben, steht im Buch des Lebens, dem Sündenregister. Gegenüber dem biblischen Messias wird es König Nabu aber etwas schwerer haben: Seine Gerichtsakte ist kein Buch, sondern eine – vermutlich ziemlich große – Tonplatte, die »Tafel der Sünden«.[135]

Die Liste der Parallelen ließe sich noch lange fortführen. Sie sind so augenfällig, dass der deutsche Altorientalist Friedrich Delitzsch, als er einige davon Anfang des 20. Jahrhunderts in einer Vorlesungsreihe namens »Babel und Bibel« präsentierte, ein drastisches Urteil fällt: Das alttestamentarische Judentum sei ein Abklatsch der mesopotamischen Religion. Delitzsch zog sich nicht nur heftige Kritik seitens christlicher und jüdischer Theologen zu, die ihm vorwarfen, ein Tabu gebrochen zu haben. Er hatte wohl tatsächlich über das Ziel hinausgeschossen und dabei auch ein verbreitetes antijüdisches Ressentiment offenbart, dem zufolge die jüdische Tradition nichts Eigenes zuwege bringt. Dieser Babel-

Bibel-Streit ist im Grunde noch heute lebendig und wird vor allem von denjenigen ausgetragen, die sich durch Kirchen, Priester und Rabbiner in ihrer Entfaltung unterdrückt fühlen.

Die Parallelen und Einflüsse zeigen allerdings etwas anderes, nämlich, dass die Kulturen Mesopotamiens, zumindest in der Theologie, nicht weniger moralisch sind als das Judentum. Babylon baute also keineswegs auf einem Fundament der Sünde, Ausschweifung und Unterdrückung. Die Mesopotamier waren nicht aus Überzeugung lasterhaft. Ihre Kosmologie drehte sich vielmehr um eine spirituelle, moralische Verfeinerung, die der Mensch während seines irdischen Daseins durchläuft.

Die Assyrer stellten die göttliche Ordnung des Kosmos in Form eines Baums des Lebens dar. Auf zahlreichen Darstellungen – unter anderem Rollsiegeln – ist dieses Motiv zu finden. Es versöhnt vielleicht sogar die vordergründigen Widersprüche zwischen einem polytheistischen und einem monotheistischen Weltbild. Denn laut Meinung eines Gelehrten ist der Baum des Lebens das Zusammenwirken der zehn göttlichen Kräfte, die zugleich integraler Bestandteil einer einzigen Kraft sein können. Das Modell des Lebensbaums taucht Jahrhunderte später im babylonischen Judentum in anderer Gestalt auf: als Herz der jüdischen Mystik, der Kabbala. Hier stellt es die zehn Emanationen des Einen und Vollkommenen dar. Wo bei den Assyrern die Gottheiten Anu, Ischtar, Schamasch, Sin, Marduk und andere standen, fügten die jüdischen Mystiker die zehn Sphären (Sefirot) des Kosmos ein. Jede hat ihre eigene zahlenmystische Bedeutung. Zusammen ergeben sie die Balance der kosmischen Kräfte, an deren unterem Ende die weltliche Herrschaft steht, während oben die »Krone«, das Verständnis, die Weisheit und das Wissen thronen.[136] (Die Kabbala hat nicht nur Einkehr in die mittelalterliche Mystik, das Tarot, Fantasyromane und Computerspiele gefunden, sondern ist saisonal auch immer mal wieder der letzte Schrei der Esoterik. So bezeichnet sich die Popsängerin Madonna als Kabbalistin.)

Die assyrische Kosmologie ist also allem Anschein nach noch recht gegenwärtig, auch wenn sie nicht verstanden wird. Anderen Traditionen, die vermutlich aus Mesopotamien in die jüdische und christliche Literatur Einzug fanden, ergeht es da ähnlich. Eine der kuriosesten Figuren dieser Tradition ist Henoch – kurios nicht nur wegen der Geschichte, die das gleichnamige, rätselhafte Buch erzählt, sondern auch, weil heutige gläubige Monotheisten mit ihr am wenigsten anzufangen wissen. Obwohl sie bei Juden und Christen der Antike gleichermaßen beliebt gewesen zu sein scheint. Laut dem Buch Genesis war Henoch ein so feiner Kerl, dass der Schöpfergott sich seiner Gesellschaft im Himmel vergewissern wollte. Er »war irgendwann nicht mehr«, so heißt es lakonisch, nicht weil Henoch starb, sondern weil Gott ihn von der Erde entrückte und zu sich nahm.[137]

Henoch wird als der siebente vorsintflutliche Patriarch beschrieben (der Ausdruck »vorsintflutlich« ist hier wörtlich zu verstehen). Die sumerische Tradition kennt einen siebenten König namens Emmeduranki, den die Götter für seinen Teil ebenfalls entrücken und die Geheimnisse von Himmel und Erde lehren.[138] So weit, so gut. Mit einer solchen Himmelsreise dürften die Christen kein Problem haben, noch weniger die Muslime, deren Prophet der Legende nach ja ebenfalls gen Himmel aufsteigt und dort nicht nur die Patriarchen trifft, sondern auch mit Gott persönlich die Grundlagen der islamischen Glaubenspraxis aushandelt. Der Inhalt des Henochbuchs, welches in über 90 Fassungen und Fragmenten vorliegt, auf Aramäisch, Griechisch und Altäthiopisch, und dessen berühmtester Teil 1948 mit den Schriftrollen von Qumran gefunden wurde, ist nun allerdings verwirrend. Dem Henochbuch zufolge kommen seltsame himmlische Wesen ins Spiel, 200 an der Zahl. Diese sogenannten »Wächter« (iyrin) hatten das irdische Leben bis dahin nur aus der Ferne betrachtet und dabei offenbar ein Augen auf die Menschenfrauen geworfen. Eines Tages oder Nachts steigen sie herab, paaren sich mit den sterblichen Geschöpfen, lehren sie verbotene Geheimnisse über die Himmel und richten darüber hinaus noch größeres Unheil an. Aus der *Mésalliance* gehen fürchterliche archaische Riesen hervor, die für eine gewisse Zeit die Welt beherrschen, bis sie in der Sintflut untergehen – ein Szenario, das Henoch aufgrund einer Traumdeutung vorauszuahnen scheint.

Dieser Geschichte zufolge hatte Gott also noch einen anderen Grund, als die sündige Menschheit, um den roten Knopf zu drücken. Die Riesen heißen *Nephilim*, und da diese Bezeichnung auch im kanonischen Buch Genesis auftaucht, muss es sie gegeben haben. Der Bibelübersetzer Luther gibt die merkwürdige Passage so wieder: »Es waren auch zu den Zeiten Tyrannen auf Erden; denn da die Kinder Gottes zu den Töchtern der Menschen eingingen und sie ihnen Kinder gebaren, wurden daraus Gewaltige in der Welt und berühmte Männer.« Man sieht: So richtig geheuer sind die Nephilim jenen Theologen nicht, die schrifttreu und zugleich rational argumentieren wollen. Dafür beflügelten die lüsternen Halbgötter andere umso mehr: Verwiesen die Bibel und das geheimnisvolle Henochbuch hier nicht auf die Landung Außerirdischer vor Tausenden von Jahren? (Geben Sie einmal »Henoch« oder »Enoch« in eine Suchmaschine ein. Sie werden auf die fantastischsten esoterischen Geschichten stoßen.)

Die Mesopotamien-Experten wiederum suchen die Spuren der Nephilim nicht im Weltraum, sondern in der sumerischen Mythologie. Dort gibt es die »Sieben Weisen vor der Großen Flut«, *Abgal* oder *Apkallu* genannt. Sie sind himmlische Wesen, die den Menschen Medizin, Recht, Handwerk und Kunst vermitteln und sie den Gebrauch des Feuers lehren. Dabei überschreiten sie nicht nur ihre Kompetenz und erzürnen ihre göttlichen Auftraggeber. Sie lassen sich während ihres Außendiensteinsatzes wohl auch hin und wieder mit Menschenfrauen ein. Die Apkallu begegnen uns in späterer, babylonischer Zeit als weitgehend gutmütige Schutzdämonen. Sie sind also etwas besser gealtert als die Nephilim.[139]

⊕

Viel spricht dafür, dass das Babylonische Exil den Israeliten die hochkomplexe und verzweigte Welt der Geister und Dämonen Mesopotamiens eröffnete. Als dann auch noch die Perser den Nahen Osten eroberten und ihre religiösen Vorstellungen mit einspeisten, hätte es schnell unübersichtlich werden können. Glücklicherweise aber ist im Reich der Geister ja für jeden Platz. Während das Christentum die Dämonen grundsätzlich abscheulich findet, kennt die mesopotamische Welt gute und schlechte oder solche, die je nach Laune Gutes oder Böses tun. Man muss sie daher zu händeln wissen.

Sogenannte Zauberschalen, in die kreisförmig Beschwörungsformeln eingeschrieben wurden, sind aus der jüdischen Gemeinschaft im späteren Parther- und Sassanidenreich (247 v. Chr. bis ca. 651 n. Chr.) bekannt. In einigen dieser erstaunlichen Objekte sind die babylonischen Dämonen sogar abgebildet: Etwa Lilith, welche die furchtbare Gewohnheit hatte, hin und wieder nachts in Häuser einzudringen und schlafende Kinder zu erdrosseln.[140] In einer babylonischen Zauberschale ist sie mit grotesk hervortretenden Schamlippen abgebildet, was der späteren feministisch motivierten Deutung Vorschub leistete, Lilith stehe für die urmännlichen Ängste vor der Kastration und die Dominanz durch das in Wahrheit stärkere Geschlecht. So wurde Lilith zur Kultfigur der Emanzipationsbewegung der 1970er-Jahre. Eines der berühmtesten Reliefs der Mesopotamien-Archäologe, das im Britischen Museum liegt und auch als »Königin der Nacht« bezeichnet wird, könnte ein Lilith-Porträt sein: Hier zeigt sich die Dämonin mit Vogelklauen, schlanker Taille und üppigen Brüsten (so formvollendet dem Geschmack der 1920er-Jahre entsprechend, in denen es, nebenbei bemerkt, im Kunsthandel auftauchte, dass man es fast für eine Fälschung halten könnte – was manche Experten daher auch tun).

Da in der jüdischen Tradition aber Dämonen nicht grundsätzlich böse sind, sondern auch Gutes tun können, ist die jüdische Dämonologie der mesopotamischen und persischen durchaus näher als der christlichen. Hatte nicht der große König Salomo beim Bau des Tempelbezirks von Jerusalem auf die tatkräftige Hilfe der Feuerwesen zurückgegriffen?[141]

Das babylonische Exil prägte nicht nur die mythologische Seite des Judentums, sondern auch die rechtliche. Der Pakt des Volkes Israel mit Gott war ja nicht nur Glaube, sondern auch Gesetz. Eine Gemeinschaft im Exil brauchte eine neue Ordnung, zumal in der Zeit der persischen Herrschaft, die dies ausdrücklich verlangte. Während die babylonisch-chaldäische Obrigkeit die Exilanten offenbar mehr oder weniger gewähren ließ, solange sie nur ihre Steuer zahlten, mussten sie dem Achämenidenreich quasi eine Vereinssatzung einreichen, um als religiöse Gemeinschaft anerkannt zu werden – mit einer eigenen Gerichtsbarkeit.

In der Heimat wusste man selbstverständlich, was sich geziemte und was nicht. Im Exil wurden die Sitten Teil der Identitätssuche – und womöglich fragten viele auch danach, wie sie sich in der einen oder anderen Lage zu verhalten hätten. Bis heute ist es nicht einfach, »Recht« und »Religion« auseinanderzuhalten, auch wenn es in der modernen Gesellschaft immer wieder gefordert wird. Recht fußt auf Werten und Werte mitunter auf religiösen Überzeugungen. In vielen muslimischen Gesellschaften gehört die Scharia, die traditionelle Methode der Rechtsfindung, untrennbar zur Ausübung der Religion dazu. Für das orthodoxe Judentum gilt das im Besonderen – man kann nicht Jude sein, ohne die Vorschriften zu befolgen. Und wenn in den Jahrhunderten immer wieder von Stämmen und Völkern im Orient die Rede ist, die sich zum Judentum bekehrten, dann hieß das vor allem, dass sie sich selbst das jüdische Gesetz – oder Teile davon – als

Rechtsordnung auferlegten. So verdankt die Welt dem babylonisch-persischen Exil der Juden wohl eine Reform der Strafprozessordnung mit einer Geschichte, die sogar in die Märchensammlung *Tausendundeine Nacht* Eingang fand. Laut einem ihrer deutschsprachigen Herausgeber weniger ihrer Moral, sondern »dem pikanten Inhalt und der witzigen Lösung« wegen.[142] Der Held Daniel spielt hier abermals die zentrale Rolle.

Eines heißen Tages, irgendwo im Persischen Reich – es könnte die Residenzstadt Susa (Shush) gewesen sein –, tritt eine junge, schöne und vor allem anständige Frau namens Susanna (Shoshana) in den Garten. Sie entkleidet sich, schickt ihre Zofen weg und steigt in den hauseigenen Swimmingpool. Dummerweise schlendern in diesem Augenblick zwei Älteste der jüdischen Gemeinde daher und beobachten durch das Gebüsch die Szene. Die greisen Voyeure werden nun auch noch zudringlich. Als Susanna sie – was zu erwarten war – zurückweist, rächen sich die beiden und verleumden sie beim jüdischen Rat: Sie hätten die verheiratete Frau *in flagranti* mit einem anderen Mann ertappt, der daraufhin die Flucht ergriffen habe. Das Ganze habe sich unter einem Baum zugetragen – dieses Detail war wichtig, denn sie konnten ja nicht zugeben, dass Susanna hinter einer Gartenhecke gelegen hatte. Sonst hätten die beiden Alten sich als Spanner entlarvt.

Die jüdische Gemeinde, die, wie es im Persischen Reich Brauch war, für solche Fälle ihre eigene Gerichtsbarkeit ausübt, spricht das Todesurteil über Susanna. Wer könnte schließlich an der Aussage zweier Notabeln zweifeln? Zum Glück kommt der junge Daniel vorbei, mit ein paar Semestern Jura auf dem Buckel. Mit Sicherheit kannte er den *Codex Hammurabi*, in dem es heißt: »Wenn einer gegen einen anderen falsches Zeugnis vorträgt und seine Behauptung nicht belegen kann, so ist er mit dem Tode zu bestrafen.«[143] Und schon das um 1100 v. Chr. niedergeschriebene Mittelassyrische Recht regelt den Tatbestand der Vergewaltigung: Der Täter hat sein Leben verwirkt, die Frau trifft keine Strafe (da Letzteres ausdrücklich erwähnt ist, scheint der Brauch davor ein anderer gewesen zu sein, was in manchen Gesellschaften leider heute immer noch üblich ist).[144]

Daniel kennt auch das Prinzip *in dubio pro reo* und zweifelt an der Schuld Susannas, sofern nichts eindeutig bewiesen ist. Er übernimmt *pro bono* die Verteidigung und verlangt vom Rat eine Revision des Strafverfahrens. Dafür nimmt er die beiden ihm allzu leutselig erscheinenden Zeugen ins Kreuzverhör – und zwar einen nach dem anderen. Wie erwartet, verwickeln sich die Spießbrüder in Widersprüche. Unter was für einem Baum der Ehebruch stattfand? Aus dem Pistazienstrauch des einen wird beim anderen eine Eiche, was wiederum beiden zum Verhängnis wird. Man muss kein Fachmann für Botanik sein, um zu wissen, dass sich diese Gewächse überhaupt nicht ähnlich sehen. Susanna ist gerettet, den Denunzianten geht es an den Kragen.

Die Geschichte der Susanna im Bade hat in der Kunstgeschichte großen Widerhall gefunden. Während einige seiner Kollegen das Motiv zum Vorwand für eine »pikante« Szene mit einer Nackten nahmen, malte Rembrandt die Susanna düster und von Gewalt gezeichnet. Wie Kunsthistoriker später herausfanden, wurde das in der Berliner Gemäldegalerie befindliche Werk später von einem Bewunderer des Meisters noch einmal bearbeitet.[145] Das gilt auch für die ursprüngliche Geschichte, die nicht dem biblischen Daniel-Buch entstammt, sondern erst später vermutlich in griechischer Sprache entstand. Wenn der Autor dieses Lehrstücks der Rechtskunde aber in einem persisch-babylonischen Setting angesiedelt hat, so kann dies wohl nur zweierlei bedeuten: Die Person Daniel war dem jüdischen Leser der Antike bereits als Held bekannt und musste nicht erst vorgestellt werden. Und die Ära des Babylonischen Exils musste als eine Referenz für Wissen und Weisheit gelten, an der man sich in späteren Zeiten orientierte.

Das wohl bedeutendste Werk der jüdischen Rechtsliteratur trägt seine mesopotamische Herkunft sogar im Namen: Zwischen dem 3. und 5. Jahrhundert trugen Rabbiner und Führer der Gemeinden im Sassanidenreich den *Babylonischen Talmud* zusammen. Das in der damaligen Landessprache Aramäisch verfasste Kompendium enthält Erzählungen, historische Betrachtungen und Sinnsprüche, aber auch die *Halacha*, das jüdische Recht. Der Talmud kommentiert Gesetze und Vorschriften des Alten Testaments und überträgt sie auf das alltägliche Leben: Speisen, Feiertage, Erbrecht, die Stellung der Frau, Reinheitsgebote und Abgabenverordnungen. Die meisten Regeln, die gemeinhin als orthodox bezeichnete Juden im Alltag befolgen, finden sich nicht im *Tanach*, der Sammlung heiliger Schriften des Judentums, sondern im Talmud wieder. Die daraus hervorgehende Halacha beinhaltet Rechtsquellen, nach denen heute etwa im Staat Israel beschieden wird, wer dem jüdischen Volk angehört und wer nicht.

Und während manche Autoren zu Recht auf die intellektuelle, spirituelle Vielfalt der jüdischen Geisteswelt hinweisen, die das Judentum ausmachen, beharren andere auf einem ehernen Prinzip: Judentum ist Halacha, Halacha ist Judentum. Auch wenn sich das Gesetz weiterentwickelt, bestimmt das Denken der Halacha doch immer, was die Essenz des Judentums ausmacht.[146]

Hat das Judentum damit im babylonischen Exil die Gestalt angenommen, die es bis heute prägt? Und hat es sich angesichts des Verlusts seiner zentralen Kultstätte, des Tempels in Jerusalem, in Babylon noch einmal neu erfunden? Wäre es ohne diese Emanzipation womöglich zu einem jener lokalen Kulte des Alten Orients geworden, denen man sich heute nur noch durch antike Texte und archäologische Forschungen annähern kann?

Laut manchen Schätzungen hatte König Nebukadnezar seinerzeit nicht das gesamte Volk der Israeliten, sondern nur 1500 Personen ins Exil verschleppt.[147] Deren Nachfahren integrierten sich in die Gesellschaft, sodass sie offenbar keinen Anlass dazu sahen, die »Rückkehr nach Zion« anzutreten, als der persische Großkönig Kyros sie angeblich dazu aufforderte, ihre Tempel und Kultstätten wieder zu errichten. Moderne jüdische Autoren nennen diese Rückkehr auch *aliya*, was wörtlich »Aufstieg« auf den Berg Zion heißt und heute allgemein für die Einwanderung von Jüdinnen und Juden nach Israel verwendet wird.

Laut der biblischen Legende waren es ausgerechnet zwei Spitzenfunktionäre des achämenidisch-persischen Imperiums, Esra und Nehemia, die den Wiederaufbau des Judentums und seines kultischen Herzens, des Tempels, organisierten. Die beiden standen auch Pate für den Namen einer Operation, bei welcher Anfang der 1950er-Jahre über 100 000 irakische Juden nach Israel ausgeflogen wurden. (Ohne die Hilfe des Kaiserreichs Iran wäre diese logistische Meisterleistung nicht vorstellbar gewesen.) Die Organisation der Überführung jüdischer Iraker ins Heilige Land lag seit der Zeit des Zweiten Weltkrieges in den Händen einer paramilitärischen Einheit namens Mossad le Alija Bet (Institut für Einwanderung B), weshalb viele Menschen im Nahen Osten der Überzeugung sind, die Auswanderung der Juden aus den arabischen Staaten sei vom berühmt-berüchtigten israelischen Geheimdienst Mossad orchestriert worden – einschließlich der Gewalt und Pogrome, die Juden in den jungen arabischen Republiken dazu veranlassten, ihre Heimat für immer zu verlassen. Die Emigration der letzten irakischen Juden ist ein in jeder Hinsicht schmerzhaftes Kapitel, bei dem auch die israelischen Regierungen jener Zeit mitunter eine unrühmliche Rolle spielten.

Zwischen 1948 und 1973 führten Israel und seine Nachbarn insgesamt vier große Nahostkriege. In der Rhetorik der revolutionären arabischen Nationalisten wurde der Feind, der Staat Israel, zunehmend gleichbedeutend mit den Juden. Jedenfalls kümmerten sich diejenigen, die sich an Pogromen beteiligten, hinter jeder politischen Unruhe auf den Straßen Bagdads eine jüdische

Verschwörung vermuteten oder auf den Besitz der jüdischen Iraker aus waren, wenig um Differenzierung. Im Zuge der Verfolgung politischer Gegner, wie der irakischen Kommunisten, wurden auch irakische Juden denunziert, einige unter dem Vorwurf der Spionage für Israel verurteilt und hingerichtet. Diese Beispiele dürften auch auf die stolzesten Erben des mesopotamischen Judentums ihre Wirkung nicht verfehlt haben.

Die Haltungen irakischer Regierungen in den frühen Jahren der Republik schwankten zwischen Extremen: dem Verbot der Ausreise und der Ausweisung jüdischer Staatsbürger. Der Irak verlor Intellektuelle und einige seiner erfolgreichsten Geschäftsleute. Angekommen in Israel, sahen sich die Iraker als *mizrachim*, also orientalische, mehrheitlich aus arabischen Ländern eingewanderte Juden, Diskriminierungen durch ihre europäischstämmigen Landsleute ausgesetzt. Innerhalb der Mizrachim aber bildeten die Iraker schnell eine eigene Elite.

Zu den berühmteren Nachfahren irakischer Juden zählt übrigens der aus Serien wie *Seinfeld* oder *Star Trek* bekannte Schauspieler Brian George ebenso wie die als »Rothschilds des Orients« bekannte Familie Sassoon. Sie lebte seit dem 16. Jahrhundert in Bagdad und unterhielt zur Zeit des britischen Empires Handelshäuser in Rangun, Mumbai oder Nagasaki. Auch einige der eher fragwürdigen Gestalten des öffentlichen Lebens im heutigen Israel stammen von irakischen Familien ab, wie die rechtsgerichtete Politikerin Ayelet Shaked oder der 2013 verstorbene sephardische Oberrabbiner Ovadia Yosef, der nicht nur Hass gegen die Araber versprühte, indem er sie mit »Schlangen« gleichsetzte, sondern auch behauptete, der Holocaust sei eine Strafe Gottes für die Seelen sündiger Juden gewesen.[148]

Unter der Herrschaft Saddam Husseins, jenes selbst ernannten Thronfolgers Nebukadnezars und Herren über Babylon, endete die über 2500 Jahre alte Geschichte des Judentums im Irak. Dort also, wo nicht nur die biblische Geschichte mit dem mythischen

Stammvater Abraham begann, sondern wo das Judentum als Religion und Gesetz seine prägende Gestalt annahm.

Als ich vor einigen Jahren in Kerbela, der heiligen Stadt der Schiiten, an einer Konferenz teilnahm, begegnete mir im Fahrstuhl des Hotels ein schiitischer Gelehrter mit einer hebräischen Ausgabe des Tanach unter dem Arm. Als ich ihn neugierig darauf ansprach, erklärte der Mann mir, er versuche, Hebräisch zu lernen, um die Heiligen Schriften der Juden besser zu verstehen. Er fragte mich, ob ich nicht einige Bibelforscher kennen würde, die er zu seinem Gelehrtenseminar einladen könne, um darüber zu sprechen. Als ich ihm antwortete, dass es solche Fachleute in Deutschland gebe, vor allem aber wohl in Israel, schaute er mich etwas traurig an.

Bis heute geht übrigens im Irak die Mär um, der Besitz der Juden sei nie enteignet worden, sondern werde vom Staat auf unbestimmte Zeit treuhänderisch verwaltet. Und während in Israel die irakisch-jüdische Musik seit einigen Jahren ein kleines Revival erlebt, ist auf den Straßen Bagdads eine Nostalgie nach einer anderen Epoche spürbar. Junge Männer spazieren mit 20er-Jahre-Anzügen, Taschenuhren und Monokeln herum; Cafés und Restaurants stellen Antiquitäten auf und orientieren ihr Design an der Epoche Königs Faisal I., in welcher der Irak mit Sassoon Eskell einen jüdischen Finanzminister hatte. Es schieden sich die Geister, als 2017 von einem Schönheitswettbewerb in Las Vegas einige Selfies um die Welt gingen: Wange an Wange lächelten Miss Israel und Miss Irak in die Kamera und schrieben auf Instagram: »Schwestern vereint« und »Friede und Liebe«.

Der schiitische Kleriker und Politiker Muqtada al-Sadr, ein ebenso beliebter wie berüchtigter populistischer Parteiführer, erklärte 2018 in einem offenkundigen Anfall von Begeisterung für das abrahamitische Erbe, die Juden sollten doch zurückkehren in den Irak. Einige seiner Anhänger sahen darin eine Fatwa, ein religiöses Rechtsgutachten, und beschlossen fortan, gut über das verbindende Erbe der Juden mit dem Irak zu sprechen. Im Jahr 2022 brachte Sadr dann einen Gesetzesvorschlag ins irakische Parlament ein, demzufolge jeder Kontakt eines irakischen Staatsbürgers mit Israel verboten und unter Umständen sogar mit dem Tod geahndet werden könnte. Die meisten politischen Beobachter sahen darin einen Stunt – monatelang war Sadr bei dem Versuch gescheitert, eine Regierung im Irak zu bilden. Da habe er auf den Putz hauen und die politischen Kräfte mit einem billigen Sieg hinter sich versammeln wollen. Das mag sein, aber man muss selbst kein Prophet sein, um weissagen zu können, dass die irakischen Juden seiner Einladung nicht Folge leisten werden.

11
Seleukia-Ktesiphon

SCHACH MATT AM TIGRIS

Die heimliche Hauptstadt der Christen der Antike, wo ein Hippie eine Weltreligion gründete und das Gemüse sprechen lernte.

Was Doppelnamen anbelangt, so geht es den Städten ähnlich wie den Menschen. In den allermeisten Fällen klingen sie ungelenk, denn sie sind das Ergebnis eines Verwaltungsakts. Castrop-Rauxel, Oer-Erkenschwick oder das vormalige Wanne-Eickel stehen – am Rande des Ruhrgebiets gelegen – allesamt als Inbegriff der glanzlosen Gemeindefusionen durch preußische Behörden. Seleukia-Ktesiphon mag da anmutiger klingen. Schließlich geht diese Stadt auf die Gründung eines Heerführers Alexanders des Großen zurück. Und dennoch gibt es einige bemerkenswerte Parallelen zu Europas größtem Ballungsraum in NRW: Wer Seleukia-Ktesiphon zu seiner Blütezeit durchquerte, bereiste mehrere Städte zugleich.

Da war einmal die Gründung des Generals Seleukos um das Jahr 305 v. Chr.: 20 Jahre nach Alexanders Tod und etwa einen Tagesritt von Babylon, also jenem Ort entfernt, wo der Held gestorben war, siedelte Seleukos am westlichen Tigrisufer makedonische Soldaten mit ihren Familien an. Während der Partherzeit, um das Jahr 100 v. Chr., entstand vermutlich auf der gegenüberliegenden Seite des Flusses dann Ktesiphon, wie griechische Autoren die neue Stadt bezeichneten (davon abgeleitet war das persische Tisfun).[149] Wie dieser griechische Name zustande kam, ist bis heute nicht erforscht. Es folgten die Städte Veh-Ardashir und Vologesias. Wo die eine anfing und die andere aufhörte, war schon damals anscheinend schwer zu definieren. Die recht unspezifische arabische Ortsbezeichnung »Die Städte« (Al-Mada'in) deutet darauf hin. Fest steht, dass die Städte um Seleukia-Ktesiphon in der Spätantike, um das Jahr 600, zu einem Ballungszentrum mit womöglich 500 000 bis 600 000 Einwohnern herangewachsen waren, was wohl der Bevölkerung Konstantinopels entsprach.

Der Flussverlauf des Tigris dürfte sich über die Jahrhunderte oft verändert haben, was der Lokalisierung und archäologischen Erforschung der Städte nicht gerade zuträglich ist. Die Lage war strategisch, erforderte aber über die Jahrhunderte immer wieder planerische Eingriffe. Dafür verantwortlich, dass sich Seleukia-Ktesiphon heute nicht mit dem Kulturerbe anderer Megastädte der Antike messen kann, ist noch eine andere Verwandtschaft mit dem Ruhrgebiet: Am Tigris baute man schnell und billig.

Mesopotamien bot weder Steinbrüche noch Wälder, dafür ein Material, das den geradezu industriellen Städtebau möglich machte: Der luftgetrocknete Lehmziegel war im flachen, fruchtbaren Flussland eine unerschöpfliche Ressource. Seine hervorragenden Dämm- und Speichereigenschaften begeistern noch heute die Architekten: ökologisch, nachhaltig. Selbst bei Erdbeben stimmt die Bilanz. Nur starke Regenfälle und Fluten nagen am *Adobe*, so der internationale Fachbegriff für den ungebrannten Einhandziegel. Nur ein Bauwerk lässt die Pracht und Herrlichkeit der einstigen Hauptstadt eines Imperiums heute noch erahnen.

Im flachen Land weithin sichtbar schwingt sich ein parabolisches Tonnengewölbe in die Höhe. Der 33 Meter hohe, aus gebrannten Ziegeln gebaute Bogen flößt jedem Reisenden Respekt ein, der darunter steht. Selbst die Schwärme von Raben und Tauben, die sich darin eingenistet haben, scheinen ihn eher hastig zu durchfliegen. Ob er nicht irgendwann einfach die Spannung verlieren und zu Boden krachen wird?

Der Taq-e Kisra (Bogen des Chosrau) ist in vielerlei Hinsicht einzigartig: Er zählt zu den wenigen erhaltenen Prunkbauten des Sassanidenreichs und ist trotz seiner stilistischen Besonderheiten nicht einwandfrei datiert. Sein besonderes Erscheinungsbild ließ ihn zu einem kulturellen Wahrzeichen des Irak werden; in den 1930er-Jahren zierte er die Werbeplakate des Simplon-Orient-Express, mit welchem etwa die Kriminalautorin Agatha Christie und ihr Protagonist Hercule Poirot in den Nahen Osten reisten. Während des Zweiten Weltkriegs schoss der britische Jagdflieger und Romancier Roald Dahl vom Taq-e Kisra eine berühmte Luftaufnahme. Sie brachte bei einer Versteigerung 6000 Pfund ein.

Ein »melancholisches Abzeichen der Größe seines Herrn«, nannte der schottische Offizier und Abenteurer John Macdonald Kinneir den Palast, den er zu Beginn des 19. Jahrhunderts in Augenschein genommen hatte.[150] Auch wenn es abweichende Meinungen gibt – etwa die des großen deutschen Orient-Archäologen Ernst Herzfeld, der in den 1930er-Jahren erstmals einen Grundriss der Palastanlage entworfen hat – hat sich die These durchgesetzt, dass Chosrau I., der zwischen 533 und 579 das Sassanidenreich beherrschte, dieses Meisterwerk erbauen ließ und darin Hof hielt.

Chosrau gilt nicht nur politisch als der große Rivale des byzantinischen Kaisers Justinian I. im Orient. Sollte der Palast von Ktesiphon tatsächlich zu seiner Zeit entstanden sein, so wäre er das architektonische Gegenstück zu Justinians Krönungsbasilika, der Hagia Sophia in Konstantinopel – wenngleich sein Zweck eher weltlichen Belangen galt.

Der Gewölbebau könnte eine Audienzhalle gewesen sein. Laut dem arabischen Chronisten Al-Tabari soll ein mit Gold- und Silberfäden durchwebter Teppich dort ausgelegen haben.[151] Dieses »*Bahar-e Kisra* – Frühling des Chosrau« genannte, 27 mal 27 Meter große Stück spiegelte einen persischen Paradiesgarten wider, mit Wegen, Wasserbecken, Obstbäumen und Blumenbeeten. Es braucht wenig Fantasie, sich an diesem Palast vorzustellen, wie sich die sassanidische Elite ihre Zeit mit dem Polospiel vertrieb. Oder in den neuesten Pluderhosen – ein Modestück, welches die Welt den Sassaniden zu verdanken hat – über ein quadratisch gemustertes Brett gebeugt, Figuren hin und her bewegte. Die Dame hieß bei ihnen wohl »Vizir«, anstatt eines Turmes deckten Elefanten ihre Flanke. Ein indischer Fürst, so wird im Buch der Könige (*Shahname*) berichtet, überreichte Chosrau das erste Schachspiel als Geschenk, mit Figuren, die nicht aus weißem Elfenbein und schwarzem Ebenholz, sondern aus jeweils 16 Rubinen und Smaragden angefertigt waren. Die Sassaniden verfielen dem »Chaturanga« genannten Strategiespiel und verhalfen ihm damit zu weltweiter Popularität. Auch im Deutschen endet es meist mit einer Formel, die halb persisch, halb arabisch klingt: »*Schah mat* – der König ist tot!«

Schah Chosrau ließ sich mit dem Sterben aber offenbar Zeit. Weil er bei seiner Thronbesteigung bereits ein erwachsener Aristokrat und Heerführer gewesen war und 36 Jahre lang herrschte, ist von einem hohen Lebensalter auszugehen. Sein Beiname Anushirwan – der mit der unsterblichen Seele – passt gut in dieses Bild. Historische Darstellungen zeigen Chrosrau mal als reitenden Jäger, der geschickt mit dem asiatischen Kompositbogen hantiert, mal als Richter, der über den Frieden zwischen den Bewohnern des Imperiums wacht. Das allein war alles andere als selbstverständlich, denn das Sassanidenreich war, wie seine antiken Vorgänger, ein Mosaik aus Völkern und Religionen. Und um sich diese Vielfalt zu vergegenwärtigen, mussten die Großkönige nicht in entlegene Provinzen reisen, sondern nur vor die Türe ihrer eigenen Gemächer treten. Seleukia-Ktesiphon nämlich war ein urbaner Großraum mit vielen Zuwanderern, die sich teils freiwillig, teils unter Zwang dort angesiedelt hatten – mit Multikulti und Integrationsproblemen.

Per Dekret hatte einst der Begründer der sassanidischen

Dynastie dem Reich eine Staatsreligion verordnet: den Zoroastrismus, oder zumindest eine Spielart dessen. Mit den Lehren des mythischen Propheten Zarathustra und der Verehrung des höchsten Gottes Ahuramazda stellten sich die Sassaniden in die Tradition des antiken Perserreichs des Kyros und Darius. Sie selbst sahen sich als Erben dieser Achämeniden-Dynastie und erhoben nicht nur den Anspruch, die rechtmäßigen Herrscher des Iranshahr, des Großreichs Iran, sondern auch, die Verwalter der wahren Religion zu sein.[152] Sie stifteten Feuertempel, in denen die ewige Flamme als Symbol göttlicher Wahrheit und Reinheit loderte. Im persischen Stammland der Sassaniden mochte das Zoroastriertum eine Volksreligion gewesen sein – das war es aber gewiss nicht in Mesopotamien, wo das politische und intellektuelle Zentrum des Sassanidenreiches lag.

Die Iraker sind bis heute der Ansicht, dass es kaum eine Religion gebe, die nicht im Zweistromland entstanden sei. Das ist zweifelsohne übertrieben, aber man könnte schon auf die Idee kommen, dass sich die Bewohner dieser Gegend, wenn sie nicht gerade mit dem Erwerb des Lebensunterhalts oder dem Krieg beschäftigt waren, hauptsächlich dem Erfinden neuer Religionen und Weltanschauungen widmeten. Sumerer, Assyrer und Babylonier hatten ihren Teil dazu beigetragen – einerseits durch eine komplexe und fein austarierte Götterwelt, andererseits dadurch, dass sie mitunter Volksgruppen von einer in die andere Ecke ihrer Reiche deportierten, die ihre Traditionen im Gepäck mitbrachten.

So war es der jüdischen Elite ergangen, die König Nebukadnezar nach der Zerstörung des Tempels um 587 v. Chr an die »Flüsse Babylons« verschleppt hatte. Als ein halbes Jahrhundert später der Perserkönig Kyros II. die Stadt eroberte, war der Alte Orient nicht nur bereits alt, sondern traditionsbewusst und »seiner Antiquität gewahr«.[153] Es wäre weder sinnvoll noch im Sinn der Tradition gewesen, der Stadt des Gottes Marduk einen neuen Glauben aufzuzwängen; solange er keine politische Unruhe stiftete, sollte jeder nach seiner Façon selig werden. Die Nachfolger des Kyros II. auf dem Thron des Schahs taten es ihm mehr oder weniger gleich in ihrer Toleranz gegenüber anderen Religionsgruppen – Ausnahmen bestätigten die Regel, vor allem dann, wenn es politisch opportun erschien, von dieser abzuweichen.

Auf die Perser folgten Alexander der Große und seine Generäle, wie Seleukos, der Gründer von Seleukia. Besonders die jüdischen Quellen haben wenig Gutes über deren Herrschaftsjahre zu berichten. Aber in dieser als Hellenismus bekannten Epoche (ca. 330 bis 30 v. Chr.) vermengten sich die griechischen mit den altorientalischen Kulten. Der Zoroastrismus war ein Quell der Inspiration und religiöser Einflüsse, aber eben nur eine Glaubensrichtung unter vielen.

Als im Jahr 63 v. Chr. der römische Eroberer Pompejus die Provinz Syrien errichtete, setzte sich die Fusion der Religionen zwischen Zweistromland und Mittelmeer fort. Mitte des 1. Jahrhunderts breiteten sich verschiedene messianische Bewegungen im Nahen Osten aus, wovon eine, die rückblickend erfolgreichste, die Lehren des Wanderpredigers Jesus von Nazareth propagierte. Die Zerstörungen Jerusalems in den Jahren 71 und 135 durch das römische Imperium führten zu Migrationsbewegungen der jüdischen, aber auch der christlichen Gemeinschaften aus Palästina. Viele ließen sich außerhalb der Reichsgrenzen, im Osten, nieder und folgten ihren Glaubensbrüdern, die dort schon seit den Tagen des babylonischen Exils ansässig waren.

Verglichen mit den systematischen Verfolgungen, denen die Christen im Römischen Reich vor der Christianisierung im 4. Jahrhundert ausgesetzt waren, ließ es sich unter der Herrschaft der persischen Parther und später der Sassaniden eher unbehelligt leben, so auch in Seleukia-Ktesiphon. Das änderte sich zwischenzeitlich, als sich Kaiser Konstantin zum Christentum bekannte und sich zugleich anschickte einen neuen Krieg zwischen Rom und den Persern vom Zaun zu brechen; die Sassaniden sahen das

Christentum nun als Religion ihres Erzfeindes und mussten achtgeben, dass dessen politische Bedeutung im eigenen Land nicht überhandnahm. Christliche Konversionen unter dem persischen Adel mussten unterbunden werden. Wann immer Rom, das spätere Byzanz und die persischen Erzfeinde Krieg miteinander führten, verschärften sich auch die religionspolitischen Konflikte.

Gleichwohl war die sassanidische Gesellschaft so christlich, dass manche Forscher vom Sassanidenreich als dem »anderen christlichen Imperium« sprechen.[154] Bevor Kaiser Theodosius in Konstantinopel im Jahr 380 das Christentum zur römischen Staatsreligion erklärte und die Ausübung heidnischer Kulte illegalisierte, war Seleukia-Ktesiphon eine der größten, wenn nicht die größte christliche Stadt – und neben Alexandria und Antiochia eines der Zentren christlichen Lebens in der Spätantike. In Seleukia-Ktesiphon saß seit dem 4. Jahrhundert der Katholikos, der als Patriarch die rechtlichen und theologischen Belange der Christen im Perserreich verwaltete – und später auch im prächtigen Palast des Chosrau verkehrt haben dürfte.

In ihren Kriegen gegen die oströmischen Byzantiner ließen die Sassaniden Gleiches mit Gleichem vergelten. Wo die einen Feuerheiligtümer schändeten, ließen die anderen Kirchen demolieren. Aber die Großkönige von Iranshahr machten sich ihre Toleranz und ihre Zuneigung zum Christentum politisch immer wieder dienstbar. So ließ Schah Kavadh (488–496) nach der Eroberung der byzantinischen Festung Amida (Diyarbakir) offenbar die Legende in die Welt setzen, ihm sei Jesus Christus mit dem Auftrag erschienen, die Stadt von ihren sündigen Herrschern zu befreien.[155]

Ein weiterer Trumpf der Sassaniden war der Umstand, dass die werdende römische Kirche schon bald nach dem Konzil von Nizäa im Jahr 325 anfing, abweichende christliche Lehrmeinungen zu bekämpfen. Ein Streit, der uns in den folgenden Kapitel noch beschäftigen wird, bot den Sassaniden die Gelegenheit, ein Gegenchristentum zu unterstützen und von der Unzufriedenheit der nicht »orthodoxen« Christen im Orient zu profitieren. So wuchs im Orient ein christliches Paralleluniversum heran, welches beschränkte Kontakte zu den Glaubensbrüdern unterhielt. In Seleukia-Ktesiphon traten derweil auch andere weltanschauliche Bewegungen zutage und zeitigten Konsequenzen von weltpolitischer Bedeutung.

Mitte des 3. Jahrhunderts war ein junger Mann aus dem ländlichen Umland in Ktesiphon aufgetaucht, der binnen kürzester Zeit über die Reichsgrenzen hinaus bekannt werden sollte. Manis Eltern waren iranischer und armenischer Herkunft. Er selbst kam – was seinen späteren Anspruch, ein Prophet zu sein, womöglich stärkte – im babylonischen Kutha, heute Tel Ibrahim genannt, zur Welt. Mani muss ein Sonderling gewesen sein, der als Kind meistens allein spielte und stundenlang sinnierend in die Landschaft blickte. Dabei erfand er sich, wie Kinder es nicht selten tun, einen imaginären Freund, den er später seinen geistigen »Zwilling« nannte und der ihn zeitlebens begleitete. Dieser Zwilling wurde Manis Schutzengel und zugleich sein Ebenbild in der nicht-materiellen, geistigen Welt.

Vermutlich litt Mani seit der Geburt an einer Gehbehinderung, machte dies aber durch rhetorische Fertigkeiten und Kreativität allemal wett. Er soll nämlich ein vorzüglicher Maler gewesen sein, was ihm später dabei half, seine ungeheuer komplexen religiösen Vorstellungen grafisch darzustellen. Noch etwas ist an Mani einzigartig: Während die Forscher über die Motive anderer Religionsstifter rätseln, weil man sie nur aus den Berichten dritter kennt, hinterließ Mani selbst detaillierte Angaben zu seiner Biografie und schrieb vor allem seine Lehre nieder.

Mani wuchs in einer christlich beeinflussten Religionsgemeinschaft auf, die im Parther- und späteren Sassanidenreich eifrig missionierte und jeden taufte, dessen sie habhaft werden konnten: die Elkesaiten, benannt nach einem antiken, judenchristlichen Sektenführer namens Elchasai (Alchasaios). Mit zwölf Jahren, also in dem Alter, als Jesus erstmalig im Tempel von Jerusalem gepredigt haben soll, will Mani seine erste Vision empfangen haben. Von seinem geistigen Zwilling. Eine unglaubliche Geschichte offenbart sich ihm. Sie erinnert an Science-Fiction-Filme, in denen Paralleluniversen existieren: Das Licht klagt darüber, dass es in der finsteren Materie gefangen gehalten wird, und ruft Mani auf, es zu befreien. Es kommt noch besser: Als eines Tages ein Mitglied von Manis Täufergemeinde einen Korb Gemüse transportiert, um es den Ältesten zum Mittag zu servieren, fängt das Grünzeug an zu sprechen. Es wolle bitte nicht in der Suppe dieser Frevler landen.

Diese und andere Geschichten sind in einem Schriftstück überliefert, das so wundersam anmutet wie sein Inhalt selbst: Es ist ein sogenannter Miniaturkodex, gerade mal so groß wie eine Streichholzschachtel. Er stammt aus der Spätantike und wurde wohl aus dem Aramäischen ins Griechische übersetzt. Von Ägypten aus gelangte es in den 1960er-Jahren durch einen Antikenhändler nach Köln, wo Forscher es erst Ende der 1980er auswerteten, wobei sie aus dem Staunen nicht mehr herauskamen. Die Legenden, die der Kölner Manikodex enthält, sind wunderlich. Daran, dass Gemüse, Brot und Bäume an der Offenbarung der Lehre Manis mitwirkten, mag die Forschung Zweifel hegen, nicht aber an der historischen Existenz des Mannes und daran, dass er reiste. Mani machte sich später zu einer Initiationsreise nach Indien auf und kehrte schließlich, mit einem nun vollständigen Weltbild ausgestattet, nach Ktesiphon zurück. (Dank der vorzüglichen Straßen und Transportwege, die das Iranshahr unterhielt, war das von Mesopotamien nach Indien beinahe ein Katzensprung. Was uns daran erinnern mag, dass der Vordere Orient der Spätantike auch zum natürlichen Einflussgebiet östlicher, asiatischer Religionen zählte.)

»Sie behaupten, dass sich das Versprechen unseres Herrn Jesus Christus über den Tröster, den Heiligen Geist, durch den Häretiker Manichäus erfüllen wurde. Deshalb nennt er sich in seinen Schriften den Apostel Christi, denn der Herr habe versprochen, ihn zu senden und mit ihm den Heiligen Geist«, so beschreibt ein ehemaliges Mitglied die Lehre der Bewegung. »Sie verurteilen die Ehe und verbieten sie, soweit es in ihrer Macht steht, denn sie lehnen die Fortpflanzung ab«, berichtet der Aussteiger weiter. Wenn die Manichäer dennoch heirateten, versuchten sie wenigstens, die Empfängnis zu verhindern, damit die göttliche Substanz nicht im Verderblichen, dem Fleisch gefangen werde.

Der Autor dieser Zeilen musste es wissen, denn es war kein anderer als Augustinus von Hippo, der den Lehren Manis im Jahr 387 abschwor, sich taufen ließ und später zu einem der großen Kirchenväter werden sollte.

Manis Religion baut auf der Vorstellung auf, dass Gut und Böse, Licht und Dunkel, zwei Gegensätze darstellen, die absolut und nicht zu verändern sind. Er bediente sich dabei wohl beim Weltbild der persischen Zoroastrier und ihrem Dualismus. Wenn man heute »manichäisch« sagt, meint man damit Schwarz-Weiß-Denken. Wer nicht in der Lage ist, komplexe Zusammenhänge zu erfassen, sondern die Welt nur in Gut und Böse einteilt, gilt als Manichäer. So einfach ist es mit dem Manichäismus gleichwohl nicht.

Demnach ist Gott zwar absolut gut, aber weder vollkommen noch allmächtig, denn er hat das Böse nicht geschaffen und vor allem nicht im Griff. Er muss fortwährend mit ihm kämpfen. Und zwar so lange, bis das Licht die Finsternis endgültig besiegt hat. Als wäre das nicht schon genug, kommt noch ein weiteres Problem hinzu: Im Kosmos ist es zu diversen Verunreinigungen gekommen, und damit das Licht obsiegen kann, muss es erst fein säuberlich von den Elementen der Dunkelheit getrennt werden. Eine Sisyphusarbeit – ungefähr so amüsant, als müsse man aus einem Topf mit grüner Farbe die blauen und die gelben Farbpartikel herauslösen. Das Problem des Menschen in dieser Gemengelage: Er ist Fleisch, Materie und deshalb verdammt, weil das Böse seine – gute – Seele leider fest umschlossen hält. Der Mensch soll dies wenigstens nicht noch schlimmer machen und keine Kinder in die Welt setzen, damit nicht noch mehr gute Seelen im irdischen Jammertal gefangen werden. Womit wir wieder beim Gemüse angekommen wären. Pflücken und ernten galt den Manichäern ebenso als Sünde wie das Töten von Tieren. Hier hatte sich Mani womöglich bei den Yogis in Indien inspirieren lassen. Allerdings musste man ja irgendetwas zu sich nehmen. Insofern musste es in der manichäischen Gemeinde solche geben, die um des Überlebens willen lässliche Sünden begingen, und solche, die sich vollkommen rein hielten. Diesen Erwählten kam nun die Aufgabe zu, das Licht aus der finsteren Materie zu befreien.

Manis Methode, das Problem zu lösen, war arbeitsteilig: Die Profanen führten den Erwählten Speisen zu, in denen das Licht gefangen war. Die Erwählten aßen und zerlegten die Materie durch Magensäure und Darmbakterien in ihre Bestandteile. Wenn die Erwählten dann einen ordentlichen Rülpser ausstießen, war das kein Zeichen schlechter Tischmanieren, sondern die Befreiung der Elemente des Lichts von der Materie. Die kam dann irgendwann hinten heraus als das, was sie nach Ansicht der Manichäer ja im buchstäblichen Sinne war.

Nicht auszuschließen, dass der Autor dieses Weltbilds auf seiner Asienreise nicht nur von der Erleuchtung des Buddhas gekostet hatte, sondern auch vom indischen Hanf. Aus heutiger Sicht liest sich vieles, als hätte es ein Hippie im Rausch erfunden. Aber zu Manis Ehrenrettung muss man seine Gedanken folgerichtig nennen: Sie waren offenkundig ein Versuch, die allgemeinen Annahmen über den Kosmos – die im Übrigen nicht nur die Manichäer, sondern auch andere Religionsgemeinschaften teilten – im Detail zu Ende zu denken. Er fragte sich wohl: »Wenn Himmel und Erde so und so beschaffen sind, was folgt dann daraus? Wie kann der Mensch sich darin korrekt verhalten und einen Beitrag leisten?« In Seleukia-Ktesiphon jedenfalls schien seine Lehre auf Gehör zu stoßen: Im Schmelztiegel der Religionen kam es auf eine mehr oder weniger ja auch nicht an.

Ihre Gegner verspotteten die Manichäer, indem sie das eine oder andere Detail ihrer Lehren aussondierten und überzeichnet wiedergaben. Allen voran die christlichen Autoren, denen es besonders missfallen musste, dass Mani Anleihen an die Evangelien nahm und seine »Kirche« mit Bischöfen ausstattete.

Aber etwas muss dem Manichäismus – das Wort kommt vermutlich vom syro-aramäischen »Mani Hayy«, der lebende Mani – eine große Anziehungskraft verliehen haben. Und das nicht nur bei einfachen und unterdrückten Untertanen. In einem dramatischen Bekehrungsgespräch, das manichäische Schriften überliefern, will Mani in Ktesiphon sogar Schah Schapur I. von seiner Lehre überzeugt haben.

Zum Ende der Spätantike fanden sich manichäische Gemeinden nicht nur im Sassanidenreich, sondern auch im Imperium des Erzfeindes: Bis Nordafrika und Frankreich und sogar bis auf die Iberische Halbinsel gelangte die Botschaft aus Ktesiphon. Und das, obwohl die Manichäer dort von Beginn an als gefährliche subversive Elemente angesehen wurden. Wenn über die große Christenverfolgung Kaiser Diocletians zu Beginn des 4. Jahrhunderts gesprochen wird, so geht dabei meist unter, dass sie sich auch gegen die Manichäer richtete. Denn spätere christliche Kaiser sahen in ihnen nicht nur irgendwelche spinnerten Ökos, sondern eine echte Gefahr für die Ausbreitung des christlichen Glaubens. Während einer Verfolgungswelle trat auch Augustinus zum Christentum über. Der heiliggesprochene Autor des christlichen Standardwerks *Der Gottesstaat* war offenbar pragmatischer, als es scheint. Augustinus übernahm allerdings auch einige Gedanken aus dem Manichäertum – wenn auch wohl nicht die besten. So postulierte er die Erbsünde des Menschen und die Ablehnung der körperlichen Liebe. (Womöglich büßen seitdem Milliarden Gläubige mit für Augustinus Schuldgefühle. Er hatte eine Haushälterin geschwängert und ein uneheliches Kind gezeugt, was wohl zeitlebens an ihm nagte.)

Wie viele seiner Anhänger starb auch Mani angeblich für seinen Glauben. Der Einfluss des Manichäismus auf die sassanidischen Eliten berührte die Staatsräson. Wären andere dem Beispiel Schapurs gefolgt, so hätte nichts weniger als die zoroastrische Staatsreligion, die das System legitimierte, zur Disposition gestanden. Schapurs Nachfolger auf dem Sassanidenthron erkannten die Gefahr, die von Manis Lehre für die Politik ausging. Auch wenn die Manichäer die Gewalt ablehnten: Mit einem Volk aus Gemüse kauenden Herumsitzern, die alles Irdische verdammten, konnte man das Bruttosozialprodukt nicht steigern. Und gewiss kein hochgerüstetes Imperium betreiben. In der Residenzstadt Gundischapur im heutigen Iran lockte man Mani angeblich in die Falle und ließ ihn zwei Wochen ohne Nahrung angekettet. Einige der Anhänger Manis erklärten später, ihr Heiland sei gekreuzigt worden. Dafür wiederum gibt es keine historischen Belege. Es passte den Sassaniden wohl auch besser, keinen Skandal zu machen, sondern den Befreier des Lichts einfach im Dunkeln verschwinden zu lassen. Manis Lehre aber zog weiter. Entlang der Seidenstraße, mit der Ktesiphon verbunden war, kehrte sie dorthin zurück, woher sie wahrscheinlich gekommen war: nach Süd- und Zentralasien. Und von da weiter nach China, wo archäologische und kunsthistorische Funde vermuten lassen, dass es dort noch im späten Mittelalter Manichäer gab.

So ging es Manis Lehre wie dem Sassanidenreich: Beide entfalteten eine gewaltige Wirkung. Heute sind sie verschwunden. Und nur noch ein paar schöne Kleinodien erinnern an ihre große Zeit. Wer aber den letzten lebenden Erben ihrer Epoche begegnen will, muss von Seleukia-Ktesiphon weiter nach Süden reisen. An den Unterlauf des Tigris, im Südirak.

12
Amara

BEI DEN LETZTEN MANDÄERN IM IRAK

Der Täufer Johannes und die Kinder des Lichts.

Der Junge weint. Er mag den feierlichen Anlass wohl verspüren. Aber an diesem Sonntag hat er nicht die geringste Lust, in den Lehm am Flussufer des Tigris zu steigen und sich dreimal mit dem Kopf untertauchen zu lassen. So wie es Sitte ist seit alters her. Einmal für den Körper, einmal für die Seele, einmal für den Geist. Es ist Sonntag in Amara, ein gewöhnlicher Sonntag im September, und die kleine Gemeinde der Mandäer hier im Südirak nahe der iranischen Grenze ist zahlreich erschienen. Amara liegt am östlichen Rand einer Urlandschaft, der Marschen mit ihren endlosen Schilfsümpfen, wo einst der Garten Eden gelegen haben soll. Am Flussufer steht ein verwitterter Baldachin. Daneben eine Hütte, in der die Diener der Gemeinde rituelle Speisen zubereiten, sowie das heilige Brot für den Gottesdienst. Etwa 20 Männer haben ihre weißen Kleider für das Ritualbad angezogen. Auf den Bänken daneben einige Frauen, die dem Treiben mal gelangweilt, mal vergnügt zuschauen. Auch sie werden heute noch zur Taufe gehen. Scheich Nizam Kreidi, der Vorsteher der Gemeinde, hat zuerst seinen Assistenten getauft, der eigens aus dem zwei Autostunden entfernten Basra angereist ist.

Nun gehen murmelnde, andächtige Gebete und Beschwörungen über in argloses Geplauder und gelegentliche Frotzeleien. Man hat sich eine Weile nicht gesehen und sich – teilweise – vermisst. Bei den Männern der Mandäer geht es zu wie bei einer

Kirchengemeinde in Wuppertal oder einem Boßelclub in Buxtehude. Da gibt es Ältere und Jüngere, Dickere und Dünnere, Gebildete und Einfache, Schweigsame und sehr Gesprächige, solche mit guten Zähnen und jene mit schlechten. Engagierte, für die das Gemeindeleben das Highlight der Woche darstellt, und solche, die eigentlich keine Lust hatten zu kommen, aber die anderen nicht hängen lassen wollen. Jeder hat seinen Platz und gehört dazu. »Raus hier, du bist nicht dran«, fährt der Scheich einen Glaubensbruder an, der hinter ihm ins Wasser steigt. Dann geht er wieder über zu einem magischen Spruch. Jäh wird die Szene wieder biblisch und würdevoll, und ich frage mich, ob es stimmt, was die Mandäer sagen: So taufte der Eremit Johannes im Jordan viele Menschen – und erkannte einen davon, einen Zimmermann aus Nazareth in Galiläa, als den Messias. Bei diesem Anblick kann man es sich lebhaft vorstellen.

»*Yahya as-Sabagh* – Johannes der Täufer«, nennen ihn die Mandäer. Wobei umstritten ist, ob man das Ritual der »Sabagha« tatsächlich »Taufe« nennen sollte. Oder ob es zwar dieselben Ursprünge aufweist, dafür aber eine andere theologische Bedeutung hat und damit einen anderen Zweck. So ist es bei den Mandäern: Für Menschen mit christlicher Prägung mag vieles auf den ersten Blick vertraut wirken. In Wirklichkeit aber handelt es sich um eine eigene Religion, die mit dem Christentum nur oberflächliche Gemeinsamkeiten hat.

Schon das Symbol der mandäischen Religion erinnert – oberflächlich – an ein Kreuz. Aber es heißt *drabsha* (auf Arabisch *darfash*) und könnte ebenso gut eine Art Kleiderständer sein. Darüber hängt, womöglich zum Trocknen, ein Gewand aus weißer Seide. Die Seide steht für das göttliche Licht, die vier Enden des Gestells für die vier Himmelsrichtungen und vier Ecken des Universums.

Über die Ursprünge der mandäischen Religion wurde sehr viel spekuliert. Ihr Bezug zu Johannes dem Täufer legt nahe, dass sie aus den sogenannten Johannesjüngern hervorgegangen sind. Diese

Täuferbewegung könnte einmal weit einflussreicher gewesen sein als das Christentum. Unter den charismatischen Predigern, die während des ersten Jahrhunderts im Heiligen Land unterwegs waren, dürfte Johannes der mit Abstand prominenteste gewesen sein. Es brodelte seinerzeit in der römischen Provinz Judäa. Das Reich des römischen Vasallen Herodes und seiner unfähigen Söhne war erschüttert; Bußprediger, Reformer, aber auch bewaffnete Extremisten zogen durchs Land. Man sah das Ende der Welt nahen (eine Überzeugung, die, wie wir gesehen haben, von Menschen der unterschiedlichsten Zeitalter geteilt wurde).

Kurios, aber nicht abwegig scheinen ihre Speisevorschriften, wenn man bedenkt, dass die Mandäer gehalten sind, in der Nähe eines fließenden Gewässers zu wohnen. Nicht, wie im Nahen Osten weithin üblich, Lammfleisch, sondern Ente steht auf dem Menü. Auf Reliefs und rituellen Darstellungen sieht man mandäische Priester, wie sie die Wasservögel schlachten. Während ich auf den Beginn der Zeremonie warte, serviert man auch mir ein Stück davon. Speisereste werden in den Fluss geworfen und damit in den Kreislauf des Lebens eingespeist. Lange bevor der Begriff »Nachhaltigkeit« Einzug in das Vokabular der modernen Menschheit hielt, lebten die Mandäer schon in diesem Sinne. Man trinkt Wasser nicht aus Plastikflaschen, sondern direkt aus dem Fluss. Stehendes Wasser ist tot, nur fließendes kann Leben spenden. Bedenkt man den Zustand des Flusses Tigris, an dessen Gestaden die Mandäer an diesem Sonntag wieder ihren Gottesdienst abhalten, ist wohl das Gegenteil der Fall: Der Gehalt an Schwebstoffen im Tigris überschreitet in Bagdad die zulässige Menge um das Doppelte, mit 73,5 Milligramm pro Liter: Chlor, Fluor, Schwefel- und Stickstoffdioxid, Ammonium, Phosphat, Aluminium und weit giftigere Chemikalien.[156] Müll, Abwässer von Haushalten, Fabriken, Laboren und Krankenhäusern, ja sogar Ölanlagen und Raffinerien werden im Irak zum Teil noch hemmungslos im Fluss entsorgt.

Traditionsbewusste Mandäer hält es nicht davon ab, dem Vater Tigris dadurch ihre Ehrerbietung zu erweisen, dass sie ihn trotzdem durch sich hindurchfließen lassen. »Mir kommt nichts anderes ins Haus«, sagt Sheikh Nizam Kreidi, der in Amara an diesem Tag die Taufe zelebriert. Die Reinheit der Flüsse zu bewahren ist eine religiöse Pflicht der Mandäer, weshalb man ihren Glauben wohl als eine Art Ökotheologie betrachten könnte. Wenn man hierzulande grünen Kreisen unterstellt, sie hätten den Umweltschutz zur Religion erhoben, würden die Mandäer dem entgegenhalten, dass es ohne Umwelt keine Religion gibt.

Wer Wasser verschmutzt, hat dem mandäischen Katechismus nach mit schwerer Strafe zu rechnen, so erklärte es mir vor meinem Besuch in Amara das Oberhaupt der Mandäer in Bagdad, Scheich Sattar Helou Zahrony. Links und rechts des Flusses wachen zwei Engel über das Gewässer. Gebe Gott, dass sie die Gläubigen, die sich hier tapfer am Tigriswasser laben, auch vor Krankheiten beschützen!

Die Taufe ist etwas Alltägliches, aber umso strenger folgt sie bei den Mandäern einer Liturgie. Nachdem alle Mitglieder der Gemeinde dreimal untergetaucht wurden, sitzen sie nun einträchtig in Reih und Glied auf Bänken am Gestade. An diesem Septembertag hat ein warmer Wind von Westen seine volle Kraft entfaltet. Wo eben noch tropfnasse Gewänder an den Leibern der Männer hingen, wehen jetzt schon weiße Linnen. Sheikh Nizam verteilt Krumen aus heiligem Brot, das mit dem Wasser des Tigris angefeuchtet wurde. Wie eine Art Oblate reicht er den Gläubigen die Klumpen, die sie andächtig zerkauen. Anstelle eines Messweins macht nun Wasser und Sesamöl die Runde.

Unter dem Turban auf der Stirn tragen sie Ringe aus Myrtenblättern – ein einfaches, aber heiliges Gewächs, das die Regeneration, den Zyklus des Lebens und die Ewigkeit symbolisiert. Es bleibt lange grün, auch wenn man sie vom Wasser trennt. Myrte kann ätherische Wirkung entfalten – in Europa ist sie als Gewürz bekannt. Einer aus der Emilia-Romagna stammenden Spezialität namens »Myrtatella« (Mortadella) verleiht sie nicht nur ihren Namen, sondern auch ihren einzigartigen Geschmack. Und um nun nicht in die Historie von Brühwurst abzudriften: Die zeremonielle Nutzung der Myrte ist im antiken Griechenland, ebenso wie im Judentum und in den mesopotamischen Kulturen, bezeugt. Hier schmückte man mit Myrte die Heiligtümer der Liebesgöttin Aphrodite, dort flocht man sie in den rituellen Strauß zum Laubhüttenfest (Sukkot). In Babylon, so berichten jüdische Quellen aus der späteren Antike, durften Myrtenblätter weder bei fröhlichen noch bei traurigen Anlässen fehlen: Man legte sie bei Bestattungen zu den Toten und flocht sie in den Baldachin, der die Braut während der Vermählungszeremonie vor der Sonne schützte.

Über die Ursprünge der Mandäer kursierten im Laufe der Jahrhunderte diverse Theorien, ebenso darüber, wann diese Religionsgemeinschaft eigentlich entstand. Die theologische Antwort der Mandäer ist die einfachste: »Wir waren die Ersten«, sagt ein Gläubiger der Gemeinschaft. Die Umsitzenden pflichten ihm nickend bei. Demnach sei der mandäische Glaube derjenige, der mit der Schöpfung entstand, genauer gesagt: an jenem Tag, an dem Gott Adam, den ersten Menschen – und ersten Mandäer – schuf. Eine besondere mythologische Rolle kommt nicht nur Adam und Eva (Hawa) zu, denen Erkenntnis (Manda) und Erlösung zuteilwerden soll, sondern auch Abel (auf Aramäisch Hibil): Der Name des jüngeren Sohnes des ersten Menschenpaars der Schöpfung ist laut biblischer Tradition mit einem Brudermord verbunden. Abel wird vom eifersüchtigen Kain erschlagen. (Abels Brandopfer war beim Allmächtigen besser angekommen, da der Rauch gerade abzog und nicht seitlich. Das hatte Kain nicht auf sich sitzen lassen können.) Bei den Mandäern ist der Name dieses Märtyrers mit

Hibil Ziwa verbunden, einer engelsgleichen Lichtgestalt, die den Menschen beisteht und sie gegen die Macht der Dämonen verteidigt – vergleichbar mit dem Erzengel Gabriel in der christlichen Geschichte.

Bei den Kulturen des Alten Orients gab es eine Reihe solcher Licht- und Himmelswesen. In der mandäischen Tradition heißen sie Uthra, und Hibil ist der höchste seiner Zunft. Auf der anderen, der dunklen Seite, steht gleichwohl eine Armee an Kräften bereit, um den Menschen und allen Dingen Schaden zuzufügen: Ihnen vorstehen der Dämon Ur, ein schlangenhaftes Seeungeheuer, und dessen weibliches Pendant Ruha, welche zugleich Mutter, Schwester und Gemahlin dieses Scheusals ist. Bei dieser explosiven Mischung kann man sich vorstellen, warum die Mandäer in Flüssen die Taufe empfangen, aber den Ozean meiden. Die Welt jedenfalls ist nicht gerade ein perfekter Ort: dahingeworfen von einem ebenso fehlerhaften Schöpfer, einem Demiurgen, halbfertig und voller Konstruktionsfehler. Daher müssen die Kräfte des Lichts auf dem *Quivive* sein, um die Menschenseelen zu läutern und vor der Dunkelheit zu retten. So gehorchen sie also dem Lichtkönig – und für die oft verfolgten und misstrauisch beäugten Mandäer war es am einfachsten, diesen Lichtkönig (Mana rubre) ohne viel Aufhebens mit Gott dem Allmächtigen gleichzusetzen. Das schützte sie immerhin vor dem Vorwurf der Juden, Christen und Muslime, sie seien Heiden.

Ihre berühmte Schriftensammlung ist das Pendant zu einer Heiligen Schrift. Als die muslimischen Eroberer die Siedlungsgebiete der Mandäer verwalten und besteuern wollten, legte sie zwei Kriterien an: Akzeptierte Minderheiten mussten zum einen zu Gott beten – und zwar nicht zu irgendeinem – und darüber hinaus Schriftbesitzer (Völker des Buches – Ahl al-Kitab) sein, also einer Offenbarung folgen.

Der Koran erwähnt einige Religionsgemeinschaften ausdrücklich als gottgefällig, wobei umstritten, wenn nicht sogar unwahrscheinlich ist, dass die Mandäer darin vorkommen. Neben Juden und »Nazoräern« (Al-Nasara), also einer bestimmten Art von Christen, ist in ihm von »Sabiern« die Rede. Um ihren Glauben haben sich die Muslime demnach nicht zu kümmern, denn Gott hat mit ihnen noch etwas vor. So sind die Mandäer auch im Standardkatalog der arabischen Literatur aus dem 10. Jahrhundert erwähnt, den ein Buchhändler namens Ibn an-Nadim verfasste (*Al-Fihrist*). Sie werden »Al Sabi'un«, die Sabier, genannt – so wie eine nicht weniger geheimnisvolle, allerdings inzwischen ausgestorbene Religionsgruppe aus Nordmesopotamien, mit der wir uns später noch befassen werden.

Die Gemeinschaft der Mandäer im Irak nennt sich heute auch die »mandäisch-sabische«, hat also die von den Muslimen verwandte arabische Fremdbezeichnung angenommen. Es könnte sein, dass die Mandäer hier pragmatisch vorgingen und damit zum Ausdruck brachten: Wir sind jene Sabier, die schon der Koran erwähnt, also lasst uns in Frieden unseres Weges gehen, und mischt Euch nicht in unsere Angelegenheiten ein. War es so, dann kamen die Mandäer, wie wir noch sehen werden, nicht als Einzige auf diese hervorragende Idee.

Eine solche Geschichte der Anpassung durchlebten womöglich auch die heiligen Schriften der Mandäer, etwa das sogenannte *Adamsbuch*, welches die mandäische Priesterschaft auch als »*Ginza Rabba* – großer Schatz« bezeichnet. Ganz gegen die Gewohnheiten der anderen Schriftbesitzer, der Juden, Christen und Muslime, ist dieser Kanon so aufgebaut, dass man ihn von links nach rechts und von rechts nach links aufschlagen kann. In die eine Richtung enthält es Texte über die Beschaffenheit der Welt und die Mythologie der Mandäer, in die andere Gebete und Totengesänge. Einige Forscher sind der Überzeugung, dass die Kultur einer Heiligen Schrift erst mit den muslimischen Eroberern Einzug bei den Mandäern hielt – um sich eben als Schriftbesitzer zu legitimieren.

In den 1970er-Jahren entdeckte der Historiker Fuat Sezgin die arabische Abschrift des Berichts eines syrisch-christlichen Bischofs über die Mandäer. In diesem *Buch der Zeichen* genannten Werk aus dem 10. Jahrhundert weiß ein gewisser Hassan Bar (oder Bin) Bahlul Folgendes zu den Sabiern zu berichten: »Sie glauben nicht an die Auferstehung des Leibes, aber an jene des Geistes. Als Entlohnung kennen sie den Garten oder das Feuer.«[157] Ihre Männer seien nicht beschnitten, ihre Frauen blieben von der Exzision verschont. In jedem Fall gilt es heute als wahrscheinlich, dass die Mandäer mit den Christen nicht nur das Ritual der Taufe teilen, sondern auch eine ähnliche Ursprungsgeschichte haben: als Nachfahren einer jüdischen Sekte, womöglich einer, die sich selbst einmal Nazoräer nannte und aus dem Dunstkreis der frühen christlichen Bewegungen hervorging.[158] Dies könnte eine Bewegung sein, die sich um das Jahr 100 um einen charismatischen Führer namens Elchasai geschart hatte und danach als Elkasaiten bezeichnet wurde. Aus ihr war Mani, der Gründer des Manichäismus hervorgegangen. Und die Elkasaiten waren eine von vielen Strömungen in jener Zeit des frühen Christentums. Der Kirchenvater Epiphanius berichtet von einer ähnlichen Täuferbewegung, den »Hemerobaptisten, bei denen der Waschzwang angeblich so ausgeprägt gewesen sei, dass sie auch Kleider und alles Bewegliche, unter Umständen sogar das Haus selbst, tagtäglich mit Wasser reinigten.«[159]

Sind die Mandäer folglich mit dem Christentum verwandt? Diese Frage lässt sich nur insofern beantworten, als beide Religionen einen gemeinsamen Stammbaum besitzen. Die frühen Schriften der Mandäer richten sich wiederum aber explizit gegen christliche – und jüdische – Vorstellungen: einerseits die Gottessohnschaft Christi, was im Nahen Osten mit seinen vielen christlichen Strömungen allein nichts Ungewöhnliches wäre. Sie stellen aber andererseits auch in Abrede, dass Jesus überhaupt ein nennenswerter Prophet gewesen sei, dem man Gefolgschaft leisten müsse.

Ein sensibles Thema, auch für die mandäische Gemeinde, die ich an jenem Sonntag im September in Amara treffe. »So taufte der Prophet Johannes den Herrn Jesus, Gott schenke ihm Frieden«, sagt mir der Gemeindevorsteher stolz, als einer der Gläubigen im Tigris untertaucht.

Beide, Täufer und Täufling, hocken der Strömung zugewandt im Fluss, der Täufling rechts versetzt hinter dem Täufer. Der Täufer hat die rechte Hand auf der Stirn des Täuflings abgelegt und drückt dessen Gesicht dreimal hintereinander in den Tigris. Das Ritual ist beendet, wenn der Täufling nach der auf den Rücken gelegten linken Hand des Täufers greift, so als werde er von diesem wieder aus dem Fluss gezogen – vom Tod zurück ins Leben. Der Gemeindevorsteher schaut mich erwartungsvoll an. »Siehst du, er war derjenige, der Jesus taufte«, wiederholt er, um mir noch einmal deutlich zu machen, dass es eine logische Hierarchie zwischen Johannes dem Täufer und Jesus von Nazareth gibt.

Die Mandäer haben ein Interesse am Dialog der Religionen. Als religiöse Minderheit mussten sie in Jahren von Gewalt und Bürgerkrieg viele Opfer hinnehmen. Immer wieder wurden sie zum Ziel religiöser Fanatiker oder auch marodierender Gruppen, die es auf ihr Gold abgesehen hatten und sich zur Plünderung legitimiert sahen, weil die Mandäer in ihren Augen ohnehin keine Muslime, sondern Ungläubige waren. Insofern ist die Politik, für die unter anderem Scheich Sattar Jabbar Helou Zahrony zuständig ist, eindeutig eine der Ökumene und des Dialogs: Man betont Gemeinsamkeiten mit Christen, Juden und Muslimen und möchte nicht spalten. Deshalb ist auch die Haltung gegenüber Jesus und Mohammed eine, die diplomatisches Geschick erfordert. Sollten die Mandäer den christlichen Erlöser für einen Hochstapler, einen falschen Propheten halten, werden sie dies nicht öffentlich sagen. Sie betonen stattdessen, dass das Mandäertum den Glauben an den einen Gott predigt.

In ihrer Entstehungszeit, zwischen dem 2. und dem 4. Jahrhundert, dürfte das anders gewesen sein. Abgrenzung und Alleinstellungsmerkmal mussten geschaffen werden. Mandäer gegen Juden, Juden gegen Christen, Christen gegen andere Christen. Mit den Juden teilten die Mandäer die Ablehnung der Verehrung Christi, mit den Christen die strikte Zurückweisung der Beschneidung. Die mandäischen Gesänge zeugen von großer Distanz gegenüber den Juden und ihrer Verehrung Jerusalems als Heimstätte des wahren Gottes, was manche Beobachter zu der Annahme verleitete, die Mandäer seien Nachfahren der schon in der Bibel erwähnten Sekte der Samaritaner, die nicht in Jerusalem, sondern in Sichem in Judäa beteten.

Der Christus, den die Mandäer ablehnen und gegen den sie polemisieren, ist offenbar nicht der jüdische Rabbi, der Anfang des 1. Jahrhunderts durch Palästina wanderte und dabei unter anderem dem Täufer Johannes begegnete. Vielmehr ist damit der Christus der kirchlichen Dogmen gemeint, der zwischen Religionsstifter und Wesen mit göttlicher und menschlicher Natur wandelt und deutlich überhöht ist. Ihre Ablehnung dieser Darstellung Christi wiederum kann darauf hinweisen, dass die Mandäer den Mann Jesus von Nazareth gar nicht kannten, sondern nur das Jesusbild der christlichen Kirchen (so wie die meisten christlichen Autoren auch).

Forschungen zu frühen mandäischen Zaubersprüchen, Inschriften in Gefäßen und Amuletten datieren die frühsten dieser Artefakte auf das 3. oder 4. Jahrhundert.[160] Archäologie und Kunstgeschichte können auch deshalb nur wenig Aufschluss über die Ursprünge der Mandäer geben, weil ihnen etwas Entscheidendes fehlt: Sakralbauten, Tempel, Götterstatuen. Das ist im mesopotamischen Kontext einerseits bemerkenswert, zeigt aber auch die Nähe zu christlichen und jüdischen Traditionen. Die Zauberschalen, die wir aus der jüdischen Tradition der sassanidischen Epoche kennen, sind denen der Mandäer ähnlich. Und vielleicht ist dies eines ihrer Erfolgsgeheimnisse: Denn zu jener Zeit, als das

Mandäertum im Orient florierte, waren Tempel, Pilgerstätten und Götterstatuen schlecht angesehen. Die Sassaniden, die in Mesopotamien und über seine Grenzen hinaus herrschten, hatten mit allzu prächtigen Kultstätten anderer Religionsgruppen tatsächlich ein Problem.

Die Mandäer aber taten etwas Einzigartiges: Sie überlieferten die Traditionen des Alten Orients in unsere heutige Zeit – und das über wechselnde Herrschaften und wandelnde Religionsvorstellungen hinweg. Denn neben der christlich-jüdischen Verwandtschaft gibt es zweifellos noch weitere Inspirationsquellen: Babylon und die antiken mesopotamischen Kulturen. Schließlich beherrschen die Mandäer deren Sprache.

Dass die aramäische Sprache heute beinahe ausgestorben ist, lässt uns schnell über ihre Bedeutung hinwegsehen: Aber zwischen dem 5. vorchristlichen und dem 10. nachchristlichen Jahrhundert dürfte diese semitische Sprache, die noch heute von den Mandäern verwendet wird, in ihren verschiedenen Dialekten und Varianten die bedeutendste gewesen sein: als *lingua franca* von den Gipfeln des iranischen Zagrosgebirges bis ans Mittelmeer. Während man im Alten Orient Assyrisch, Elamisch oder das Pahlavi genannte Mittelpersisch in Keilschrift prägte, war das Aramäische eine Schreibschrift, die man schnell und günstig auf Palmblätter, Holz und Pergamente kritzeln konnte. Aramäisch in Wort und Schrift dominierte in den Reichen der griechischen Seleukiden, der Parther und der Sassaniden. Auch in islamischer Zeit, nach der Arabisierung der Verwaltung Ende des 7. Jahrhunderts, blieb das Aramäische bestehen.

Einem größeren westlichen Publikum dürfte der Klang dieser Sprache erst zu Ohren gekommen sein, als der umstrittene Schauspieler und Regisseur Mel Gibson die Darsteller in seinem Filmepos *The Passion of the Christ (Die Passion Christi)* Aramäisch sprechen ließ – die Alltagssprache des Herrn. Semitisten unterscheiden allerdings zwischen verschiedenen Varianten und unterteilen sie mitunter in Ost- und Westaramäisch. Das eine sprach man im zunehmend unter den Einfluss des christlichen Byzanz geratenen westlichen Teil des Nahen Ostens, das andere im Sassanidenreich.

Manche deuteten die Tatsache, dass die liturgische Sprache der Mandäer mit jener des späten babylonischen Reiches identisch oder zumindest eng verwandt ist, als Beweis dafür, dass die Religion der Mandäer aus babylonischen Zeiten stammt. Das kann man zurückweisen, oder aber versuchen, sich zu vergegenwärtigen, wie die mesopotamische Welt des 2. und 3. Jahrhunderts ausgesehen hat. Natürlich war das Reich der Chaldäer, wie das späte babylonische Reich genannt wird, seit dem 6. Jahrhundert v. Chr. Vergangenheit. Aber die Stadt Babylon blühte noch bis in die hellenistische Zeit und die babylonische Kultur lebte fort.

Wir blicken heute auf historische Jahreszahlen und orientieren uns an Schlachten und Eroberungen, um zu ergründen, wie sich der Fortlauf der Geschichte ereignet haben mag. Aber mit politischen und militärischen Ereignissen, so einschneidend sie auch sein mögen, verschwinden keine Kulturen über Nacht, und es entstehen selten neue, nur weil die neuen Herrscher es verordnen. Noch bis ins 10. Jahrhundert hinein – und vermutlich darüber hinaus – huldigten Bewohner des islamischen Imperiums unweit der Hauptstadt Bagdad jenen Gottheiten, die aus den Kulturen des alten Mesopotamiens überliefert sind.[161]

Auskunft darüber geben die geheimnisvollen Bleischriftrollen, auf die mandäische Priester Zauber- und Beschwörungsformeln prägten. So konnten die Sprüche nur gelesen werden, wenn man Tinte auf die Rollen strich und sie ausrollte. Einige von ihnen sind kaum mehr als 3,5 Zentimeter lang und steckten in Amuletten – sie werden heute von Forschern mit Computertomografen gescannt und entziffert.[162] Darin tauchen immer wieder Namen der großen mesopotamischen Gottheiten auf: Schamasch (Schams), der für die Sonne steht, Sin, der Gott des Mondes, und Ischtar (Delibat), die Venusgöttin. Mal finden sie sich als Götter, ein anderes

Mal als Planeten, dann sogar als Dämonen wieder. Auch die Mandäer weisen ihnen, wie es in babylonischen Zeiten üblich war, bestimmte Wochentage zu.[163]

Die Mandäer heute mögen nicht die Ischtar, den strahlenden Schamasch oder den bleichen Sin als Götter verehren, wie einst das Volk von Babylon. Aber der Lauf der Sterne und Planeten bestimmt ihren liturgischen Kalender noch immer. Und die Konstellation der Gestirne entscheidet auch heute über den günstigsten Zeitpunkt für eine Ehe oder die Zeugung eines Kindes. In der medizinischen Astrologie der Babylonier gab es darüber hinaus sogar Sternbilder, in deren Zeichen sich Schlangenbisse vermeiden oder Gerichtsprozesse gewinnen ließen. (Man nimmt heute an, die Menschen hätten einen vollen Terminkalender, während sie sich früher in Müßiggang übten. Bedenkt man das Planungswesen der Babylonier, muss man vermuten: So mancher litt unter Freizeitstress.)

Auch die mandäische Astrologie geht weit über das hinaus, was man landläufig als Horoskop- oder Sternengläubigkeit aus Europa kennt. Zu viele schurkenhafte Geister und Dämonen treiben sich herum zwischen den Sphären, als dass man sich hier eine Unachtsamkeit erlauben könnte. Auskunft über den Lauf der Gestirne geben die mandäischen Priester – womöglich so, wie es in babylonischer Zeit geschah, denn damals waren die Gottheiten den Planeten, beziehungsweise die Planeten den Göttern zugeordnet, und Tempel dienten als Observatorien.

Ein kurioses Objekt, ein Talisman, führt uns auf die nächste Spur nach Babylon: Es wird »Skandule« genannt, und darauf prangen vier Tierzeichen. Ein mächtiger Löwe, mit Mähne und erhobenem Schwanz, der vielleicht nicht zufällig an einen Artgenossen in Berlin erinnert: Hier, im Vorderasiatischen Museum, prangt er, aus prächtig glasierten Ziegeln, vom Ischtar-Tor, dem Stadttor Babylons, das Nebukadnezar für den Gott Marduk baute. Der babylonische Löwe ist ein Attribut des Königs und zugleich der Göttin

Ischtar mit ihren Fachgebieten der Liebe und der Erotik, aber auch der des Krieges. Auf einer der geheimnisvollen mandäischen Zauberschalen heißt es: »wie die Göttin Delibat (Ischtar) … einen Löwen reitend und in ihrer Hand eine Lanze haltend.«[164] In der mandäischen Mythologie aber steht der Löwe für die Macht des Krun, eines Herrn der Unterwelt, auf dessen unförmigem, massigen Körper die Welt ruht. Ob der männliche Löwe uns daran erinnern soll, dass Krun, wie dieser, die meiste Zeit faul herumliegt, aber plötzlich sehr gefährlich werden kann?

Das nächste auffällige Symbol ist eine schwarze Schlange, die sich kreisförmig um das Geschehen legt. Sie verkörpert Ur, das Ungeheuer der Unterwelt. Es mag sein, dass man sie nur aus dekorativen Gründen so platziert hat, aber die Gestalt erinnert unwillkürlich an die »Schlange der Ewigkeit«, wie sie in magischen und esoterischen Kulten über die Jahrhunderte und bis heute auftaucht. Die sakrale Kunst in Indien kennt Kirtimukha, ein schlangenhaftes Monster mit hervorstehenden Augen, das seinen eigenen Hinterleib verschlingt. Etwas positiver konnotiert: Die aus der ägyptischen Mythologie überlieferte Schlange, welche die Griechen als Ouroboros bezeichneten, was – pardon – wörtlich »Schwanzverzehrender« bedeutet; ein Symbol für Vollkommenheit, ohne Anfang oder Ende. Wobei man im Falle Urs bei den Mandäern wohl eher von einem Schrecken ohne Ende sprechen müsste, womit wir eher bei der indischen Ausgabe des Schlangenmonsters wären.

Weniger prächtig, aber nicht weniger lästig: die beiden letzten Bewohner des mandäischen Amuletts, die meist zusammen in Erscheinung treten. Der Skorpion und die Wespe, die auch eine Hornisse sein könnte. Mit beiden wollte man im nahöstlichen Alltag möglichst wenig zu tun haben und auch die Mythologie erzählt von ihren Stacheln: Man denke nur an die Furcht einflößenden Skorpionmänner aus dem sumerischen Gilgamesch-Epos, die halb Homo sapiens, halb Spinnentier, vor dem Reich des Sonnengottes Schamasch Wache schieben! Auf dem Skandule könnten sie für Hag und Mag stehen, zwei geisterhafte Wesen, die laut der Heiligen Schrift der Mandäer das Reich der Dunkelheit bewachen.

Zur Hochzeit, so erzählt mir einer der Täuflinge an jenem Septembertag in Amara, erhält jedes mandäische Paar ein solches Amulett. Es soll Ärger vom Haus fernhalten, denn es steht für die Mächte der Finsternis, vor welchen sich anscheinend sogar die Dämonen fürchten.

Während ich die Männer bei der Sabagha beobachte, frage ich mich, wie sehr die rituellen Handlungen symbolisch zu verstehen sind. Oder ob sie magische Bedeutung haben. Ist es das, was die Mandäer aus der Welt des Alten Orients zu uns hinübergerettet haben? Die buchstäbliche Magie?

Inwiefern zwischen Magie und Religion zu unterscheiden ist und wie die Grenzen verlaufen, ist seit geraumer Zeit ein Gegenstand wissenschaftlicher Diskussionen. Etwas vereinfacht ließe sich sagen, dass die Magie einen praktischen Nutzen verfolgt, während die Religion ein System des Übersinnlichen beschreibt. Die Magie ist gewissermaßen viel berechenbarer und folgt einer gewissen Ökonomie, ist dafür aber weniger nachhaltig als die Religion. Mit einem bestimmten Zauberspruch kann man, sofern man an die Wirkung der Magie glaubt, einen Dämon zu einer bestimmten Handlung veranlassen, eine bestimmte Macht entfesseln. Das religiöse Gebet im modernen Sinne dient hingegen eher der längerfristigen Beziehungspflege zwischen Mensch und Gott. Seit jeher gibt es Grenzfälle, die im Auge des Betrachters liegen: Ist es Magie, wenn etwa katholische Gläubige ein Stück vom Kreuz oder Gewand Christi oder die Reliquie eines Heiligen berühren? Oder wenn sie bei einem Großbrand den Heiligen Florian als Schutzpatron anriefen, damit er ihr Haus verschone?

Dennoch ist der Monotheismus, zumal in seiner rationalisierten Form, ein eher ungünstiges Terrain für magische Entfaltung. Es sei denn, er verbindet und überlagert sich mit einer anderen Götter- und Geisterwelt, wie es etwa durch die Ausbreitung des Christentums in die Neue Welt und auf dem Afrikanischen Kontinent geschah.

Wie vermutlich auch in Mesopotamien. Und die Mandäer dürften ein besonderes Ergebnis dieser Entwicklung sein. Die religiöse Welt des Alten Orients bestand, wie wir bereits gesehen haben, aus einem komplexen Geflecht von Göttern, Geistern und Dämonen, die auch untereinander wechselnde Beziehungen miteinander eingingen. Wie unter den Menschen, kann auch ein geringer, missachteter und marginalisierter Dämon großen Schaden anrichten, wenn man gerade am wenigsten mit ihm rechnet. Je schwächer einer ist, desto entschlossener nutzt er die Gelegenheiten. Deshalb muss man auch die »falschen« Geister, wie sie in manchen mandäischen Beschwörungsformeln heißen, mit einpreisen. Und sie nicht vollständig verärgern.

Es brauchte ausführliche Beschäftigung, um die Zeichen zu erkennen, Fachwissen, um aus ihr die Gefahren und Chancen für die Menschen herauszulesen. In einem Kosmos der Götter, Geister und Dämonen kommt man also mit Religion allein nicht weit. Es bedarf der Magier, der Spezialisten fürs Detail. Wissen ist Trumpf, und niemand könnte das besser verkörpern, als ein merkwürdiges Geisterwesen namens Dinanukt, das im *Ginza Rabba,* dem großen Schatz, vorkommt: Dinanukt ist zur einen Hälfte Mensch, zur anderen ein Buch.

Als ich zum ersten Mal von Dinanukt hörte, kam mir der sprechenden Koffer aus der Kinderserie *Siebenstein* in den Sinn. Es gibt wirklich nichts, was die Mythologie der Mandäer nicht schon erfunden hätte. Dinanukt jedenfalls scheint ein Belesener zu sein, aus dem man lesen kann. Wenn Sie in Zukunft zu einem anderen Menschen sagen: »Du bist ein offenes Buch für mich!«, werden Sie an Dinanukt denken müssen. Nachdem er den Mächten der Dunkelheit begegnet ist, kehrt Dinanukt schließlich ein in das Haus des Lichtes, wird in goldenes Geschmeide gekleidet und mit Blumen geschmückt. Womöglich ist diese Geschichte auch ein Hinweis darauf, dass der Weg ins Paradies, in ein gutes Leben nach dem Tod, nicht allein über den Glauben an die Offenbarung führt. Damit es im Garten paradiesisch bleibt, ist Exklusivität notwendig. Und damit der Mensch mit dem göttlichen Wissen kein Schindluder treibt, wird es nur wenigen, moralisch gefestigten zugänglich – wie auf einer Krankenhausstation der Schlüssel zum Betäubungsmittelschrank.

Dieses Wissen, die Erkenntnis, heißt auf Aramäisch »Manda« und gab den Mandäern vermutlich ihren Namen. Ins Griechische übersetzen würde man es mit einem Begriff, der seit jeher die Fantasien anregen und bei manchen frommen Christen den Blutdruck ansteigen lassen: der Gnosis und den Gnostikern.

Manche Forscher rechnen die Mandäer der östlichen, der iranischen Gnosis zu und vermuten, dass es weniger die jüdisch-christliche Tradition war, die ihre Religion geprägt hat, sondern die iranische. Und wenn nicht nur das Judentum, sondern auch das Christentum in einer Welt Gestalt annahm, die vom iranischen Weltbild geprägt wurde, kann dies bestimmt auch für die Mandäer gelten. Ihr Dualismus, die Aufteilung aller Dinge in Elemente des Lichts und der Dunkelheit, erinnert stark an die Lehren Zarathustras. Ebenso die Gewänder und zahlreiche der mandäischen Kultbegriffe. Und auch viele Christen würden sich wundern, wenn sie erführen, wie viel von dieser altiranischen Kultur sich auch in ihren Vorstellungen verankert hat. Denn ohne die Zoroastrier gäbe es womöglich weder die Hölle noch das Paradies.

13
Sulaimaniyya

DIE RÜCKKEHR DES ZARATHUSTRA

Lüge und Wahrheit, Himmel und Hölle und wie eine alte iranische Religion die Welt veränderte.

Die längste Nacht des Jahres verbindet das Feuer mit dem Schöpfer. Denn so heißen die beiden Monate im iranisch-zoroastrischen Kalender. Der 1. Dey (»Schöpfer«) ist der erste Tag des Winters. Laut unserem europäischen Kalender fällt die Wintersonnenwende meistens auf die Nacht vom 21. auf den 22. Dezember. Iraner sitzen am Vorabend und manchmal die ganze Nacht hindurch beisammen, essen, trinken und lassen aufgrund des Winters eine Atmosphäre aufkommen, die manchen in Europa an Advent und Weihnachten erinnert. Sie lesen sich Gedichte eines ihrer großen Nationaldichter vor: Hafez. In Iran und einigen seiner Nachbarstaaten wird die Nacht der Wintersonnenwende »Shab-e Yalda« genannt, die »Nacht der Geburt«, was sich aus einem persischen und einem aramäischen Wort zusammensetzt. Schon das deutet darauf hin, dass dieser hohe Festtag im iranischen Kalender eine interkulturelle Geschichte hat.

Wessen Geburt da gefeiert wird? Am wahrscheinlichsten die der Sonne, die an diesem Datum die Dunkelheit überwindet und sich immer häufiger und immer länger am Himmel zeigt. Es könnte auch, wie viele glauben, die altiranische Lichtgottheit Mithra sein. Oder aber, was auch nicht auszuschließen wäre, hier haben christliche Traditionen ihre Spuren hinterlassen: Schließlich spielte das Christentum im persischen Sassanidenreich, auf dem Kaukasus und in vielen Ländern, in denen heute Shab-e Yalda begangen wird, eine wesentliche Rolle. (Die Iranerinnen und Iraner würden das nicht gelten lassen. Nicht weil sie etwas gegen Christen haben, sondern weil sie der Ansicht sind, dass die iranisch-persische die älteste Kultur ist und alles selbst erfunden hat.)

Am Vorabend dieser längsten Nacht des Jahres regnet es ergiebig. Die Straßen von Sulaimaniyya spiegeln das fahle Licht der wenigen Laternen. Die kurdische Metropole und Hauptstadt einer gleichnamigen irakischen Provinz liegt auf über 800 Metern und ist umgeben von den Bergen des östlichen Kurdistans. Bis zur iranischen Grenze sind es etwa 100 Kilometer Landstraße. Wie bei den Kurden im Nachbarland wird in Sulaimaniyya Sorani, ein Dialekt des Kurdischen, gesprochen. Auf der Karte von Kurdistan mag Sulaimaniyya rechts liegen, was wiederum eine Frage der Perspektive sein muss. Denn in Wahrheit ist »Suli«, wie die Expats, oder »Slemani«, wie die Kurden sagen, das linke Herz des Landes.

Im Kulturzentrum von Slemani herrscht an diesem Abend Hochbetrieb. Vor dem Eingang unter einem Zeltdach sind Stände mit etwas Kunsthandwerk, Honig, Öl und Süßigkeiten aufgestellt. Drinnen im Foyer, aus einem Zweck, der sich mir bis zum Schluss nicht erschließt, werden hier ausgestopfte Tiere verkauft. Ein Fuchs, Fasane, Rebhühner und Kaninchen. Man sieht diesem kurdisch-zoroastrischen Christkindlmarkt an, dass seine Initiatoren für einige Zeit in Europa gelebt haben und den Basar für Selbstgemachtes verinnerlicht zu haben scheinen. (Als Kind sah ich diesem alljährlichen Ritual im Freundeskreis der Eltern stets mit Unbehagen entgegen. Bis heute mag ich keine Trödel- und saisonalen Märkte, auf denen man hauptsächlich Filzhausschuhe, Drechselwaren und handgemachte Seifen feilbietet.) Die Stimmung aber ist gut, Kinder verteilen kleine Geschenktüten mit Nüssen, Rosinen und Dragées.

Auf der Flucht vor dem Basar nach draußen komme ich mit einem freundlichen Mittfünfziger mit Knopfaugen und einem breiten schwarzen Schnurrbart ins Gespräch, der in einem großen Kessel eine Graupelsuppe rührt, die kostenlos verteilt wird. Sofern man es als Gespräch bezeichnen kann. Als ich mit ihm Arabisch sprechen will, winkt er ab. Kurdisch wiederum kann ich nicht – von ein paar Floskeln abgesehen. Und selbst wenn: Er kommt aus der osttürkischen Provinz Van und würde wohl Kurmanji, also »Nordkurdisch« sprechen, anders als die Bewohner Sulaimaniyyas. Irgendwie ist unser beiderseitiges Verlangen nach einem Gespräch aber dennoch groß, und so versuchen wir es mit einer Mischung aus Türkisch, Kurdisch, Persisch und Arabisch, die viele Gesten, aber keinerlei Grammatik braucht. Ich kann dem Mann so viel entlocken, dass er den zoroastrischen Glauben angenommen hat. Der, so berichtet er, sei der beste und älteste. Der Islam jedenfalls sei nicht kurdisch, sondern den Kurden aufgezwungen worden. Von den Arabern. Die wahre Weltanschauung für die Kurden sei die Lehre Zarathustras.

Ich nicke aufmerksam, während unser Gespräch jäh unterbrochen wird. Einige Meter weiter bereitet man eine Feuerzeremonie vor – wobei dieser Begriff vielleicht die falschen Erwartungen wecken könnte. Man stellt einen mobilen Gasofen bereit, der eine prächtige große Flamme schlagen kann. Das geht schneller und ist womöglich auch umweltfreundlicher als Holz. Es herrscht jetzt Hochbetrieb, wenn nicht ein heilloses Durcheinander, denn ein Dutzend Fotografen und Kameraleute haben sich drängelnd und aufeinander fluchend um die Propangasflasche herum aufgestellt. Hin und wieder stolpert jemand über das Kabel, das über die Vortreppe zu einem »Ü-Wagen« gelegt wurde, aus dem heraus eine Liveübertragung des Abends vorbereitet wird. »Wozu der Wirbel?«, frage ich mich. Denn die Zoroastrier hatte ich auf bisherigen Reisen – etwa nach Iran – anders kennengelernt. Zurückhaltend und verschlossen.

Die Meinung, dass der Zoroastrismus die »ursprüngliche« Religion der Kurden sei, ist nicht abwegig. Mit Sicherheit waren altiranische Kulte und Religionen in ihrem alten Siedlungsgebiet weit verbreitet. Einige Gelehrte sind sogar der Ansicht, dass die aus dem Perserreich hervorgegangene Dynastie der Sassaniden kurdischen Ursprungs gewesen sei. Aber die Hinwendung mancher Kurden zum Zoroastrismus ist eine neuere Erscheinung und wird deshalb auch »Neo-Zoroastrismus« genannt – sozusagen eine modernisierte Variante dieser uralten Religion. In den 1930er-Jahren, im Zuge der Erweckungsbewegung der kurdischen Nation, propagierten einige Intellektuelle die Idee, ließen aber schnell davon ab, denn die Kurden waren mehrheitlich – und zu einem Großteil auch praktizierende – sunnitische Muslime.[165] Die Erzählung von den Kurden als Kinder Zarathustras nahm dann aber Fahrt auf, als eine linksnationalistische Untergrundbewegung in den 1980er-Jahren das Thema für sich entdeckte: Die sogenannte Kurdische Arbeiterpartei PKK (seit 2002 offiziell KCK) ermutigte ihre Anhänger, das traditionelle zoroastrische Neujahrsfest auf öffentlichen Plätzen zu feiern – zum Zeichen für die erwachende kurdische Identität in der Türkei, in Syrien und im Irak. Ihr politischer und spiritueller Anführer Abdullah Öcalan erklärte das Zoroastriertum dann auch höchstselbst zur Religion der Kurden.[166]

Das mag insofern widersprüchlich erscheinen, als die PKK eine dem kommunistischen Spektrum zuzurechnende Bewegung ist – und dort hat man von Religion üblicherweise keine hohe Meinung. So berief sich die neo-zoroastrische Bewegung dann auch auf die Werte Zarathustras, nicht auf religiöse Vorstellungen oder gar Dogmen. Ich halte den Moment nicht für sehr angemessen, meinen Gesprächspartner am Suppenkessel zu fragen, wo er politisch stehe. Aber er scheint mir gut in diese Mischung linker, nationaler, säkularer und dem Zarathustra zugewandter Weltanschauungen zu passen. So wie die gesamte Feier an diesem Abend im Kulturzentrum von Sulaimaniyya die Festigung der kurdischen Identität zum Ziel zu haben scheint.

Awat Tayyib, auch Awat Hussamaddin genannt, steht im Zentrum der Veranstaltung. Früher hat sie im irakischen Außenministerium gearbeitet, danach einige Jahre in den Niederlanden gelebt. Ihr ständiger Begleiter ist ein blonder Pekinese (ich sage das unter Vorbehalt, mit Hunderassen kenne ich mich nicht aus), der von ihr und den Kindern in der kleinen zoroastrischen Gemeinde fortwährend geherzt wird und überall herumlaufen darf. Mich erinnert diese Zuneigung zum Vierbeiner, die in muslimisch geprägten Ländern alles andere als üblich ist, an eine zoroastrische Besonderheit. Den *Gatha* zufolge, den alten Gesängen im *Avesta*, dem Heiligen Buch der Zoroastrier, hat der Hund nämlich einen besonderen Platz in der Schöpfungsordnung. Zu Hunden muss man gut sein, denn zwei ihrer Artgenossen bewachen die schmale Brücke ins Jenseits. Wie Zerberusse. Zu ihnen möchte man also gute Beziehungen unterhalten. Dem avestischen »Gesetz zur Verstoßung der Dämonen« zufolge ist es eine schwere Sünde, einen Schäferhund hungern zu lassen – einen zu töten, ist gar ein unsühnbares Vergehen.[167] Starb in alter Zeit ein Zoroastrier, so führte man einen Hund an seinen Leichnam, der ihn beschauen sollte. Denn das Tier wusste angeblich, ob darin noch eine Seele steckte, oder ob sie den Körper bereits verlassen hatte.

Der Priester Asrawan Qadrok und die anderen an den rituellen Handlungen beteiligten Personen tragen an diesem Abend weiße Gewänder und rote Kopfbedeckungen. Qadroks Mütze sieht aus wie das »Zucchetto« genannte rote Häubchen, an welchem man in der katholischen Kirche die Kardinäle erkennt. Es ist das erste Mal, dass ich Rot bei zoroastrischen Priestern sehe und ich vermute, dass es sich dabei um eine Idee der kurdischen Revivalgemeinde handelt. Wer wollte ihnen das verbieten? Auch Awat trägt eine rote Kappe, wie die Flugbegleiterinnen bei der Airline *Emirates*. Sie hat sich, im Einvernehmen mit den anderen, zur zoroastrischen Priesterin ernannt. Und da es keine zentrale Autorität, keinen Vatikan des Zoroastrismus gibt, gilt diese Priesterweihe.

Die kleine Gemeinde von Sulaimaniyya ist quasi eine zoroastrische Freikirche, die sich ihren eigenen Ritus gegeben hat. Dazu gehört eine eigene kurdische Hymne an Zarathustra, die mit Inbrunst und Hand auf dem Herz gesungen wird und die alle – Groß und Klein – inzwischen leidlich auswendig zu kennen scheinen. Ein gemaltes Porträt des Zarathustra hängt über dem Altar. Ein sanfter, bärtiger Mann in weißem Gewand und mit weißem Turban, der die Heilige Schrift des Avesta in der Hand hält. Wann, wo und ob Zarathustra tatsächlich gelebt hat, ist in der Forschung umstritten: Im 2. oder 1. Jahrtausend v. Chr., in Zentralasien, Iran oder an den Ufern des Kaspischen Meeres? Unstrittig ist, dass seine Lehren im Vorderen Orient vom Mittelmeer bis nach Südasien tiefe Spuren hinterlassen haben. Heute bekennen sich weltweit noch zwischen 100 000 und 150 000 Menschen zum Zoroastrismus, die meisten davon in Iran und in den Gebieten des ehemaligen Britischen Empires. Zu den berühmtesten Zoroastriern zählt die indische Großindustriellenfamilie Tata sowie Farrokh Bulsara, besser bekannt als Queen-Sänger Freddy Mercury, der 1991 in London nach einem zoroastrischen Ritual bestattet wurde. Fast überall sind Glaube und Kultur der Zoroastrier auf dem Rückzug. Nur nicht hier, in Irakisch-Kurdistan. Und manchmal ziehen die Mitglieder der neuen zoroastrischen Gemeinde hinaus in die Berge, wo sie im Angesicht der mutmaßlichen Ahnen ihre Festtage begehen.

❖

Zu meiner Rechten liegt das Bergmassiv des Piramagrun mit seinen schroffen, steil aufragenden Felsen, die aus der Ferne aussehen wie versteinerte Termitenhügel. Nicht einmal Schnee scheint darauf im Winter Platz zu finden. Von der Schnellstraße, die von Sulaimaniyya durch die zerklüftete Landschaft in Richtung des Dukan-Stausees führt, zweigt nach Westen eine Serpentinenstraße ab. Die Hänge unterhalb der Straße fallen immer steiler ab; unten im Wadi rauscht ein Zulauf des Kleinen Zab, der nur in den Wintermonaten Wasser führt.

Die Straße endet nach wenigen Kilometern in einer runden, asphaltierten Fläche. Vielleicht sollten hier einmal Touristenbusse parken. Die letzten zweihundert Meter führt eine lange, flache Treppe auf die Felswand zu. Gerade flach genug, um sie auf dem Rücken eines nisäischen Hengstes zurückzulegen oder – was wohl ihr eigentlicher Zweck sein mag – auf einem chinesischen Leichtmotorrad, wie sie überall in den Bergen Kurdistans zu sehen und vor allem zu hören sind.

Im Schatten eines mächtigen Felsvorsprungs steht, so hoch wie ein hohes viergeschossiges Haus, ein leicht angerostetes Metallgerüst. Auf den ersten Blick könnte man denken, dass dies der Zugang zu einer getarnten militärischen Anlage im Berg sein könnte, die verlassen und vergessen ist. Wer es besteigt, erblickt einen anderen, nicht weniger geheimnisvollen Ort: Eine Grabhöhle im Felsen, an deren Eingang ein Relief prangt. Zwei männliche, lebensgroße Figuren, stehen sich andächtig gegenüber und halten die jeweils rechte Hand zum Friedensgruß erhoben, während die linke jeweils auf einem Kriegsbogen ruht. Was der Linke auf dem Kopf trägt, ist ein alter Hut, oder besser gesagt, eine medische Filzkappe, wie man sie auf Darstellungen aus dem 1. Jahrtausend vor Christus findet.

Der andere trägt womöglich eine Tiara, eine zeremonielle, mit Goldreif geschmückte Kopfbedeckung, wie sie die Fürsten der Phryger und Lydier in Anatolien, aber auch persische Könige sowie deren Statthalter, die Satrapen, aufzusetzen pflegten. (Von dieser Tiara leitet sich im Übrigen die gleichlautende Bezeichnung für die »römische Krone« ab, die auf dem Wappen des Vatikanstaats und gelegentlich auch auf dem Haupt des Papstes erscheint.) Die Szene auf diesem gut erhaltenen Relief wirkt so konkret, dass mancher sie für das Andenken an ein historisches Ereignis hält – nicht etwa an einen militärischen Sieg, sondern an einen Friedensschluss, und zwar den zwischen dem Lyderkönig Alyattes und seinem medischen Pendant, Kyaxaras II. (in dieser Variante überliefert der Grieche Herodot uns ihre Namen).

Sie waren sich am Fluss Halys im heutigen Zentralanatolien mit ihren Heeren in einer schicksalhaften Schlacht begegnet, die jäh durch eine Intervention des Himmels endete: Am 28. Mai 585, zwischen 18 und 19 Uhr, wurde es urplötzlich dunkel. Der Schatten des Mondes, der sich vollständig vor die Sonne geschoben hatte, war von der Mitte des Atlantiks bis nach Kleinasien gewandert. Und während die Meder und Lydier für einen Moment das Gemetzel unterbrachen, um vor der Macht der Götter zu erbeben, dürfte einer an diesem Tag sehr vergnügt gewesen sein.

Etwa tausend Kilometer weiter westlich, in der ägäischen Stadt Milet, hatte ein gewisser Thales diese »Vertauschung von Tag und Nacht« nämlich vorausberechnet, weshalb sie bis heute auch seinen Namen trägt.[168] Um den gottgewollten Frieden zu besiegeln, verheirateten die beiden Kriegsherren der Lydier und Meder dann ihre königlichen Kinder. Als Vermittler hatte sich dabei übrigens der babylonische König Nabonid verdient gemacht, der inzwischen ein alter Bekannter von uns ist. Beim Schwur, so berichtet Herodot, »verfahren diese Völker ebenso wie die Hellenen, doch machen sie außerdem einen leichten Schnitt in den Arm und lecken einander das Blut ab.«[169]

Ist dies nun tatsächlich die Szene, die auf dem Fels vor mir, am sogenannten Grabrelief von Qazqapan, zu sehen ist? Zwischen den beiden Hauptfiguren, auf einem altarähnlichen Tisch, ist etwas abgebildet, das an eine Servierhaube ohne Griff erinnert – selbst der detailreiche und leutselige Herodot berichtet nicht, dass Lydier und Meder derart vornehm speisten. Es könnte auch der stark stilisierte Schein eines Feuers sein, eines heiligen Feuers wohl sogar. Über dem Wandbild prangen Motive von Gottheiten oder Planeten – vielleicht eine Göttertrias, in der Sonne, Venus und der Mond dargestellt werden. Womöglich aber auch tatsächlich ein Hinweis auf eine Mond- oder Sonnenfinsternis.

Es wäre zu schön, wenn dieses noch immer nicht ausreichend erforschte Relief ein Friedensdenkmal wäre. Gerade an dieser Stelle, wo heute wieder vermehrt türkische und iranische Drohnen den Luftraum durchqueren, um aufständische Kurden aufzuspüren und zu liquidieren. Das Kunsthandwerk erinnert Forscher an die Zeit des alten Perserreiches, das auf die Meder folgte und bis Mitte des 4. vorchristlichen Jahrhunderts in dieser Gegend herrschte. »Selbst für Expertenaugen täuschend ähnlich«.[170] Manche gehen dennoch davon aus, dass es sich um ein späteres Werk handelt – die Praxis der Grablegung deute auf die Ära der Parther oder die der Sassaniden hin. Aus welcher Ära es aber auch stammt: Der Zoroastrismus wurde immer wieder neu belebt. Spätere Dynastien nahmen dabei Bezug auf den Glauben der Perser und – vermutlich – den der Meder. Denn die Lehren Zarathustras waren die Staatsreligion großer und erfolgreicher Imperien. Wohl vor allem deshalb, weil deren Herrscher nicht versuchten, die Untertanen zum Zoroastrismus zu bekehren, sondern lediglich forderten, dass sie die Hierarchie des Reiches anerkannten – und nicht gegen bestimmte ethische Prinzipien verstießen. Was aber waren – und sind die Lehren Zarathustras?

Die Zoroastrier werden mitunter als Monotheisten bezeichnet, weil sie Ahuramazda (Ohrmazd) als die höchste, alles umfassende Gottheit verehren. Die Sache mit dem Eingottglauben machte es gewiss einfacher, als sich die Zoroastrier im 8. Jahrhundert in das islamische Imperium integriert mussten. Die Zoroastrier kannten zwar auch andere Gottheiten, etwa Anahita, die Schutzgöttin des Feuers und der Fruchtbarkeit, oder Mithra, den Licht- oder Sonnengott. Aber letztendlich haben wir gesehen, wie sich mehrere Götter in einen, in diesem Fall den Schöpfergott Ahuramazda, integrieren lassen. Indem man sie nämlich als Emanationen oder

Wirkungskräfte des Allerhöchsten sieht. Ahuramazda verkörpert das Reine und das Gute, hat aber einen finsteren Gegenspieler, Ahriman, der das schöpferische Werk zunichtemachen will. Oder besser gesagt muss, denn auch Ahriman kann nicht aus seiner Rolle. So wird das Geschick des Kosmos zu einem immerwährenden Kampf zwischen den Mächten des Lichts und denen der Dunkelheit – ein Dualismus, wie er auf dieser Reise schon des Öfteren vorgekommen ist.

Wenn man sich vergegenwärtigt, wie sich dieser Dualismus auf das irdische Leben auswirkt, versteht man, warum er sich so vortrefflich als Staatsideologie eignete: Der König verkörpert die Macht des Guten, des Lichts und der Wahrheit. Seine Gegner die des Bösen, der Dunkelheit und der Lüge – was auf Persisch »Drug« heißt und uns darin erinnert, wie verwandt diese Sprache mit den germanischen Sprachen ist. Lug und Trug gilt es zu bekämpfen.

Für das Achämenidische Reich (6. bis 4. Jhd. v. Chr.) und seine Erben, die Reiche der Parther (1. Jhd. v. Chr. bis 2. Jhd. n. Chr.) und Sassaniden (3. bis 7. Jhd. n. Chr.), war jeder Aufstand, jede politische Unruhe ein Ausdruck der Mächte des Bösen. Und während sie in religiösen Fragen eher tolerant waren, so kannten sie bei der Politik kein Pardon: Das Böse musste erbarmungslos bekämpft werden, seine Vertreter waren *coram publico* zu kreuzigen. Griechische Autoren wie Plutarch berichten sogar von einer Hinrichtungsmethode namens »Skaphismus«, bei der man den Delinquenten in einen Trog zwängte und dort tagelang mit allerhand Köstlichkeiten fütterte. So lange, bis er in seinen eigenen Exkrementen bei lebendigem Leib von Maden und Würmern aufgefressen wurde. (Ob die Methode jemals so angewandt wurde, wie Plutarch berichtet, weiß man nicht. Offensichtlich verfehlte sie aber ihre abschreckende Wirkung nicht und fand sogar Einzug in die Sherlock-Holmes-Kriminalgeschichten.)

Wahrheit oder Lüge, Licht oder Dunkel – man fühlt sich an den berühmten Satz des US-Präsidenten George W. Bush erinnert, der nach dem 11. September 2001 der Welt erklärte: »Entweder steht Ihr zu uns oder zu den Terroristen!«[171]

Die persischen Imperien der Achämeniden, Parther und Sassaniden beherrschten den Nahen Osten mehr als ein Jahrtausend lang. Es waren zufällig jene 1000 Jahre, in denen das Judentum sein zentrales Gedankengut ausprägte, das Christentum entstand und letztendlich auch der Islam Gestalt annahm. Die Perser übernahmen die Herrschaft in Babylon und gestatteten den Juden die Wiederrichtung des Tempels von Jerusalem. Unter ihrer Herrschaft entstanden bereits christliche Gemeinden, während die Lehren des Apostels Paulus im Römischen Reich noch verfolgt wurden. Die Sassaniden herrschten sogar über große Teile der Arabischen Halbinsel, entlang der Golfküste bis hinein in den Jemen. Nichts läge also näher, als dass auch die Ideen des Zoroastrismus in diesem Kulturraum ihre Wirkung entfaltet hätten.

Wir hören oft davon, dass Judentum, Christentum und Islam miteinander verwandt sind – dass die eine Religion auf die andere Bezug nimmt. Der Zoroastrismus scheint dabei durchs Raster zu fallen, dabei gibt es einige eindrucksvolle Parallelen. Angefangen mit dem Gottesbild: Ahuramazda ist kein aufbrausender, sondern ein moralischer Gott. Im Gegensatz zu manchen seiner orientalischen Zeitgenossen lässt er sich nicht durch Opfer vereinnahmen, sondern verkörpert das Prinzip des absolut Richtigen und Guten. Bei unserer Reise nach Babylon haben wir Jahwe, den lokalen Kriegsgott der Israeliten, bei einem seiner ersten Auftritte als allmächtiger und allgegenwärtiger Herrscher bereits erlebt. Auch diese Vorstellung könnte vom Weltbild der persischen Zoroastrier abgeleitet worden sein. Eine weitere Parallele ist die Gestalt des Ahriman (Angra Mainyu) – Gottes oben erwähnter Gegenspieler, der »Geist, der stets verneint«, um es mit Goethes Faust zu sagen. Die christliche Tradition kennt ihn als den leibhaftigen Teufel: Satan, ein gefallener Engel, der Gott den Gehorsam verweigert hat und daher von ihm verstoßen wurde. Laut der christlichen Legende ist er identisch mit »Luzifer«, dem »Träger des Lichtes«.

Einen solchen Satan kennt das frühe Judentum nicht, wohl aber einen Feuerengel namens Samael. Zu Beginn des Buches Hiob findet sich einer der berühmtesten Dialoge des Alten Testaments: Hier schließen Gott und der große Gegenspieler eine Wette ab, ob Hiob trotz unermesslichen Leids, das über ihm ausgeschüttet wird, den Glauben beibehält oder nicht. Die Szene hat auch Goethe für seinen »Prolog im Himmel« inspiriert; das besagte Buch stammt allerdings vermutlich aus der Zeit nach dem Babylonischen Exil. Es scheint, dass der Teufel aus der zoroastrischen Weltanschauung in die jüdische und später in die christliche eingewandert ist: Ahriman »bemühte sich, das Licht für sich selbst zu erlangen und auf dieselbe Weise über es zu verfügen wie über die Finsternis«, heißt es in einer zoroastrischen Schrift.[172]

Und was würde schließlich aus einem Glauben, der zwar moralisches Verhalten fordert, aber keine Sanktionen androhen kann? Wer sich im Diesseits an seinen Mitmenschen versündigt, bekommt im Jenseits die Quittung. Die Schriften der Zoroastrier schildern einen Ort, der wohl die Grundlage für die christliche Vorstellung von einer Hölle bietet. Wenn diese auch andere Eigenschaften aufweist: Dort brennen keine Seelen, sondern sie bibbern. Es ist nämlich bitterkalt. Eine besondere Gemeinheit: In der zoroastrischen Überlieferung der Hölle sind die anderen unsichtbar, sodass jeder denkt, er sei allein. »Warum bin ausgerechnet ich hier gelandet, und nur ich?« Bei Jean-Paul Sartre heißt es: »Die Hölle, das sind die anderen.«[173] Das Höllenbild der Zoroastrier ist eine faszinierende, beinahe ironische Umkehr dieser Philosophie.

Ein faszinierender Text der Zoroastrier, das mittelpersische *Buch des gerechten Wiraz*, erzählt von einer Seelenreise durch Himmel und Hölle, die sich wie eine Vorlage zu Dantes *Inferno* lesen lässt. Daraus erfährt man einiges über das Sündenregister, das zu Höllenstrafen führt: Wer etwa ein uneheliches Kind nicht anerkennt, seinen Handwerkern nicht den Lohn bezahlt, um nur einige zu nennen. Ferner Richter, die sich bestechen lassen, Frauen die Zauberei begehen, Paare, die während der Menstruation kopulieren. Aber auch solche, die Biber töten, wiederholt im Stehen pinkeln oder mit nur einem Schuh herumlaufen. Das Leben als moralische Anstalt birgt eben auch gewisse Überraschungen.

❖

Im Alltag der modernen Zoroastrier spielen die meisten dieser Gesetze wohl keine Rolle mehr. Auch nicht für die kleine neo-zoroastrische Gemeinde in Sulaimaniyya, bei der ich an diesem Dezembertag die längste Nacht des Jahres verbringe. Ihr Glaube fußt vielmehr auf den eigentlichen Werten, die sich aus dem komplexen Geflecht aus Gesetzen und Lehren des Zarathustra für alle Zeiten extrahieren lassen. Das Symbol dafür prangt in dem Gemeindesaal auf einer kurdischen Fahne, einige tragen es an einer Kette um den Hals. »Faravahar«, wird es im Persischen genannt: eine Mischung aus einer menschlichen Figur mit Königskrone, einer Sonnenscheibe und den mächtigen Flügeln eines Geiers. Das mythische Tier aus den Weiten Zentralasiens, woher die Lehre Zarathustras mutmaßlich stammt, steht für Ewigkeit. Der Aasvogel führt schließlich den Leichnam der Verstorbenen in den Himmel, damit der heilige Boden nicht verunreinigt wird. Das Faravahar ist vermutlich aus dem Symbol der assyrischen Sonnenscheibe hervorgegangen. Damals stand es für den König, der die Welt ordnet, weil aus ihm das göttliche Licht herausfließt. Heute soll es dafür stehen, dass jeder seinen Beitrag zur Ordnung leisten kann. Indem er sich seinen Mitmenschen gegenüber halbwegs anständig benimmt.

14
Hatra

STADT DER DÄMONEN

Wie das Geheimnis der Königin der Wüste die Jahrhunderte überdauerte.

Keine Grenzen, nicht einmal Straßen gibt es hier. Gut, wenn man ein Reittier oder einen Allradantrieb hat. Zu Beginn des Jahres ist die Jazira, die »Insel«, von einem schütteren, grünen Flaum aus Gras bedeckt. Ihren Namen verdankt sie dem Umstand, dass sie von den Strömen Euphrat und Tigris umschlossen wird. Fährt man südöstlich von Mosul abseits der Straße *off road* immer weiter nach Westen durch die obermesopotamische Steppe, landet man irgendwann in Syrien. Man überquert zuvor eine Grenze, die der Schöpfer wohl nicht im Sinne hatte, als er die Jazira schuf. Stämme, Halbnomaden, Hirten, aber auch die Dschihadisten des sogenannten »Islamischen Staats« (IS) kreuzten sie ohne Weiteres und kreuzen sie womöglich noch immer. Bei Nacht und ohne Scheinwerferlicht. In der Jazira wird viel geschmuggelt, was ihren ehrenwerten Ruf als alte Handelsroute – ein Strang der Seidenstraße verlief hier dereinst – ein wenig überschattet.

Diese alte Route überquert das Wadi Tharthar, welches irgendwann in den größten See des Irak mündet. Es ist Winter, und noch fließt darin genügend Wasser. Salzig und bitter soll es schmecken, sodass es nur die Reittiere der Beduinen trinken. Sogar noch etwas Dunst liegt an diesem Morgen über dem Wadi. Wenn sich in der Gegend noch immer Aufständische des IS herumtreiben, sollte man nicht bei Nebel fahren. Erst zwei Tage vor meiner Reise hierher haben irakische Sicherheitskräfte und Paramilitärs bei einer Razzia in der Umgebung Gerätschaften beschlagnahmt, die offenbar zum Bau von Sprengfallen bestimmt waren. Sie fanden Funkzünder, Kabel, Granathülsen und einige abgerissene Schulterklappen, mit denen sich die Aufständischen als Offiziere hätten ausgeben können. Hin und wieder wird in der Umgebung noch geschossen, und Teile der Straßen sind womöglich noch vermint.

Die Betonbrücke, die einmal das Wadi überspannte, sieht aus wie eine Spielzeugkulisse, die ein wütendes Kind zertrümmert hat. Zwei kleine, fachgerecht angebrachte Sprengladungen genügten, um sie für immer unpassierbar zu machen. »Daish«, kommentiert ein Milizionär der Volksmobilisierungseinheiten Al-Hashd al-Shaabi das Bild lakonisch und verweist damit auf den IS. Dann deutet er nach links, wo die Nachschubstraße einen Knick macht und eine improvisierte Stahlbrücke über das Wadi führt. »Hashd«, fügt er hinzu, und aus seiner Stimme spricht ein gewisser Stolz: Die Milizen, von denen er spricht, sind nicht nur ein wilder Haufen Paramilitärs, die den IS mit seinen eigenen Methoden niederringen, sondern beherrschen auch Ingenieurs- und Pionierarbeiten. Der Anblick der zerstörten Brücke ist dennoch ein unheilvolles Zeichen: Was werden die Dschihadisten wohl mit Hatra, der »Königin der Wüste« angerichtet haben, die hinter diesem Wadi liegt?

Die Sonne steht noch tief genug, um die schon von Weitem sichtbaren Ruinen von Hatra in ein dramatisches Licht zu tauchen. Einst, in der Antike, waren sie das Zentrum einer Handelsstadt, womöglich sogar das Kapitol eines arabischen Königreiches, das auch römische, hellenistische, arabische und persische Kultur in sich vereinte. Die Iwane, die bogenförmigen, offenen Gewölbe ragen hoch auf. Ihre Erhabenheit lässt noch erahnen, welchen Eindruck sie vor rund 1800 Jahren auf die Karawanenreiter gemacht haben müssen, die sie nach tagelangem Ritt durch Steppe und Wüste in der Ferne sahen. Vom hohen Rücken eines Kamels aus wird man ihrer deutlich früher gewahr geworden sein, als durch die verdreckte Windschutzscheibe eines *Land Cruisers*.

Betrachtet man die äußeren Umstände, so könnten sich die Bauten Hatras wohl mit dem Kölner Dom, dem Luxor-Tempel oder dem Pantheon in Rom messen. »Sakralbauten der Superlative« nannte sie der deutsche Althistoriker Michael Sommer.[174] Wer auf die Idee kam, eine solche Anlage in dieser Einöde zu errichten – und vor allem, warum –, war lange rätselhaft. Auch, welchem Zweck sie dienten. Hat sie womöglich genau dieses Rätsel vor dem Schlimmsten bewahrt?

Die Außenmauern der antiken Stadt und ihres Heiligtums sind noch deutlich zu erkennen. Im Hof der Anlage haben beduinische Hirten ihre Zelte aufgeschlagen, unter einem prächtigen Iwan parkt ein Pick-up der paramilitärischen Einheit Ansar al-Marja'iya (»Unterstützer der höchsten Geistlichkeit«). Auf der Ladefläche des Fahrzeugs ist ein schweres Maschinengewehr installiert. Ein schattiger Parkplatz immerhin.

Wer kennt das nicht: Man richtet ein prächtiges Gelage aus und wähnt sich noch in der Gewissheit, an wirklich alles sei gedacht. Warme Speisen, kalte Getränke, Livemusik. Und trotzdem beschweren sich manche Gäste: Kilometerweit habe man laufen müssen und sei schon ganz verschwitzt, weil man keinen Parkplatz habe finden können. Ähnlich praktisch dachte wohl Walter Andrae, Archäologe im Dienst der Deutschen Orient-Gesellschaft, als er im Mai 1907 die Ruinen von Hatra erstmals in Augenschein nehmen konnte und den mit großen Kalksteinplatten belegten Hof betrat. »Dieser gewaltige, offene Platz charakterisiert schon recht auffällig den Palast des Wüstenfürsten, der die tierreichen Karawanen seiner vornehmen Gäste zu beherbergen hatte und für sie Standplätze schaffen musste«, schrieb er.[175]

Andrae, der als Bauforscher einen besonderen Blick für die architektonischen Merkmale Hatras hatte, war nicht nur begeistert von der stilistischen Vielfalt der Anlage, sondern auch von der Experimentierfreude der antiken Steinmetze und ihrer weit gespannten und offenbar präzise berechneten Tonnengewölbe. Man könne »bequem ein vierstöckiges Wohnhaus hineinbauen«, schreibt er. Und weiter: »Das sind also Säle von fürstlichen Abmessungen und Gewölbe, deren Konstrukteure aller Hochachtung wert sind.«[176] Andrae leitete Ausgrabungen in Assur am Tigris etwa 100 Kilometer weit entfernt und hatte dort Quartier bezogen. Bei den Beduinen, »die Hatra als ihr Eigentum betrachten«, wollte der Mann aus Leipzig Anger-Crottendorf offenbar nicht übernachten. Pflichtbewusst hatte er noch die Spuren der antiken Stadtmauer umritten, die weniger sorgfältig geplant gewesen zu sein scheint.

Mit nicht weniger Begeisterung, aber offensichtlich größerem Vergnügen als Andrae, trieb vier Jahre später, im April 1911, die englische Orientalistin Gertrude Bell ihr Reittier über Hatras Hügel. Man könne an einem solchen Ort nicht schweren Herzens sein, schrieb Bell an ihre Stiefmutter: »it is too wonderfully interesting.«[177] Bell schoss einige Fotos von der osmanischen Kavallerie, die gerade zu einer Strafexpedition gegen die Schammar-Araber in der Jazira ausgerückt war, und vertrieb sich dann die Zeit damit, der für sie abgestellten Eskorte ein wenig davonzureiten.

Natürlich stellte auch Bell die auf einer oberflächlichen Begutachtung beruhende, aber schlüssige Meinung des von ihr geschätzten Fachmanns Andrae nicht in Frage: Auch sie hielt den gigantischen Iwankomplex für einen Palast. Wie sollte man, wenn man Hatra ohne tiefgehende Vorkenntnisse besucht, auch auf etwas anderes kommen? Allein die Trennmauer, die die Anlage in zwei Hälften teilt, passt hier überhaupt nicht ins Bild. Als hätten zwei missgelaunte Erben des »Wüstenfürsten« im Streit beschlossen, den Palast in zwei ungleiche Doppelhaushälften zu verwandeln und anstatt eines Zaunes eine massive Mauer durch den Vorgarten zu ziehen. Auch die Vorrichtungen in den Tunnelgewölben, die wie Altäre aussehen, ließen spätere Fachleute stutzig werden:

Waren die Herrscher dieses Hauses so fromm, dass sie in jedem Raum eine Kapelle unterbringen wollten?

Weitere Forschungen im Verlauf des 20. Jahrhunderts ergaben, dass der Iwankomplex keinen Palast, sondern ein Heiligtum, eine multifunktionale Pilgerstätte darstellte. Und dass man hier dem gesamten Pantheon des spätantiken Orients huldigen konnte – eine Art vorislamisches Mekka, ein orientalisches Kapitol. Als Hatra zum Ende des 2. nachchristlichen Jahrhunderts seine Blütezeit erlebte, waren diese Gottheiten zu einer Trias verschmolzen, mit dem Sonnengott an ihrer Spitze. Eine integrative Religion, in der sich Römer, Griechen, Araber, Parther und andere Völker und Kulturen wiederfanden, womöglich auch die frühen Christen unter den Arabern des antiken Oriens. Und wer sich fragt, warum eine Stadt hier mitten in der Steppe solche spektakulären Sakralbauten benötige, sollte den Standortfaktor Religion berücksichtigen: Es wäre nicht das letzte Mal in der Geschichte gewesen, dass sich entlegene Orte auf der Welt vermittels eines Wunders und einer prächtigen Kultstätte als Tourismusmagnet neu erfinden. Beit Allah, Gotteshaus, nannten spätere Archäologen und Epigrafiker den Tempelkomplex. Hatra war eine Stadt, die vom Handel lebte und Migration als den Normalfall kannte.

Das Aramäische war wohl die *lingua franca* in Hatra, wie die zahlreichen Inschriften bezeugen. Die Bevölkerung der Stadt bestand zum Teil aus sesshaften Stämmen, zum anderen Teil aus Nomaden, die sich nur saisonal in Hatra niederließen. Eine zweiförmige, eine »dimorphe Gesellschaft« also, erklärt der Historiker Michael Sommer, was man noch heute auf dem Luftbild an der Siedlungsstruktur erkennen könne.[178] Hatra erlebte seine Blüte in der Partherzeit im 2. nachchristlichen Jahrhundert. Viele der Statuen und Objekte, die dort gefunden wurden, künden vom Einfluss dieses persischen Königreichs. Ab Mitte des 2. Jahrhunderts taucht im Zusammenhang mit Hatras Herrschern, über die man sonst wenig weiß, die Bezeichnung »König der Araber« in

Inschriften auf. Texte weisen die Namen einer aramäischsprachigen Fürstendynastie auf, wobei nicht bekannt ist, ob und wann diese Beschützer der Heiligen Stätten Hatras und des Beit Allah unabhängig herrschten, oder ob sie parthische Vasallen waren.

Die Jazira, in der Hatra liegt, mag keine natürliche Grenze kennen, und die Trennlinie, welche die Mandatsmächte im 20. Jahrhundert zogen, um Syrien und den Irak zu definieren, mag künstlich gewesen sein. Aber ein Grenzland war dieses Gebiet schon vor Jahrtausenden: zwischen Kulturen und Imperien. Mit zeitgenössischen Begriffen aus der europäischen Geschichte könnte man die Jazira aber wohl als die *Blood Lands* des Orients bezeichnen:[179] Dort, am Rande der Imperien, galten andere Regeln, dort ließen Heerführer buchstäblich die Sau raus, es wurden keine Gefangenen gemacht.

Wer mit seiner Armee auf das östliche Euphratufer übersetzte, musste wissen, worauf er sich einließ. Die Römische Republik erlebte dort ihr erstes Waterloo: im Juni 53 v. Chr., bei Carrhae (dem heutigen Harran), im inzwischen türkischen Teil Obermesopotamiens. Kein geringerer als Gaius Crassus, der Triumvir und sprichwörtlich reichste Mann der Republik, verlor dort fünf Legionen, seinen Sohn und schließlich auch sein eigenes Leben. Die Parther hatten ihn angeblich noch verspottet, als er ihnen mit einem Feldzug drohte, und demütigten ihn mit der Frage, ob es Roms Entscheidung oder die eines eitlen alten Mannes sei.

Ganz unrecht hatten sie damit nicht, denn die geplante Irakinvasion des Crassus war beim römischen Volk ziemlich unbeliebt. Nachdem sie die Legionäre des Crassus mit ihrem Geplänkel durstig und mürbe gemacht hatten, walzten die Kataphrakten, die parthischen Panzerreiter, alles nieder, was vom Expeditionsheer noch übrig war. Eine selbst nach Maßstäben der modernen Kriegführung unvorstellbare Zahl von 20000 Römern soll in diesen Tagen gefallen oder später hingerichtet worden sein. Der Feldzug des Crassus gegen die Parther gilt heute als die wohl desaströseste militärische Entscheidung in der Reichsgeschichte. Schlimmer noch als die Niederlage des Varus im Teutoburger Wald.

Eineinhalb Jahrhunderte später zog der Adoptivkaiser Trajan gegen die Parther aus, konnte das befestigte Hatra aber auch nicht erobern. Auch Septimius Severus, der Libyer auf dem Cäsarenthron, unternahm diesen Versuch, zog es dann aber vor, sich auf anderes zu konzentrieren. Hatra brachte auch ihm kein Glück. Die Stadt, in der arabische Verbündete der Römer freilich ein und aus zu gehen schienen, hielt dem Imperium Romanum fortlaufend stand – auch als das syrische Palmyra, Hatras Schwester, bereits längst niedergekämpft war. Ausgerechnet in Rom aber suchte die Stadt später, Mitte des 3. Jahrhunderts, Hilfe, als sich ein anderer persischer Clan nun anschickte, Mesopotamien zu erobern. Jedenfalls zeugen Inschriften von der Präsenz römischer Soldaten in Hatra.

Die Sassaniden hatten die parthische Dynastie der Arsakiden weggeputscht und bereiteten nun, zum Beginn ihrer Herrschaft, auch der Blüte Hatras wohl ein Ende. Die gepanzerten Dromedare der Hatrener waren zur Verteidigung nicht hinreichend geeignet. Sie beeindruckten die Sassaniden wohl psychologisch ebenso wenig wie die pantheistischen Heiligtümer in der Stadt. Anders als die Araber in Hatra, verehrten die kämpferischen Sassaniden schließlich nur den einen Gott, Ahuramazda. Und dieser offenbarte sich im Feuer und nicht in hübschen Götterstatuen. Wie wir bereits in Ktesiphon erfahren konnten, hatten die Sassaniden mit anderen Religionen an sich zwar kein Problem – mit Tempeln und Pilgerstätten, die, wie Hatra, politische Macht entfalten konnten, aber schon.

Im 20. Jahrhundert tauchte ein anderer auf, um aus Hatra eine Kulisse seines Ruhms zu machen. Saddam Hussein, der selbst ernannte Erbe Nebukadnezars von Babylon, übernahm mit seiner Baath-Partei die Macht und ließ die Ruinen Hatras, insbesondere die eingestürzten Iwane, aufwendig rekonstruieren. Die Geschichte der Stadt war offenbar zu komplex und unerforscht, um daraus eine große Erzählung für sich selbst zu machen. Aber immerhin lag Hatra nicht sehr weit entfernt von Saddams Heimatstadt Tikrit. Einige der Steine, die man für die Restaurierung einsetzte, tragen seine Initialen.

Kurz nach Saddam und seinen Truppen rückte eine noch seltsamere Armee in Hatra ein – gerüstet mit Scheinwerfern, Kameras und Hunderten Komparsen. Ein Hollywoodteam hatte die prächtigen Tempelanlagen als Location entdeckt – und zwar für den Horrorschocker *Der Exorzist*, der 1973 in die Kinos kommen sollte. In der Prologszene, für die man neben dem Beit Allah eine Ausgrabung inszenierte, findet ein archäologisch tätiger Jesuitenpater, gespielt von Max von Sydow, die Statuette eines mesopotamischen Winddämons. Dieser »Pazuzu« genannte Geist war in Wahrheit gar kein so übler Bursche. Zumindest zur Zeit der Babylonier. Im *Exorzisten* allerdings wohnt der Pazuzu-Figur der Leibhaftige inne. Und so nimmt der Schrecken seinen Lauf. Hunderte Kinobesucher mussten nach dem Genuss dieses für seine Zeit recht drastischen Films angeblich ärztlich behandelt werden. Das allerdings galt auch für die Crew, die irgendwann Anlass zur Befürchtung hatte, ein Dämon sei in die gesamte Produktion gefahren: Ein Set brannte ab, zwei Beteiligte starben plötzlich während der Dreharbeiten, wenn auch nicht in Hatra, sondern daheim in den USA.

Erst drei Jahrzehnte später hallten wieder amerikanische Kommandos in den Gewölben Hatras wider. Dieses Mal, 2004, waren es nicht die Stimmen des Regisseurs William Friedkin und seines Teams, sondern die der Offiziere der 101. Luftlandedivision. Saddam war vertrieben, antike Stätten teilweise geplündert, und die siegesgewissen und optimistisch in die Zukunft blickenden US-Soldaten hatten einen irakischen Guide gefunden, der ihnen eine »Exorcist Tour« durch die Ruinen gab. (So zumindest berichtete damals der britische *Telegraph*.)[180]

Wenige Jahre später schon war Hatra eine *no go area*: Zwischen Mosul und Tikrit zog sich ein sunnitischer Aufstand zusammen. Beide Ufer des Tigris und Teile der Jazira wurden bei Dunkelheit zum Rückzugsgebiet des sogenannten »Islamischen Staats im Irak«. Und 2014 schließlich zogen die dschihadistischen Brigaden nun auch bei Tageslicht in Hatra ein. Die Tempelanlage war ein ideales Versteck: Die irakische Armee und ihre Verbündeten würden sie dort nicht bombardieren. Teile des Areals waren sogar überdacht und damit auch für Drohnen nicht einsehbar. Man konnte dort also in aller Seelenruhe Autos mit Sprengfallen präparieren. Die mehrgeschossige Anlage eignete sich zudem offenbar als Trainingsgelände für den Häuserkampf. Bis heute findet man dort Patronenhülsen.

Nach der Zerstörung antiker Statuen im Museum von Mosul, nachdem der IS Palmyra und den assyrischen Ruinen von Nimrud mit Plastiksprengstoff und Bulldozern zu Leibe gerückt war, konnte auch Hatra nicht mit Schonung rechnen. Den Beweis dafür erbrachte ein Propagandavideo, das im Juli 2015 auf YouTube hochgeladen wurde. Es zeigt unter anderem, wie Kämpfer der Organisation mit Vorschlaghämmern auf Statuen und Reliefs eindreschen. Zerstört werden auch Gorgonen- und Medusenhäupter, die bei der Rekonstruktion des Fassadenschmucks in großer Höhe an Eisenstangen befestigt worden waren. Dazu gibt die IS-Propaganda die aus anderen Videos bekannten üblichen Rechtfertigungen dieser Taten zum Besten: Kampf den Götzen, der vorislamischen Vielgötterei und dem westlichen Fetisch der Archäologie.

An einigen Stellen ist zu sehen, wie Kämpfer aus Sturmgewehren Salven auf die Tempel abfeuern. (Schon Walter Andrae berichtet gleichwohl, dass die Ornamente an den Fassaden seinerzeit durch »Flintenschüsse« beschädigt worden seien. Das Vandalentum des IS erfreute sich also einer gewissen Tradition.)

Viele Originalstatuen und Reliefs, die nicht einmal hinreichend erforscht waren, haben die Dschihadisten unwiederbringlich zerstört, zumal sie nicht nur in Hatra, sondern, wie gesagt, auch im Museum von Mosul zuschlugen. Dorthin waren einige der Hatrener Schätze verbracht worden, um sie zu schützen und zu untersuchen. Womöglich aber hatte Hatra dennoch Glück im Unglück: Als 2017 paramilitärische Einheiten im Auftrag der Regierung den IS aus Hatra vertrieben, fanden sie Teile des Areals vermint. Das Beit Allah und der hellenistische Sonnentempel, der das Antlitz des Areals prägt, waren aber, entgegen aller Befürchtungen, weder gesprengt noch mit Bulldozern traktiert worden. Vielleicht, weil es dem IS zu lästig schien, hier draußen in der abgelegenen Steppe eine große Operation zu Hatras Vernichtung zu veranstalten? Weil sich in den IS-Kommandeuren und ihren Unterstützern, von denen einige aus der Umgebung stammten, am Ende doch klammheimlich Anerkennung für diese arabische Königin der Wüste regte? Oder weil sich die IS-Kommandeure, unter denen sich auch ehemalige Offiziere der Geheimdienste Saddam Husseins befanden, an die Zuneigung ihres Herrn von einst zu Hatra erinnerten? Vielleicht aber auch, weil sie, wie viele weit gelehrtere Besucher als sie, gar nicht ahnten, wie sehr sie Hatras Superbauten wohl hätten hassen müssen. Denn diese waren eben keine Paläste eines Wüstenfürsten, sondern ein Pantheon: ein Heiligtum der religiösen Vielfalt und der Toleranz.

15
Harran

IM REICH DES MONDGOTTES

Wo die letzten Heiden lebten und eine mysteriöse Religionsgemeinschaft erblühte, die womöglich bis heute im Verborgenen weiterlebt.

Mit routinierter, eines Kalifen würdigen Geste, nahm Al-Ma'mun die Huldigung der Untertanen entgegen. Die Gesandtschaft verneigte sich vor ihm und hieß ihn willkommen. Es war wohl das Jahr 830, als Al-Ma'mun sich bereits in Jerusalem aufgehalten hatte, um dem Felsendom seine Handschrift aufzudrücken. Nun gastierte er hier, in Obermesopotamien, unweit der heutigen türkisch-syrischen Grenze. Immerhin befand sich der Beherrscher aller Gläubigen auf einem militärischen Feldzug gegen die Byzantiner und führte eine stattliche Streitmacht an. Da musste man ihn schon gütlich stimmen und dafür sorgen, dass seine Offiziere möglichst mit Schonung requirierten und den Einheimischen nicht buchstäblich die Haare vom Kopf fraßen. Diese Haare trugen die merkwürdigen Gesellen, die Al-Ma'mun an diesem Ort entgegentraten, lang und lockig. Ihre würdevollen, aufrechten Leiber kleideten sie in Gehröcke.

Al-Ma'mun war ein gelehrter Herrscher, der schon einiges gesehen hatte und sich besonders für die antiken Bräuche und Kulturen des Orients interessierte. Solche Outfits hatte er in Bagdad schon einmal gesehen, womöglich sogar an seinem eigenen, dem abbasidischen Kalifenhof. Aber wer waren diese Leute? »Welcher anerkannten Religionsgemeinschaft gehört Ihr an?«, fragte der

Kalif neugierig. Juden, Christen, Zoroastrier? Kleinlaut schüttelten die Befragten ihre Köpfe. »Dann seid Ihr also Heiden, Götzendiener?« Nun konnte es brenzlig werden. Wer keiner anerkannten Religionsgemeinschaft angehörte, wer sich nicht auf Gott als den einzigen und eine schriftliche Offenbarung berufen konnte, wer also nicht zu einem »Volk des Buches« zählte, hatte ein Problem im Kalifat. Dem Recht nach mussten solche Menschen umgehend konvertieren oder damit rechnen, dass ihr Blut straffrei vergossen wird.

Einer fasste sich schließlich ein Herz: Man zahle dem Gouverneur ja eine Kopfsteuer, die für religiöse Minderheiten vorgesehen sei. Al-Ma'mun kam ins Grübeln. Mit seiner Fragerei hatte er sich nun etwas eingebrockt und beschloss, das Urteil auf seine Rückkehr zu vertagen. Doch dazu kam es laut den Chronisten nicht. Denn noch während des Feldzugs gegen die Byzantiner starb Al-Ma'mun angeblich an einer Vergiftung. Das Flusswasser und die frischen Datteln im anatolischen Mersin (Tarsus) waren ihm anscheinend nicht sehr gut bekommen. Für die Harraner aber war das Problem ihrer in Frage gestellten religiösen Identität nur aufgeschoben. Wer wusste schon, welche Folgen die Worte des Kalifen haben würden? Bis einer, so wird berichtet, einen brillanten Einfall hatte. Erwähnte der Koran neben Christen und Juden nicht noch eine weitere Gruppe, die Gott dem Allmächtigen gefiel?

»Gewiss, diejenigen, die glauben, und diejenigen, die dem Judentum angehören, und die Christen und die *Sabiyun* – wer immer an Allah und den Jüngsten Tag glaubt und rechtschaffen handelt, – die haben ihren Lohn bei ihrem Herrn, und keine Furcht soll sie überkommen, noch werden sie traurig sein!«, so heißt es in der zweiten Sure.[181] Die Sabiyun waren gewissermaßen also noch frei. So riet denn einer der Weisen, die den Koran gut kannten, dass die Leute von Harran fortan Sabiyun – Sabier – heißen sollten. Der Kalifenstaat hatte seine Steuern und seine Ruhe. Und man stellte vorerst keine Fragen mehr.[182]

Ob die Geschichte, wie die Leute von Harran zu ihrem Namen

kamen, stimmt, ob sie gewissermaßen »Krypto-Sabier« waren und was mit den Sabiyun oder Sabiern überhaupt ursprünglich gemeint war, das soll uns an dieser Stelle nicht weiter interessieren. Fest steht, dass sich die Spur dieser sabischen Gemeinschaft von Harran in der Geschichte des Goldenen Zeitalters der islamischen Welt verliert. Schon damals galten sie als gelehrte Sonderlinge.

Einige ihrer Vertreter hatten es in höchste Positionen des islamischen Vielvölkerstaats gebracht. Ein gewisser Thabit ibn Qurrah, Hofastronom in Bagdad, studierte die griechische Astronomie, stellte mathematische Berechnungen zu ihr an und fand heraus, dass ein Sternenjahr exakt 365 Tage, sechs Stunden, neun Minuten und ein paar Sekunden dauerte. Danach standen Erde und Sonne wieder in genau derselben Position zueinander. Ohne diese Erkenntnis, die im 16. Jahrhundert ein Deutscher namens Nikolaus Kopernikus übernahm, hätte es womöglich keine »Kopernikanische Wende« gegeben. Einer der letzten berühmten Sabier war Abu Ishaq Ibrahim al-Sabi, ein um 935 in Bagdad geborener Höfling, der so ungeheuer viel Büromaterial verbrauchte, dass mancher sich fragte, ob Al-Sabi »Pergament aß, Tinte trank und mit Papier heizte«.[183]

Al-Sabis Aufzeichnungen und Korrespondenzen liegen heute in Handschriftensammlungen zwischen Kairo und dem iranischen Qom verstreut. Sie erzählen von der Herrschaft der buyidischen Militärdynastie (ca. 945–1055), die zwischenzeitlich das Kalifenreich beherrschte. Al-Sabi wird Opfer einer Intrige, bei welcher ausgerechnet der Koch die Fäden zieht, und schildert das Geschehen wie einen Thriller à la *Game of Thrones*. Auch ihm, Al-Sabi, soll es irgendwann an den Kragen gehen. Die Fürsprache eines einflussreichen Freundes aber rettet ihn, während der intrigante Küchenchef von einem Kriegselefanten zu Brei getreten wird. Al-Sabi, der bis an sein Lebensende seinem Hobby der Astronomie frönte, sollte der letzte einflussreiche Sabier bleiben. Sein Enkel trat schließlich zum Islam über.

Warum aber wussten die Sabier aus Harran so viel über die Astronomie? Was war ihr Verhältnis zu den Sternen? Und in welche Galaxien ist ihre Existenz entschwunden? Wer auf diese Fragen eine Antwort sucht, muss nach Sumatar reisen – einen der rätselhaftesten Orte, an denen ich je gewesen bin.

❖

Von Harran dauert die Fahrt noch einmal eine gute Stunde. Es geht nach Osten, parallel zur syrisch-türkischen Grenze. Nur wenige Kilometer entfernt rollen Panzer und kreisen Drohnen über dem Gelände. Die türkische Armee führt in diesem Frühjahr wieder einmal eine Militäroperation durch und macht Jagd auf kurdisch geführte Milizen in dem umkämpften Nachbarland. Auf dieser Seite der Hügelkette, hinter der die Grenze liegt, ist es nahezu idyllisch still. Hinter Getreidefeldern treten Felsen hervor. Dann erscheint nach einer Biegung ein merkwürdiges Gebilde, so plötzlich, dass ich buchstäblich in die Eisen steige, kehrtmache, den Wagen am Straßenrand abstelle und eine Anhöhe hinaufmarschiere. Jemand muss hier vor sehr langer Zeit drei quaderförmige Hohlräume in den Fels geschlagen haben. Mindestens zehn Meter hoch. Was auf den ersten Blick aussieht wie ein Steinbruch, wirkt dann wie ein Getreidespeicher. Vielleicht aber auch ein Felsengrab, eine Art Tempel oder ein Versammlungsraum?

Ohne Antwort auf diese Frage fahre ich weiter, biege nach einer Weile von der Landstraße ab und suche nach der Ortschaft Sumatar. Das allwissende Netz hat mich verlassen, Google Maps schweigt still. Nach einer Weile kommt mir ein ruckelnder Kastenwagen entgegen, dessen Insassen mir auf Arabisch den Weg erklären können. In diesem Teil der Türkei spricht die Bevölkerung Arabisch, Gott sei Dank. Die Landschaft wird nun deutlich schroffer und Felshügel und Täler wechseln sich ab. Dann schließlich erreiche ich das sichtlich arme Dörfchen Sumatar, eine Siedlung aus Lehmbauten. Und plötzlich, wie aus dem Nichts, ist eine Schar Kinder da und begleitet meinen Wagen feixend und johlend bis zum Ende der Dorfstraße.

Wenig später kraxeln wir gemeinsam zum Heiligtum von Sumatar empor. Der Chef der Bande, ein etwa achtjähriger Junge, bietet sich als mein Fremdenführer an. Er braucht mir seinen Namen eigentlich nicht zu sagen, denn wie der Großteil der männlichen Bewohner dieser Gegend heißt er Ibrahim. Wie Abraham, der Prophet, der in Harran und Umgebung gelebt haben soll.

Stolz präsentieren die Kinder ihr Kulturerbe. Zwei Reliefs sind in den Felsen eingemeißelt und noch deutlich zu erkennen. Eine männliche Figur, deren Haupt von einem Nimbus, einem Strahlenkranz, umgeben ist. Ist dies der Mondgott Sin? Oder ein Herrscher namens Ma'na, der diese Stätte zu Ehren des Gottes erbauen ließ? Links daneben eine Büste, deren Antlitz keinerlei Konturen mehr aufweist. Womöglich wurde es gründlich zerschlagen. Die merkwürdige sichelförmige Kopfform erinnert an ein Alien. Tatsächlich erkennt man bei genauerem Hinsehen, dass hinter dem Konterfei die Konturen eines liegenden Halbmonds in den Fels graviert wurden. Oberhalb dieser Reliefs liegt ein Felsplateau, in dessen Mitte syrisch-aramäische Schriftzeichen eingemeißelt sind, wie man sie in der Antike schrieb. Von hier aus lässt sich die Landschaft überblicken – und sieben Hügel, die ebenfalls einmal als Kultstätten gedient haben könnten. Sieben Himmelskörper: Mond, Merkur, Venus, Jupiter, Mars, Sonne und Saturn. Lag hier, in der Einöde von Sumatar, das sagenumwobene Planetenheiligtum?

Auf einigen der Hügel zeichnen sich Steinquader ab, an einem davon finden sich die Reste eines ovalen Sakralbaus. Eine Beschreibung, die mir bei seinem Anblick in den Sinn kommt, passt auf diesen Ort. Sie stammt aus dem wundersamen Buch des Geografen Al-Mas'udi aus dem 10. Jahrhundert, das von den Anfängen der Welt und ihren Mysterien berichtet und einen alchemistischen Namen trägt: »Die Goldwiesen und Edelsteingruben« (Muruj al-dhahab wa ma'adin al-jawhar).

»Am fernen Rande der Welt«, so heißt es dort, stehe ein alter Tempel mit einer Kuppel. »Auf dem Scheitelpunkt der Kuppel prangt ein Edelstein oder Kristall, groß wie der Kopf eines Ochsen, der von weither die Dunkelheit erhellt.«[184] Viele Könige hätten versucht, ihn an sich zu nehmen, jedoch ohne Erfolg, berichtet Al-Mas'udi. Sie seien dabei gar zu Tode gekommen. Selbst Speere oder Pfeile, die darauf abgeschossen wurden, seien kurz davor abgelenkt worden und gefallen. Und Al-Mas'udi hegt auch eine wissenschaftliche Vermutung über den Grund dieser Uneinnehmbarkeit: Magnetismus. Im Tempel selbst gebe es eine Grube, die »Halle des Archivs«, in der man das Wissen der Welt aufbewahre. Und eine Inschrift warne jeden Reisenden: »Wer sich der Schätze der Welt als würdig erweisen will, muss uns in Wissen, Weisheit und Macht ebenbürtig sein.« Jeden anderen aber führe der Weg ins sichere Verderben.

Während ich mir vorzustellen versuche, wie die Priester des Mondgottes hier in klaren Nächten dem leuchtenden Trabanten huldigten, kommt ein strammer Wind auf, der über die mesopotamische Landschaft fegt. Er pfeift so laut an diesem offenen Plateau, dass ich erst nicht höre, wie Ibrahim mich ungeduldig ruft. Er will mich zur nächsten Stätte seines Dorfes führen. Eine geheimnisvolle Grotte. Wir steigen von den Felsen hinab und passieren die Dorfschule am Ende der Straße, wo mein Mietwagen steht. Es ist ein Samstag im Ramadan und mehr und mehr Kinder schließen sich unserer Expedition an. Von Erwachsenen ist nichts zu sehen. Dann begehe ich einen Fehler. Da es Fastenzeit ist, habe ich mich für die Landpartie mit Obst und einer Tüte Chips eingedeckt, die eines der Mädchen am Beifahrersitz erspäht. Ich folge der Bitte, sie ihr auszuhändigen. Und in Lichtgeschwindigkeit stürzen sich ein Dutzend Hände darauf. Die Tüte explodiert mit einem Knall. Es gibt Geschrei, es fliegen Fäuste und Beschimpfungen, sogar ein paar kleine Steine in unsere Richtung. Geworfen von denen, die leer ausgegangen sind.

Ibrahim, sein Freund Musa und ich trollen uns geschwind, denn Ibrahim hat noch eine andere Gefahr entdeckt: Der Bürgermeister hat am anderen Ende des Dorfes die Bühne betreten und nähert sich. Er wird die Kinder womöglich bald von dem fremden Besucher fortjagen, um selbst die Führung zu übernehmen. Wir verschwinden daher in der Grotte, in der ich bequem aufrecht stehen kann. Die Wände sind vom Ruß von Holzfeuern und Öllampen geschwärzt. Die Reliefs zerschlagen, aber dennoch erkennbar: Lebensgroße Figuren – womöglich Götter in Menschengestalt. Sieben an der Zahl, wie die Himmelskörper. An einer Wand ist noch deutlich die Mondsichel zu erkennen. Ein kultischer Versammlungsort jener Glaubensgemeinschaft, die sich später Sabier nennen sollten? Oder vielleicht gar das geheime Archiv des Mondtempels, über das die Planeten wachen?

Ein französischer Diplomat und Epigrafiker namens Henri Pognon dokumentierte als erster Westeuropäer diesen Ort, weshalb er auch als »Pognons Höhle« bezeichnet wird. Manche Wissenschaftler vermuten, dass hier in Sumatar tatsächlich der Mondgott Sin und in den umliegenden Tempeln die Gestirne angebetet wurden. Andere meinen, dass es sich um Grabhügel für eine Elite handeln könnte, die hier »am Rande der Welt« herrschte.[185] Eine Inschrift deutet darauf hin, dass die meisten der heute noch sichtbaren Sakralbauten und Reliefs von Sumatar im 2. Jahrhundert nach Christus entstanden. Es war jene Zeit, in der sich Römer und Parther hier am Oberlauf der beiden Ströme Euphrat und Tigris bekriegten. Sumatar war Teil der Osrhoene, eines kleinen antiken Fürstentums, das, wie Hatra, in den *Blood Lands* zwischen Römern und Persern existierte. Politisch mochte es ein Randgebiet sein. Kultisch aber ein Nabel der alten Welt. Etwas davon ist noch zu erahnen, wenn man von Sumatar etwa eine Stunde zurück nach Westen fährt und wieder nach Harran gelangt.

Der berühmteste moderne Orientreisende – Archäologe und Spion in Personalunion – kam am 17. Juli 1911 an diesen seltsamen Ort. Er fertigte eine altertumswissenschaftliche Beschreibung der dortigen Ruinen an. Vor allem aber wollte T.E. Lawrence, später bekannt als Lawrence von Arabien, herausfinden, was die dortige arabische Bevölkerung über die Herrschaft der türkischen Osmanen dachte. Lawrence saß mit den lokalen Würdenträgern in ihren eigentümlichen Lehmhäusern, die schon damals wie Bienenstöcke aussahen und bis heute zu den wenigen touristischen Attraktionen der Ortschaft zählen. Lawrence verbrachte allerdings keine glückliche Zeit dort: Er hatte eine geschwollene Wange und quälte sich mit einem Abszess im Zahnfleisch.[186] Wer Harran, wie ich, glücklicherweise ohne Zahnschmerzen betritt, muss vor allem von dem beeindruckt sein, was man nicht sieht, sondern nur erahnen kann. Die antike Stadt ist ein Ruinenfeld, das zum allergrößten Teil noch nicht ausgegraben wurde. Allerorten schauen die Überreste von Sandsteinquadern und Granitsäulen hervor. Wie ein Leuchtturm ragt etwas weiter die Ruine des Minaretts der großen Moschee von Harran aus dem Boden. Sie stammt aus der Zeit der Umayyadenherrschaft, vermutlich dem späten 7. Jahrhundert, und könnte das erste islamische Gotteshaus in Anatolien gewesen sein. Dahinter, im verschlafenen Bienenhäuserdorf steht noch gut intakt eine Festung, die vermutlich auf einer Jahrtausende alten Kultstätte gebaut wurde.

Beide, die Moschee und die Burg, erinnern daran, dass Harran auch in islamischer Zeit ein besonderes kulturelles Zentrum war, bis im Jahr 1260 eine von Menschen gemachte Katastrophe über die Stadt hereinbrach: Der fürchterliche Mongolenfürst Hülegü, Enkel des großen Dschingis Khan und Sohn einer assyrischen Christin, führte seine Feuerwalze von Osten in Richtung Euphrat. Bagdad, die Hauptstadt der muslimischen Zivilisation hatte er bereits dem Erdboden gleichgemacht und stattdessen Türme aus Schädeln bauen lassen. Nun war Syrien an der Reihe; das Ende von Harran beschieden. Damit verschwand ein bedeutendes kulturelles Zentrum des antiken Orients buchstäblich von der Landkarte, das heute andernfalls so berühmt sein könnte wie Babylon, Ephesus oder vielleicht sogar Jerusalem.

Laut einer aus biblischen Texten inspirierten Legende soll der Prophet Abraham einst vom mesopotamischen Ur flussaufwärts nach Harran gekommen sein. Der islamischen Legende nach soll der Stammvater der semitischen Völker im benachbarten Edessa (heute Urfa oder Sanliurfa) einem tyrannischen König namens Nimrud widerstanden haben, als der ihn aufforderte, ihn anzubeten. Der König warf Abraham danach ins Feuer, aber anstatt qualvoll zu verbrennen, nahm der Patriarch ein kühles Bad, denn das Feuer hatte sich in Wasser verwandelt und die Flammen in Fische. Bis heute erinnert ein hübscher Karpfenteich in Urfa, dessen Bewohner zu Ehren Abrahams streng geschützt wurden, an diese Geschichte.

Harran ist schon in Keilschrifttafeln aus dem 3. Jahrtausend v. Chr. erwähnt. Und bereits in dieser Zeit ist vom Tempel des Mondgottes Sin die Rede, der in Harran oder seiner Umgebung stand. Auch ein magischer Stein, wie ihn der arabische Chronist Al-Mas'udi schildert, kommt in den alten Texten vor. In der alten mesopotamischen Mythologie ist Sin der Vater des Sonnengottes Schamasch und der höchsten Göttin Ischtar, die in der Bibel »Astarte« heißt und für den Planeten Venus steht. In Rollsiegeln sieht man Sin mit einer Hörnerkrone und einer Mondsichel, ähnlich der, die uns in der Umgebung von Harran, bei den Ruinen von Sumatar begegnet ist. Der Mondtempel, in der sumerischen Sprache »Ehulhul« genannt, macht Bekanntschaft mit den politischen Irrungen und Wirrungen des Alten Orients. Im 14. Jahrhundert v. Chr. zerstörten ihn die Hethiter, angeführt von Suppiluliuma I. Unter dem – meist ebenfalls nicht zum Scherzen aufgelegten – Assyrerkönig Sargon II. wurde der Mondtempel dann aufwendig restauriert und zu einem Orakelheligtum. Als Eroberer folgten die

Neubabylonier, die das Heiligtum zunächst verfallen ließen, bis einer ihrer Könige, genauer gesagt, der letzte, den Mondkult wieder belebte. Es war kein anderer als unser alter Freund, der mysteriöse und letzte chaldäische-babylonische König Nabonid.

Nabonids Mutter stammte nämlich aus Harran. Bevor die als Addad-guppi bekannte Adlige in den Palast von Babylon einzog, hatte sie regelmäßig im Mondtempel von Harran Kulthandlungen vorgenommen. Und nun folgte auch der Sohn ihrem Beispiel. Den Stadtgott Marduk vernachlässigte er zum großen Missfallen seiner Höflinge zu Gunsten Sins. Ein Staatsstreich trieb den König schließlich nach Tayma in Arabien ins Exil, aus dem er jedoch nach einigen Jahren zurückkehren und die Herrschaft wieder an sich reißen konnte. Aber nur für kurze Zeit. Mancher in Babylon vertrat später die Ansicht, dass der Verrat an Marduk zugunsten des Mondgottes von Harran den Untergang des Reiches und dessen Eroberung durch die Perser herbeigeführt habe.[187] Nabonid zeigt sich auf einer der berühmtesten Darstellungen, die sich heute im Britischen Museum befindet, bei der Anbetung des Sin, des Schamasch und der Ischtar, wobei der Mondgott an erster Stelle steht.

Wer sollte sich darüber wundern? Schließlich hat der Mond zum Menschen eine persönliche Beziehung. So wichtig die Sonne für das Überleben der Spezies Mensch auf Erden ist – nur ein Verrückter würde versuchen, ihr stundenlang ins Gesicht zu schauen. Um gar hinter den Milliarden verglühender Wasserstoffatome irgendeine Art von Persönlichkeit zu erkennen. Der Mond hingegen hat einen Charakter. Man kann ihm nächtelang in die zerfurchte, melancholische Visage schauen und mit ihm Zwiegespräche führen. Der Mondsüchtige gelangt irgendwann zu höherer Erkenntnis, der Sonnensüchtige bekommt höchstens Falten im Gesicht.

Das Mondheiligtum von Harran gelangte zu solcher Prominenz, dass man die Umgebung als Sitz des Gottes Sin betrachtete. Sein

Wohnort gewissermaßen und seine Herrschaftsgebiet dazu. So wie die Stadt Babylon dem Marduk und Jerusalem dem Gott der Hebräer, Jahwe, unterstanden hatte. Was sich allerdings in Harran zutrug, dürfte sich von Kulthandlungen in Judäa deutlich unterschieden haben.

Den Griechen galten Persien und Babylon, also »Chaldäa«, als Herkunftsländer der Magie, was gewiss zur verklärenden Darstellung eines dunklen, geheimnisvollen Orients beitrug. Der Begriff »Chaldäer« wurde mit der Zeit gleichbedeutend mit der okkulten Branche: Astrologie, Magie, Wahrsagerei und Oneirologie, die Kunst der Traumdeutung.[188] Das setzte sich im Übrigen bis in die christliche und islamische Epoche fort: Die im Matthäus-Evangelium erwähnten Weisen aus dem Morgenland dürften Perser gewesen sein und heißen im griechischen Text »*Magoi* – Magier«. Im Arabischen wird der Begriff »*Majus*« heute noch immer synonym für Zoroastrier verwendet – manchmal auch als kollektiv herabwürdigende Bezeichnung für die iranischen Muslime, die mehrheitlich schiitisch sind und in den Augen radikaler Sunniten daher als Irrgläubige gelten. Harran aber wurde zum Inbegriff der geheimen Kulte. Und zwar aus beiderlei Perspektiven: von Osten und von Westen.

In der Antike lag die Gegend immer wieder wie ein Puffer zwischen den Imperien. Ob Alexander der Große Harran jemals betreten hat, ist ungewiss. Aber Obermesopotamien galt schon im Alten Orient als militärische Autobahn. Von hier startete das makedonische Heer im Jahr 331 v. Chr. einen Gewaltmarsch, um den geschlagenen Perserkönig Darius III. in Richtung Babylon zu verfolgen.[189] 13 Jahre später, im Winter 318, hockte in Harran Alexanders einstiger Sekretär Eumenes und grübelte darüber, wie man das Riesenreich zusammenhalten könnte.[190] Nach dem Zusammenbruch des Alexanderreichs und seiner Nachfolger, den Diadochen, wurde Obermesopotamien zum ewigen Schlachtfeld (das Gemetzel von Carrhae, dem römischen Namen für Harran, 53 v. Chr.

haben wir bereits erwähnt): Römer und Parther, Byzantiner und Sassaniden bekriegten sich unablässig. Und zwischenzeitlich schien es beiden in den Kram zu passen, dass, wenn schon die eine Seite dort nicht herrschen konnte, es auch der anderen nicht gehört. Ähnlich wie in Hatra entstand in Obermesopotamien ein orientalisches Fürstentum, die Osrhoene, mit ihrer Hauptstadt Edessa, die Harran politisch zwar den Rang ablief. Doch während Edessa (die heutige Provinzhauptstadt Urfa oder Sanliurfa) zum Bollwerk der byzantinischen Herrschaft und der christlichen Religion wurde, lag Harran hinter dieser kulturellen Grenze – und galt als ein kultisches Niemandsland zwischen dem byzantinischen Kreuz und der Flamme der Sassaniden. Harran allerdings blieb allem Anschein nach dem Mondgott treu – und alten hellenistischen Traditionen, die zu einem einzigartigen Gemisch verschmolzen: Griechisch-hellenistische Weltanschauung stieß hier gewissermaßen auf chaldäisch-babylonische Magie.

In Harran übersetzten Gelehrte griechische Handschriften ins Syrische, die Sprache Mesopotamiens, die auch in den Inschriften von Sumatar zu lesen ist. Und wenn Harran in der Spätantike so etwas wie ein Asyl für nicht- oder vorchristliche Lehren bot, so dürfte es niemanden verwundern, dass sich dort alles versammelte, was im Byzantinischen Reich mit seinem orthodoxen Christentum keinen Platz mehr finden konnte: die neuplatonische Philosophie etwa, die uns bereits in Alexandria begegnet ist. Das gnostische Denken, das behauptet, dass sich hinter der sichtbaren Schöpfung, der göttlichen Offenbarung noch eine zweite, eine geheime Wahrheit verbirgt. Die Verehrung der Gestirne, die den Lauf der Welt und das Schicksal der Menschheit kennen. Denn so, wie die Sterne nach etwas mehr als 365 Tagen wieder ihre alte Position einnehmen, ist alles, was den Nichteingeweihten zu groß und unvorhersehbar erscheint, in Wirklichkeit schon längst geschehen. Und wird wieder geschehen, nach einem ewigen Zyklus.

Welche Macht ist aber in der Lage, dem Menschen das göttliche, das allmächtige Wissen zu offenbaren? Wer vermittelt zwischen diesen Welten? Für eine solche Aufgabe kommt nur einer in Frage, der Grenzen überschreitet: Hermes, den die Griechen mal als Boten, mal als »guten Hirten« kannten, der die Seelen der Menschen auf den Schultern trägt. Er ist Inbegriff des *logos*, der gottgegebenen Vernunft, mit welcher der Mensch wiederum das Göttliche erkennen kann. Im Alten Orient verschmolz die Figur des Hermes womöglich mit dem babylonischen Gott Ningishzida, der mit zwei Schlangen, Symbolen der Weisheit, abgebildet wird.[191] Im Ägypten der griechisch-ptolemäischen Kultur wurde Hermes eins mit Thot, dem weisen, ibisköpfigen Gott des Mondes – Schutzpatron der Schreiber und der Wissenschaft. (Wir erinnern uns: Auch bei der Auffindung des Osiris hatte Thot geholfen.)

Der Beiname des Hermes in der Spätantike war *»Trismegistos* – der dreimal Größte«: höchster Philosoph, höchster Priester, höchster König. Er galt als derjenige, der das okkulte Wissen zu den Menschen bringt.

Hermes Trismegistos darf wohl als eine der schillerndsten Figuren jener Religionsgeschichte gelten, die das sogenannte Abendland mit dem sogenannten Morgenland verbindet. Er geistert bis heute durch Romane und esoterische Abhandlungen und findet sogar in Spielfilmen wie *Harry Potter* seinen Platz. Vom deutschen Publikum wohl eher unbemerkt, tauchte er in jüngster Zeit in der zweiten Staffel der 20er-Jahre-Serie *Babylon Berlin* auf. (Als nämlich der Ermittler Kommissar Rath und seine ebenso gewitzte wie abenteuerlustige Assistentin Charlotte Ritter im okkulten Milieu ermitteln und – aus rein dienstlichen Gründen – an einer opulenten Sexorgie teilnehmen, deren Teilnehmer immer wieder den »Hermes Trismegistos« anrufen.)

Generationen von esoterischen Zirkeln und Geheimgesellschaften verehrten Hermes, vom Renaissancefürsten Cosimo von Medici bis zum Dichterfürsten Goethe.[192] Im Mittelalter und der Renaissance beflügelte – im wahrsten Sinne des Wortes – Hermes

Trismegistos die Fantasie der Alchemisten, denn man stieß auf Texte, die aus seiner Feder stammen sollten und auf Griechisch, Syrisch-Aramäisch und Arabisch existierten: In Antiochia machten die christlichen Kreuzfahrer im 13. Jahrhundert Bekanntschaft mit dem *Sirr al-Asrar* (»Geheimnis der Geheimnisse«) und der *Tabula Smaragdina* (»die smaragdene Tafel«), einem obskuren Werk der späteren Antike, in dem Sinnsprüche über das zu finden sind, was die Welt im Innersten zusammenhält: »Siehe, das Oberste kommt vom Untersten, und das Unterste vom Obersten!«, heißt es da geheimnisvoll. Hermes, der sich darin als angeblicher Autor zu erkennen gibt, soll all sein Wissen auf einen Stein geschrieben haben, den die Menschheit seitdem vergeblich sucht. Auf einen Stein aber passt kaum, was dem Hermes zugeschrieben wird (dafür bräuchte es wohl eine Festplatte): Der ägyptische Priester und Chronist Manetho (oder Manethot, also »Weisheit des Thot«), der im 4. oder 3. Jahrhundert v. Chr. lebte, spricht von sage und schreibe 36 525 Büchern aus des Hermes Federn. (Zum Vergleich: Die unvergleichbar produktive Jugendbuchautorin Enid Blyton brachte es auf 800 Titel.) Der frühchristliche Autor Clemens von Alexandria wusste im 3. Jahrhundert immerhin noch von 36 Büchern des Hermes zu berichten: hermetische Götterhymnen, Hieroglyphenschriften, astrologische, medizinische und philosophische Abhandlungen, sowie Anweisungen für Kulthandlungen. Das heute aus byzantinischen Handschriften bekannte *Corpus Hermeticum* – also des Hermes Gesammelte Werke – umfasst 18 Traktate. Großenteils aus der Perspektive eines mysteriösen Ich-Erzählers.[193]

Gäbe es nicht schon ein Buch mit diesem Titel, so müsste man eine Ausgabe des *Corpus Hermeticum* wohl »Die letzten Geheimnisse des Orients« nennen: Mythologie, Religion und Naturphilosophie, zusammengetragen aus Ägypten, Griechenland, Arabien, Mesopotamien und der iranischen Welt. Nicht zu vergessen die jüdischen, christlichen und später auch islamischen Einflüsse.

Dieser Synkretismus schien offenbar perfekt nach Harran zu passen, wo man die Motive und Symbole variierte, aber offenbar an einer Konstante festhielt: Nämlich, dass alles aus dem Einen hervorgeht. Das Eine aber, die höchste Macht und das höchste Prinzip, konnte weder Raum noch Form noch Zeit kennen. Vor dem Hintergrund dieser Annahme, die uns inzwischen aus dem neuplatonischen Denken bekannt ist, rückt nicht das Eine und Ewige selbst in den Mittelpunkt des Interesses. Es war unendlich fern, und zugleich steckte es in allem. Viel interessanter schien die Macht, die zwischen dem Allumfassenden und dem Irdischen vermittelte. Die mit beiden Welten Kontakt aufnehmen konnte.

Woher aber weiß man, dass die Harraner – die späteren Sabier – diesen Synkretismus praktizierten und den Hermes Trismegistos ehrten? Und wie kam dieser Kult überhaupt dorthin? Es sind vor allem muslimische Gelehrte, die uns auf diese Spur führen, denn sie schienen das Wissen der Sabier von Harran für eine besondere Fähigkeit zu bewundern: Sie hantierten mit allerhand magischen Symbolen und merkwürdigen Kulten. Sie beanspruchten geheimes Wissen. Allerdings schienen sie offenbar in der Lage zu sein, ihre Weltanschauung nach guter hellenistischer Tradition rational zu erklären.

Der anonyme Autor eines alchemistischen Werks aus dem 11. Jahrhundert berichtet, die Harraner seien Magier, welche die alte ägyptische Sternenkunde praktizierten.[194] Nach dem Untergang des ägyptischen Kultes auf dem Plateau von Gizeh (Memphis) würde man – gemäß einer Verheißung – das alte Wissen an einer neuen Stätte wieder zum Leben erwecken. Der Geograf Al-Mas'udi wiederum weiß, dass unter der Regierung des Kalifen Umar II. (717–720) das Zentrum der geheimen Wissenschaften von Alexandria nach Nordsyrien verlegt worden sei.[195] Alexandria war, wie wir wissen, die Hochburg der Hermetiker in der Spätantike. Für die Alchemisten hatte Harran aber noch eine andere Bedeutung: In den Steinbrüchen Obermesopotamiens fanden sich seltene und kostbare Mineralien – funkelnde Steine, die in keinem Labor fehlen durften. Denken wir nur an den magischen Stein, von dem Al-Mas'udi berichtet.[196]

Vor diesem Hintergrund ist es wahrscheinlich, dass Harran als spirituelles Zentrum von zwei sehr gegensätzlichen Entwicklungen im oströmischen Reich profitierte: Einerseits von der kurzen Herrschaft des Kaisers Julians (360–363), der »Julian der Apostat« oder auch »Julian der Abtrünnige« genannt wird, weil er das Christentum ablehnte und stattdessen ein hellenistisches Revival anstrebte. Der sogenannte *Julianusroman*, ein allem Anschein nach von Christen verfasster, syrischer Text, schildert, wie der Kaiser in Harran dem Mondgott Sin huldigte.[197] (Wie sein hellenistisches Vorbild Alexander der Große starb Julian, wie wir wissen, im Alter von nur 32 Jahren bei Samarra, nördlich von Bagdad, also in Mesopotamien.)

Dem gegenüber stand, andererseits, die von einigen Kaisern und der Kirche mit Nachdruck vorangetriebene Verfolgung und Vertreibung der alten Götter aus den Metropolen des Imperiums. Sie fanden Zuflucht im mesopotamischen Grenzgebiet, wenngleich sie auch dort immer wieder Repressionen zu erleiden hatten. Dabei galt wieder die Regel: Wenn Rom oder Byzanz im Osten gegen die Perser Krieg führten, wuchs der Druck auf die jeweils Andersgläubigen. Kaiser Justinian, der zwischen 527 und 565 in Konstantinopel herrschte, tat sich dabei ebenso hervor wie der weitaus weniger prominente Maurikios (582–602). Unter seiner Herrschaft soll es zu einem hässlichen Vorfall gekommen sein, der an die späteren Zeiten der spanischen Inquisition erinnert.

Die christlichen Kaiser hatten sich – wie ihre heidnischen Vorfahren – doch überwiegend mit der formellen Konversion zum Christentum zufriedengegeben. Sie hielten es nicht für zwingend nötig, ihren Untertanen noch die Gesinnungsprüfung abzunehmen. Dem Gouverneur von Harran aber, einem gewissen Acindynus, warf man vor, er praktiziere heimlich heidnische Rituale, obwohl er sich als byzantinischer Beamter zum Christentum bekenne. Vielleicht hatte Acindynus eine schlechte Personalführung betrieben, denn die Anschuldigungen kamen offenbar von Mitarbeitern seiner eigenen Kanzlei. Nach einer fragwürdigen Ermittlung wurde der vermeintliche Krypto-Heide hingerichtet. Offenbar fürchtete die Staatsmacht Gerüchte, wonach sich an mehreren sensiblen Stellen im Reich Heiden erheben würden, die offiziell dem Christentum beigetreten waren, aber im Geheimen ihre magischen Rituale weiter praktizierten. Verschwörungstheorien über religiöse Minderheiten als gefährliche Unruhestifter hatten anscheinend zu allen Zeiten Konjunktur.

Wie muss man sich das spirituelle Leben in Harran nun vorstellen, wenn es einmal nicht unter der Knute der reichskirchlichen Herrschaft ächzte? Wie eine große Goaparty? Oder doch eher wie die exklusive Anlage einer Sekte? Wäre Letzteres zutreffend, die spätantiken Autoren hätten wahrscheinlich eifrig darüber berichtet – zumindest das, was sie vom Hörensagen wussten. Es bleibt ein Rätsel. Vielleicht gab es in Harran beides, so wie bei heutigen »Geheimreligionen« – einen Kreis, in dem das gemeine Volk Göttern und Planeten huldigen konnte und einen, in dem sich die Eingeweihten mit Gott und der Welt, dem Sakralen und Profanen auseinandersetzten. Ein Autor namens Wahb ibn Ibrahim berichtet über eines der Rituale: »Am achten Tag des Monats Nisan halten sie ein Fest zu Ehren der sieben Gottheiten, sowie der Teufel, der Dschinn und der Geister.«[198]

Wenn aber Gott das höchste Prinzip, eine Art Superintelligenz, war, dann bedeutete »glauben« in Wahrheit »wissen«. Religion wurde gleichbedeutend mit Erkenntnis. Die Planeten, die fernsten und zugleich nächsten Stationen auf dem Weg in das Totale, Allumfassende, wurden Engel. Die Propheten aber wurden Philosophen – oder umgekehrt. Denn sie offenbarten Wissen, also göttliche Erkenntnis.

Und so gesellte sich im Harraner Universum offenbar nach und nach eine ganze Reihe verehrungswürdiger Figuren dem historische Personal hinzu: Auf die biblischen Propheten Abraham, Mose oder Jitro folgte der biblische Enoch, den die Muslime als Idris kennen, und der manchen sogar als eine Inkarnation des Hermes Trismegistos galt. Aber auch Pythagoras, Sokrates, Aristoteles und natürlich Platon wurden aufgenommen in den Pantheon. Mehr noch: Wenn das Weltgeschehen in Zyklen immer wiederkehrte, so konnte es sein, dass sich die göttliche Macht in immer wieder neuen Erscheinungsformen zeigte. Hermes Trismegistos konnte sich in Gestalt eines Engels, ein Engel sich in der eines Propheten, ein Prophet in der eines Philosophen offenbaren. Und so war es nur folgerichtig, verschiedene herausragende Figuren als zyklische Erscheinungen, als Emanationen der göttlichen Superintelligenz zu betrachten. Diese Gedanken sind uns bereits bei den Ismailiten in Kairo und bei den Drusen in Hattin begegnet. Vielleicht reiften sie hier, in Harran, zu einer Weltanschauung heran. Lange bevor der Islam eintraf, und noch lange darüber hinaus.

Die als altgläubige Heiden verfemten Harraner jedenfalls schienen sich im regen Austausch mit Christen zu befinden. Von der Herrschaft der römischen Reichskirche wollten sie allerdings nichts wissen. Insofern überließen sie einer anderen aufstrebenden Macht lieber das Feld: Laut dem arabischen Chronisten Al-Baladhuri übergaben die Harraner dem muslimischen Heerführer Iyad ibn Ghanam im Jahr 639 oder 640 ihre Stadt. Die Araber kamen aus dem Süden. Mit solchen Eroberern hatte man etwas bessere Erfahrungen gemacht als mit den Byzantinern. Der letzte umayyadische Kalif Marwan II. verlegte sogar kurzzeitig seinen Hof nach Harran, weil er überzeugt gewesen sein soll: Diese gebildeten Heiden würden niemals Christen werden und sich deshalb auch nicht den Byzantinern unterwerfen. Dass die Harraner wiederum den Hermes Trismegistos verehrten, soll im 9. Jahrhundert der Philosoph Al-Kindi berichtet haben.[199] In Bagdad, wo Al-Kindi wirkte und sich offenbar einige Sabier aus Harran niedergelassen hatten, stieß diese Lehre auf ein besonderes Interesse. Bei allem Zauber, der die Kulte aus Harran umgab, stand ihre Religion doch offenbar für ein Prinzip, das sich perfekt mit dem Islam versöhnen ließ, ja, sogar dessen Grundlage war: *tawhid* – die absolute Einheit und Unbegrenztheit Gottes. Es widersprach aus ihrer Sicht der Vorstellung, dass Gott einen Sohn zeugte und Menschengestalt annahm, so wie man es von den Christen zu hören bekam.

In mancherlei Hinsicht teilten die muslimischen Gelehrten wohl die Auffassung der heidnischen Harraner von der universellen, transzendenten Gottheit, die abstrakt war und in kein festes Bildnis passte. Weil sie unendlich viele Erscheinungsformen hatte, wovon eine der Mond war. Die rationalistisch-philosophischen Zirkel in Bagdad begeisterten sich teilweise für die Sabier, denn die Ansicht, dass Gott so etwas wie die höchste Intelligenz darstellt, kam ihnen entgegen. Auch sie gaben der Vernunft Vorrang vor der Tradition und dem wortgetreuen Glauben an alles, was im Koran stand, wie ihn die aus ihrer Sicht minderbemittelten, schrifttreuen Muslime praktizierten. Solche Elitenzirkel sahen sich vielmehr als Eingeweihte, die den wahren Sinn hinter den Dingen kannten. Diese reformerische, elitäre Denkschule im Islam verschwand mit der Zeit aus dem Herzen des Abbasidenreichs – ebenso wie die Kultur der Sabier. Jedenfalls sah es danach aus.

Gewiss hatte das Exklusive seine Vor- und Nachteile: Es war spannend und geheimnisvoll, sorgte aber immer auch dafür, dass sich infame Gerüchte um eine Gemeinschaft sponnen. Insofern ist vieles, was man heute über die Harraner oder Sabier zu wissen glaubt, aus den Schriften von Autoren überliefert, die tatsächlich vielleicht nur wenig Einblick in das innere Geschehen hatten.

Die Harraner glaubten angeblich an die Reinkarnation. Der sunnitische Dogmatiker Abu-l Hussain Al-Malati (gest. 987), der diese Idee ablehnte, weiß zu berichten, dass diese Reinkarnation zweierlei Form annehmen kann: eine unangenehme (kawr) und eine angenehme (dawr).[200] Was womöglich hieß: Die Seele konnte in tierischer und menschlicher Gestalt auf Erden wandeln, oder aber in der eines schlechten und eines guten Menschen.

Im 11. Jahrhundert schien unter den Stämmen Obermesopotamiens Pogromstimmung gegen die Sabier von Harran auszubrechen. Es mehrten sich die Überfälle auf die Tempel, immer mehr wurden anscheinend in die Konversion oder aber die Emigration getrieben. Schließlich machten dann die Mongolen dem städtischen und kultischen Leben in Harran ein blutiges Ende. Es gehört wohl zu den Ironien der Geschichte, dass ausgerechnet einer der Vordenker des Extremismus, auf den sich heute noch zahlreiche islamistische Gruppierungen berufen, ein Sohn der Stadt Harran gewesen ist: Der Dogmatiker Ibn Taimiyya, auch »al-Harrani« genannt, hetzte gegen die esoterischen Minderheiten, einschließlich der Sabier. (Man muss Ibn Taimiyya zugutehalten, dass er inmitten der Mongolenstürme in Syrien lebte und daher mutmaßlich grundsätzlich gestresst gewesen ist. Seine hetzerischen Ausfälle entschuldigt das allerdings nur zum Teil.) Unter allen Götzendienern hasste Ibn Taimiyya am meisten diejenigen, die nach seinem Urteil nur vorgaben, Muslime zu sein. Also religiöse Minderheiten und Sekten, die das Denken der Harraner in den Islam überführt hatten. Sie traf seiner Ansicht nach die Schuld an der mongolischen Misere; denn Gott zürnte den Muslimen, weil sie sich wie einst das Volk Israel vom wahren Weg entfernt und dem Götzendienst zugewendet hatten. Waren die Sabier, die laut historischen Quellen als Gemeinschaft zu dieser Zeit gar nicht mehr existierten, etwa in anderer Gestalt zurückgekehrt? Und lebt ihre Kultur womöglich bis heute im Verborgenen fort?

16
Samandağ

AM SCHREIN DER ALAWITEN

Warum manche lieber schweigen,
als missverstanden zu werden.

Von der alten Kulturlandschaft der Osrhoene, dem Ufer des Euphrats und den nördlichen Ausläufern Mesopotamiens bis an die Küste, sind es dank der gut ausgebauten türkischen Autobahnen etwa vier Autostunden. Hier, in der Provinz Hatay, fallen 1000 Meter hohe Berge steil ab auf lange Strände, ist das Mittelmeer manchmal aufbrausend und ungestüm. Walnusswälder, Mohnblumenfelder und rauschende Bäche machen die Landschaft zu einem beliebten Naherholungsziel für die Städter im Süden Anatoliens.

Mit Arabisch kommt man in dieser Gegend ebenso gut zurecht wie in Urfa und Harran, allerdings wird in Hatay ein anderer Dialekt gesprochen: Es ist das alte Syrisch der Levanteküste. Bis zu Beginn des 19. Jahrhunderts wies diese Region eine beachtliche Vielfalt auf, selbst wenn man den multireligiösen Nahen Osten zum Maßstab nimmt: Armenische, griechische und assyrische Christen, katholische und orthodoxe, Juden, Kurden, Türken und Araber verschiedener muslimischer Traditionen lebten hier. Am Fuß des stolz aufragenden Musa Dagh, des Mosesbergs, ließen sich die vornehmen Bewohner der hellenistischen Stadt Seleukeia Pieria in Felsgräbern mit Seeblick bestatten. Der Berg selbst, den Mose und andere Propheten der Legende nach betreten haben sollen, erlangte Berühmtheit durch eine Rettungsaktion biblischen

Ausmaßes. Mehrere Tausend Armenier hatten sich dort während des organisierten Völkermords durch die osmanische Regierung in Sicherheit gebracht und der Belagerung so lange widerstanden, bis französische Kriegsschiffe die Familien im September 1915 an der Seeseite evakuieren konnten. Der Schriftsteller Franz Werfel verarbeitete den Stoff später in seinem großen historischen Roman *Die 40 Tage des Musa Dagh.* Nach dem Zerfall des Osmanischen Reichs unterstand diese historisch Syrien zuzurechnende Provinz – damals noch bekannt als Sandschak von Alexandretta – der französischen Mandatsherrschaft. Und infolge eines umstrittenen Referendums sowie eines Deals Großbritanniens und Frankreichs mit der Türkischen Republik wurde sie dann 1939 Letzterer zugesprochen. Die beiden europäischen Mächte erhofften sich unter anderem die Neutralität der Türken im Konflikt mit dem Deutschen Reich, der kaum einen Monat später durch den deutschen Überfall auf Polen im Zweiten Weltkrieg mündete.

Die arabischsprachige Minderheit in Hatay aber fühlte sich noch Jahrzehnte später Syrien verbunden. Nicht nur, weil sie Arabisch spricht, sondern auch, weil sie sich religiös in der mehrheitlich sunnitisch-muslimischen Türkei als Minderheit empfindet. An den bergigen Küsten Syriens, die 1939 so jäh durch eine Grenze unterteilt wurden, siedeln nämlich die Angehörigen einer der wohl rätselhaftesten Religionsgemeinschaften des Nahen Ostens: die Alawiten. Und am Fuß des Musa Dagh in Hatay steht eine Pilgerstätte, an der man einen seltenen Blick auf das rituelle Leben einer Gemeinschaft werfen kann, welches sonst nur im Verborgenen stattfindet.

❖

Draußen geht es heiter zu. Der Grabschrein des Propheten Chidr erstrahlt weiß getüncht im Sonnenlicht des Nachmittags. Er liegt nur einen Steinwurf vom Strand der Ortschaft Samandağ – der auf Arabisch Suwaidiyya heißt – entfernt. Dazwischen liegt eine Esplanade, auf der Kinder im Autoscooter hin und her flitzen und sich, wenn der Schausteller gerade wegsieht, juchzend gegenseitig rammen. Daneben spielen ein paar Teenager Basketball. An Ständen werden Süßigkeiten, Plastikbälle und Trikots verkauft. Der runde Bau mit Kuppel, unter der das Grabmal Chidrs liegt, hat sogar eine Art Drive-in: Man kann ihn im Innern zu Fuß, aber außen auch mit dem Auto umrunden. Drinnen tun die Menschen das, was sie an fast allen Reliquienschreinen der Welt tun, die ich bisher besichtigt habe: Sie wandern gegen den Uhrzeigersinn um das Grab herum, halten die Arme vor dem Körper mit nach oben gerichteten Handflächen, murmeln Gebete oder Segenssprüche und berühren immer wieder andächtig den Schrein. Dieser erinnert an einen Grabhügel in Form eines Schirms mit einer vage angedeuteten Krone in der Mitte. Nicht unähnlich den Stupas, den buddhistischen Reliquienschreinen. Darauf liegt ein grünes Stück Stoff, in das junge Frauen Knoten binden. Laut einer Legende soll der Mantel des Chidr grün gewesen sein. Daher auch sein Name Al-Chidr (»Der Grüne«). Grün ist auch die Farbe der Nachfahren des Propheten Mohammed.

In einer Nische kokelt etwas Weihrauch, der ab und zu vom hereinwehenden böigen Meereswind aufgewirbelt wird. Hin und wieder tritt jemand an die Glut heran und hält eine Plastikwasserflasche darüber – offenbar, um den Inhalt mit dem heiligen Rauch zu segnen. Ich komme mit zwei älteren Herren ins Gespräch, von denen einer einen prächtigen schlohweißen Bart trägt. Mit seinem wettergegerbten Gesicht und seiner Schiebermütze sieht er aus wie ein sizilianischer Sardinenfischer im wohlverdienten Ruhestand. Die Atmosphäre ist andächtig und entspannt. Als ich erzähle, dass ich aus Deutschland komme, mich für die alawitische Tradition interessiere und mit einigen Alawiten aus Syrien befreundet sei, nickt man mir wohlwollend zu – offenbar ohne größeres Interesse, den Small Talk in eine erschöpfende Konversation ausarten zu lassen. Also setze ich mich und tue es den Herren nach, die schweigend dasitzen und das andächtige Treiben am Schrein betrachten.

Wenn ich eingangs sagte, dass Chidr, der darunter begraben liegen soll, ein Prophet gewesen ist, so muss man an dieser Stelle wohl differenzieren. Es handelt sich dabei nach Meinung verschiedener muslimischer Gemeinschaften eher um einen Heiligen, der laut einer Überlieferung dem Propheten Mose weise Ratschläge gegeben hat und ihn über Gottes Allmacht informierte. Von einem solchen Gottesdiener ist auch im Koran (Sure 18 *Al-Kahf*) die Rede, wenngleich Chidrs Name nicht explizit erwähnt wird. Die Begegnung der beiden weisen Männer soll am Gestade eines Meeres stattgefunden haben, weshalb der Platz des Schreins am Strand von Samandağ recht passend wirkt.

Als sich vor den beiden Eingeweihten ein Spatz herniederließ und etwas Salzwasser nippte, erklärte Chidr dem offenbar von Zweifeln geplagten Mose sinngemäß: »Wenn Du glaubst, dass Du und ich mit unserem Wissen die Weisheit Gottes schmälern können, dann glaubst Du auch, dass dieser Spatz mit seinem Schnabel den Meeresspiegel absenken könnte.«[201]

Die Figur des Chidr ist ein Paradebeispiel für den Synkretismus in diesem Teil der Welt – und weit darüber hinaus. Manche Traditionen setzen ihn mit einer Heiligenfigur aus dem zoroastrisch-iranischen Kulturkreis gleich: Dort gilt er als Schutzpatron des Wassers und der Vegetation (Chidr-Schreine gibt es nicht nur in Hatay, sondern auch in Iran, dem Kaukasus und Südasien, wo man sich von einem Besuch bei Chidr Fruchtbarkeit erhofft). Seine Eigenschaften machen Chidr zu einer beliebten Figur im Sufismus, und so fand er sogar Eingang in die deutsche Klassik. Denn Goethe war bekanntlich von dieser Strömung fasziniert. In seinem Gedicht »Hegire« aus dem *West-östlichen Divan* taucht Chidr als Spender ewiger Jugend auf.

»Nord und West und Süd zersplittern,
Throne bersten, Reiche zittern:
Flüchte du, im reinen Osten
Patriarchenluft zu kosten,
Unter Lieben, Trinken, Singen
Soll dich Chisers Quell verjüngen.«[202]

Der den asiatischen Traditionen und dem Gnostizismus zugewandte Psychiater Carl Gustav Jung sah in Chidr einen »Parakleten«, einen weisen Tröster, in dem das Bewusste und das Unbewusste zusammenfließen, wie die beiden Flüsse, an deren Mündung er der Überlieferung nach lebte.[203] Dieser Hinweis – verbunden mit dem Motiv der ewigen Jugend, Fruchtbarkeit und der Fähigkeit, in verschiedenen Erscheinungsformen wiederaufzuleben – führt die Suche nach den Ursprüngen des Chidr noch auf eine andere Spur. Nach Südmesopotamien, dorthin wo die beiden Ströme in den Persischen Golf münden. Dort spielt das berühmte Gilgamesch-Epos mit der Figur des weisen Uta-napischti, der dem Titelhelden Gilgamesch den Weg zur Pflanze der Ewigen Jugend weist (die dieser sich dann allerdings von einer Schlange stehlen lässt). Verarbeitet der Koran also eine Geschichte aus dem Epos?

Wieder andere sehen in Chidr den biblischen Propheten Elias, der allerdings wenig Interesse an interreligiösem Dialog zeigte und laut dem Buch der Könige auf dem levantinischen Berg Karmel sage und schreibe 450 Priester des heidnischen Gottes Baal abschlachtete. Weil Elias aber laut der Legende nicht gestorben ist, sondern von Gott »entrückt« wurde, konnte er immerhin leichter wiederkehren. Das passt zu Chidr. Für wieder andere ist er die menschliche Erscheinungsform eines Engels oder eines Götterboten, der dem Menschen Mose geheimes Wissen offenbart: Hermes Trismegistos lässt grüßen.

In der religiösen Tradition der Alawiten scheint Chidr keine besonders große Rolle zu spielen. Gleichwohl wurde er in Hatay zu einer Identifikationsfigur. Als solche eignet sich Chidr wahrscheinlich besonders gut, weil er offen und transzendent ist und eine Welt der Imagination eröffnete – als Ausdrucksebene für eine bedrängte Gruppe, »die sie im realen Leben nicht mehr fand«[204] und sich daher in die Sprache der Gleichnisse und Metaphern flüchtete.

Der Schrein am Strand von Samandağ mag auch dem Bedürfnis folgen, diese als ominös betrachtete »Geheimreligion« an einer Kultstätte zu verorten. Der Gemeinschaft der Alawiten einen Bezugspunkt zu verleihen, an dem sie ihre Traditionen offen – nicht im Verborgenen – pflegen kann. Und sie womöglich ein Stück weit in die spirituellen, vom Sufismus und anderen Strömungen geprägte Tradition zu integrieren. An der Chidr-Verehrung in der Levante – das Stiftsgelände, auf dem der Schrein steht, ist in osmanischen Urkunden 1817 erstmalig erwähnt – haben Generationen sunnitisch-orthodoxer Dogmatiker Anstoß genommen.[205] Denen galt die Volksfrömmigkeit mit ihrer Neigung zur Verehrung von Grabmälern der Heiligen als Firlefanz, der von der wahren Lehre des Islam ablenkt. Man könnte also meinen, dass sich die Alawiten in bunter Gesellschaft wiederfinden, was die Ablehnung und das Misstrauen seitens der islamischen Dogmatiker betrifft. Dennoch hatte dieser Hass in vielerlei Hinsicht eine besondere Qualität. Und das, was man ihnen an geheimen Ritualen und Perversionen vorwarf, erinnert in vielem an die Verdächtigungen der Christen gegenüber den letzten Heiden von Harran: Zauberei, Gotteslästerung, Götzendienst, Sexorgien und Menschenopfer, um nur einige zu nennen.[206]

Die Alawiten gehören dem Namen nach der muslimischen Gemeinschaft an: In Syrien und den Staaten der Levante gelten sie als Teil der Schia. Man betrachtet sie zwar als »Übertreiber« (ghulat), dennoch erklärte sie der Staat im 20. Jahrhundert zu Angehörigen der schiitischen Rechtsschule (Jaafariten). Aber das Verhältnis zwischen der alawitischen Gemeinschaft und der Mehrheit der Muslime in der Levante erinnert in seinen vielfältigen Widersprüchen ein wenig an die Begegnung des Kalifen Al-Ma'mun mit den Menschen von Harran, denen man in einer kritischen Lebenslage eine neue Identität überstülpte.

Die Mittelmeerküste zwischen Samandağ, Latakia und dem libanesischen Akkar ist heute das Kernland der alawitischen Gemeinschaft. Ihr Entstehen verorten manche Forscher allerdings in Bagdad, wo wiederum, wie wir gesehen haben, viele Ideen aus dem Imperium zusammenliefen. Die rasant wachsende Metropole am Tigris mochte offiziell die Hauptstadt des islamischen Weltreichs sein, bildete aber bei Weitem nicht alles ab, was dieses Reich ausmachte, auch wenn in diesem Zusammenhang oft vom »Goldenen Zeitalter« des Islam die Rede ist. Die islamische Religion war damals offenbar erst in der Entfaltung begriffen. Islamische Kultur hingegen war das gemeinsame Furnier des Abbasidenreichs. Bagdad selbst war ein Abbild des abbasidischen Vielvölkerstaats – ein Schmelztiegel der Kulturen und religiösen Einflüsse.

Ein geheimnisvolles Buch aus dieser Zeit mit dem umso unscheinbareren Titel *Die nabatäische Landwirtschaft* erzählt davon, dass die Bewohner des Zweistromlandes auch mehr als eineinhalb Jahrhunderte nach der offiziellen Islamisierung die alten babylonischen und chaldäischen Rituale praktizierten und weiter den alten Göttern huldigten. Das Werk des Autors Abu Bakr bin Ahmad bin Ali Ibn Qays, genannt »Ibn Wahshiyya«, handelt von den Mysterien des Alten Orients, von Fruchtbarkeitskulten, Astrologie, Magie und dem richtigen Gebrauch von Giften. Neben verschiedenen christlichen und jüdischen Gemeinden, den iranischen Zoroastriern, den Mandäern und Sabiern, entfalteten sich in

Bagdad offensichtlich auch muslimische Denkschulen, die das Alte mit dem Neuen zu vereinen suchten. Es war eine Hochzeit der Mystiker und der philosophischen Spekulation. Man kann sich diese Epoche ein wenig vorstellen wie unsere heutige Zeit: Eine rasante Globalisierung, Handel und Migration veränderten die Welt und die Zusammensetzung der Gesellschaft. Alte Ordnungen und Gewissheiten wurden überholt. Fortschrittsglaube und Optimismus stießen auf Sehnsucht nach einer weniger komplexen Vergangenheit. Teile der Gesellschaft wurden reich und erlangten Zugang zu Bildung, andere wurden abgehängt.

Die abbasidische Weltstadt produzierte nicht nur Genies und Start-up-Unternehmer, sondern auch ein enttäuschtes Lumpenproletariat. Und es entfaltete sich ein Wettbewerb der Weltanschauungen. In jener Zeit entstanden islamische Rechtsschulen mit einem Hang zu Strenge und Puritanismus. Andere glaubten, das Ende der Welt sei nahe (mal wieder). Große Charismatiker und einfältige Hassprediger – jeder schien ein Publikum zu finden. Geheimgesellschaften und elitäre Zirkel fanden ebenfalls Zulauf. Besondere Anziehungskraft aber ging von der Blutlinie des Propheten Mohammed aus, die wie eine Art Aristokratie im inneren Exil unter der Herrschaft der Abbasiden lebte. Geduldet und geehrt, aber machtlos in weltlichen Fragen, denn die Kalifen und ihre Militärführer hatten sie einen nach dem anderen entweder eliminiert oder aber in einen goldenen Käfig eingesperrt.

Auf das Haus des Propheten (Ahl al-Bayt) richtete sich die Sehnsucht nach spiritueller Führung in einer bewegten Zeit. Viele Anhänger der Ahl al-Bayt propagierten die Ansicht, dass die Nachkommen des Propheten Imame seien, die nicht nur den Anspruch auf die Führung der Muslime hätten – wenn die Politik sie nur ließe –, sondern auch im direkten Kontakt mit Gott stünden. Über sie würde der Allmächtige mitteilen, was nicht in der koranischen Offenbarung stand (wie wir bei den Fatimiden in Kairo gesehen haben). Andere gingen weiter und erklärten die Imame sogar für direkte Emanationen Gottes, also menschliche Figuren, die aus Gott hervorgegangen waren und damit zu ihm gehörten. Ob es sich dabei um eine philosophische Verklärung im Sinne der Neuplatoniker handelte, oder um Vergöttlichung, blieb oftmals dem Betrachter überlassen.

Vergessen wir nicht, dass es in derart komplexen religiösen Themen immer Probleme mit der Übersetzung geben kann. Missverständnisse waren vorprogrammiert in einer Welt, in der zwar fast jeder Arabisch konnte, weltanschauliche Ideen aber auch in Persisch, Syro-Aramäisch und sogar noch Griechisch verhandelt wurden. Diejenigen jedenfalls, die die Nachkommen der Propheten als Emanationen, als Erscheinungsformen Gottes ansahen, handelten sich den Spitznamen »Die Übertreiber« ein. Für die puritanischen Dogmatiker waren sie nicht akzeptable Querdenker. Und auch die Schiiten, die das Haus des Propheten in besonderer Verehrung hielten, wollten die Nachkommen Mohammeds nicht vergöttlichen.

Als ein solcher Übertreiber galt Muhammad ibn Nusayr, ein Mystiker aus der Gefolgschaft des Imams Hasan al-Askari. Als der Imam mit nur 27 Jahren unter bis heute nicht ganz eindeutig geklärten Umständen starb, ohne einen offiziellen männlichen Nachkommen zu hinterlassen, bildete sich unter seinen Anhängern die Vorstellung heraus, der neue Imam, also der Sohn des Hasan al-Askari, sei in die Verborgenheit entrückt worden – aus Sicherheitsgründen, um das Fortleben der Blutlinie des Propheten nicht zu gefährden. Ibn Nusayr behauptete danach wohl von sich, er sei ein legitimer Vertreter des entrückten Imams, der mit diesem in permanentem Kontakt stehe. Wie eine Art Hohepriester, der den Willen eines Gottes erfragen kann.

Ibn Nusayr legte sich nicht nur mit den islamischen Dogmatikern an, sondern vor allem mit anderen »Übertreibern«, die einen ähnlichen Anspruch wie er geltend machen wollten. Gewiss stand Ibn Nusayr unter dem Einfluss der vielen gnostischen und mystischen Ideen, die in Bagdad kursierten. Über seine Lehren ist aber verhältnismäßig wenig bekannt. Dennoch wird die Gemeinschaft der Alawiten auch »Nusayrier« genannt – Anhänger des Ibn Nusayr. In der Wissenschaft ist dieser Ausdruck bis heute verbreitet, ebenso unter der sunnitischen Mehrheit in der Türkei oder Syrien, wenngleich er heute auch eine despektierliche Note hat: Wer einen Alawiten als Nusayri bezeichnet, macht heute damit implizit klar, dass er ihn nicht der Familie des Islam zurechnet, sondern eher einer heidnischen Religion. Alawitische Notabeln betrachten Ibn Nusayr zwar als einen ihrer Vorfahren, lehnen jedoch die Vorstellung ab, er sei der Stammvater ihrer Religionsgemeinschaft.[207]

Diese florierte nämlich nicht etwa in Bagdad zur Zeit von Ibn Nusayr, sondern später, als der Schüler eines seiner Schüler die Sache in die Hand nahm. Hussein Ibn Hamdan al-Khasibi zog entlang der beiden Flüsse hinauf nach Obermesopotamien und in das Umland von Aleppo und missionierte fleißig. Dort stellte er sich unter den Schutz der Hamdaniden, einer sich zum schiitischen Islam bekennenden Militärdynastie, die im 10. Jahrhundert zwischen Antakya und den Bergen des heutigen Irakisch-Kurdistans herrschte – nominell als Statthalter des Kalifen, aber nach eigenem Gutdünken. Wer sich heute eine Karte des kurzen hamdanidischen Fürstentums anschaut, stellt fest, dass Harran, die Stadt der Sabier, in seiner geografischen Mitte liegt. Offenbar gelangte Khasibi, der Schüler des Schülers des Ibn Nusayr, auch dorthin und konnte eine Gemeinde um sich scharen. Ein Kern seiner Lehre war offenbar, dass Mohammed, Jesus, Adam und die anderen Propheten ein und dieselbe Person gewesen seien – oder die Erscheinungsformen eines Superpropheten in einem zyklisch verlaufenden Weltgeschehen. Dasselbe galt für die großen Philosophen Sokrates, Platon und Aristoteles. Das alles dürfte für die Harraner vertraut geklungen haben – womöglich nahm die Lehre Khasibis auch erst bei ihnen Gestalt an.

Die sogenannte Blütezeit des Islam, das islamische Mittelalter, war auch eine Ära großer Turbulenzen. Türkische Militärdynastien folgten aufeinander, die schiitischen Fatimiden eroberten die Levante, schließlich kamen die Kreuzfahrer und Saladins Ayyubiden. Die Mongolen verwüsteten den Nahen Osten, wenngleich die ägyptischen Mamluken ihrem Vorstoß in Syrien Einhalt gebieten konnten. Die meisten dieser Dynastien propagierten den sunnitischen Islam als Fundament ihrer Herrschaft. Darunter, und von den politisch motivierten Chroniken eher unbeachtet, dürfte sich die religiöse Vielfalt jedoch fortgesetzt haben. Viel spricht dafür, dass, je weiter man sich von den großen Städten entfernte, ein buntes Treiben der Weltanschauungen weiterbestand.

Die konventionelle Lesart dieser Zeit war lange die eines geeinten islamischen Imperiums, in welchem Christen, Juden und verschiedene esoterische Sonderlinge ein Schattendasein führten. Aber die Gemeinschaften, aus denen Alawiten, Drusen oder Ismailiten hervorgingen, dürften zahlenmäßig sehr viel bedeutender gewesen sein. Und auch die »Altgläubigen« existierten noch eine Weile fort, wie der ominöse Autor Ibn Wahshiyya weiß. Womöglich herrschte auch eine gewisse »Kultur der Ambiguität« vor:[208] Außer in Gelehrtenseminaren musste man Widersprüche und Unterschiede in Weltanschauungen gar nicht thematisieren, sofern der Glaube an den einen Gott – oder eine universelle Intelligenz – als gemeinsamer Nenner galt.

Und noch eine andere Annahme unserer Zeit muss hinterfragt werden: Die sogenannten »Geheimreligionen« begegnen uns in der Darstellung späterer muslimischer und europäischer Geschichtsschreiber als archaische, esoterische Spinner, die sich der rationalen Lehre des sunnitischen Islam versperrten. Dieses Bild hat sich verfestigt und wirkt bis in die heutige Zeit nach. Aber war der Glaube an die Wanderung der Seele, die Wiedergeburt und die Macht der Planeten tatsächlich so zurückgeblieben?

Wer das behauptet, dürfte vergessen haben, dass dieses Denken von den Anfängen der griechischen Philosophen bis zu ihren Wiedergängern während der aufgeklärten Moderne mehrheitsfähig war. Die Idee, dass die Seele eines Menschen in die Gestalt eines anderen, oder auch die eines Tieres umzieht, passt womöglich viel besser in ein rationales Weltbild als jenes von einem Paradies mit sieben Stufen, großäugigen (und -busigen) Jungfrauen in einem parallelen Seelenuniversum, welches die muslimischen, aber auch christlichen Traditionalisten in ihren Schriften zeichneten. Insofern waren vielleicht nicht diese sogenannten Minderheiten die Zurückgebliebenen. Sie vertraten vielmehr ein naturverbundenes Weltbild, das sich auf die gewissermaßen wissenschaftlich anerkannten philosophischen Grundlagen der damaligen Zeit stützte. »Wer sonst hat der Welt die Zivilisation beschert und Städte erbaut, wenn nicht die Edlen und Könige der Heiden? ... Sie waren es, die die Kunst der Heilung lehrten, die Heilung des Körpers und der Seele«, mahnte der Sabier Thabit ibn Qurrah, als er in der abbasidischen Akademie der Wissenschaften (Bayt al-Hikmah) Ende des 9. Jahrhunderts seine Antrittsvorlesung hielt.[209] Gott habe sich nicht nur den Propheten, sondern auch den heidnischen Denkern offenbart.

Dazu passt auch die allegorische Interpretation der mannigfaltigen Vorschriften, die – nebenbei bemerkt – die sogenannten gnostischen Strömungen im Islam entzweite. Für einige war etwa das Gebot, während des Ramadans zu fasten und niemals Alkohol oder blutiges Fleisch zu konsumieren, rein symbolisch zu verstehen – als allgemeine Anweisung, im Leben Maß zu halten. Für andere ersetzten Ratio und geheimes Wissen nicht die Offenbarung, sondern waren sozusagen ein Add-on. Und der Schiismus mit seinen Gelehrtenschulen und der Offenheit gegenüber der Philosophie bot einen Nährboden für philosophische Spekulation.

Die Anhänger Khasibis, die man später Alawiten nennen sollte, übernahmen von der Schia die Verehrung der Imame, Feiertage und auch einige rechtliche Prinzipien. Aber diese bildeten nur das äußere Skelett der alawitischen Weltanschauung. Die Gemeinde verehrte Ali, was ihr viel später die Zuschreibung »Alawiten« einbrachte, die sie in moderner Zeit auch selbst übernahm. Damit waren sie – um des Friedens zwischen den Gemeinschaften willen – irgendwie als Untergruppe des Islam verortet, und alle hätten sich damit zufriedengeben können.

Der Prophet Mohammed war nach Ansicht der Alawiten nur ein Mensch (darin stimmte man noch mit der orthodoxen Lehre überein) – allerdings dieselbe Person wie Jesus Christus und andere Propheten vor ihnen: Mohammed und Jesus waren Emanationen ein und derselben Seele, während Ali, der Schwiegersohn des Propheten und erste Imam, die Inkarnation des Göttlichen (Ma'ana) verkörperte. Ali, die Nummer zwei nach Mohammed, galt den Alawiten als die größere Macht im Hintergrund, schließlich hatte er den Propheten stets beschützt und zum Erfolg geführt. Mit Alis Ermordung im Jahr 661 war nicht etwa der Traum von der Herrschaft des Hauses des Propheten begraben, sondern die Göttliche Seele aus ihrer menschlichen Hülle freigesetzt. Sie war gewissermaßen zur Quelle ihrer Emanation zurückgekehrt und hatte sich zu einem anderen, erhabeneren Ort bewegt. Wer in ihr Antlitz schauen wollte, musste fortan nur in einer Vollmondnacht nach oben schauen. So wie es die Harraner (oder Sabier) in ihren Freilufttempeln taten.

Zeigt sich etwa in der alawitischen Lehre das Erbe der Verehrung des Mondgottes Sin? Der Mond ist nicht nur ein zentrales Symbol der alawitischen Identität, sondern verkörpert Ali, das Licht und die allumfassende, transzendente Macht. Einige Forscher halten dem entgegen, dass zumindest der Halbmond das Emblem vieler islamischer Reiche war. Immerhin schmückt er bis heute die Fahnen von Türkei, Tunesien, Pakistan, Malaysia und den Komoren, um nur einige zu nennen. Darüber hinaus hätten die Araber schon vor Ankunft des Islam einen »Allah« als Mondgottheit verehrt, den man anrief, wenn sich Ungemach einstellte. Aber die besondere Bedeutung des Erdtrabanten in der alawitischen Tradition ist augenfällig.

Ein extraterrestrischer Spaziergang in der Nacht des 20. Juli 1969 versetzte daher auch einige der alawitischen Würdenträger (Mashayekh) in Unruhe. Damals betraten zwei amerikanische Luftwaffenpiloten, Neil Armstrong und Buzz Aldrin unter den Augen der Weltöffentlichkeit, etwa 200 Meter vom »Westkrater« entfernt, den Mond. Einige der Söhne der Mashayekh aus der syrischen Küstenregion erinnern sich daran, wie man damals in fragende Gesichter schaute. Wie sollte es möglich sein, dass Menschen in die Sphäre des Göttlichen, des Sinnes hinter allen Dingen, einfach so hineinstiefelten? Zerstörte dieser »kleine Schritt für einen Menschen, aber große Sprung für die Menschheit« (Neil Armstrong) nicht die alawitische Kosmologie? Oder hätte man die Einheit von Gott, Mond und der Erscheinung Alis all die Jahrhunderte lang auch nur allegorisch verstehen sollen?

Ein Dilemma für die alawitische Lehre, die sich zwar Rationalität und Wissenschaft nicht verwehrte, aber eben in einer Zeit entstand, in der Mondlandungen nicht vorgesehen waren. Die Mashayekh fanden schließlich einen Weg, sich zu diesem Mysterium zu verhalten, der sich stets bewährt zu haben schien. Sie schwiegen. (Die Theorie, dass die Amerikaner den Erfolg der Mission Apollo 11 in einem TV-Studio inszeniert hatten, fand auch im Nahen Osten ihre Anhänger. Die Alawiten haben sie nach allem, was man heute weiß, aber nicht in Umlauf gebracht.)

Das Schweigen über die eigenen Glaubensinhalte war über die Jahrhunderte bereits ein Markenzeichen der alawitischen Kultur geworden. Und so ist es bis heute. Die Sabier mochten für die sunnitischen Muslime von Interesse sein, weil sie eine andere, eine exotische Religion darstellten, von der man etwas lernen konnte. Für die Alawiten, die »Nusayrier«, traf das nicht zu. Denn sie galten nun nicht als Gemeinschaft, die sich von islamischen Lehren hatte inspirieren lassen, sondern als häretische Abspaltung vom Stamme des Islam. Als Spalter, womöglich sogar als Apostaten, die vom wahren Glauben abgefallen waren, wie einst das biblische Volk Israel, das, wann immer es von Gott nichts mehr wissen wollte, einem Goldenen Kalb huldigte. Etwas Schlimmeres als den Abfall vom Glauben konnte es nach Meinung der strengen, sunnitischen Rechtsschulen nicht geben – höchstens vielleicht die Alawiten selbst.

Der Gelehrte Taqi al-Din Ahmad Ibn Taimiyya (1263–1328), der übrigens ausgerechnet aus Harran stammte, formulierte ein Rechtsgutachten, das die Alawiten für praktisch vogelfrei erklärte. Sie seien schlimmer – und todeswürdiger – als Apostaten, weil man von ihnen keine Besserung erwarten konnte. Selbst wenn die Alawiten rechtgläubige Muslime werden wollten, so sei ihnen die Aufnahme als unaufrichtig zu verweigern.[210]

Es ist im Grunde ungeheuerlich und selbst für die extremeren Denker unter muslimischen Gelehrten eine Seltenheit, dass man eine Religionsgruppe derart verdammt. Ebenso ungeheuerlich mag es erscheinen, dass die angeblich so auf interreligiösen Dialog und Toleranz bedachte Al-Azhar-Universität in Ägypten diesem Urteil beipflichtete. Und es bis heute nicht für nötig hält, ihre Position zu revidieren.[211] Während des Kriegs in Syrien feierte der Hass auf die alawitische Gemeinschaft Urstände – aus Saudi-Arabien und anderen Golfstaaten traten radikale sunnitische Prediger im Satellitenfernsehen auf und forderten, die Alawiten zu vernichten. Sie seien nicht nur Anhänger des syrischen Regimes – Präsident Assads Familie und viele führende Offiziere des Militärs sind Alawiten –, sondern Feinde der Muslime. Angehörige der Alawiten wiederum wurden in ihren Dörfern auf einen Heiligen Krieg eingeschworen: Die Stunde sei gekommen, sich gegen die Sunniten zu verteidigen. Jeder tote Sunni sei ein guter Sunni und verlängere das Leben der Gemeinschaft.

Auf Ibn Taimiyya berufen sich heutige salafistische und dschihadistische Kräfte; seine Fatwa wurde im Laufe der Geschichte immer wieder mal ins Werk gesetzt, zuletzt vom sogenannten »IS« in Syrien. Die Propagandazeitschrift des IS trug den Titel *Dabiq*, nach Marj Dabiq, dem Schauplatz einer Schlacht zwischen Osmanen und Mamluken 1516. Denn im Zuge dieser Kämpfe erfolgte auch ein furchtbares Massaker an den häretischen Alawiten, die seitdem immer wieder Verfolgungen erlitten haben. Man zog daraufhin in die levantinischen Berge, um unter sich zu bleiben und sich im Zweifel gegen Angriffe schützen zu können.

Geheimniskrämerei und Unterdrückung traten hier in einen Teufelskreis und bedingten sich schließlich gegenseitig. Im April 2016 wandten sich zum ersten Mal nach langer Zeit Würdenträger der alawitischen Gemeinschaft mit einer Botschaft an die Öffentlichkeit, die ihre Identität als »esoterischer Zweig« des Islam bestätigte.[212] Sie wollten den Teufelskreis des Misstrauens durchbrechen, erklären, wer oder was sie sind, und ihren sunnitischen Landsleuten ein Friedensangebot eröffnen. Aber ihr Ruf verhallte im Kriegsgeschrei, einstweilen zumindest.

❖

Eine Weile stehe ich am Gestade des bewegten Mittelmeers und blinzle durch einen von der Gischt erzeugten Nebel über dem Strand in die Abendsonne. Die beiden weißbärtigen Herren, denen ich am Chidr-Schrein begegnet bin, spazieren nun gemächlich auf der Promenade. Als mir einer grüßend zuwinkt, denke ich für einen Moment an die Legende der Begegnung von Mose und Chidr. An die Geschichte des Spatzen am Meer, die Tausenden Bücher des Hermes Trismegistos, die Weisen von Harran, die tagein, tagaus die Planeten studierten, um die Geheimnisse des Kosmos zu entschlüsseln. Und an die berühmte Koransure *Al-Kahf* (»Die Höhle«), in der von Chidr die Rede ist. Gegen Ende dieser Sure

(Vers 109) heißt es: »Wenn das Meer Tinte für die Worte meines Herrn wäre, würde das Meer wahrlich zu Ende gehen, bevor die Worte meines Herrn zu Ende gingen, auch wenn Wir als Nachschub noch einmal seinesgleichen hinzubrächten.« Ein poetisches Bild, das uns vielleicht ja sagen will: »Übt Euch hin und wieder in intellektueller Bescheidenheit. Auf viele Fragen des Lebens werdet Ihr keine Antworten finden. Auch nicht in einem heiligen Buch.«

17
Antakya

VERSCHWÖRUNG AM ORONTES

Ein seltsamer Mysterienkult und die Geschichte, wie eine Stadt zur Wiege gleich mehrerer Christentümer wurde.

Ich bin an diesem Sonntagmorgen nicht der Erste, der herauf zur Heiligen Grotte pilgert. Ein Motorradclub aus Izmir ist schon da. Ein Dutzend türkische Bikerinnen und Biker, an ihrer obligatorischen Kutte zu erkennen, veranstaltet eine Fotosession. Man freut sich über das klare Wetter – in der Nacht zuvor hatte es am Berg Staurin ergiebig geregnet – und posiert vor dem Eingang in die angeblich älteste Kirche der Welt. Bald schon entfernen sich die Motoren und weichen der allgemeinen Geräuschkulisse der Stadt Antakya, die man von dieser Stelle beinahe vollständig überblicken kann. Antakya ist der arabisierte Name der antiken Stadt Antiochia am Orontes. Die Türkische Republik hat sie offiziell Hatay getauft (wie die gleichnamige Provinz). Diesen Namen benutzt hier nur kaum jemand.

Vor mehr als 20 Jahren bin ich schon einmal hier gewesen und für dieses Buch wieder hergereist, um meine Erinnerungen aufzufrischen. Damals war ich von Antakya nach Aleppo aufgebrochen, um eine erste Reise nach Syrien zu unternehmen. Ich besuchte auch die Heilige Grotte und erinnere mich noch, wie ich damals zu Fuß durch arme Wohnviertel am Hang spazierte, um zu ihr zu gelangen. Die Grotte selbst ist mir nicht in Erinnerung geblieben, was mir merkwürdig vorkam, denn immerhin gilt sie als eine der bedeutendsten Stätten der christlichen Geschichte. Als ich sie an diesem Sonntag im Frühling abermals betrete, fällt es mir wieder ein. Sie ist touristisch vollkommen uninteressant. Aber sie gilt als eine Geburtsstätte des Christentums. Hier sollen sich die Apostel Jesu und andere Eingeweihte im 1. Jahrhundert konspirativ getroffen haben, um die Verbreitung einer neuen Religion zu planen.

Die Anhänger des Gekreuzigten hatten es zunehmend schwer in Jerusalem; während das Neue Testament berichtet, dass in Antiochia bereits die gute Nachricht umging. »Sie sandten Barnabas, dass er nach Antiochia ginge. Als dieser dort hingekommen war und die Gnade Gottes sah, wurde er froh und ermahnte sie alle, mit festem Herzen an dem Herrn zu bleiben«, heißt es in der Apostelgeschichte.[213] Später soll der glücklicherweise aus der Haft befreite Petrus ins antiochische Exil gekommen sein. Und dann schließlich Paulus. Auf der Hut musste man anscheinend auch dort immer sein: In den Felsen ist sogar ein geheimer Schacht geschlagen – angeblich ein Hinterausgang, falls die Behörden die Versammlung auffliegen ließen.

Betrachtet man die Lage der antiken Stadtmauer, von der noch einige Überreste zu sehen sind, so dürfte die »geheime Grotte« so geheim nicht gewesen sein. An dieser Stelle verbotene Rituale abzuhalten wäre ungefähr so geheim, wie »auf dem Times Square in New York«.[214]

Die antiken Quellen schweigen über die Petrusgrotte. Selbst der byzantinische Johannes Malalas, ein echter Lokalpatriot, scheint sie nicht zu kennen. Auch die arabischen Chronisten, die nach der Eroberung der Stadt durch die Muslime um das Jahr 637 Antiochia besuchten, beschreiben zwar eine berühmte Kirche. Eine Petrusgrotte kennt aber nicht einmal der große Ibn Butlan (1001–1064). Und der hätte es wissen müssen. Er konnte nicht nur Griechisch, sondern verbrachte seinen Lebensabend in Antiochia im Kloster.

Womöglich »entdeckten« erst die Kreuzzügler die wundersame Wirkungsstätte Petri wieder, als sie Antiochia im Jahr 1097 eroberten und über eineinhalb Jahrhunderte ein lateinisches Fürstentum errichteten. Die Grotte ist wundersam mit der Selbstbehauptung der Kreuzfahrer verbunden: Ehe man sich in Antiochia eingerichtet hatte, zogen die türkischen Seldschuken heran, um die Stadt zurückzuerobern und ihre von den Franken massakrierten Landsleute zu rächen. Die Truppen des Grafen Bohemund von Tarent gerieten bei der Belagerung derart in Bedrängnis, dass nur noch ein archäologisches Wunder helfen konnte. Unter der Leitung des Bettelmönches Peter Bartholomäus – eines aus Marseille stammenden, wohl recht kuriosen Mystikers – grub man in einer Grotte und fand zufällig einen Speer. Glücklicherweise konnte Peter diesen zweifelsfrei als Heilige Lanze identifizieren, die ein römischer Soldat einst dem Herrn Jesus am Kreuz in die Seite gestoßen hatte: eine Reliquie. Die Entdeckung verfehlte ihre Wirkung nicht und motivierte die Truppe zu einem erfolgreichen Ausfall gegen die Seldschuken. Peter Bartholomäus konnte seinen Ruhm allerdings nicht lange genießen. Offenbar ging er den Verteidigern von Antiochia mit seinem Gehabe derart auf die Nerven, dass sie ihn als Scharlatan beschimpften. (Der gute Peter wollte seinen göttlichen Auftrag zwar noch durch einen Gang durchs Feuer beweisen, erlitt jedoch Verbrennungen dritten Grades und starb wenige Tage später an den Folgen seines Experiments.)

Die Petrusgrotte von Antiochia aber war spätestens jetzt in der Christenheit berühmt. Bohemunds Neffe Tankred ließ sich darin bestatten; sein restaurierter Sarkophag ist das einzig auffällige in dieser Stätte, die im 19. Jahrhundert im Auftrag des französischen Kaisers Napoleon III. renoviert wurde.

Antiochia kommt im Titel von nicht weniger als fünf Kirchenpatriarchen vor. Dennoch ist keiner davon in Antiochia ansässig. In der Offenbarung des Johannes ist vom Himmlischen Jerusalem die Rede – einer Art spirituellem Ort, der nicht auf der Erde, sondern in der Heilserwartung und letztendlich der Fantasie der Gläubigen existiert. Mit Antiochia scheint es sich ähnlich zu verhalten: Es ist kein ganz wirklicher Ort, eher ein virtuelles Konzept, das an die – vermeintliche – Einheit der Christenheit erinnert.

Manchmal sind Paradies und Hölle sehr nahe beieinander. Wer von der Grotte einige Minuten auf einem schmalen Pfad den Hang des Staurinberges besteigt, steht bald vor einem mächtigen Steinbild, das die Bewohner der Stadt seit mehr als zwei Jahrtausenden fasziniert und gruselt. Ob dieses fünf Meter hohe Antlitz schon derart grimmig ausgesehen hat, bevor man ihm mit spitzen Hacken und Meißeln die Gesichtszüge zertrümmerte? Wer oder was ist hier zu sehen? Die britische Orientreisende Gertrude Bell glaubte darin eine Sphinx zu erkennen,[215] die türkische Archäologin Hatice Pamir hält es für das Abbild der Göttin Kybele, die als »Mutter Erde« im alten Anatolien und später im gesamten Römischen Reich verehrt wurde – in Form eines Mysterienkults.[216]

Mysteriös wie ihr Kult war schon der Entstehungsmythos der Kybele: Der Göttervater Zeus soll an einem Felsen im Schlaf seinen Samen verloren haben – das kann passieren –, woraus durch spontane Zeugung ein fürchterliches Zwitterwesen aus dem Granit wuchs. Die Götter kastrierten dieses, und es erwuchs die Göttin Kybele, die den Städten Schutz und den Menschen Fruchtbarkeit spenden konnte. (Zu Kybeles Ehren kastrierten sich manche ihrer Mysten und Priester angeblich selbst, und das vor den Augen der schaudernden Öffentlickeit. Auch eine Form des Zölibats.)

Die Folklore wiederum kennt die gigantische Visage als »Charonion der Hölle«, benannt nach dem finsteren Fährmann Charon, der die Seelen der Toten gegen ein Entgelt über den Fluss in die Unterwelt befördert. Der byzantinische Chronist Johannes Malalas (490–570) schildert, wie das Bild entstand: König Antiochus IV. soll einen Steinmetz dazu beauftragt haben, eine monumentale Maske mit magischer Wirkung in den Fels zu schlagen, um einer grassierenden Seuche Einhalt zu gebieten (ob das angebliche Charonion mit einem Mund-Nasen-Schutz versehen war, lässt sich nicht mehr feststellen, weil es zerstört ist – vielleicht ja von antiken Vorläufern dessen, was man heute »Covidioten« nennt).

Wahrscheinlich war der Fels der Petrusgrotte also schon vor Ankunft des Christentums ein heiliger Ort, eine Kultstätte. Wenn uns das Rätsel des Charonion eines lehrt, dann, dass Antiochia am Orontes der Schmelztiegel der Religionen und Mythologien par excellence gewesen sein muss. Diese Stadt hatte einfach alles zu bieten, was man sich in der Antike nur wünschen konnte, und vielleicht ist es kein Zufall, dass der abenteuerliche Siegeszug des Christentums von hier seinen Ausgang nahm. Antiochia wird gemeinhin als »Wiege des Christentums« betrachtet, während Jerusalem als seine »Geburtsstätte« gilt. Je nachdem, was man für das eigentliche Wesen der christlichen Religion hält, kann man Antiochia auch diesen Titel überlassen. Aber der Reihe nach.

Antigonos I. Monophthalmos verstand manchmal Spaß, manchmal aber auch nicht. Das Problem bei solchen Leuten ist, dass man nie weiß, wann der Zeitpunkt für einen Scherz günstig ist – etwa die Bitte, mit ihm eine triftige Sache unter vier Augen zu besprechen. Einen respektlosen Philosophen, der ihn als »Zyklop« bezeichnet und sich hernach geweigert hatte, um Entschuldigung zu bitten, ließ Antigonos exekutieren.[217] Antigonos hatte nämlich unter nicht näher bekannten Umständen ein Auge verloren, daher sein Spitzname Monophthalmos (»Der Einäugige«). Der alte Recke war ein Diadoche, ein General des Makedonen Alexander, hatte mit diesem unter anderem 334 v. Chr. am kleinasiatischen Fluss Granikos die Perser verdroschen und beherrschte nach Alexanders Tod mehrere Provinzen in der heutigen Türkei. Beinahe wäre er zum Gründungsvater einer Stadt geworden, die zu den bedeutendsten in Orient und Okzident wurde. Allerdings unterlag Antigonos 301 seinem Rivalen Seleukos I. Nikator – die Diadochen Alexanders hatten nichts Besseres zu tun, als sich gleich nach dem Hinscheiden ihres Königs gegenseitig zu zerfleischen. So kam es, dass die neue Stadt am Ufer des Orontes, für die Antigonos bereits den Grundstein hatte legen lassen, nicht »Antigoneia«, sondern »Antiochia« heißen sollte, und zwar zu Ehren des Vaters des Siegers, eines gewissen Antiochius. (Es wäre wohl ein schwacher Trost für Antigonos zu wissen, dass der heutige Name, Antakya, auch ein bisschen nach Antigoneia klingt.)

So unentbehrlich das Zeitalter der Seleukiden – der Hellenismus – für die Kulturgeschichte ist, so sehr sperrt es sich gegen das historische Bewusstsein, das sich auf große Umbrüche und Personen fokussiert. Als Epoche sind die Seleukiden im Grunde schwer verdaulich und stehen in einem drastischen Kontrast zu der Leichtigkeit und Schönheit der Kunst, die sie hinterlassen haben. In den Geschichtsbüchern kleben sie irgendwo zwischen dem klassischen antiken Griechenland, das mit seinen Denkern und seiner Mythologie zur Ahnin Europas auserkoren wurde, und dem Römischen Weltreich. Als ideologische Identifikationsfiguren eigneten sich die Seleukiden aber ebenso wenig für das Abendland wie für das Morgenland. Denn mit dem Erbe Alexanders, um das seine Generäle, die Diadochen, kämpften, verwischen sich ihre Spuren.

Auf Alexander folgten nicht weniger als 21 sogenannte Diadochenstaaten, von denen das nach Seleukos benannte Seleukidenreich der bedeutendste war. Es erstreckte sich von Klein- bis Zentralasien und hatte in Syrien seine Mitte. Das Herz der hellenistischen Kultur lag also im Orient, an der Brücke zwischen Europa und Asien, insofern könnte man die hellenistische als eine orientalische Kultur bezeichnen. Hinzu kommt, dass es bei den Seleukiden äußerst unübersichtlich wird: Studiert man sie, muss man sich mit politischen Begriffen auseinandersetzen, die es in der klassischen Antike nicht gab; so übernahm das Reich die »Satrapien« (Provinzen) des persischen Imperiums für seine Verwaltung. Seine Könige ritten mitunter nicht auf Pferden, sondern auf indischen Dickhäutern herum, weshalb ein britischer Seleukidenfachmann sie die »Elefantenkönige« nennt.[218] (Die Ptolemäer in Ägypten wiederum waren, wie wir gesehen haben, so begeistert von der Hochkultur am Nil, dass sie ägyptischer sein wollten als die Ägypter.)

Zu guter Letzt erschweren auch die inneren Zustände, dass man sich ein halbwegs klares und geschlossenes Bild von der seleukidischen Epoche machen könnte: Ein Militärputsch jagte den nächsten. Onkel, Neffen, Brüder, ehemalige Kameraden – alle bekämpften sich gegenseitig, wobei es zwischen Hindukusch und Hellespont eigentlich für jeden genug Entfaltungsspielraum gab. Der Geist des göttlichen Alexanders saß halt ständig mit auf dem Thron. Und jeder seiner Erben wollte selbst noch ein kleiner Alexander werden.

Antiochia, die Hauptstadt des Seleukidenreiches, lag nun an der antiken Seidenstraße: bis ins zentralchinesische Xi'an waren es rund 7000 Kilometer. In der seleukidischen Metropole tauchten Waren auf, die man bis dahin am Mittelmeer nicht kannte. Und Kulturen ebenso. Hier sprach oder schrieb man Griechisch, Aramäisch und Hebräisch. Neben dem Pantheon der Griechen forderten auch die alten Götter Mesopotamiens und die der Levante ihren Platz ein. Neue Weltanschauungen, wie der Zoroastrismus des Perserreichs, kamen hinzu. Und Kybele oder Mithras, jene vermutlich aus dem iranischen Kulturkreis eingeführte Lichtgestalt, die später im Römischen Reich Karriere machte und etliche Parallelen zum Christentum aufweist, gaben sich ebenfalls ein Stelldichein.

In Antiochias Nachbarschaft, der am Oberlauf des Euphrats gelegenen Kommagene, huldigte der dortige König Antiochos I. Theos (gest. 36 v. Chr.) dem Gott Kallinikos, dem griechischen Zeus und dem iranischen Ahuramazda in einer Person. Ein berühmtes Relief zeigt ihn aber auch dabei, wie er dem Sonnengott

Mithras die Hand reicht. Und selbst das Judentum schien unter der Herrschaft der Seleukiden zahlreiche Anhänger zu finden, die sich nach und nach jüdisches Brauchtum aneigneten. Die Einflüsse kamen einerseits von abwärts des Tigris, also vom babylonischen Judentum, andererseits aus Judäa, wo die Verquickung von Religion und Politik, von Priestertum und Adel, den Seleukiden allerdings großes Kopfzerbrechen machte.

Der Seleukide Antiochus IV. Epiphanes (215–164 v. Chr.) wollte die jüdischen Eliten zu heidnischen Opfern zwingen, um aus ihnen loyale Untertanen zu machen. Dieses »Religionsedikt« hob er zwar zwischenzeitlich wieder auf, aber das Kind war bereits in den Brunnen gefallen. In einem denkwürdigen Brief von Antiochia nach Jerusalem heißt es: »König Antiochus grüßt den Ältestenrat der Juden und die übrigen Juden. Wenn ihr bei guter Gesundheit seid, so entspricht dies unserem Wunsch; wir selbst sind ebenfalls gesund.«[219] Liest man das *Buch der Makkabäer*, das so gewalttätig ist, dass mancher Kirchenmann vor seiner Lektüre warnte, so stellt man fest, dass die Wünsche nicht auf Gegenseitigkeit beruhten. Ein jüdischer Aufstand in Jerusalem zog grausame Repressionen des Antiochus nach sich. »Eleasar, einer der vornehmsten Schriftgelehrten, ein hochbejahrter, aber ungewöhnlich schöner Mann, wurde gezwungen, mit gewaltsam aufgesperrtem Munde Schweinefleisch zu essen. Da er aber einen rühmlichen Tod einem Leben in Schande vorzog, spie er das Fleisch wieder aus und schritt dann freiwillig zur Marterbank hin.«[2] Voller Genugtuung heißt es später, dass Antiochus dafür einen jämmerlichen Tod erlitt: Er sei innerlich von Würmern zerfressen worden.[220]

Man schenkte sich nichts im Makkabäerkrieg. So machten die Juden auch wieder Bekanntschaft mit einer Art der Hinrichtung, die die Seleukiden wohl von den Persern übernommen hatten: Man ließ Aufständische an ein Kreuz geschlagen am Wegesrand aufstellen und für alle Reisenden sichtbar langsam und qualvoll verrecken.

Eine solche Welt erbte das römische Imperium, als der Triumvir Pompeius die letzten Reste des Seleukidenreichs annektierte und Antiochia zur Hauptstadt der Provinz Syrien machte. Der Orient war nicht nur politisch in Bewegung, sondern offenbar auch religiös. Die alten Tempelkulte waren fad geworden, und Mysterienkulte hielten Einzug, unter anderem solche aus dem weiter östlich gelegenen Orient. Von ihnen versprach man sich offenbar Zugehörigkeit, Anschluss, aber vielleicht auch spirituelle Antworten auf Fragen, für welche die griechischen und römischen Götter mit ihren verstaubten Ritualen und Priesterschaften nicht sehr zugänglich waren. Als ein solcher Mysterienkult dürfte auch das Christentum im Reich betrachtet worden sein, zumindest außerhalb der jüdisch-christlichen Szene.

Eine gewisse Ironie der Geschichte liegt in dem Umstand, dass die einzige christliche Pilgerstätte von Rang in Antiochia nach Petrus benannt ist: eben jene Petrusgrotte. Denn dass die Erweckungsbewegung eines wandernden Rabbis aus Galiläa – anders als die vielen Dutzend anderen Bewegungen seiner Zeit – zu einer solchen Erfolgsgeschichte wurde, ist vermutlich nicht Petrus, sondern einem anderen zu verdanken: Paulus von Tarsus, der hier in Antiochia eine Zeit lang residierte. Wer dieser Paulus war, ist schwer zu sagen, obwohl er einer der bis heute meistgelesenen und -zitierten, namentlich bekannten Autoren der Antike sein dürfte. Homer mit seiner *Ilias* und Herodot mit den *Historien* könnten einpacken, müssten sie sich mit Paulus direkt vergleichen – auch wenn man nur die sieben der insgesamt 13 »Paulusbriefe« des Neuen Testaments zählt, die ihm die Bibelforschung heute noch zubilligt.

In diesen spricht der Autor selbst und gibt etwas von seinem Leben preis. Die Apostelgeschichte, in der seine Missionsreisen und Abenteuer im Mittelmeerraum geschildert werden und die laut

Meinung von Experten aus der Feder des Evangelisten Lukas stammt, zeichnet ein ebenso komplexes Bild von Paulus. Nur weicht dieses Bild in vielen entscheidenden Punkten von seinen autobiografischen Angaben aus den Episteln, den Apostelbriefen, ab.

Paulus stammte wohl aus dem kilikischen Tarsus, der heutigen Stadt Mersin, was manchen Kritiker der christlich-abendländischen Identität zu der spöttischen Bemerkung hinreißen könnte: Wenn der Erlöser der Christen ein Jude war, dann war der Begründer der Kirche ein Türke. Aber Türken gab es damals natürlich in Anatolien noch nicht, und Paulus war ein gebildeter, frommer Jude, dessen Vorfahren womöglich während der häufigen Unruhen und wirtschaftlichen Krisen in Judäa in eine der florierenden Städte Kilikiens ausgewandert waren. Er fühlte sich dem zwölften Stamm Israels zugehörig, der nach dem Patriarchen Benjamin benannt war.[221] Und wie sein spiritueller Herr, der gelernte Zimmermann Jesus, hatte auch Paulus eine anständigen Beruf, mit dem er hin und wieder Geld verdiente: Zeltmacher konnte man überall gut gebrauchen.

Irgendwann stößt dieser Paulus auf das, was im Neuen Testament mitunter als der »Neue Weg« bezeichnet wird, und fühlt sich zum Apostel berufen. In Antiochia, so heißt es, trafen sich kurz nach dem Kreuzestod Jesu und seiner wundersamen Entrückung Anhänger dieser Bewegung. Angeblich werden sie dort zum ersten Mal auch »Christen« genannt. In der bunten Metropole Antiochia des 1. Jahrhunderts dürfte die Verehrung eines in naher Zukunft wiederkehrenden Messias zunächst nicht weiter aufgefallen sein. Wer konnte bei dieser Vielzahl an hellenistischen und orientalischen Göttern und Mysterienkulten schon den Überblick behalten? Man traf sich zunächst nicht etwa in geheimen Grotten, sondern in Hauskreisen. Missioniert wurde am Arbeitsplatz, schließlich kam man beim gemeinsamen Tuchnähen, wie Paulus es beherrschte, am leichtesten ins vertrauliche Gespräch. Die Apostelgeschichte erzählt eine der berühmtesten Legenden über die

Bekehrung des Paulus: Das sogenannte Damaskuserlebnis wurde zum geflügelten Wort für eine 180-Grad-Wende im Leben eines erwachsenen Menschen.

Demnach soll Paulus zuvor Saul (Sha'ul) oder Saulus geheißen haben – ein Name aus dem Tanach – und von leidenschaftlichem Hass gegen die Anhänger des Jesus von Nazareth beherrscht gewesen sein. Schließlich unterwanderten die das traditionelle Judentum. Es heißt, Saulus habe die Nazarener sogar aktiv verfolgt und der Gerichtsbarkeit der Hohen Räte der jüdischen Gemeinschaft überführt. Dann soll ihn kurz vor Damaskus plötzlich ein gleißendes Licht geblendet und nicht etwa der Sonnengott, sondern Jesus selbst zu ihm gesprochen haben. Nachdem der perplexe Kopfgeldjäger wieder zu sich gefunden hatte, änderte er seinen Namen in »Paulus« und diente dem Heiland fortan als Apostel.

Von Konvertiten weiß man, dass sie ihre neue Berufung besonders eifrig vertreten: Die größten Islamisten sind ehemalige Drogenhändler, die eifrigsten Heilsarmisten waren einmal Zuhälter, die militantesten Nichtraucher verbrauchten vor ihrer Bekehrung noch zwei Schachteln Marlboro am Tag. Das missionarische Werk kann keinerlei Mäßigung gebrauchen; wer überzeugt ist, dass Gott und das Schicksal ihn als Boten auserkoren haben, dass er nur zu diesem Zweck vor dem sicheren Untergang gerettet wurde, setzt die notwendigen Energien frei. So heißt es in der Apostelgeschichte dann auch, Paulus sei früher ein »Sünder« gewesen, quasi um die Fallhöhe zu steigern. Paulus selbst berichtet, wie bereits erwähnt, dass er ein Jude sei, der sich streng an die Gesetze hielt. Aber die »Sünde« war eine große Sache in der frühen Christenheit. Es genügte irgendwann schon, nicht an Jesus zu glauben, um sich als Sünder zu qualifizieren.

Manche Neutestamentarier bezweifeln im Übrigen nicht nur, dass dieses Damaskuserlebnis tatsächlich stattgefunden hat, sondern auch, dass Paulus davon überhaupt berichtet habe. Das ist insofern von zentraler Bedeutung, als es zeigt, wie sich in der

Geschichte der Frühen Christenheit drei Paulusse überlagern: der Mensch Paulus, jener, der zu sein er von sich behauptet, und schließlich jener, den andere aus ihm machten. Aber das ist eigentlich bei allen Prominenten so.

Paulus steht für die Überzeugung, dass die Botschaft Christi über das Judentum hinaus gilt. Angeblich reiste er sogar zu den Nabatäern in Petra, um sie zu missionieren. Stimmt das, dann wären die Araber eine der ersten Völkerschaften, die in den Genuss der guten Nachricht kamen. Allerdings, so heißt es, soll deren König Arethas ihn nach einiger Zeit davongejagt haben. Warum, ist nicht bekannt. Ebenso wenig, wann Paulus seine Missionsstrategie wechselte und zu der Überzeugung gelangte, die Juden zu Judenchristen zu machen, sei vergebene Liebesmüh. Einige Episoden deuten darauf hin, dass die Judenmission ihm nicht nur Frustration, sondern eklatante Sicherheitsrisiken bescherte. Mehrfach hatten Juden Paulus verspottet oder sogar tätlich angegriffen. Einmal, so berichtet die Apostelgeschichte, wurde er sogar gesteinigt und auf eine Abfalldeponie vor der Stadtmauer geworfen. Danach dürfte es dem Apostel gereicht haben; er wandte sich anderen Kunden zu. Es könnte allerdings ebenso gut sein, dass ihm das Zerwürfnis mit den Juden posthum in die Biografie geschrieben wurde – von griechischen Christen, die ein manifestes Interesse daran hatten, die neue Religion aus ihren jüdischen Wurzeln herauszulösen und für das gesamte Römische Reich zu öffnen.

Dass diejenigen, denen eine frohe Botschaft zuerst offenbart wurde, ihr Privileg gar nicht begreifen und sie sich undankbar, ja, sogar feindselig verhalten, kommt in der Geschichte öfter vor. Es ist sogar ein gängiges hagiografisches Motiv. Sechs Jahrhunderte später soll es dem Propheten Mohammed ähnlich ergangen sein. Er hatte eigentlich die Mekkaner mit seinen Offenbarungen bedacht, wurde von diesen aber mit Spott und Prügel überhäuft und musste schließlich nach Yathrib (das spätere Medina) auswandern, um später von dort siegreich nach Mekka zurückkehren. Ein Prophet gilt halt oft nichts im eigenen Land.

So geriet der Heidenmissionar Paulus allem Anschein nach mit denjenigen in Konflikt, die den neuen Weg als eine innere Reformbewegung des Judentums betrachteten. Zuvor hatte es in der ersten Gemeinde in Jerusalem bereits großen Streit gegeben: Hier hatten sich nicht nur Juden, sondern auch »Judengesellen«, also hellenistische Bewohner der Stadt, die den jüdischen Lifestyle teilweise übernommen hatten, miteinander überworfen – man erwartete damals die baldige Rückkehr des Messias und das Ende der Welt, dennoch hatte man offenbar nichts Besseres zu tun, als sich zu zanken. Ein nichtjüdischer Anhänger der Bewegung, ein gewisser Stephanus, kam bei diesen Auseinandersetzungen sogar um (spätere Chronisten machten ihn zum ersten christlichen Märtyrer, der gesteinigt wurde und bezeichnenderweise kein Jude war). Der Vorfall könnte bereits zur Emigration von nichtjüdischen Jesusanhängern nach Antiochia geführt haben.

Vor diesem Hintergrund kam es zwischen 48 und 52 n. Chr. zum sogenannten »Antiochenischen Zwischenfall«, den der mutmaßlich echte Paulus im Galaterbrief schildert: Die eine Fraktion verlangte, dass, wer der neuen Bewegung angehören wolle, das jüdische Gesetz anerkennen müsse, etwa die Speisevorschriften und den Sabbat. Sonst könnten die Judenchristen mit ihnen keine Tischgemeinschaft haben und auch kein Abendmahl begehen – das immerhin zentrale Ritual der neuen Gemeinschaft. Weitaus heikler aber war die Frage nach der Beschneidung, die seit Jahrhunderten in der hellenistischen Welt zu Problemen geführt hatte. Konnte man das wirklich von einem Neuchristen verlangen? Man traf sich laut Paulus in Antiochia, um die Sache zu besprechen. Letztendlich hing von dem Ergebnis ab, ob das Christentum überhaupt eine missionarische, auf Expansion ausgerichtete Religion werden würde, oder ob man bis zum Ende aller Tage eher unter sich blieb. Wollte man, um es mit heutigen Bildern zu beschreiben, die Firma eines verstorbenen Gründers als kleinen Familienbetrieb erhalten oder lieber an die Börse gehen und sich den Weltmarkt erschließen?

Paulus wollte den neuen Glauben jedenfalls in die römische Welt tragen, vorzugsweise dorthin, wo noch kein anderer vor ihm gewesen war. Und er propagierte dafür eine Lehrmeinung, die zu den Stützpfeilern des christlichen Glaubens werden sollte: Allein der »Glaube Jesu« – aus Sicht mancher Exegeten auch der »Glaube *an* Jesus« – eröffnete dem Menschen den Weg in die Gemeinschaft. Nicht die Achtung irgendwelcher Vorschriften und Gesetze.[222] Wundersamerweise setzte sich Paulus nach eigenem Bekunden mit seiner Haltung durch. Dabei soll es ihm förderlich gewesen sein, dass er, der Jesus ja zu Lebzeiten nie begegnet war, dieses besondere Damaskuserlebnis vorweisen konnte. Als irdischen Wanderrabbi hatten zwar viele Juden den Mann aus Nazareth gesehen und sogar berührt. Aber der Auferstandene, der himmlische Jesus, war nur ganz wenigen erschienen.

Es scheint ohnehin, dass Paulus ein gänzlich anderes Jesusbild entwickelte als die Jünger, denn schließlich hatte er ihn nicht als Mensch mit seinen Vorzügen, aber gewiss auch Schwächen kennengelernt. Er hatte den Prediger aus Nazareth niemals beobachtet, wie er müde oder unwirsch auf Gedränge reagierte oder nach dem Mittagessen aus der Runde trat, um hinter einem Strauch ein menschliches Bedürfnis zu verrichten. Paulus dürfte die Überlieferungen der Reden Jesu gut gekannt haben, dennoch beruft er sich in seinen Briefen auf weniger als eine Handvoll wörtlicher Zitate. Besonders angetan hat es ihm allerdings jenes, in dem Jesus sich als »Gottessohn« bezeichnet.

Paulus mochte ein fromm erzogener Jude gewesen sein, aber er war offenbar vor allem ein Gewächs der hellenistischen Kultur und mit ihrer Philosophie und ihren Weltbildern vertraut. In seiner Wahrnehmung wandelt sich Jesus vom jüdischen Reformrabbiner zu einer antiken hellenistischen Gottheit. Eine Gottheit, die zu verehren letztendlich allen Menschen offensteht. Die Idee, dass es unter dem Gott Jahwe noch einen »kleinen Gott« geben könnte, war übrigens auch dem Judentum nicht ganz fremd. Sie taucht immer wieder auf, unter anderem in spätantiker Zeit, wurde aber auch immer wieder neu verworfen.[223]

Aus dieser Transformation ergaben sich bereits zahlreiche Fragen. Paulus – der echte oder der virtuelle – machte das Christentum nicht nur integrationsfähig, sondern öffnete womöglich die Büchse der Pandora. War der gestorbene Mensch Jesus denn überhaupt identisch mit der Gottheit, die in den Himmel aufgefahren war? Oder war Jesus gar bereits als Mensch auf Erden Gott? Wie war es gemeint, wenn er der Legende nach beim Abendmahl das Brot gebrochen und gesagt hatte: »Das ist mein Leib«? In der Theologie des Paulus scheint bereits angelegt, was das Christentum in den folgenden Jahrhunderten noch ausführlich beschäftigen sollte.

Die Kirchenväter wollen uns glauben machen, das Christentum sei eine Einheit gewesen, deren Elemente sich nach und nach auseinanderdividiert hätten. Daher sei es notwendig, diese von Menschen gemachten Differenzen zu überwinden und zur Einheit zurückzukehren. In Wirklichkeit aber scheint es andersherum gewesen zu sein: Es gab von Beginn an, spätesten aber, als man in Antiochia zum ersten Mal von »Christen« sprach, eine große Vielfalt der Interpretationen, die zwangsläufig zu Konflikten um die Deutungshoheit führten. Wenn bereits im jüdisch-hellenistischen Jerusalem derart verschiedene, kulturell bedingte Auffassungen zum Wesen der neuen Religion miteinander kollidierten, wie sollte es erst in Antiochia mit seinen orientalisch-mesopotamischen Einflüssen zugehen? Oder aber in Alexandria mit seinen ägyptischen? Das Christentum kam in vielfacher Ausführung in die Welt. Man sollte daher wahrscheinlich von der Geschichte der Christentümer sprechen.

18

Ephesus

WER WAR JESUS UND WENN JA, WIE VIELE?

Wie der Traum von der Einheit des Christentums in einer Schlägerei aufging und warum das auch seine guten Seiten hat.

Es gibt nur wenige Orte auf der Welt, an denen man sich so unmittelbar in das Leben einer antiken Stadt hineinversetzen kann wie in Ephesus. Wenige Schritte hinter dem Haupteingang der weitläufigen Anlage eröffnet sich ein Spektakel nach dem anderen: Ein gewaltiges Amphitheater, das über 20 000 Zuschauern Platz geboten haben soll. Dahinter dann das wohl berühmteste Monument des Römischen Reichs in Kleinasien: Die zweigeschossige Bibliothek des Celsus, Prokonsul der Provinz Asia, der hier residierte und im Jahr 120 n. Chr. beigesetzt wurde. »Nichts ist so beständig wie der Wandel«, so wird einer der berühmtesten Söhne der Stadt, Heraklit von Ephesus, zitiert. Das mag stimmen, ebenso wie eine andere Weisheit, die mich auf meiner Reise zu den Ursprüngen »unserer« Kultur schon lange begleitet: Man steigt niemals zweimal in denselben Fluss. Immer wenn man glaubt, etwas zu kennen, stellen sich neue Fragen ein. Das, was ist, kann bleiben und zugleich völlig anders sein.

Wenn das Christentum in Jerusalem empfangen und in Antiochia geboren wurde, so erlebte es hier in Ephesus sein Stelldichein mit der Geschichte. Seinen Abgleich mit der Wirklichkeit. Ephesus ist die Stätte erbaulicher christlicher Legenden: So soll der Apostel Paulus hier, bei den Ephesern, in Haft geraten sein und einige seiner Briefe verfasst haben. Auch soll das legendäre Haus der Gottesmutter Maria einer Legende nach hier stehen. Und natürlich liegt unweit der antiken Anlage jene Höhle, in der sich das Wunder der »Sieben Schläfer von Ephesus« zugetragen haben könnte. Wer sich einige Schritte von den ausgetretenen Besucherpfaden des antiken Ephesus entfernt – am Haupteingang rechts abbiegt anstatt der Esplanade folgt –, stößt mitten im Grünen auf einen wahren Schicksalsort: die Marienkirche von Ephesus, wo der Traum von der einen, Europa und den Orient umarmenden, christlichen Ekklesia in einer großen Schlägerei zu Ende ging.

Wer unterschreibt schon gern ein Dokument, wenn daneben einer mit dem Knüppel steht und droht, einem die Fresse zu polieren? So in etwa, ob auf Griechisch, Koptisch oder Aramäisch, jedenfalls wenig christlich formuliert, dürfte man es den Bischöfen auf jenem Konzil bedeutet haben, das im Jahr 449 in Ephesus »tagte«. Kann man sich in einer solchen Stresssituation noch auf die spitzfindigen Debatten zur Natur Christi konzentrieren, die Gegenstand des Treffen waren?

Kaum jedenfalls hatte man die feierliche Zusammenkunft der 127 Hüter der Christenheit eröffnet, brach an jenem dramatischen Sommertag des Jahres 449 ein Geschrei in der Marienkirche aus. Ehe man sich versah, öffneten sich deren Türen, und ein Schlägertrupp aus mehreren Hundert Männern, angeführt von militanten Mönchen, stürmte in die heiligen Gemäuer, die im Übrigen als erste in der Geschichte der Christenheit der Maria, der Mutter Jesu, geweiht waren.

Patriarch Dioskoros aus Alexandria hielt diesen Angriff auf das Hohe Haus offenbar für einen legitimen Beitrag zum theologischen Diskurs. Der gerechte Zorn der Gläubigen kam ihm zupass, und man konnte nicht anders, als ihn der Kollaboration zu verdächtigen. Die berüchtigten *Parabolani*, die, ihre Knüppel und

Peitschen schwingend, von der Stätte des Konzils Besitz ergriffen, waren sicher nicht nur aus touristischem Interesse von Alexandria nach Ephesus gereist (was sich übrigens durchaus gelohnt hätte). Um das Ereignis im Kontext der aktuellen Politik zu verordnen: Dieses Konzil von Ephesus war für die Kirche so etwas wie der 6. Januar 2021 für die amerikanische Demokratie. Und Patriarch Dioskoros gab gewissermaßen den Trump. Mit dem einzigen Unterschied, dass sein Coup Erfolge zeitigte.

Bischof Flavianus von Konstantinopel, der große Gegenspieler des Patriarchen auf dem Konzil, floh vor dem Rollkommando und klammerte sich an den Altar wie an eine Rettungsboje. Andere Bischöfe flehten, Dioskoros möge den *angry mob* doch zurückrufen, der auf Flavianus losgegangen war. Dieser war sehr wohl bekannt für seine Integrität als Aufseher des Kirchenschatzes, aber eher nicht für seine Sehnsucht, als Märtyrer zu sterben. Flavianus erlag drei Tage später seinen Verletzungen. Wie um Himmels Willen hatte es dazu kommen können?

Erisapfel der Auseinandersetzung war der Fall des Eutyches, eines Klostervorstehers in Konstantinopel, der sich zur Frage geäußert hatte, ob der Herr Jesus eher Mensch, eher Gott oder beides gleichermaßen sei. Eutyches hatte ein poetisches, wenngleich kontroverses Bild dafür gefunden: Die menschliche Natur Christi sei angesichts der göttlichen nahezu hinfällig geworden und in dieser aufgegangen »wie ein Tropfen Honig in einem Ozean«.[224] Statistisch nicht mehr messbar, folglich nicht relevant.

Die frühe Kirche, so scheint es rückblickend, stritt über solche Fragen leidenschaftlich. Die Geschichte des Christentums wäre sicher anders verlaufen, wenn man der Natur – oder den Naturen – Christi weniger Bedeutung beigemessen hätte. Eutyches aber verstieß mit seiner Aussage gegen die Lehrmeinung über die zwei Naturen, die in ein und demselben Christus bestehen sollten. Dafür hatte Flavianus ihn, in der Absicht den Disput zu schlichten, im November 448 in Konstantinopel zurechtgewiesen und ohne

Federlesen vom prestigeträchtigen Posten eines Archimandriten abgesetzt. Der degradierte Eutyches sollte das nicht auf sich sitzen lassen und nutzte seine guten Beziehungen beim kaiserlichen Hof, namentlich zu seinem Patensohn, dem Eunuchen Chrysaphius. Der hatte mit dem Erzbischof ohnehin eine Rechnung zu begleichen, weil dieser ihm angeblich einmal den Wunsch verweigert hatte, dem Kaiser ein Geschenk aus der kirchlichen Schatulle zu überlassen, und damit den Eunuchen schwer brüskierte.

Nun standen aber gerade die brandschatzenden Hunnen vor Konstantinopel; der kaiserliche Hof hatte also wahrlich andere Probleme, als sich mit den Naturen Christi zu befassen. Man musste ja nicht nur eine Kirche, sondern ein Weltreich führen, auch wenn das zweite manchmal leichter erschien als das erste! Flavianus jedenfalls war in der Gunst der Politik gefallen, und der Kaiser beauftragte die alexandrinische Fraktion, namentlich Patriarch Dioskoros, beim Konzil von Ephesus den Vorsitz zu übernehmen. Der wollte die Bestrafung des Eutyches, der die menschliche Natur Christi im Meer versenken wollte, rückgängig machen.

Das geschah, und die »Einnaturenlehre« wurde mit den oben genannten robusten Methoden zum Dogma ernannt. Das Konzil wiederum erwies sich bald als *point of no return* und beförderte die Zersplitterung der Kirche in ihre griechischen, ägyptischen, syrischen und mesopotamisch-persischen Sektionen. Ein »Ökumenisches Konzil« war diese Versammlung in Ephesus sicher nicht. Stattdessen verpasste ihm die katholische und byzantinische Historiografie später den Beinamen »Räubersynode«, auf Lateinisch *Latrocinium*. Nicht Gottesleute, sondern Gangster hätten dort getagt.

Später erklärte die Reichskirche das Ergebnis des Zweiten Konzils von Ephesus dann auch für null und nichtig. Den hoch dekorierten, aber intriganten Ministerialeunuchen Chrysaphius überließ man seinerseits dem »Volkszorn«. Besorgte Bürger, die gegen Steuererhöhungen protestierten, steinigten ihn dabei gleich mit zu Tode.

Wozu dieses Theater? Und war es wirklich nötig, dass sich ehrwürdige Kirchenväter, die wir heute aus Ikonen als gütig dreinblickende Greise kennen, buchstäblich bis aufs Blut bekämpften?

Solche Fragen mögen Menschen stellen, die Religion entweder nicht sonderlich ernst nehmen oder aber deren Religionen schon so alt sind, dass die großen Fragen längst geklärt und von der Mehrheit achselzuckend angenommen wurden. Für diejenigen aber, die am Aufbau einer neuen religiösen Bewegung beteiligt sind, die sich selbst als Protagonisten einer Wahrheitsfindung sehen, geht es ums Ganze, sind scheinbar nebensächliche Details eine Frage von Sein oder Nichtsein. Und wer und was Jesus Christus war, zählte für die frühen Christen zu den Glaubensfundamenten, die über die Zukunft und den Zusammenhalt des Christentums entschieden.

Bedenken wir, dass die Kirche, die Ekklesia, noch in den Kinderschuhen steckte. Und wenn Ekklesia, in etwa »die Zusammengerufene« heißt, müsste man es rückblickend wohl eher als die »Zusammengewürfelte« übersetzen. Das Gegenteil wäre verwunderlich gewesen. Denn obwohl die Kirche dank der byzantinischen Reichsverwaltung im 5. Jahrhundert bereits über eine beachtliche Organisation im bürokratischen Sinn verfügte, war sie ein bunter Haufen. Bei fast jeder neuen politischen oder religiösen Bewegung sind die Streitereien und Richtungskämpfe zu Beginn besonders heftig. Es sprießen die Intrigen, Nickligkeiten und enttäuschten Ambitionen.

Erst ein halbes Jahrhundert war vergangen, seit das Christentum im byzantinischen Imperium zur Staatsreligion erklärt worden war – in einer Welt von ungeheurer religiöser und kultischer Diversität. Unschärfen machten das Wesen dieser Glaubensvielfalt aus. Niemand hatte sich die Mühe gemacht, die Verehrung des römischen Gottes Jupiter oder des Pantheons der Griechen in detaillierten Schriftsätzen auszuformulieren und unter dem Volk zu verteilen. Das Kultische und Rituelle hatte in der Antike im Mittelpunkt gestanden, nicht das Dogma. Der Vollzug des Glaubens, nicht die Durchdringung seiner Grundlagen. Der Götterglaube oder auch die Mysterienkulte des Altertums sollten integrierend wirken. Einige wenige Eingeweihte leiteten daraus Erkenntnis ab, aber es war eher nicht die Regel, dass man die Priesterschaft zu theologischen Details über das Wesen der verehrten Gottheiten oder des Universums allgemein befragte.

Hinzu kommt ein anderer Aspekt, der nach meinem Eindruck in der Betrachtung der frühen Christenheit zu wenig Beachtung findet: Das Christentum war eine aus einer orientalischen Erweckungsbewegung hervorgegangene Religion, die sich in den ersten Jahrhunderten zunächst im Untergrund verbreitet hatte. Die Saat des Evangeliums mochte aufgegangen sein, sie fiel aber auf sehr unterschiedliche Böden. Ägypten, Syrien, Nordafrika, Kleinasien und Griechenland waren zwar Teil einer mediterranen, von der hellenistischen Kultur geprägten Welt, zu welcher selbst Arabien, das Rote Meer, Mesopotamien und der Kaukasus Beziehungen unterhielten. Aber in diesen alten und zum Teil hochentwickelten Kulturen traf der »neue Weg« auf unterschiedliche religiöse Traditionen, die wiederum in lokalen christlichen Denkschulen ihre Spuren hinterließen.

Dann war da noch die räumliche Distanz. Wer in der letzten Covid-Pandemie die Erfahrung gemacht hat, dass es schwerfällt, per Zoom-Konferenz produktiv zu Entscheidungen zu kommen, weil das Element der spontanen, kurzfristigen, informellen Abstimmung fehlt, kann sich vorstellen, was es bedeutet, wenn man sich nur alle paar Jahre persönlich auf einem Konzil begegnet. Die Bischöfe und Patriarchen spielten gewissermaßen theologisches Fernschach. Sie schrieben einander Briefe und warteten dann Monate auf den nächsten Zug ihres Gegenübers.

Ein weiteres Hindernis bestand gewiss auch im Selbstbild dieser Kirchenleute. Wer unter widrigen Umständen eine Gemeinde führt und sich womöglich noch ehrenamtlich engagiert, braucht ein gewisses Sendungsbewusstsein und lässt sich nicht gerne reinreden. Die Kirchenmänner mochten sich als Diener Gottes sehen, sie waren mitunter aber auch kleine Fürsten. Und wenn Macht zu haben bedeutet, seinen Willen auch gegen den Willen anderer durchzusetzen (Max Weber),[225] so lässt sich dies auch für Meinungen sagen. Machtkämpfe innerhalb der Kirche wurden nicht nur um Herrschaft, Privilegien und Pfründe ausgetragen, sondern auch allein um der Sache willen.

Vielleicht lässt sich die Art und Weise, wie in der frühen Kirche Streitigkeiten ausgetragen wurden, besser verstehen, wenn man ein paar Vergleiche zu modernen Kommunikationsmethoden zieht. Wenn ein Patriarch die Meinung eines anderen kritisierte, geschah dies in Briefform. Abschriften und mitunter selektive Zusammenfassungen der jeweiligen Argumente gingen dann weiter an andere Kirchenleute, Päpste oder den Hof des Kaisers. Man setzte sozusagen den Vorgesetzten in CC – und schon verschärfte sich der Ton.

Bald war nicht mehr einwandfrei ersichtlich, ob der andere das inkriminierte Argument überhaupt so vorgetragen hatte. Kontexte gingen verloren, zugespitzte und polemische Schriften setzten sich durch und gewannen Deutungshoheit über das Geschehen.

Die Kirchenmänner ergingen sich in seitenlangen Schriften, aber manche der Auseinandersetzungen erinnern doch an den Kurznachrichtendienst Twitter: Man nimmt das Argument des anderen auf, spitzt es an, wirft es mit Wucht zurück in die Welt und wartet lustvoll auf den Beifall des geneigten Publikums. »Verhetzen« nennen das die Social-Media-Experten: die Botschaft eines anderen bewusst misszuverstehen, um sie, beziehungsweise ihren Absender, verächtlich zu machen.

Einer dieser Kirchenväter, der im Zentrum der Polemik stand, verfügt übrigens tatsächlich über einen Account auf Twitter. Wer weiß, wer ihm diesen eingerichtet hat? Nestorius von Antiochia hat derzeit sieben Follower. Einer davon bin ich.

Die Geschichte der Räubersynode war der vorläufige Schlusspunkt einer Entwicklung, die mit Nestorius begonnen hatte – ein Scheidepunkt, an dem aus der einen »katholischen«, also »allumfassenden« Kirche viele Kirchen wurden. Und so sehr die christlichen Historiker ihn als Tragödie, als Moment der Spaltung der Ekklesia darstellten, hatte er womöglich doch sein Gutes. Denn vieles spricht dafür, dass die Trennung zur richtigen Zeit das Überleben der Kirchen in ihren jeweiligen Umgebungen erst möglich machte. Nur dadurch, dass sich die »eine« Kirche in viele Kirchen teilte und diese sich seitdem selbst verwalteten, konnten sie erfolgreich fortbestehen. Eine Ironie dieser Geschichte mag sein, dass der Anlass dieses Streits heute kaum noch nachvollziehbar ist, aber dennoch solche Wirkungskraft entfaltete. Was aber war seinerzeit geschehen?

Nestorius wurde im südlichen Anatolien in einem Städtchen namens Germanicia geboren, dessen Name nicht etwa auf deutsche Ursprünge hinweist, sondern auf eine Ehrbekundung für den römischen Feldherrn Nero Claudius Germanicus aus dem ersten Jahrhundert nach Christus. (Die deutsche Öffentlichkeit kennt Germanicia, das heute Maraş oder auch Kahramanmaraş heißt, seit 2012 deutsche Bundeswehrsoldaten dort stationiert wurden, um an der Seite des Natopartners Türkei eine Batterie Luftabwehrraketen zu bemannen.) Zu Lebzeiten des Nestorius, im 4. und 5. Jahrhundert n. Chr., waren die Klöster dieser Gegend das Sturmgeschütz der neuen christlichen Kultur. Nicht weit davon entfernt verehrte man, wie wir in Harran gesehen haben, die alten Götter der Griechen und des Orients.

Als junger Mann trat Nestorius im rund 200 Kilometer südlich gelegenen Antiochia am Orontes in ein Kloster ein, weshalb er später auch den Beinamen Nestorius von Antiochien tragen sollte. Die »Antiochenische Schule«, als deren Vertreter sich Nestorius bald profilierte, vertrat eine eher sachliche Auslegung der biblischen Texte. Sie verteidigte sozusagen das Erbe des eigentlichen Gründers der Bewegung: des Apostels Paulus. Spekulation oder die Vermengung des Evangeliums mit den philosophischen und theologischen Begriffen der vorchristlichen, heidnischen Antike waren ihre Sache nicht. Was etwa die Konkurrenz im ägyptischen Alexandria ausheckte, kam in Antiochia schlecht an. Man tat die Traktate der Brüder als wichtigtuerisch, verschwurbelt ab – gar »esoterisch«, um einen weniger zeitgemäßen Ausdruck zu benutzen. Es genügte den Antiochenern, das Evangelium wörtlich zu nehmen, ohne darin nach verborgener Weisheit und allegorischen Bedeutungen zu suchen.[226]

Nestorius, ein offenbar begabter Schriftlehrer und Prediger, lenkte im Byzantinischen Reich das Augenmerk höchster Kreise auf sich. Als es um Weihnachten des Jahres 427 kurzfristig die Stelle des Bischofs von Konstantinopel zu besetzen galt – der Vorgänger hatte überraschend früh das Zeitliche gesegnet –, wurde Nestorius in dieses hohe Amt berufen. Die Kirchenleute waren heillos zerstritten, und Kaiser Theodosius II. brauchte einen kühlen, rationalen Kopf, der das Haus wieder in Ordnung bringen würde. Am besten ein Externer wie Nestorius – mit seinen 47 Jahren erfahren, aber nicht zu alt. Eine Führungskraft, die nicht Teil des Problems, sondern Teil der Lösung werden sollte. Die *job description* eines Bischofs und Patriarchen in der Hauptstadt des Imperiums verlangte jedoch weniger theologische denn politische Qualitäten; und so sollte sich Nestorius bald als Fehlbesetzung erweisen. Kaum hatte es sich der Starexeget aus Antiochia auf der Kathedra bequem gemacht, nahm das Unheil seinen Lauf.

Nestorius konnte sich offenbar schwer mit dem Gedanken anfreunden, dass der Allmächtige als Baby in die Windeln gemacht habe. Und wie sollte man in Christus einen toten und begrabenen Gott anbeten? Womöglich hatte er dabei die heidnischen Mysterienkulte vor Augen, die er aus seiner syrisch-anatolischen Heimat gut kannte. Nestorius bestand darauf, dass die zwei Naturen Christi, die menschliche und die göttliche, analytisch strikt zu trennen seien. Erst in der Anbetung dürfe man sie vereinen. Nestorius hielt sich für einen orthodoxen Vertreter der Lehre des berühmten Konzils von Nizäa, das Kaiser Konstantin im Jahr 325 einberufen hatte: Demnach waren Vater, Sohn und Heiliger Geist »wesensgleich«, aber eben nicht dasselbe. Der Mensch Christus sei quasi der Tempel, in den die Gottheit Christi eingezogen sei – unbefristet und unauflöslich, wodurch der Tempel erst zum Tempel wurde. Es klang wie ein guter Kompromissvorschlag, aber Nestorius schien ihn nicht sehr versöhnlich zu vertreten.

Nestorius holte außerdem seine Vertrauten aus dem heimischen Antiochia, um Konstantinopel im rechten Glauben zu belehren. Er kämpfte dabei ebenso gegen die Irrungen der volkstümlichen Frömmigkeit wie gegen die intellektuellen Ergüsse der kirchlichen Eliten und trat dabei offenbar recht überheblich auf. Die bei Teilen der Stadtbevölkerung beliebten auf den Straßen umherziehenden und predigenden Asketen verbannte er zurück in ihre Klöster. Das größte Unglück aber erschien ihm in weiblicher Gestalt.

Aus dem Beispiel des Nestorius hätte die Kirche für alle Zeiten eine Lehre ziehen sollen, nämlich, dass man Frauen nicht herablassend behandeln soll, umso weniger, wenn sie Anfang 30 sind. Kaiserin Aelia Pulcheria, die Schwester des Monarchen, der Nestorius berufen hatte, besaß als Frau zwar kein Kirchenamt. Sie erlaubte sich dennoch, zu theologischen Fragen Stellung zu beziehen. Pulcheria gerierte sich als Patronin der Volksfrömmigkeit, insbesondere was die Verehrung der Maria anbelangte. Eine weibliche Gottheit war im Christentum nicht vorgesehen; so nahm die jungfräuliche Mutter Jesu immerhin den Rang einer Heiligen ein, die den Mensch gewordenen Gott in ihrem Leib getragen hatte. »Theotokos« lautete dieser Begriff auf Griechisch. Nestorius hielt das für Unsinn, während sich Pulcheria, die selbst Keuschheit gelobt hatte, offenbar besonders mit Maria selbst identifizierte.

Wahrscheinlich wäre es anachronistisch, sie als Feministin zu bezeichnen, aber sie vertrat wohl die Ansicht, dass sich Frauen in der Kirche engagieren dürfen. Mit einem Netzwerk einiger adliger Damen veranstaltete sie regelmäßig Armenspeisungen in Gotteshäusern, was Nestorius mit Hinweis auf die guten Sitten trachtete zu unterbinden.

Nestorius verkannte damals offenbar, dass Pulcheria »das eigentliche Hirn hinter der Herrschaft des Kaisers Theodosius« war und dem Patriarchen großen Ärger machen konnte.[227] Eines Tages jedenfalls erschien die Schwester des Basileus zur Kommunion in der Bischofskirche und schickte sich wie selbstverständlich an, am Leib Christi teilzuhaben. Nicht etwa im Kirchenschiff bei den Normalsterblichen, sondern hinter der Ikonostase. Dabei handelt es sich um den auch heute noch in orthodoxen Kirchen gebräuchlichen VIP-Bereich für Priester, der durch eine mit Heiligenbildern dekorierte Holzwand vor den Augen der normalen Gläubigen verborgen ist. Ob es sich um eine Gewohnheit oder eine gezielte Provokation Pulcherias handelte, ist schwer zu sagen. Wenn ja, erreichte sie ihr Ziel, denn Patriarch Nestorius geriet außer sich und wies Pulcheria – wenig *gentlemanlike* – zurück: Hier hätten Frauen keinen Zutritt.

In einem Brief beschreibt der Patriarch die folgende Auseinandersetzung aus seiner – nicht ganz objektiven – Sicht.[228] »Habe ich etwa nicht Gott geboren?«, soll die Schwester des Kaisers ihm zugerufen haben. Nicht Gott, sondern der Teufel sei aus ihrem Unterleib gefahren, ätzte Nestorius zurück. Vielleicht war er stolz auf seine Pointe, sonst hätte er sie später nicht noch zu Papier gebracht. Doch zielsicherer hätte der Patriarch seinen Namen wohl kaum auf die Abschussliste setzen können. Es war nun Zeit, den alten weißen Mann zu *canceln*. Dass er die Kaiserin beleidigt hatte, war das eine. Aber verspottete er damit nicht auch die Mutter Gottes? Und wenn Maria für ihn nicht den Gott, sondern nur den Menschen Jesus geboren hatte, zweifelte Nestorius dann nicht an des Heilands göttlicher Natur? Wenn ja, hätte er sich selbst entlarvt, als Anhänger der spalterischen Häresien, welche die Kirche in mühevoller Arbeit niedergekämpft hatte. Mit einem Häretiker auf dem Sitz des Patriarchen hätte die Ekklesia den Bock zum Gärtner gemacht. Der *case against Nestorius* geriet ins Rollen.

Pulcheria und ihre Schwestern in Christus fanden willige Verbündete bei der ägyptischen Fraktion, namentlich in Gestalt des Patriarchen Kyrill von Alexandria. Der war zwar nicht gerade bekannt als Frauenrechtler, sah in der Affäre aber eine günstige Gelegenheit. »Wenn ein Patriarch von Konstantinopel damals mit prononcierten Ansichten an die Öffentlichkeit trat, konnte man sicher sein, dass sein Kollege in Alexandria dagegenhielt«, schreibt der Althistoriker Manfred Clauss.[229] Und im Streit zwischen Kyrill und Nestorius war es schon seit langer Zeit persönlich zugegangen. Die Drähte liefen heiß, Nestorius musste sich erklären. Und blieb, wie man hatte erwarten können, arrogant und trotzig.

Wenn der Kaiser nur gewusst hätte, was er der Kirche damit einhandelt – er hätte Nestorius vielleicht im Amt gehalten. Denn in dem Schlagabtausch, der nun folgte, ergaben sich neue Probleme. Kyrill mobilisierte gegen Nestorius materiell und intellektuell. Er vertrat nun das Dogma, wonach sich die menschliche und die göttliche Natur in Christus zu einer einzigen Natur vereint hätten: Heute heißt diese Lehre Miaphysitismus (von mia physis – der »einen Natur«). Sie ist ein Markenzeichen orientalischer orthodoxer Kirchen, etwa derer von Äthiopien, Ägypten (Kopten),

Syrien und Armenien, nicht aber der Griechisch-Orthodoxen. Man ahnt also, dass Kyrills Kampf gegen Nestorius nicht zur Einheit, sondern zur endgültigen Spaltung führte.

Auf dem im Jahr 431 einberufenen Konzil von Ephesus schließlich obsiegten Kyrill und die Gegner des Nestorius. Hier taucht auch bereits der Eutyches als einer der vehementesten Ankläger des Nestorius auf. Die reichen Alexandriner hatten sich die Gunst der Bischöfe und des Herrscherhauses einiges kosten lassen: Eine halbe Tonne Gold in bar und in Geschenken – vornehme Möbel, Haushaltswaren, sogar afrikanische Straußenbälge waren Teil des Bestechungspakets. Kyrill überließ nichts dem Zufall: Selbstverständlich wurden auch die Kammerdienerinnen der Pulcheria mit einer Aufmerksamkeit bedacht. Nur drei Jahre hatte Nestorius seinen Job gemacht, nun wurde er achtkantig gefeuert und in sein heimisches Kloster exiliert. Da der Streit um seine Lehren aber nicht abebbte, sondern sich sogar noch verschärfte, griff man zu härteren Bandagen: Nestorius wurde exkommuniziert, seine umfangreichen Schriften dem Aktenschredder überlassen und er selbst in die westliche Wüste Ägyptens verbannt. Dort verliert sich seine Spur. Während sie erstaunlicherweise an ganz anderer Stelle wieder auftaucht.

Dass sich die Widersacher des Nestorius durchsetzten, kam sowohl den Kaiser in Byzanz als auch den Bischof von Rom, den Papst, teuer zu stehen. Denn der Patriarch von Alexandria hatte nun Oberwasser und setzte sich mit rabiaten Methoden durch. Alles, was seit Mitte des 5. Jahrhunderts nach Nestorius klang, war zum Abschuss freigegeben. Das erzeugte heftige Gegenreaktionen, wie im Falle des Eutyches, der das poetische Bild vom Honigtropfen im Ozean gefunden hatte und dessen Fall den Auftakt zur berüchtigten »Räubersynode« gegeben hatte.

Man führte Krieg gegen Nestorius, obwohl der längst nicht mehr auf Erden wandelte. Das Ende der Geschichte von der Einheit der Kirche ist bekannt: Kaiser Markian versuchte auf dem Konzil von

Chalkedon 451 noch einmal, das Ruder herumzureißen, die alte Zweinaturenlehre durchzusetzen und damit die Kontrolle über die Kirche und ihre Lehren zu erlangen. Das Gegenteil geschah. Die Patriarchen des Orients, von Alexandria bis Syrien, widersetzten sich. So gingen die alten Kirchen des Orients fortan ihren eigenen Weg durch die Jahrhunderte.

Eigentlich muss man sich fragen, ob der Begriff »Spaltung« hier tatsächlich zutreffend ist. Im Grunde waren sie ja nie wirklich eine Einheit gewesen, sondern eine Vielfalt, die man immer wieder versucht hatte, unter einen Hut beziehungsweise eine Kaiserkrone zu bekommen. Für ihr jeweiliges Überleben dürfte das gar nicht schlecht gewesen sein. Denn als weniger als zwei Jahrhunderte später die Macht des Römisch-Byzantinischen Reiches im Nahen Osten zusammenbrach, waren die alten orientalischen Kirchen fest in ihrer jeweiligen Kultur verankert: von Äthiopien über Ägypten, Syrien, den Irak bis nach Armenien. Sie blieben es auch unter der Herrschaft späterer islamischer Imperien. Das Christentum war schließlich vor allem eine orientalische Religion. Und womöglich ging, wie wir gesehen haben, die arabische Erweckungsbewegung, die man später als Islam bezeichnen sollte, ja sogar aus einer orientalischen Spielart des Christentums hervor.

Weit im Osten im südiranischen Gundischapur, im persischen Sassanidenreich, hatte man übrigens mit Genugtuung verfolgt, wie sich die Ekklesia im Reich des byzantinischen Erzfeindes ganz von selbst zerlegte. In Gundischapur hatte nicht nur der Religionsstifter Mani im Kerker sein Martyrium erlitten. Auch der gefangene römische Kaiser Valerian soll hier hingerichtet worden sein – angeblich zog man ihm die Haut ab und stellte sie zur Abschreckung an einem zoroastrischen Feuerheiligtum zur Schau. Nun sollte Gundischapur abermals zur Schmach der Byzantiner werden: Die Assyrische Kirche im Sassanidenreich ergriff 484 posthum für den verfolgten Nestorius Partei und erklärte seine Lehren für korrekt. Dabei dürfte man sich kaum für die Theologie interessiert haben;

die politische Geste war ausschlaggebend.

Bis in die heutige Zeit hinein werden die Christen im Irak als Nestorianer bezeichnet, obwohl sie sich größtenteils mit der Katholischen Kirche in Rom vereint haben und dieser dogmatisch näher stehen als die anderen orientalischen Kirchen. Bei Karl May begegnen uns die »Bergnestorianer« Kurdistans als ein wildes, raubauziges Völkchen, das Maria nicht als Gottesmutter kennt. Für die Christen des Mittelmeerraums wurde der Begriff »Nestorianer« über die Jahrhunderte ein Schimpfwort. Vom Sassanidenreich aus gelangte das »nestorianische« Christentum jedoch entlang der Seidenstraße nach Zentralasien und China. Ein portugiesischer Jesuitenmissionar, der im 17. Jahrhundert ins zentralchinesische Xi'an reiste, berichtet von einer Stele, deren Inschrift die christliche Heilsgeschichte erzählt. Sie wurde im 8. Jahrhundert dort aufgestellt und ist den Historikern als »Nestorianische Stele« bekannt. Und als die Portugiesen zu Beginn der kolonialen Expansion in Südindien anlandeten, wunderten sie sich, dass dort das Christentum längst angekommen war. Der Apostel Thomas hatte der Legende nach das Christentum nach Indien getragen, also musste es sich um »Thomaschristen« handeln. In Wahrheit aber hatte jemand anders diese Mission begünstigt: die persischen Sassaniden und die Lehren des Nestorius, also die Erzfeinde der römischen Christenheit in Personalunion.

Eine Weile stehe ich noch am großen Taufbecken in der Marienkirche von Ephesus. Als es zu regnen anfängt, verlasse ich die Ruine und schlendere hinüber zum Amphitheater, in dem einige versprengte Touristen ausharren und sich an der vortrefflichen Akustik der Anlage erfreuen. Mir ist, als hörte ich durch die Stimmen das schadenfrohe Lachen des Nestorius zu mir herüberschallen.

19
Istanbul

EIN NACHWORT AUS DEM UNTERGRUND

Man kann einen ganzen Tag nur damit verbringen, den Blick über Istanbul weit in die Ferne schweifen zu lassen. Vielleicht sogar ein halbes Leben. »Es kommt nicht von ungefähr, dass in Istanbuler Haushalten aufs Meer hinausgehende Fenster die Stelle der Gebetsnische in einer Moschee (des Altars in einer Kirche, des Tevas in einer Synagoge) einnehmen.« So schreibt Orhan Pamuk, einer der berühmtesten lebenden Söhne Istanbuls, über seine Stadt.[230]

Manchmal aber lohnt es sich, diese Welt von unten zu betrachten. Ein Netz aus Wasserläufen und Zisternen durchzieht die einstige Kaiserstadt Konstantinopel. In den Gewölben hat sich Schicksalhaftes zugetragen: Wenn die Stadt belagert oder überfallen wurde, was über die Jahrhunderte immer wieder vorgekommen ist, dienten die Zisternen als Fluchtwege und Versteck. Etwas abseits der ausgetretenen Touristenpfade, im Stadtteil Fatih, steige ich hinab in die Philoxenos-Zisterne. Sie trägt den Namen eines oströmischen Architekten aus der Zeit Kaiser Konstantins.

Die Türken nennen sie »Binbirdirek«, was »1001 Säulen« bedeutet. Es sind nur etwas mehr als 200. Wer aber durch dieses unterirdische Reservoir der frühen byzantinischen Epoche hindurchschlendert, dem ist tatsächlich, als ob es hier 1000 Säulen gäbe. Steinmetze haben ihre Signaturen und Kreuze darauf hinterlassen. Die Philoxenos-Zisterne gehörte womöglich zum Palast des Antiochos, eines reichen Hofbeamten des 5. Jahrhunderts, der in

Ungnade gefallen war und den – man ahnt es schon – die kaiserliche Schwester Pulcheria in den Ruhestand versetzte. Nach einem Brand wurde die Zisterne restauriert. Nach der Eroberung Konstantinopels durch die Osmanen im Jahr 1453 und dem Untergang des byzantinischen Imperiums verfiel sie und geriet in Vergessenheit, bis ein osmanischer Pascha namens Köprülü Fazil Ahmed Pasha hier, im Herzen der alten Kaiserstadt, einen neuen Palast errichten ließ und sie als Wasserreservoir reaktivierte.

Darüber liegt die moderne Stadt Istanbul; ein unscheinbarer Park gegenüber einem Verwaltungsbau. Ein eher toter Winkel in diesem ansonsten sehr belebten Stadtteil zwischen Fatih-Moschee, dem alten Hippodrom und der berühmten Hagia Sophia. Letztere hat die Religionsbehörde auf Anweisung des Präsidenten Recep Tayyip Erdoğan erst 2020 zu einer Moschee geweiht und damit eines der – seit 1935 – berühmtesten Museen abgeschafft. Die prächtigen byzantinischen Mosaiken von Christus und Maria wurden mit weißen Stoffbahnen abgehängt, damit ihr Anblick die Gläubigen nicht beim Gebet stört. Nicht dass Istanbul bis dahin Mangel an Moscheen litt. Einen deutlicheren Kommentar zur identitätspolitischen Debatte gibt es kaum. Aber auch keinen besseren Anlass, dieses Buch zu schreiben und entfernt von der lauten, quirligen Oberfläche Istanbuls in die Tiefe hinabzusteigen.

Seit Jahrhunderten wird in dieser Stadt aufeinander und übereinander gebaut. An manchen Stellen schauen in Istanbul byzantinische Mauern aus dem Boden, an anderen ragen Zisternen in die Tiefe. Das Alte dient dem Neuen als Spolie – oder aber als Fundament. Und selbst was abgerissen wurde, hinterlässt noch seine Spuren im Verborgenen.

Es ist spät, und ich bin einer der letzten Besucher in der Zisterne, in die sich ohnehin eher selten Touristen verirren. Bei der Betrachtung der Gewölbe denke ich an ein berühmtes Beispiel, das der Wiener Nervenarzt Sigmund Freud in seiner Vorlesung »Das Unbehagen in der Kultur« (1930) anführt, um die menschliche

Psyche zu beschreiben. Er tut dies anhand der Stadt Rom, man könnte aber genauso gut das »neue Rom« Konstantinopel dafür hernehmen: Was über Jahrhunderte gebaut wurde, sei nicht verschwunden, sondern immer noch da. Auch wenn es uns kaum gelänge, das »historische Nebeneinander räumlich darzustellen«.

Das Alte zeigt Wirkung, es bestimmt den Untergrund und die Topografie, auf der weitergebaut wird. Und natürlich beeinflusst es das Stilempfinden und die Vorstellungskraft nachfolgender Erbauer. Freud wollte damit veranschaulichen, wie es in der Psyche eines Menschen aussieht. Die Stadt als Spiegelbild für »ein psychisches Wesen von ähnlich langer und reichhaltiger Vergangenheit, in dem also nichts, was einmal zustande gekommen war, untergegangen ist, in dem neben der letzten Entwicklungsphase auch alle früheren noch fortbestehen«.

Ich kenne kein besseres Bild als dieses, um auch das Verhältnis der Religionen zu beschreiben. Besonders derjenigen des Orients, zu deren Schauplätzen mich diese Reise führte. Sie stehen aufeinander, sind ineinander verschachtelt. Hier tritt etwas aus dem Untergrund zutage, dort wurde überpinselt, verschönert, verschlimmbessert oder von neuen Herren in Besitz genommen. Manche dieser Beziehungen sind völlig offensichtlich, andere liegen im Dunkeln, und wieder andere sollen sogar geheim gehalten werden. Diese Erkenntnis ist nicht neu, aber in einer Zeit der Konflikte um kulturelle und politische Identitäten schadet es gewiss nicht, sie sich neu zu vergegenwärtigen.

Wenn im Untertitel dieses Buches von einer »Entdeckungsreise zu den Wurzeln unserer Kultur« die Rede ist, so mag man sich fragen, ob das nicht ein bisschen übertrieben ist. Was ist überhaupt »unsere« Kultur? Wer sind »wir«? Und speist sich diese Kultur dann nicht aus Tausenden Quellen?

Die Auswahl der Stationen und Motive ist – wie könnte es anders sein – subjektiv. Weder soll dieses Buch die orientalischen Ursprünge der europäischen Kulturgeschichte enzyklopädisch abbilden, noch will es ein Ranking der bedeutendsten Schauplätze erstellen.

Es handelt sich um Orte und Menschen, zu denen ich innerhalb der zurückliegenden vier Jahre – meist zum wiederholten Mal – gereist bin und die in mir einen besonderen Eindruck hinterlassen haben, während ich vermute, dass sie der europäischen Öffentlichkeit zum Teil weniger bekannt sind. Das gilt auch für die Auswahl der Epoche, in der wir uns auf dieser Reise bewegen: Sie streift den Alten Orient der Assyrer und Babylonier und das ptolemäische Ägypten, legt aber den Schwerpunkt auf die Spätantike und die Anfänge des Islam. Die historische Forschung zu dieser Ära ist in den letzten Jahren sehr umtriebig gewesen und hat eine Vielzahl neuer Gedanken und Theorien hervorgebracht. Dennoch scheint sie mir im öffentlichen Bewusstsein immer noch wenig präsent.

Die Ordnung der Reiseziele und Kapitel ist nicht chronologisch angelegt. Es sind vielmehr Schlaglichter auf »Geheimnisse des Orients«, die inzwischen gelüftet wurden oder aber noch immer – vielleicht sogar für immer – rätselhaft bleiben. Wenn hin und wieder von »unserer Kultur« die Rede ist, so schließt das »wir« einen bedeutenden Teil der neueren europäischen Gesellschaften mit ein: die in Europa lebenden Muslime, die, wenn man sich an den Ausdruck »Kulturchristen« anlehnen möchte, ja großenteils »Kulturmuslime« sind. Säkulare Staatsbürgerinnen und Staatsbürger, für die der Orient zum Teil ebenso ein mythischer Sehnsuchtsort geworden ist wie für die Christen, die in gewisser Weise ja ebenfalls aus einer orientalischen Angelegenheit hervorgegangen sind. Ein solcher Sehnsuchtsort, der für die gemeinsame Kulturgeschichte eine große Rolle spielt, ist auch Syrien mit seinen unermesslichen Schätzen, die zum Teil während des Kriegs des zurückliegenden Jahrzehnts zerstört oder geplündert wurden. Leider ist es mir in den vergangenen Jahren verwehrt geblieben, Syrien zu bereisen. Ich wollte Stationen wie Damaskus, Palmyra oder Aleppo aber weder aus der Erinnerung rekonstruieren, noch den Eindruck erwecken, man könne dort archäologische und kulturhistorische Entdeckungen anstellen und dabei den Schrecken ausblenden, der das syrische Volk tagtäglich heimsucht, ohne dass dabei ein Ende in Sicht ist. So bleibt mir die Zuversicht, diese Reise irgendwann dorthin fortsetzen zu können.

Ich habe Geschichte und Islamwissenschaft studiert und gebe seit über 20 Jahren das Nahost-Magazin *zenith* heraus. Wahrscheinlich ist es da Zeit für ein – wenig überraschendes – Geständnis, nämlich, dass ich die Welt südöstlich des Mittelmeers nicht mehr ganz objektiv betrachten kann. Ich bin zu großen Teilen orientalisiert. Jeden Morgen nach dem Aufwachen trinke ich ein türkisches Heißgetränk aus Arabica-Bohnen. In meiner Wohnung dominiert seit einigen Jahren persisches Interieur. Meine Flugtickets für die zurückliegenden Reisen wurden in arabischen Zahlen abgerechnet. Das Schriftsystem, in dem ich schreibe, stammt vermutlich aus dem Libanon. Als Baby hat man mich nach einem vermutlich mesopotamischen Ritual mit Wasser besprenkelt, seit meiner Kindheit feiere ich alljährlich im Kreise der Familie ein Fest, dessen Datum – nicht zufällig – auf die Geburt des Sonnengottes fällt. Und zwar nach einer Tradition, die vermutlich im syrischen Antiochia entstand.

Gleichwohl habe ich mich mit dem Thema dieses Buches auf neues Terrain begeben. Für Rat, Führung, Ideen und Unterstützung möchte ich daher einer Reihe von Personen meinen Dank aussprechen: zuerst meinem Lektor Florian Fischer sowie Jens Dehning, Stefanie Leimsner und Janne Schumacher für das Zustandekommen dieses Buches. Einen Teil der Reisen und Recherchen konnte ich während der Arbeit an einer ZDF-Dokumentation durchführen. Für ihr großzügiges Vertrauen danke ich besonders Friederike Haedecke, Georg Graffe (ZDF-Redaktion »Terra X«), Peter Allenbacher (arte) sowie der Regisseurin Katrin Sandmann (Kobalt Documentary) und dem Regisseur Friedrich Klütsch. Mein langjähriger *zenith*-Kollege Robert Chatterjee unterstützte mich bei den Recherchen für die Produktion. Darüber hinaus gilt mein Dank meinen Kolleginnen und Kollegen von *zenith*, der Candid Foundation und den Rittern und Ritterinnen der syrischen Tafelrunde. Ferner Ayad Al-Ani, Rainer Brunner, Sabina Franke, Christian Hanelt, Michael Müller-Karpe, Naseef Naeem, Al Khal, Alaa al-Bahadli, Hassan Nazim, Jassem Al-Assadi, Prinzessin Dana Firas und Hourig Sourouzian.

Alles andere verdanke ich, wie immer, L., der ich dieses Buch widmen möchte.

Anmerkungen

1 Tataouine

1 Christopher Kelly/Stuart Laycock, *All the Countries the Americans Have Ever Invaded*, Stroud (Amberley) 2015, S. 432.
2 Benjamin Maack, »Krieg der Schere«, Spiegel Online, 04.12.2007, https://www.spiegel.de/geschichte/30-jahre-star-wars-a-948925.html
3 Martin Gehlen, »Hochburg der Gotteskrieger«, in: Handelsblatt, 22.12.2016, https://www.handelsblatt.com/politik/international/anis-amris-heimattataouine-in-tunesien-hochburg-der-gotteskrieger/19169526.html
4 Star-Wars-Regisseur George Lucas: »C.G. Jung hat mich beeinflusst«, in: Frankfurter Allgemeine Zeitung, 03.05.2002, https://www.faz.net/aktuell/feuilleton/interview-star-wars-regisseurgeorge-lucas-c-g-jung-hat-mich-beeinflusst-160448.html
5 Bishop Robert Barron mit Brandon Vogt, »WOF 222: Gnosticism, the Enduring Heresy«, 09.03.2020, https://www.wordonfire.org/videos/wordonfire-show/episode222/
6 Martin Luther, *Tischreden*, Kurt Aland (Hg.), Stuttgart (Klotz) 1983, Bd. 9 22, 39, https://digi20.digitale-sammlungen.de/de/fs1/object/display/bsb00051825_00001.html
7 Plotin I 6 (1), Über das Schöne, 2, in: Christian Tornau (Hg.), *Plotin, Ausgewählte Schriften*, Ditzingen (Reclam) 2001, S. 49.
8 Irenäus von Lyon, *Adversus haereses II/Gegen die Häresien II.*, Freiburg (Herder) 1993, Ir S. 31 (43), https://bkv.unifr.ch/de/works/cpg-1306/versions/gegen-die-haresien-bkv/divisions/4
9 Ir S. 54.
10 Origenes, *Contra Celsum libri VIII*, Miroslav Marcovich (Hg.), Leiden (Brill) 2001, https://bkv.unifr.ch/de/works/cpg-1476/versions/gegen-celsus-bkv

2 Philae

11 *The Story of Anas al-Wujūud: Nineteenth-century verse recensions of an Arabian Nights tale in Egyptian colloquial Arabic*, Introduced and edited by Mark Muehlhaeusle, Oxford (Faenum Publishing) 2015, https://dataspace.princeton.edu/bitstream/88435/dsp01h128nh41h/1/the_story_of_anas_al-wujud.pdf

12 Geraldine Pinch, *Egyptian Mythology: A Guide to the Gods, Goddesses, and Traditions of Ancient Egypt*, Oxford (OUP) 2004, S. 78.

13 Plutarch, *Moralia, Über Isis und Osiris*, Gustav Parthey (Hg.), Berlin 1850, Kap. XIV, S. 356. Siehe auch: Amr Gaber, »A Case of Divine Adultery Investigated«, in: Journal of the American Research Center in Egypt Vol. 51 (2015), S. 303–328, S. 304.

14 Rosalie David, *Religion and Magic in Ancient Egypt*, London (Penguin) 2002, S. 164.

15 Jan Assmann, »Zeitkonstruktion, Vergangenheitsbezug und Geschichtsbewusstsein im alten Ägypten«, in: Assmann/Müller (Hg.), *Der Ursprung der Geschichte*, Stuttgart (Klett-Cotta) 2005, S. 112.

16 Hans Kloft, *Mysterienkulte der Antike,* München (Beck) 1999, S. 51.

17 Juvenal, *Satiren VI*, S. 511–541.

18 Ovid, *Ars amatoria*, Buch 1, S. 712–713.

19 Norbert F. Pötzl, »Die göttliche Mutter«, in: Spiegel Geschichte 2/2012, https://www.spiegel.de/geschichte/die-goettlichemutter-a-86f40572-0002-0001-0000-000084408268

20 Karl Heisig, »Die Mutter Jesu in jüdischer Tradition und in christlicher Ikonographie«, in: Zeitschrift für Religions- und Geistesgeschichte, Vol. 27, No. 1 (1975), S. 75–80.

21 Vera F. Vanderlip, *The Four Greek Hymns of Isidorus and the Cult of Isis*, Toronto 1972, S. 19.

22 Pierre Nautin, »La conversion du temple de Philae en église chrétienne«, in: *Cahiers archéologiques 17* (1967), S. 1–43.

23 Jitse H.F. Dijkstra, »A Cult of Isis at Philae after Justinian? Reconsidering ›P. Cair. Masp.‹ I 67004.«, in: Zeitschrift für Papyrologie und Epigraphik, Vol. 146, 2004, S. 137–154.

3 Kairo

24 110 'awam 'ala milad sahib nobel – kalimat naguib mahfouz ta'bur kul al-'usur (Arabisch), Mustafa Tahir, in: Al-Ahram, 12.11.2021, https://gate.ahram.org.eg/News/3184523.aspx

25 »Relocating to new capital marks »new era« for Egypt's government, says Sisi«, Egypt Independent, 28.02.2021, https://egyptindependent.com/relocating-to-new-capital-marks-new-era-for-egypts-government-says-sisi/

26 Sure 12, 99 (Yusuf/Josef)

27 Nimra Dewji, *The Fatimid library was considered a wonder of the world*, Ismaili Blog, 17.01.2015, siehe auch Heinz Halm, *The Fatimids and their Traditions of Learning*, I. B. Taurus & Co Ltd., New York 1997, https://ismailimail.blog/2015/01/17/the-fatimid-library-was-considered-a-wonder-of-the-world/

28 Heinz Halm, *Das Reich des Mahdi. Der Aufstieg der Fatimiden (875–973)*, München (Beck) 1991, S. 264.

29 Paul E. Walker, *Caliph of Cairo. Al-Hakim bi-Amr Allah, 996–1021*, Kairo, AUC Press 2009, S. 254.

30 Wim Raven »Löwenmähne, Adlerklauen«, in: zenith 02/2017, S. 126.

31 Sure 3 (Al-Imran), Vers 110 »Ihr gebietet, was recht ist, verbietet, was verwerflich ist, und glaubt an Gott!«

4 Chaibar

32 Muhammad Ibn Ishaq, *Das Leben des Propheten – as-sira an-nabawiya* (Dt. von Gernot Rotter), Spohr, Kandern 1999, (4. Auflage 2008), S. 12 (Vorwort des Übersetzers).

33 Hamed Abdel Samad, »Mohammed war ein Massenmörder und ein kranker Tyrann«, in: DIE WELT, 27.09.2015.

34 Expert, »No peace with Muslims, ever«, in: Yediot Ahronoth, 14.09.2006 https://www.ynetnews.com/articles/0,7340,L-3304024,00.html

35 Patricia Crone/Michael Cook, *Hagarism: The Making of the Islamic World*, Cambridge (CUP) 1977.

36 Walid N. Arafat: »New Light on the Story of Banū Qurayẓa and

the Jews of Medina« in: The Journal of the Royal Asiatic Society of Great Britain and Ireland No. 2 (1976), S. 102.

37 Siehe Ibn Ishaq (Rotter).

38 Ibn Ishaq (Rotter), S. 161.

39 Julius Euting, *Tagebuch einer Reise ins Inner-Arabien*, Bd. I, Leiden 1896, S. 152; Ernst Axel Knauf: »The Nabataean connection of the Benei Hezir«, in: Hannah M. Cotton/Robert G. Hoyland et.al., *From Hellenism to Islam – Cultural and Linguistic Change in the Roman Near East*, Cambridge (CUP) 2009, S. 347.

40 Glen W. Bowersock, *Roman Arabia*, Cambridge MA (Harvard University Press) 1983, S. 46.

41 Knauf S. 348–349.

42 Johann Gottfried Herder: *Ideen zur Philosophie der Geschichte der Menschheit. Dritter Teil. Zwölftes Buch. III. Hebräer*, Johann Friedrich Hartknoch (Hg.), Riga und Leipzig 1787, S. 98.

43 The ecclesiastical history of Sozomen: comprising a history of the church from A.D. 324 to A.D. 440 (übersetzt von Edward Walford), Henry G. Bohn (Hg.), London 1855, Buch 6, Kapitel 38, S. 309.

44 Zitiert nach Tom Holland: *In the Shadow of the Sword*, London (Abacus) 2012, S. 170.

45 Ariel David, *Before Islam: When Saudi Arabia Was a Jewish Kingdom*, Haaretz (Englische Ausgabe), 29.11.2017.

46 Wilferd Madelung, *The succession to Muhammad*, Cambridge (CUP), 1997, S. 16.

47 Ibn Ishaq (Rotter), S. 70.

48 Meir Jacob Kister, »›... And He Was Born Circumcised ...‹: Some Notes on Circumcision in Ḥadīth«, in: Oriens 34 (1994), S. 10–30.

49 Fred McGraw Donner, *Muhammad and the Believers*, Cambridge (Harvard University Press) 2010 (paperback 2012), S. 58 ff. Siehe auch: Angelika Neuwirth, *Der Koran als Text der Spätantike. Ein europäischer Zugang*, Frankfurt (Suhrkamp) 2010, S. 19 ff (Einleitung).

50 Siehe Ismail Albayrak, »The People of the Book in the Qur'ān«, in: Islamic Studies, Vol. 47, No. 3 (Autumn 2008), S. 301–325.

51 Ibn Ishaq (Rotter), S. 165.

52 Meir Jabob Kister, »The Massacre of the Banū Qurayẓa: A Re-Examination of a Tradition«, in: Jerusalem Studies in Arabic and Islam 8 (1986), S. 61–96, S. 62.

53 Walid N. Arafat, »New Light on the Story of Banū Qurayẓa and the Jews of Medina«, in: The Journal of the Royal Asiatic Society of Great Britain and Ireland No. 2 (1976), S. 101.

54 Votrag von Ahson Syed (King Fahd Mosque), https://www.youtube.com/watch?v=IEnxtqa6CjY 2014

5 Mada'in Salih

55 Al-Tabari, *Histoires des rois et prophètes,* übersetzt von Herman Zotemberg, Paris 2006, S. 71.

56 M. C. A. Macdonald, »Arabians, Arabias, and the Greeks: contact and perceptions«, in: Literacy and Identity in Pre-Islamic Arabia, London (Ashgate) 2009, Teil 2, Kapitel V, S. 26.

57 Al-Mufaddal, *The Mufaddaliyat: An Anthology of Ancient Arabian* Odes, Trans. C. Lyall (Oxford: Clarendon Press 1918), Vol. 2, S. 307; cf. G. King, »Camels and Arabian baliya and other Forms of Sacrifice: A Review or Archaeological and Literary Evidence«, in: Arabian Archaeology and Epigraphy 20 (2009), S. 81–93.

58 Koran, Sure 54-Al-Qamar 23–31 (Al-Qamar/Der Mond).

59 Wolfgang Rollig (Hg.), Das Gilgamesch-Epos, Stuttgart (Reclams Universal-Bibliothek Nr. 18686) 2009, S. 141–143.

60 Sahih Muslim 2981a, Buch 55, Hadith 49, https://sunnah.com/muslim:2981a

61 Leopold von Ranke, Rede zu Geschichten der romanischen und germanischen Völker (1824), https://www.digitale-sammlungen.de/de/view/bsb10408217?page=,1

62 Tim Mackintosh-Smith, *Arab, 3000 Jahre arabische Geschichte*, Darmstadt (WBG Theiss) 2021, S. 67.

63 Toshihiko Izutsu, »Revelation as a linguistic concept in Islam«, in: Studies in Medieval Thought 5, Tokyo 1962, S. 122–167.

64 Christopher M. Moreman, »Rehabilitating the Spirituality of Pre-Islamic Arabia: On the Importance of the Kahin, the Jinn, and the Tribal Ancestral Cult«, in: Journal of Religious History, Vol. 41, No. 2, June 2017, S. 147, https://documents.pub/document/rehabilitating-the-spirituality-of-pre-islamic-arabia-on-2017-05-13rehabilitating.html?page=20

65 Nabia Abbott, Women and the State on the Eve of Islam, in: The American Journal of Semitic Languages and Literatures, Vol. 58, No. 3, July 1941, S. 259–284.

66 Ibid.

67 Julius Wellhausen, Skizzen und Vorarbeiten, in: Lieder der Hudhailiten, Heft 2, Berlin (Georg Heimer) 1884, S. 125.

68 Mackintosh-Smith, S. 128.

69 Graeme Wood, »Absolute Power«, in: The Atlantic, April 2022.

70 Al-Baladhuri, *Futuh al-Buldan: Naql Diwan al-Rumiya*, Beirut 1991, S. 197.

6 Petra

71 Mircea Eliade, *Patterns in Comparative Religion*, London 1949, S. 216–217.

72 Moreman, S. 143.

73 The Letters of T. E. Lawrence, London (J. Cape) 1938, S. 167.

74 Ursula Hackl, Hanna Jenni und Christoph Schneider, unter Mitarbeit von Daniel Keller, *Quellen zur Geschichte der Nabatäer;* Björn Anderson, *Double-Crossing Jordan: Strabo's Portrait of Syllaeus and the Imagining of Nabataea*, S. 395.

75 »Tel je suis«, in: René R. Khawam, *La poésie arabe: Des origines à nos* jours, Paris (Marabout) 1967.

76 Ammianus Marcellinus: The Roman History of Ammianus Marcellinus 31, 15, 6–622, übersetzt von C.D Yonge 1911, https://www.gutenberg.org/files/28587/28587-h/28587-h.htm

77 Robert G. Hoyland, *Arabia and the Arabs*, London (Routledge) 2001, S. 149.

78 Emran El-Badawi, Mavia – Arabia's Warrior Queen, in: The Ancients, Podcast, 24.10.2021, https://podcasts.apple.com/us/podcast/mavia-the-warrior-queen-and-the-prophet/id1520403988?i=1000539510359

79 Zitiert in: Hoyland, *Arabia*, S. 148.

80 Ibid.

81 Greg Fisher, *Rome and the Arabs before the Rise of Islam*, Scotts Valley, CA, (Create Space), S. 57.

82 Ahudemmeh 21, 26–28, Hoyland, *Arabia*, S. 149.

83 Robert Wenning, »Die Dekapolis und die Nabatäer«, Originalveröffentlichung in: Zeitschrift des Deutschen Palästina-Vereins 110, 1994, S. 1–35.

84 David Magie (Hg.), Scriptores Historiae Augustae, Vol 3., London (William Heinemann), New York (G.P. Putnam's Sons) 1932, 4.4 (Claudi Auguste, tu nos a Palmyrenis vindica,' dictum quinquies. ›Claudi Auguste, tu nos a Zenobia et a Vitruvia libera‹).

85 Mackintosh-Smith, S. 111.

86 Kevin Drum, »But He's Our Son of a Bitch«, in: Washington Monthly, 16.05.2006.

87 Fisher, S. 74.

88 Holland, S. 265.

89 Mackintosh-Smith, S. 113.

7 Jerusalem

90 Patrick Franke, »Orte verborgenen Wissens: Die ägyptischen Pyramiden aus Sicht der mittelalterlichen Araber«, in: *Vom Nil an die Saale*, Festschrift für Arafa Mustafa, 2005, S. 93, https://menadoc.bibliothek.uni-halle.de/ssg/content/pageview/642303

91 Immanuel Kant, *Der Streit der Fakultäten*, 1798, AA VII, S. 64, https://korpora.zim.uni-duisburg-essen.de/kant/aa07/064.html

92 Hubertus R. Drobner, Einleitung, in: Augustinus von Hippo, Predigten zum Buch Genesis (Sermones 1–5). Einleitung, Text, Übersetzung und Anmerkungen (Patrologia VII) Frankfurt/M. 2000, S. 43–74, S. 48.

93 Sure 37, 102 (Al-Saffat/Die sich Reihenden).

94 *Hieronymus De situ et nominibus locorum hebraicorum*, in: Eusebius, Onomastikon, zitiert in Encyclopaedia of Islam, 1913–1936, S – Taiba, Vl. VII, »Saracens«, S. 155–156.

95 Kostolany in der Talkshow 3nach9, 3.9.1982, https://www.youtube.com/watch?v=5kH_1xBc2QE

96 Patricia Crone/Michael Cook, *Hagarism: The Making of the Islamic World,* Cambridge (CUP) 1977.

97 Sure 112, Al-Ikhlas.

98 Sure 17, Al-Isra' (Al-Isra'/Die Nachtreise).

99 Donner, S. 202.

100 M. Anwarul Islam/Zaid F. Al-Hama, »The Dome of the Rock: Origin of its Octagonal Plan«, in: Palestine Exploration Quarterly 139 (2007), S. 109.

101 »The Dome of the Rock Revisited: Some Remarks on al-Wasiti's Accounts«, in: Muqarnas, Vol. 10, Essays in Honor of Oleg Grabar (1993), S. 66–75.

102 Chase F. Robinson, *Abd al-Malik*, Oxford (Oneworld) 2005, S. 6.

8 Hattin

103 »Family Severs Penis of Man Who Eloped with Their Daughter«, in: An-Nahar (englisch), 16.07.2013, https://www.naharnet.com/stories/en/90756

104 Philip K. Hitti, *The Origins of the Druze People and Religion*, New York (Columbia) 1928, S. 82.

105 Fadi Amin, »In Israel, Calls Grow to Let Religious Druze Women Drive«, in: Haaretz (englisch), 15.12.2021, https://www.haaretz.com/israel-news/2021-12-15/ty-article/in-israels-druze-community-calls-grow-to-let-religious-women-drive/0000017f-e2c1-d38f-a57f-e6d3ea620000

106 Jan Assmann, »Doppelte Religion und (Des-)Integration – Eine antike Vorstellung mit Strahlkraft für die globalisierte Welt«, in: Magazin Themen Thesen Texte 01/2011, https://www.exc16.uni-konstanz.de/magazin-themen-thesen-texte.html, sowie: Jan Assmann, *Religio Duplex – Ägyptische Mysterien und Europäische Aufklärung*, Berlin (Insel Verlag) 2010.

107 Yusri Hazran, *The Druze Community and the Lebanese State: Between Confrontation and Reconciliation*, London (Routledge) 2014, S. 16.

108 David Jacoby, «Benjamin of Tudela and his Book of Travels«, in: Klaus Herbers/Felicitas Schmieder (Hg.): *Venezia, incrocio di culture: percezioni di viaggiatori europei e non europei a confronto ; atti del convegno, Venezia, 26–27 gennaio 2006*, Rom 2008, S. 132–164, S. 143.

109 Puget de Saint-Pierre, *Histoire des Druses, peuple du Liban, formé par une Colonie de François*, Paris (Cailleau) 1763, S. 26, https://www.digitale-sammlungen.de/de/view/bsb10433699?page=,1

110 Hitti, S. 45.

111 Canon J. T. Parfit, *Among the Druze of Lebanon*, London (Hunter & Longhurst) 1917, S. 210, https://ia800503.us.archive.org/4/items/amongdruzesofleb00parfuoft/amongdruzesofleb00parfuoft.pdf

112 Felix von Luschan, »The Early Inhabitants of Western Asia«, in: Journal of the Royal Anthropological Institute of Great Britain & Ireland, 1911, S. 23.

113 Farhad Daftary, *Kurze Geschichte der Ismailiten*, Würzburg (Ergon) 2003, S. 118.

114 Sigmund Freud, *Das Unbehagen in der Kultur*, Gesammelte Werke 14, 1930, S. 474.

115 Gerard Russell, *Heirs to Forgotten Kingdoms*, New York (Basis Books) 2014, S. 144.

9 Baalbek

116 *Della trasportatione dell' obelisco Vaticano e delle fabriche di Sisto V, Rom (Domenico Basa) 1590*, New York Public Library, https://digitalcollections.nypl.org/collections/della-trasportatione-dellobelisco-vaticano-et-delle-fabriche-di-nostro-signore#/?tab=about

117 Giulio Magli, »The Archaeoastronomy and Chronology of the Temple of Jupiter at Baalbek«, in: Elio Antonello et al.,

Archaeoastronomy in the Roman World, Cham (Springer) 2019, S. 145–151.

118 Publius Cornelius Tacitus, Annalen, 14,1-14,16, Muttermord an Agrippina.

119 Siehe Josiah Osgood, »Cassius Dio's Secret History of Elagabalus«, in: Jesper Majbom Madsen/Carsten Hjort Lange (Hg.): *Cassius Dio: Greek Intellectual and Roman Politician*, Leiden (Brill) 2016, S. 177–190.

120 Edward Gibbon, *The History Of The Decline And Fall Of The Roman Empire*, London 1776, Teil 2: *The Fall In The West*, Follies of Elaga-balus, Kapitel 6, S. 57.

121 Johannes 12, 46.

122 https://digi.ub.uni-heidelberg.de/diglit/cook1914bd1/0011/image,info

10 Babylon

123 Parapetti, Jahjah, *Systematic study of the ancient babylonian site, entro Scavi die Torino*, Italian (Task Force) 2008, S. 9.

124 Heinrich Heine: Belsazar, 1820.

125 Jesajah, 13 19–22, Luther 1984.

126 Jeremiah, 50.

127 Off, 17, 12.

128 Herodot, Historien, 1. Buch, 199 »Die Sitten der Babylonier«.

129 Gwendolyn Leick, *Sex and Eroticism in Mesopotamian Literature*, London (Routledge) 1994, S. 119.

130 Benjamin R. Foster/Karen Polinger Foster, *Civilizations of Ancient Iraq*, Princeton (PUP) 2009, S. 83.

131 Ibid.

132 Ulrike Sals: *Die Biographie der »Hure Babylon«. Studien zur Intertextualität der Babylon-Texte in der Bibel*, Tübingen (Mohr Siebeck) 2004, S. 463.

133 Simo Parpola, »Globalization of Religion: Jewish Cosmology in its Ancient Near Eastern Context«, in: Markham J. Geller (Hg.), *Melammu. The Ancient World in an Age of Globalization*, Berlin (Neopubli) 2014, S. 15–27, S. 19.

134 »Les cons, ça ose tout. C'est même à ça qu'on les reconnait«, Lino Ventura zu Francis Blanche in »Les tontons flingeurs«, Georges Lautner, Michel Audiard, 1963.

135 Irving L. Finkel, »The Dream of Kurigalzu and the Tablet of Sins«, in: Anatolian Studies 33 (1982), S. 75–80.

136 Simo Parpola, The Assyrian Tree of Life: Tracing the Origins of Jewish Monotheism and Greek Philosophy«, in: Journal of Near Eastern Studies, Vol. 52, No. 3, 1993, S. 161–208.

137 Emil Kautzsch, *Die Apokryphen und Pseudepigraphen des Alten Testaments*, Bd. 2, Tübingen (Mohr) 1900, Äthiopischer Henoch, II. Der zweite Teil. 37–71: Das messiologische Buch.

138 David Noel Freedman (Hg.), *Eerdmans Dictionary of the Bible*, Grand Rapids MI (Eerdmans) 2000, »Enoch«.

139 Helge S. Kvanvig, *Roots of apocalyptic: The Mesopotamian background of the Enoch figure and of the Son of Man*, Neukirchen-Vluyn (Neukirchener Verl.) 1988, S. 245.

140 Nir Hasson, »A Visual Guide to the Demons That Spooked the Jews of Babylon«, in: Haaretz (englisch), 21.03.2017, https://www.haaretz.com/life/2017-03-21/ty-article-magazine/.premium/the-demons-that-spooked-the-jews-of-babylon/0000017f-df1f-d3a5-af7f-ffbfa1a10000

141 Joseph M. Davis, »The Demons inside Ashmedai«, in: Jewish Quarterly Review Blog, UPenn, 21.06.2021, https://katz.sas.upenn.edu/resources/blog/demons-inside-ashmedai

142 Enno Littmann, Die Erzahlungen aus den Tausendundein Nächten, nach dem arabischen Urtext der Calcuttaer Ausgabe von 1839, Bd. III, S. 508.

143 Robert Francis Harper: »The Code of Hammurabi, King of Babylon about 2250 BC«, in: The American Journal of Religion, Vol. 8, Nr. 3, Juli 1904, S. 605.

144 The Code of the Assura, c. 1075 BCE, Fordham University Ancient History Sourcebook, https://sourcebooks.fordham.edu/ancient/1075assyriancode.asp

145 Tal Sterngast, »Sexualisierte Gewalt bei Alten Meistern: Susanna und die beiden Alten«, in: taz, 30.10.2018, https://taz.de/Sexualisierte-Gewalt-bei-Alten-Meistern/!5543369/

146 Sandra B. Lubarsky/David Ray Griffin, *Jewish Theology and Process Thought*, New York (State Univ Press) 1996, S. 83; Siehe auch »Conservative Jews Adhere Fully to Jewish Law«, in: The News York Times, Letters to the Editor, 21.11.1988.

147 Luke Baker, »Ancient tablets reveal life of Jews in Nebuchadnezzar's Babylon«, in: Reuters, 03.02.2015, https://www.reuters.com/article/us-israel-archaeology-babylon-idUSKBN0L71EK20150203

148 Greg Myre, »On the Air, Palestinians Soften Tone on Israelis«, in: The New York Times, 15.12.2004,https://www.nytimes.com/2004/12/15/world/middleeast/on-the-air-palestinians-soften-tone-on-israelis.html; »Rabbi tones down Holocaust slur«, BBC News 7. August 2000, http://news.bbc.co.uk/2/hi/middle_east/869553.stm

11 Seleukia-Ktesiphon

149 Griechischer Autor Ktesiphone Quel.

150 John Macdonald Kinneir, *A Geographical Memoir of the Persian Empire*, London (John Murray) 1813, S. 254.

151 Oliver Nicholson (Hg.), *The Oxford Dictionary of Late Antiquity*, Bd. II, Oxford (OUP) 2018, »al-Mada'in«, S. 939–937.

152 Touraj Daryaee, *Sasanian Persia. The Rise and Fall of an Empire*, London (IB Tauris) 2009, S. 70.

153 Albert M. Ten Eyck, *Olmstead History of the Persian Empire*, Chicago (Phoenix Books) 1948, S. 1.

154 Vortrag von Michael Bonner, »Sasanian Persia: The Other Christian Empire«, The Metropolitan Sheptytsky Institute of Eastern Christian Studies, University of St. Michael's College, University of Toronto, 09.10.2018, https://www.youtube.com/watch?v=uVa5diGYNhc

155 Geoffrey Greatrex (Hg.), *The Chronicle of Pseudo-Zachariah Rhetor: Church and War in Late Antiquity,* Buch 7 (25), Liverpool (LUP) 2011, S. 237.

12 Amara

156 Humat Dijlah, »The Shared Responsibility Behind the Pollution of The Tigris River in Baghdad«, in: Save the Tigris, 03.05.2020, https://www.savethetigris.org/the-sharedresponsibility-behind-the-pollution-of-the-tigris-river-in-baghdad/

157 Kevin T. Van Bladel, *From Sasanian Mandaeans to S.abians of the Marshes,* Leiden (Brill) 2017, S. 48.

158 Bladel, S. 94.

159 Wilhelm Brandt, »Die jüdischen Baptismen oder das religiöse Waschen und Baden im Judentum mit Einschluß des Judenchristentums«, in: Beihefte zur Zeitschrift für die alttestamentliche Wissenschaft, Band 18,Berlin (DeGruyter) 1910, S. 52.

160 Oerter, Vitkova, Schlussbetrachtung

161 Siehe Jaakko Hämeen-Anttila, *The Last Pagans of Iraq: Ibn Wahshiyya and his Nabatean Agriculture,* Leiden (Brill) 2006, S. 46 ff.

162 Dirk Neuber/Christof Reinhart, »Geheimnisvolle Bleischriftrolle der Mandaer«, in: ZFP Zeitung 132, Dezember 2021, https://www.ndt.net/article/dgzfp/pdf/Fachbeitrag%20 Neuber%20Reinhart.pdf

163 Christa Müller-Kessler, »Šamaš, Sîn (Sira, Sahra), Delibat (Ištar, al-'Uzzā), und Kēewān (Kajjamānu) in den frühen mandäischen magischen Texten und bei ihren Nachbarn – Eine Bestandsaufnahme«, in: Karlheinz Kessler, Im Osten grauts, der Nebel fällt, … Amanece por Oriente, cae la niebla, Festschrift, Joaquín M. Córdoba, María Carmen del Cerro (Hg.),Alicante (UA Ediciones) 2017, S. 259–296, S. 274.

164 Müller-Kessler, S. 275.

13 Sulaimaniyya

165 Martin van Bruinessen, »The Kurds as objects and subjects of historio-graphy: Turkish and Kurdish nationalists struggling over identity«, in: Identität Ethnizität und Nationalismus in Kurdistan, Fabian Richter (Hg.), Festschrift zum 65. Geburtstag von Prof. Dr. Ferhad Ibrahim Seyder, Münster (Lit Verlag) 2016, S. 13–61, S. 23.

166 Edith Szanto, »Zoroaster was a Kurd! Neo-Zoroastrianism among the Iraqi Kurds«, in: Iran and the Caucasus 22 (2018) S. 96–110, S. 98. Sowie Richard Foltz, »Co-opting the Prophet: The politics of Kurdish and Tajik Claims to Zarathustra and Zoroastrianism«, in: The Zoroastrian Flame: Exploring Religion, History and Tradition, Sarah Stewart/Alan Williams/Almut Hintze (Hg.), London (IB Tauris) 2016, S. 321–337.

167 Michael Stausberg, *Zarathustra und seine Religion*, München (Beck) 2005, S. 71.

168 Herodot, I., S. 74.

169 Ibid.

170 Mahdokht Farjamirad, »*Pazhuheshi no dar gahnegari-e gur dakhmeh-e Qizqapan, Iraqi Kurdistan*« (Neue Forschungen zur Datierung des Felsengrabs von Qizqapan und Irakisch-Kurdistan, Persisch), in: *Pazhuheshhayeh bastanshenassi modaress* (Modaress Archäologische Forschungen, 3. Ausgabe, Frühling/Sommer 1389 (2010), S. 8–16, S. 15.

171 George W. Bush, »Address Before a Joint Session of the Congress on the United States Response to the Terrorist Attacks of September 11«, 20.09.2001, https://www.presidency.ucsb.edu/documents/address-before-joint-session-the-congress-the-united-states-response-the-terrorist-attacks

172 »Wizidagiha i Zadspram«, 1, 5, zitiert in Stausberg, S. 66.

173 Jean-Paul Sartre, *Huis Clos*, Szene 5, Paris (Gallimard) 1947, S. 93.

14 Hatra

174 Michael Sommer, *Hatra: Geschichte und Kultur einer Karawanenstadt im römisch-parthischen Mesopotamien*, Stuttgart (Zabern) 2003, S. 47.

175 Walter Andrae, *Hatra. Nach Aufnahmen von Mitgliedern der Assur-Expedition der Deutschen Orient-Gesellschaft*, 1. Teil, Leipzig (J.C. Hinrichs'sche Buchhandlung) 1908, S. 8.

176 Andrae, S. 9.

177 Gertrude Bell Archive, *Letters 14. April 1911*, Gertrude Bell to her stepmother, Dame Florence Bell, http://www.gerty.ncl.ac.uk/letter_details.php?letter_id=1814

178 Sommer, S. 40.

179 Angelehnt an den Buchtitel des Historikers Timothy D. Snyder, *Blood Lands: Europe between Hitler and Stalin*, New York (Basic Books) 2010.

180 »American troops launch ›Exorcist‹ tour at ancient temple«, The Telegraph, 04.01.2004, https://www.telegraph.co.uk/news/worldnews/middleeast/iraq/1450907/ American-troops-launch-Exorcist-tour-at-ancient-temple.html

15 Harran

181 Sure 2 (Al-Baqara/Die Kuh), Vers 62.

182 Abu Yusuf Isha' al-Qatiy'i, zitiert in: Tamara Green, *The City of the Moon God*, Leiden, New York 1992, S. 4–6.

183 Klaus Hachmeier: »Der Koch, der Emir, seine Frau und der Sabier«, in zenith Mai/Juni 2013, S. 94.

184 Abu al-Hassan ›Ali ibn Hussain al-Mas'udi‹, *Kitab Muruj al-Dhahab wa-Ma'adin al-Jawhar (Les Prairies d'Or)*, Ed. und übers. V. C. Barbier de Meynard/P. de Courtelle/C. Pellat), 9 Bde., Paris 1861–1914, S. 537–538.

185 Siehe Henri Pognon, *Inscriptions sémitiques de la Syrie, de la Mésopotamie et de la région de Mossoul*, Paris 1907, S. 23; sowie Han J. W. Drijvers, »Some New Syriac Inscriptions and Archaeological Finds from Edessa and Sumatar Harabesi«, in: Bulletin of the School of Oriental and African Studies (36), 1973, S. 1–14.

186 Richard Aldington, *Lawrence of Arabia: A Biographical Enquiry*, London (Collins) 1955, S. 80.

187 Manfred Bringmann, *Geschichte der Juden im Altertum. Vom babylonischen Exil bis zur arabischen Eroberung*, Stuttgart (Klett-Cotta) 2005, S. 29.

188 Georg Luck, *Magie und andere Geheimlehren in der Antike*, Stuttgart (Kroner) 1990, S. 48.

189 Donald W. Engels, *Alexander the Great and the Logistics of the Macedonian Army*, Berkeley (UC Press) 1976, S. 69.

190 Tamara Green, *The City of the Moon God: Religious Traditions of Harran*, Leiden (Brill) 1992, S. 45.

191 Arthur L. Frothingham, »Babylonian Origins of Hermes the Snake-God and of the Caduceus«, in: *Journal of the Archaeological Institute of America*, Vol. XX (1916) No. 2., S. 175–211, S. 175.

192 Julius Goebel, »The Etymology of Mephistopheles«, in: Transactions and Proceedings of the American Philological Association, Vol. 35, 1904, S. 148–156, S. 152.

193 Florian Ebeling, *Das Geheimnis des Hermes Trismegistos*, München (Beck) 2018, S. 26 ff.

194 »Picatrix«, zitiert in: Frances A. Yates, *Giordano Bruno and the Hermetic Tradition*, Chicago (CUP) 1964, S. 49.

195 Vgl. Green, S. 120 sowie S. 167–168.

196 Al-Mas'udi, zitiert in: Paolo Debertolis/Daniele Gulla, »PreliminaryArchaeoacoustic Analysis of a Temple in the Ancient Site of Sogmatar in South-East Turkey«, in Archaeoacoustics: The Archaeology of Sound, Publication of Proceedings from the 2014 Conference in Malta, Linda C. Eineix/Ezra B.W. Zubrow (Hg.), S. 137–148, S. 141.

197 Vgl. Jan Willem Drijvers, *The Forgotten Reign of the Emperor Jovian (363–364): History and Fiction*, Oxford (OUP) 2022, S. 171.

198 Green, S. 196.

199 Green, S. 171.

200 Al-Malati, Tanbih; siehe Patricia Crone, *Nativist Prophets*, Cambridge (CUP) 2012, S. 239.

16 Samandağ

201 Sahih Al-Bukhari 3401, Buch 60, Hadith 74 https://sunnah.com/bukhari:3401

202 J. W. v. Goethe, *Hegire, West-östlicher Divan*, Goethes Werke, Band III, Hamburg (Standard Verlag) 1962, S. 5.

203 Jung, The Collected Works of C. G. Jung: Complete Digital Edition, On Archetypes, S. 14.

204 Ayad Al-Ani, *Araber als Teil der hellenistisch-römischen und christlichen Welt*, Berlin (Duncker & Humblot) 2014.

205 Stefan Winter, *A History of the Alawis*, Princeton 2016, S. 146.

206 Matti Moosa, *Extremist Shiites: The Ghulat Sects*, Syracuse (SUP) 1988, University Press, S. 136–138, S. 410.

207 »Siria: il documento degli alawiti – Esclusiva: L'appello per la transizione che può far terminare la guerra, dalla comunità che ha sostenuto fino a oggi il regime«, in: La Repubblica, 02.04.2016, https://www.repubblica.it/esteri/2016/04/03/news/il_documento_degli_alawiti-136788104/

208 Zum Begriff siehe: Thomas Bauer, *Die Kultur der Ambiguität. Eine andere Geschichte des Islams*, Berlin (Insel) 2011.

209 Zitiert in Walter Scott, ed. & trans., *Hermetica: Introduction, Texts and Translation*, Boulder CO (Hermes House) 1982, S. 105.

210 Stanislas Guyard, »La fetwa d'Ibn Taimiyyah sur les Nosairis«, in: Journal Asiatique 18 (1871), S. 158–198.

211 Vgl. Fatwas der Al-Azhar Nr. 264/1 (1934) und Nr. 399/8 und 403/8 (1997), kommentiert von Naseef Naeem »Zum Abschuss freigegeben«, in zenith 4/2013, S. 27.

212 La Repubblica, 02.04.2016.

17 Antakya

213 Ap. 11, 20–23, Lutherbibel 2017, https://www.bibleserver.com/LUT/Apostelgeschichte11

214 Jørgen Christensen-Ernst, »The Cave Church of St. Peter«, in: Antioch, Architectural Science Review, Vol. 45, 2002, https://www.academia.edu/12623139/The_Cave_Church_of_St_Peter_in_Antioch

215 Gertrude Bell Archive, Photograph C_074, Album C 1905 – Syria, Turkey, http://gertrudebell.ncl.ac.uk/photo_details.php?photo_id=896

216 Hatice Pamir, »An Underworld Cult Monument in Antioch: The Charonion«, in: *Overturning Certainties in Near Eastern Archaeology:* A Festschrift in Honor of K. Aslıhan Yener, Leiden (Brill) 2017, S. 543–559.

217 Plutarch, *Moralia* 11b-c; 633c.

218 Paul J. Kosmin, *The Land of the Elephant Kings. Space, Territory, and Ideology in the Seleucid Empire*, Cambridge MA (Harvard UP) 2018.

219 2 Makk 6, 18–31, 27; Bringmann, S. 115.

220 Alexandria Frisch, »Worms, Rotting Flesh, and Falling Bowels: The Power of Disgust in a Motif of Kingly Death in Early Jewish Literature«, in: Dine Israel 29 (2012), S. 33–56, S. 44.

221 Johannes B. Bauer/Manfred Hutter/Anneliese Felber, *Lexikon der christlichen Antike*, Stuttgart (Kröner) 1999, S. 298–299, »Paulus«, sowie Phil 3,6.

222 Ibid.

223 Peter Schäfer, »11. From the Human Enoch to the Lesser God Metatron«, in: *Two Gods in Heaven: Jewish Concepts of God in Antiquity*, Princeton (PUP) 2020, S. 99–133.

18 Ephesus

224 Vgl. Arthur Aston Luce, *Monophysitism Past and Present: A Study in Christology*, London/New York (Macmillan) 1920, Kapitel 2: Monophysitism and Neo-Platonism, https://www.gutenberg.org/files/30219/30219-h/30219-h.htm, sowie Manfred Clauss, *Ein neuer Gott für die alte Welt*, Berlin (Rowohlt) 2015, S. 439.

225 Max Weber, *Wirtschaft und Gesellschaft*, Soziologie, unvollendet 1919–1920. MWG I/23 §16 »Macht und Herrschaft«, https://mwg-digital.badw.de/wirtschaft-und-gesellschaft/1/

226 Hubertus R. Drobner, *Lehrbuch der Patrologie*, Frankfurt (Peter Lang) 2004, S. 164.

227 John. A. McGuckin, »The Paradox of the Virgin-Theotokos: Evangelism and Imperial Politics in the Fifth-Century Byzantine

World«, in: Maria. A Journal of Marian Theology 3 (2001), S. 5–23, S. 18.

228 Vgl. Francois Nau (Hg.), *Nestorius, Liber Heraclidis/Le Livre d'Héracline de Damas,* Paris/Leipzig 1910, Appendix, S. 363 ff.; sowie Susan Wessel, *Leo the Great and the Spiritual Rebuilding of a Universal Rome*, Leiden (Brill) 2008, S. 265.

229 Clauss, S. 437.

19 Istanbul

230 Orhan Pamuk, *Istanbul: Erinnerungen an eine Stadt*, München (Hanser) 2006, S. 281.

Register

B

C

D

E

I

M

N

R

S

Y

Z

Bildnachweis

© Katrin Sandmann: Bildteil S. 1 o. (Wächter), S. 2 o. (Papst Tawadros III.), S. 12 o. (Daniel Gerlach), S. 14 o. (Wächter in Hatra)

© Friedrich Klütsch: Bildteil S. 3 u. (Hourig Sourouzian), S. 6 o. (Schlucht), S. 7 u. (Daniel Gerlach und Prinzessin Dana Firas), S. 10 u. (Moschee von Kairouan)

© Florian Zettel: Bildteil S. 1 u. (Scheich Muwaffak), S. 6 u. (Daniel Gerlach), S. 11 o. (Daniel Gerlach), S. 12 u. (Mandäer), S. 14 u. (zu Pferd in Hatra), S. 16 (Philoxenos-Zisterne)

© Amir Musawy: Bildteil S. 13 o. (Daniel Gerlach)

© Daniel Gerlach: alle restlichen Bilder